英国 M&A 法制における株主保護
──史的展開の考察を中心に──

冨永千里

英国M&A法制における株主保護
―― 史的展開の考察を中心に ――

学術選書
66
会社法

信山社

はしがき

　本書における M&A 法制とは、企業の合併及び買収（Mergers and Acquisitions、以下、M&A という）にかかる法的規制を指す。本書は英国 M&A 法制の史的展開の考察を通じ、英国の M&A 及び対象株主保護に対する規制理念やその背景、施策の変遷、効果等を明らかにし、以って、わが国の M&A 法制と株主保護のあり方を検討するための示唆を得ることを目的としている。

　筆者は民間企業での勤務を経て、一橋大学大学院国際企業戦略研究科にて M&A の研究に取り組む機会を得た者であるが、修士課程で敵対的企業買収について学んだ際、M&A に関する各国の法的規制が米国型と EU 型に大別されること、英国の規制が EU 型に影響を与えたことを知った。同時に、一般に英米法と言い習わされ、英国法を出自とする米国と英国の M&A 法制が、今日、対極的な立場にあることに新鮮な驚きを覚えるとともに、双方から様々な施策を継受しているわが国の制度が、それらの根幹を十分に解し、消化し得ているかに疑問を感じた。

　本書は筆者が執筆した博士学位論文に、その後の研究成果を加え、上梓したものであるが、本研究は今後のわが国の M&A 法制の方向性を検討していくに当たり、まずは EU 型規制モデルの範とされる英国の制度とその理念を質し、米国型との比較研究、ひいては英米の規制の方向性に相違が生じた事由を探究する基礎を得たいと考えたことに始まっている。

　今日の通説のとおり、近代株式会社の祖を1602年に設立されたオランダ東インド会社に求めるならば、M&A は近代株式会社の発生とともにあったと言える。同社は先に設立された 6 社の合併により、新会社が事業を引き継ぐ形で発足したものであり、英国における M&A も1709年に行われた英国東インド会社のそれが端緒とされる。わが国の企業合併が株式会社制度創設後、数年内に行われたことから見ても、M&A が会社ないし事業の発展や継続、再生に不可欠な行為であることに疑いはないように思われる。他方で M&A は、当事会社の株主の権利や利害関係に少なからぬ影響を及ぼす行為であり、その調整やバランスをいかに図っていくかは、重要な命題の一つと考える。

　かかる所以から、本研究では英国と日本の M&A に関する法的規制の源流に遡り、制度創設の趣旨や法的理念に焦点を当て、M&A 法制の展開や対象株主保護のあり方の異同につき、解明を試みている。本書が今後のわが国の M&A 法制の検討にいささかなりとも資するなら、これに勝る喜びはない。

　本書が成るに当たっては、多くの方々からひとかたならぬご指導、ご支援を賜った。ここに謹んで感謝の念を捧げたい。

はしがき

　まず、筆者の指導教官である布井千博教授に心から御礼を申し上げたい。法学を修めたことのない筆者に大学院でM&Aの研究を行う途を開いてくださったのは他ならぬ先生であり、修士課程に入学以来、終始、温かいご指導を賜った。博士後期課程の2年目に、期せずして大阪市立大学に赴任することとなり、ご指導を受けにお伺いすることもままならなくなった筆者に、お電話等を通じ、絶えず励ましのお言葉を下さった。筆者が研究成果を何とかまとめることができたのは、ひとえに先生のご指導の賜物である。重ねて深謝の意を表したい。

　国際企業戦略研究科経営法務専攻の宍戸善一教授、岩倉正和教授には、報告会等を通じ、本研究のインプリケーションや実務の観点から検討が求められる課題につき、貴重なコメントを頂いた。両先生のご指摘は、理論と実務の架橋を為す研究を目指す筆者の指針として、深く心に刻まれている。村上政博教授を始め、諸先生方からも、折に触れて温かいご指導や励ましのお言葉を賜った。また、筆者の所属する大阪市立大学大学院創造都市研究科の明石芳彦教授からも、本研究の遂行に関し、お力添えやご助言を頂いた。心から感謝申し上げる次第である。

　研究に際しては、M&Aの実態を踏まえることが肝要との思いから、実際に行われたM&A等に関する資料の収集や調査に努めたが、これらは関係各位のご協力なくしては到底為し得ぬ業であった。㈱荘内銀行広報室長の佐藤琢磨様には貴重な社史をお貸し頂いた他、大阪商工会議所の方々には明治期の所蔵文書の閲覧にご尽力を賜った。日本たばこ産業㈱、日本板硝子㈱、オリンパス㈱の広報・IRご担当の皆様方には、ご多用のところ取材やアンケートにご協力頂いた。ここに厚く御礼申し上げたい。また、一橋大学付属図書館及び大阪市立大学学術情報センターの職員の方々には、国内外の文献や資料の収集にご協力を頂いた。筆者が永きに亘る英国M&A法制の史的研究を成し遂げることができたのは、職員の方々が献身的に文献を探し出してくださったおかげである。

　本書の刊行にあたっては、布井要太郎先生を始め、信山社の袖山貴氏、稲葉文子氏に多大なお力添えを賜った。改めてここに感謝の意を表したい。

　最後に、大阪で研究生活を続けることとなった筆者に適宜適切な連絡や情報を下さり、研究を支えて下さった経営法務専攻の山田正子助手に、心から感謝の言葉をお伝えしたい。

　　2011年3月

　　　　　　　　　　　　　　　　　　　　　　　　　　　冨　永　千　里

目　次

はしがき

序　論 … 3
第1節　わが国のM&A法制の状況 … 3
第2節　問題の所在 … 8
第3節　研究の目的及び考察の範囲・方法・順序 … 16

第1部　英国における現行M&A法制の概要 … 21
概　説 … 23

第1章　英国会社法におけるM&A規定の概略 … 25
第1節　第26部「会社の整理及び再建」 … 25
第2節　第27部「公募会社の合併及び会社分割」 … 30
第3節　第28部「買収等」 … 32
　1．緒　論 (32)
　2．パネルの位置付けと権限 (33)
　3．シティ・コードの概要 (35)
　4．コードの規則概要 (37)
　5．少数株主の締出し及び少数株主からの株式売却 (43)
第4節　M&Aに関連する第26-28部以外の規定 … 46
　1．緒　論 (46)
　2．株式の発行、割当及び新株引受権にかかる規制 (46)
　3．会社のM&Aに関する取締役の私的利害への対応 (49)
　4．公募会社が株式所有状況に関する情報を請求する権限 (50)

第2章　M&Aに関連する金融サービス機構の規制 … 53
第1節　M&A取引に関する規制 … 53
第2節　新株発行にかかる規制 … 54
第3節　議決権所有状況の開示 … 55

第2部　英国におけるM&Aに関する規定の沿革 … 59
概　説 … 61

vii

目　次

第1章　1929年総括会社法まで……………………………………69

第1節　1870年ジョイント・ストック・カンパニー・アレンジメント法と1929年法153条　………………………………69

第2節　1929年法154条　…………………………………………72

第3節　1929年法155条　…………………………………………74

第4節　M&Aに関連する1929年法の規定　………………………76

第5節　1929年法以前のM&Aに関する規定　……………………78

　　1．緒　　論（78）

　　2．1862年会社法161条によるM&A　（78）

　　3．基本定款に基づくM&A　（81）

第2章　1929年総括会社法がかかるM&A法制を採るに至った背景……………………………………………………………85

第1節　ジョイント・ストック・カンパニーの誕生とその法的性格　………………………………………………………85

第2節　泡沫会社法制定とジョイント・ストック・カンパニーへの影響　…………………………………………………87

第3節　ジョイント・ストック・カンパニーの法人格及び株主有限責任の獲得に向けた道のり　…………………………91

第4節　ジョイント・ストック・カンパニーの契約理論的性質が基本定款に与えた影響　………………………………97

第5節　判例法における契約理論的性質の影響　………………101

第6節　ウルトラ・ヴァイルス理論が英国のM&Aに与えた影響　……………………………………………………………104

　　1．緒　　論（104）

　　2．株式及び全事業の取得における影響　（104）

　　3．全事業の売却における影響　（107）

第7節　ジョイント・ストック・カンパニーの契約理論的性質が付属定款に与えた影響　………………………………114

第8節　1929年法にM&Aに関する規定が制定された理由とその意義　………………………………………………………119

目 次

第3章 1929年総括会社法以降のM&A法制の展開 ……………123
 第1節 1948年総括会社法における改正 ……………………………123
 第2節 1950年代のTOB隆盛の背景 ………………………………128
 第3節 1950年代のTOB ── その評価と問題点 …………………130
 第4節 1958年詐欺防止（投資）法によるTOBへの規制 ………134
 第5節 1960年認可証券取引事業者（業務）規則の制定 ………137
 第6節 ジェンキンスレポートの勧告 ………………………………139
 第7節 取締役及び主要株主の株式保有状況にかかる開示制度
    の発展 ………………………………………………………142

第4章 M&Aにかかる自主規制の発展 …………………………147
 第1節 シティ・ノートの誕生と改正 ………………………………147
 第2節 証券取引所の要請 ……………………………………………152
 第3節 シティ・コードとパネルの誕生 ……………………………155
 第4節 シティ・コードの概要 ………………………………………159
 第5節 制裁措置の導入と1969年のコード改正 …………………163
 第6節 市場での株式取得と実質株主にかかる問題 ………………166
 第7節 強制公開買付制度の導入と進展 ……………………………171
 第8節 パネルの裁定と司法審査 ……………………………………172

第5章 EC指令と英国M&A法制への影響 ……………………177
 第1節 英国M&A法制に影響を与えたEC指令の概略 …………177
 第2節 EC会社法第一指令と会社法改正 …………………………181
 第3節 EC会社法第二指令の影響 …………………………………183
 第4節 EC会社法第三指令及び第六指令に基づく会社法のM&
    A規定の改正 ………………………………………………186
 第5節 大規模株式の取得・処分の開示に関する指令と会社法
    の株式所有状況の開示規定 ………………………………188

第6章 証券規制の展開と自主規制機関への影響 ………………193
 第1節 CSI設立とSARsの制定 ……………………………………193
 第2節 有価証券上場規則の改正と証券取引所の地位の変遷 ……196

第3節　金融サービス法の成立 …………………………………201
　　　第4節　金融サービス法の規制体系 ……………………………203
　　　第5節　金融サービス法による証券発行規制の一元化と1985年
　　　　　　　会社法の改正 ……………………………………………207
　　　第6節　200年金融サービス市場法の制定と規制体系の転換 ……209

　第7章　21世紀に採択されたEC指令と英国会社法への影響 …217
　　　第1節　公開買付けに関する指令の採択 ………………………217
　　　第2節　公開買付けに関する指令に対する英国の対応 ………221
　　　第3節　公開買付けに関する指令の履行に伴う英国会社法改正
　　　　　　　と買収規制への影響……………………………………227
　　　第4節　越境合併に関する指令の採択と英国会社法改正 ……229

　第8章　英国の会社支配権の移転にかかる株主保護の系譜と
　　　　　その意義 …………………………………………………233
　　　第1節　1929年法にM&A規定が設けられる以前のM&Aと株
　　　　　　　主保護………………………………………………………233
　　　第2節　1929年法におけるM&A規定の意義と限界 …………236
　　　第3節　企業買収にかかる自主規制の発展と株主保護における
　　　　　　　意義…………………………………………………………239
　　　第4節　1980年代以降の英国会社法における株主保護への取組
　　　　　　　み……………………………………………………………244

第3部　わが国のM&A法制の沿革 ………………………………247
　　概　説 ……………………………………………………………249

　第1章　商法におけるM&A法制の系譜と展開 ………………253
　　　第1節　銀行合併法制定以前の銀行合併の概況 ………………253
　　　第2節　銀行合併法 ………………………………………………256
　　　第3節　一般商事会社の合併に関する法律制定の建議と商事會
　　　　　　　社合併並組織變更法案の上程 …………………………263
　　　第4節　商法における合併規定の系譜──銀行合併法、商事會社
　　　　　　　合併並組織變更法案及びイタリア商法の影響 ………268

目　次

　　第5節　わが国における合併法理の検討と合併制度創設の過程
　　　　　から見た合併の法的性質 ……………………………………273
　　第6節　商法における営業譲渡概念の萌芽 …………………………276
　　第7節　持分及び株式の譲渡と新株発行にかかる規制 ……………280
　　第8節　会社による他社株式の所有 …………………………………281
　　第9節　明治32年商法におけるM&A法制整備の意義 ……………283
　　第10節　1938年の商法改正によるM&A規定の拡充 ………………292

　第2章　第二次世界大戦後のM&A法制の展開 ………………………299
　　第1節　商法における株式買取請求権の導入とその進展 …………299
　　第2節　取締役会への権限委譲と新株発行等にかかる規定の展
　　　　　開 ……………………………………………………………………303
　　第3節　証券取引法における公開買付届出制度の導入 ……………306
　　第4節　1990年及び1994年の公開買付制度の改正 …………………308
　　第5節　株券等の大量保有状況の開示にかかる制度の導入 ………311
　　第6節　203年以降の公開買付制度及び大量保有報告制度の進
　　　　　展 ……………………………………………………………………313

　第3章　日本のM&A法制及び支配権の移転にかかる株主保護
　　　　措置の特徴と背景 …………………………………………………317
　　第1節　M&A法制の構成 ……………………………………………317
　　第2節　株主を保護する時点及び手法 ………………………………320
　　第3節　株式等の発行を通じた会社支配権の移転 …………………322

第4部　英国M&A法制における株主保護のあり方と日本法
　　　への示唆 ………………………………………………………………325
　　概　　説 ……………………………………………………………………327

　第1章　英国M&A法制における株主保護措置の意義 ………………329
　　第1節　英国M&A法制における株主保護措置の特徴 ……………329
　　第2節　支配権の移転にかかる株主保護措置の目的と効果 ………333
　　第3節　英国M&A法制の理念 ………………………………………335

第4節　支配株主による不適切な富の移転に対する株主保護措置の効果 …………………………………………………………… 337
　第5節　英国の M&A 取引から見た M&A 法制に対する評価 …… 340

第2章　英国 M&A 法制からの示唆 ………………………………… 345
　第1節　わが国の M&A 法制のあり方と規制理念に関する示唆 … 345
　第2節　日本の M&A 法制の個別的課題に対する示唆 …………… 350
　　1．緒　　論 （350）
　　2．M&A 法制の構成 （350）
　　3．M&A 法制における株主保護のあり方 （351）
　　4．支配権の移転における株主の位置付け及び権限の明確化 （352）
　　5．株主が主体的に支配権移転の可否を判断し得る環境の整備 （353）

結　語 ……………………………………………………………………… 359

事例索引 （363）
判例索引 （368）

英国 M&A 法制における株主保護
―― 史的展開の考察を中心に ――

序　論

第1節　わが国のM&A法制の状況

　組織再編や株式の取得を通じ、対象企業あるいは事業の支配権を取得する行為は、一般にM&A（Mergers and Acquisitions）と呼ばれる[1]。かかる支配権の移転に関する各国の法的規制（以下、M&A法制という）、中でも公開買付けを通じた支配権の移転にかかる規制は、今日、アメリカ合衆国（United States of America、以下、米国という）型と欧州連合（European Union、以下、EUという）[2]型に大別され、米国型が買収者・経営者双方に大きな裁量——買収者には部分的公開買付けを含む株式の取得、対象会社取締役会には経営判断に基づく一定の対抗措置——を認めるのに対し、EU型は支配権の取得を企図する者には対象株式全部の買付け義務を、対象会社取締役会の対抗措置には株主総会の事前承認を課す等、予め制約が設けられている点に特徴がある[3]。
　わが国のM&A法制は主として、企業の組織再編や株式の発行等を規定する会社法と、公開買付け等を規制する金融商品取引法によって担われている。前者に関しては1997年改正による合併手続きの合理化以降、株式交換や株式移転、会社分割等、新たな組織再編制度が相次いで導入された。2005年の会社法

---

[1] 西村総合法律事務所編『M&A法大全』175頁脚注1〔太田洋、小倉美恵〕（商事法務研究会、2001年）。同書は狭義のM&Aを「企業による資本関係のないまたは稀薄な企業それ自体、あるいは当該企業が保有する特定事業の支配権（過半数以上のequity）の取得」と定義している。

[2] 欧州27ヶ国が加盟する経済的政治的統合体。詳細についてはhttp://europa.eu/abc/panorama/index_en.htm 及び後掲注(44)参照。

[3] 中東正文「企業結合法制と買収防衛策」旬刊商事法務1841号45頁（2008年）（以下、中東1と表記する）。米国法は公開買付けの定義を成文化しておらず、持株比率の基準値を設けて強制的に規制に服させるアプローチを採用していないため、市場取引・相対取引に対する規律は緩やかであり、部分的公開買付けについても許容している。戸田暁「米国法を中心とした公開買付制度の検討」旬刊商事法務1732号15頁、17頁（2005年）。一方、EU諸国は一定比率を超える株式の取得に原則として公開買付けを義務付け、対象会社全株式の買付けを要求する。北村雅史「企業結合の形成過程」旬刊商事法務1841号7頁（2008年）。

の現代化においては、組織再編対価の柔軟化や三角合併制度の導入、種類株式の多様化や新株予約権の無償割当制度等、被支配会社の完全子会社化や買収防衛措置に活用し得る手段が拡充され、米国流会社支配市場法制への道筋が開かれた[4]。また、一連の改正に伴い、株式買取請求権の付与範囲が拡張され、2005年には買取価格や買取請求権者の範囲等に関する改正が行われた。

一方、金融商品取引法に規定される公開買付制度は、一定比率を超える有価証券報告書提出会社の株券等の取得に対し、公開買付けによることを義務付ける（以下、強制公開買付制度という）が、取引所金融商品市場内の競売買の方法による買付等には原則としてこれを要請せず、部分的な公開買付けも許容する等の点で、米国型とEU型の中間にある[5]。近年、事業再編行為等の迅速化や手続き簡素化の観点から、強制公開買付規制の適用除外範囲が拡大されてきたところ、2005年を境に規制強化の方向に転じ、取引所有価証券市場内の立会外（時間外）取引の一部や市場内外の取引等を組み合わせた急速な買付け、他者の公開買付期間中の株券等の買付け行為が、強制公開買付制度の適用対象とされた他、買付け後の株券等所有割合が三分の二以上となる場合には応募株券全部の買付け義務が課されることとなった。

会社や事業の所有権に変動をもたらすM&Aは、所有権者の権利行使を通じ、経営権にも影響を与えることから、支配権の取得を目指す買い手と対象会社の株主や取締役、あるいは対象会社の株主と取締役との間に、利害対立を生ずる場合があり、M&A法制にはこれらの利害を妥当に調整する役割が求められる。対象会社株主の立場から解決が求められる課題には、①支配株主による会社及び少数株主からの不適切な富の移転防止、②支配権の移転における機会や対価に関する株主平等の取扱い、③支配権移転手続きや条件の公正性、④支配権の移転にかかる株主の意思決定機会の確保等があり、これらに連なるもの

---

[4] 中東1・前掲注(3)46頁。なお、同論考において、会社支配市場法制（会社支配市場の法規則）の定義や範囲は示されていないが、これに先立つ同氏別稿「会社支配市場にかかわる法規制の再構築」において、会社支配に関する法制度として、合併等の対価の柔軟化や公開買付け等の会社法並びに金融商品取引法の改正、買収防衛策に関する判例等が取り上げられていることから、M&A及び企業買収防衛措置に関わる制定法並びに自主規制等を包括的に表した語と解される。中東正文「会社支配市場にかかわる法規制の再構築」江頭憲治郎＝碓井光明編『法の再構築〔Ⅰ〕国家と社会』49頁以下（東京大学出版会、2007年）（以下、中東2と表記する）。

[5] 北村・前掲注(3)7頁。なお、取引所金融商品市場とは、内閣総理大臣の免許を受けた金融商品取引所の開設する金融商品市場を指す。金融商品取引法2条第16-17項。

第1節　わが国のM&A法制の状況

として二段階買収[6]等を通じた少数株主の締出しや対象企業取締役会による買収防衛策等の問題が挙げられる[7]。

M&Aにかかる会社法上の株主間の利害調整手段には、株主総会決議に対し、不存在及び無効の確認、取消を求める訴権の他、会社の組織再編行為に対する無効訴権、組織再編や、買収対象企業を完全子会社化するため既存株式に全部取得条項を付す定款変更等に反対する株主の株式買取請求権、当該請求にかかる買取価格決定申立権等がある。また、株主と取締役間の利害対立に関する株主保護措置には、株主総会特別決議による組織再編契約等の承認やこれに先立つ契約等の開示の他、取締役の違法行為や株式等の発行に対し、差止、無効、不存在確認を求める訴権等がある。一方、金融商品取引法に規定される公開買付制度は、支配権の移転過程において様々な開示を要請するのみならず、強制公開買付制度や買付価格の均一等、取引方法の規制を通じ、株主保護を担うものと位置付けられ、上場株券等の保有者に所定の報告義務を課す大量保有報告制度も、支配権の動向に関わる情報を提供する点において、株主保護に寄与するものと言える。これら現行M&A法制における主な株主保護措置ないし関係者間の利害調整手段をまとめると以下のようになる。

---

[6] 二段階買収とは、部分的な株式買付けと現金による締出合併等を組合せた買収方法を指し、市場での買付けあるいは公開買付け等を通じ、株主総会を支配し得る一定規模の対象会社株式を、支配権プレミアムを付して買い付けた後、株式併合や関係会社との合併・株式交換等により、残余の株式を安価に取得し、少数株主を排除する手法を言う。武井一浩「企業買収防衛戦略の必要性と正当性」武井一浩＝太田洋＝中山龍太郎編著『企業買収防衛戦略』15頁（商事法務、2004年）、松井秀征「敵対的企業買収に対する対抗策の基礎」武井一浩＝太田洋＝中山龍太郎編著『企業買収防衛戦略』192頁（商事法務、2004年）、初出、立教法学63号（2003年）。

[7] ①②を指摘するものとして、前田雅弘「支配株式の譲渡と株式売却の機会均等（一）」法學論叢115巻4号65-66頁（1984年）、北村・前掲注(3)6頁、①を指摘するものとして、中東1・前掲注(3)45頁。

序論

M&Aの手法・関連行為	根拠条文	株主保護・利害調整手段	時点	主な保護対象
組織再編、事業譲渡・事業全部の譲受	会社法782・794・803条 会社法施行規則182-184・191-193・204-206条	▶ 組織再編契約や対価の相当性に関する事項を記載した書面の備置・閲覧	支配権移転の決定過程	各当事会社の株主
	会社法467・783・795・804条各第1項	▶ 株主総会特別決議による組織再編契約等の承認8		
	同828条第1項7-12号	▶ 会社の組織再編行為の無効訴権	支配権移転の決定後	各当事会社の株主または少数株主
	同830条	▶ 株主総会等決議不存在・無効確認訴権		
	同831条	▶ 株主総会等決議取消訴権		
	同469・785・787・797・806・808条	▶ 組織再編等にかかる反対株主の株式等の買取請求権		当事会社の少数株主
	同470・786・788・798・807・809条各第2項	▶ 上記株式等の買取請求において価格決定協議が調わない場合の裁判所に対する買取価格決定申立権		
（種類株式を用いた場合）完全子会社化	会社法111条第2項	▶ 種類株式発行会社がある種類の株式の内容として全部取得条項を定款に設ける場合の種類株主総会特別決議による承認	決定過程	当事会社の株主
	同116・118条各第1項2号	▶ 上記定款変更にかかる反対株主の株式等の買取請求権	決定後	当事会社の少数株主
	同117・119条各第2項	▶ 上記株式等の買取請求において価格決定協議が調わない場合の裁判所に対する買取価格決定申立権		
	同171条	▶ 株主総会特別決議による全部取得条項付種類株式取得の承認	決定過程	当事会社の株主
	同172条	▶ 上記にかかる反対株主の裁判所に対する取得価格決定申立権	決定後	当事会社の少数株主
株式、新株予約権・種類株式の発行・割当	会社法828条第1項2・4号	▶ 新株発行等無効訴権	事後	当事会社の株主
	同829条	▶ 新株発行等不存在確認訴権		
	同210・247条	▶ 募集株式等発行差止請求権	決定後〜発行前	
	企業内容等の開示に関する内閣府令19条第2項1号ヲ・第二号様式記載上の注意(23-2)-(23-8)・(23-10)	▶ 有価証券届出書における第三者割当に関する特記事項の記載義務	決定後	投資者

---

8 なお、組織再編対価等の全部または一部として、持分等が交付される場合には、当該持分等の割当を受ける株主全員の同意が、譲渡制限株式でない株式の株主に譲渡制限株式等が交付される場合には、株主総会ないし種類株主総会の特殊決議が必要とされる他、存続株式会社等が対価として譲渡制限株式である種類株式を交付する場合には、定款に別段の定めのない限り、当該種類株式の株主を構成員とする種類株主総会の特別決議を要する。会社法309条第3項2-3号、324条第2項6号及び第3項2号、783条第2-4項、795条第4項、804条第2-3項、江頭憲治郎『株式会社法〔第2版〕』785頁（有斐閣、2008年）。一方、略式組織再編の場合には各当事会社の、簡易組織再編の場合には存続会社等の株主総会決議が原則として不要とされる。同468条第1-2項、784条第1項及び第3項、796条第1項及び第3項、805条。

第1節　わが国のM&A法制の状況

公開買付け	金融商品取引法27条の2第1項	➢ 一定の有価証券報告書提出会社の株券等の買付けに関する強制公開買付制度 ➢ 急速な買付けや公開買付期間中の競合的買付けに対する強制公開買付規制の適用	支配権移転過程	対象者株主・対象者取締役等・投資者・競合的買収者
	同27条の2第3項	➢ 買付け等の価格の均一		対象者株主・投資者
	同27条の5	➢ 公開買付者等に対する買付期間中の公開買付けによらない買付け等の禁止		対象者株主・対象者取締役等・投資者・競合的買収者
	同27条の13第4項 金融商品取引法施行令14条の2の2	➢ 買付後の株券等所有割合が三分の二を超える場合の応募株券等全部の買付け義務		対象者株主
	金融商品取引法27条の3・27条の14	➢ 公開買付開始公告及び公開買付届出書の提出義務、公衆縦覧		対象者株主・対象者取締役等・投資者・競合的買収者
	同27条の10第1項・27条の14 発行者以外の者による株券等の公開買付けの開示に関する内閣府令25条第1項	➢ 公開買付対象者の公開買付けに対する意見や根拠、防衛方針、質問等を記載した意見表明報告書の提出義務、公衆縦覧		対象者株主・投資者・買付者
	金融商品取引法27条の10第11項・27条の14	➢ 意見表明報告書において質問がなされた買付者の対質問回答報告書の提出義務、公衆縦覧		対象者株主・対象者取締役等・投資者
	発行者以外の者による株券等の公開買付けの開示に関する内閣府令13条第1項8号	➢ マネジメント・バイアウト（management buyout）9 の場合に、公開買付届出書に買付価格算定時に参考とした第三者の評価書等を添付する義務		対象者株主・投資者
大量保有報告	金融商品取引法27条の23・27条の25・27条の28	➢ 上場株券等の保有割合が百分の五を超える大量保有者に対する大量保有報告書及び変更報告書等の提出義務、公衆縦覧10	常時	投資者・当事会社の株主・当事会社の取締役等
その他	会社法360・422条	➢ 株主による取締役及び執行役の違法行為差止請求権	事前	当事会社の株主
	会社法施行規則118条第3号	➢ 会社の財務及び事業の方針の決定を支配する者の在り方に関する基本方針（以下、基本方針という）を定めている会社の、事業報告に当該方針の内容等を記載する義務	決定後	当事会社の株主
	企業内容等の開示に関する内閣府令第三号様式記載上の注意（12）	➢ 基本方針を定めている会社の、有価証券報告書に当該方針の内容等を記載する義務		投資者

9　ここでのマネジメント・バイアウトとは、公開買付者が対象者の役員、対象者の役員の依頼に基づき当該公開買付けを行う者であって対象者の役員と利益を共通にする者または対象者を子会社（会社法第2条第3号に規定する子会社をいう）とする会社その他の法人である場合の公開買付けを指す。平成18年内閣府令第86号による改正後の発行者以外の者による株券等の公開買付けの開示に関する内閣府令（以下、2006年発行者以外の者による公開買付けの開示に関する内閣府令という）13条第1項8号。

10　なお、特例対象株券等にかかる大量保有報告書等については、特例報告制度によることが認められている。金融商品取引法27条の26。

序　論

第2節　問題の所在

　日本のM&A法制における株主保護措置の特徴及び問題点としては、①依拠する法律が会社法（及び会社法施行規則）と金融商品取引法（及び企業内容等の開示に関する内閣府令等）に分かれており、公開買付けを活用した支配権の移転に纏わる株主保護の課題に両法が別個に対応しているため、公開買付けの強圧性低減に有効な連動した規制システムを構築し得ていないこと、②M&Aに関する行為の決定後に行われる措置を中心としており、支配権移転プロセスにおいて公正や利害調整を図る仕組みに乏しいこと、③株式や新株予約権の発行等、支配権に影響を及ぼし得る措置に関して取締役会に一定の裁量権が認められており、その際に必ずしも株主の意思決定機会が保証されていないこと等が挙げられる。

　公開買付けの強圧性、すなわち、公開買付けにおける既存株主への株券提供圧力は、応募しなかった株主や、部分買付けに応募したが按分比例方式により売付けできなかった株主が、公開買付け成立後、不利に取り扱われることが想起される場合に生ずる。一定の支配株式取得後に行われる安価な少数株主の締出しはかかる不利な取扱いの典型例であるが、締出し以外にも、支配株主の異動に伴う事業価値や株式価値の下落、株式の流動性の低下、会社や少数株主から新たな支配株主への不適切な富の移転が予想される場合等にも、強圧性が生じる可能性がある[11]。

　従って、公開買付け後を見据えた支配株主－少数株主間の利害調整システムは、公開買付規制同様、強圧性の低減に重要な役割を果たすと考えられるところ、かかる私人間の利害調整は基本的に会社法に委ねられており金融商品取引法の範疇にない。日本のM&A法制は、金融商品取引法において公開買付け後の株券等所有割合が三分の二以上となる場合にのみ全部買付け義務を課し、公開買付け後の株主間の利害調整については主として会社法上の訴権等を以って対処している。現状では両法が公開買付けを活用したM&Aにかかる株主保護の問題に対し、いかなる枠組みの下に対処すべきかが十分に検討されておらず、公開買付けの強圧性や少数株主の締出しへの対応、全支配権の取得が行

---

[11] 黒沼悦郎「公開買付けの規制（16）」blogs.yahoo.co.jp/mousikos1960/30543615.html（2009年）。

第2節 問題の所在

われない場合に会社に残る少数株主の保護等の課題が、両法の間に取り残されたままとなっている。

かかる状況下の日本の公開買付けの実証分析からは、少数株主の保護が十分でないため、買い手が機会主義的行動を取る余地があり、公開買付けに応ずる方が少数株主の獲得利益が大きくなることが示されており、日本の公開買付けが全体として強圧性を持つとの指摘がなされている[12]。公開買付けの強圧性は、対象株主の判断を歪め、経営資源の再配分に寄与しない非効率なM&Aを成立させる恐れがあるのみならず、二段階買収に活用された場合には、締め出される株主から申込者への不適切な富の移転をもたらす恐れがある。この研究結果は現行の株主保護措置が有効に機能しておらず、非効率な公開買付けや支配株主が会社や残余の少数株主から利益を収奪し得るM&Aを助長しかねない状況にあることを示唆している。

また、公開買付制度の趣旨は投資者に対するディスクロージャーと株主の平等待遇の保証、株主保護にあるとされてきたが[13]、元来、株主間の利害調整や株主保護は会社法の領域において解決が図られてきた内容であり、金融商品等の取引の公正性や円滑な流通、資本市場の価格形成機能の保護・促進を目的とする証券法[14]に置かれた公開買付制度の異質性は早くから指摘されていた[15]。近年の改正により、公開買付制度には上記の他、一部の者による支配

---

[12] 井上光太郎「TOB（公開買付け）と少数株主利益」商事法務1874号34頁以下（2009年）
[13] 内藤純一「株式公開買付制度の改正」旬刊商事法務1208号2-4頁（1990年）。
[14] 金融商品取引法の目的は、「企業内容等の開示の制度を整備するとともに、金融商品取引業を行う者に関し必要な事項を定め、金融商品取引所の適切な運営を確保すること等により、有価証券の発行及び金融商品等の取引等を公正にし、有価証券の流通を円滑にするほか、資本市場の機能の十全な発揮による金融商品等の公正な価格形成等を図り、もって国民経済の健全な発展及び投資者の保護に資すること」と規定されている。なお、金融商品取引法に改正される以前の証券取引法では、「国民経済の適切な運営及び投資者の保護に資するため、有価証券の発行及び売買その他の取引を公正ならしめ、且つ、有価証券の流通を円滑ならしめることを目的とする」と規定されていた。
[15] 神田秀樹監修『注解証券取引法』264-265頁、266頁注5（有斐閣、1997年）。神田氏は、支配権取得における買付者・株主間または株主間の利害対立の調整は会社法によって解決されるべき性質のものであって、証券取引法の規制範囲外であり、証券取引法が問題とするのは、公開買付に関連して、大株主の動向が将来の株式の需給関係及び投資価値に対し、重要な情報となり得る点についてのみであるとしている。また、投資者に対する開示と株主平等待遇の保証を強制公開買付制度の趣旨とする議論はいささか乱暴であり、証取法上の適正な公開買付規制を検討すべきと主張する。

権プレミアムの独占的享受の防止や支配権移転後の会社において不安定な地位に置かれる少数株主の保護、買収者間の公平性確保等の目的が加わっており、単一の趣旨から統一的に説明することはできないとされる[16]。近時の議論は公開買付規制のあり方を問い直すに止まらず、会社法制と証券市場法制の規制範囲や機能分担を問い、会社法制再構築の必要性を論ずるものに発展しているが[17]、これらは、本来、証券規制の制度趣旨の範疇にない会社支配権の争奪にかかる株主保護を、いかなる理念の下に何がどのように担うべきかを問うものと言える。

　日本のM&A法制、とりわけ、会社法の利害調整手段が、事後的措置を中心としていることに関しては、対価の著しい不相当を理由とする事後的救済の法的不安定性や実行困難性が批判されている他[18]、事後的措置の有効性自体に否定的な見解も示されている[19]。

　組織再編行為の無効原因としては組織再編契約の内容や承認決議、債権者保護手続き等の瑕疵や違法が挙げられているが、組織再編条件の不公正自体は無効事由とならず、株式等の買取請求権による救済を求め得るに過ぎないとされる[20]。株主総会の手続的瑕疵や決議内容の定款違反、特別利害関係人の議決

16　井上広＝石塚洋之＝眞武慶彦「強制公開買付けの概要および基本概念の整理」旬刊商事法務1840号83頁（2008年）。

17　江頭憲治郎『会社法制の将来展望』5-8頁（早稲田大学21世紀COE《企業法制と法創造》総合研究所、2008年）、神田秀樹＝黒沼悦郎＝静正樹＝鷲地隆継＝武井一浩「会社法と金融商品取引法の交錯と今後の課題〔中〕〔座談会〕」旬刊商事法務1822号4頁以下、「会社法と金融商品取引法の交錯と今後の課題〔下〕〔座談会〕」旬刊商事法務1823号13頁以下、中東1・前掲注(3)46頁以下、中東2・前掲注(4)58-61頁。また、日本取締役協会金融資本市場委員会は2007年10月17日発表の公開会社法要綱案（第11案）において、公開会社法制定による金融証券取引法と会社法の統合を提案している。

18　中村建「ドイツ法におけるスクイーズ・アウトと少数株主保護」亜細亜法学第44巻1号177頁（2009年）。

19　会社法の事後的救済措置につき、行為の瑕疵の確定に時間と手間がかかるのみならず、効力を覆した場合の法律効果の処理等における影響が大き過ぎることから、基本的に救済措置として有効でないとの認識が重要である旨を指摘したものとして、稲葉威雄「日本の会社立法のあり方序説　平成17年会社法を踏まえて」上村達男編『早稲田大学21世紀COE叢書　企業社会の変容と法創造　第4巻　企業法制の現状と課題』109-110頁（日本評論社、2009年）。

20　江頭・前掲注(8)772-773頁、797-798頁。合併比率の著しい不当または不公正自体は合併無効事由にならないと判示した裁判例として、三井物産合併無効確認請求事件東京地裁判決平成元年8月24日（判例時報1331号136頁）。なお、存続会社の増加資本額ま

第 2 節　問題の所在

権行使による著しく不当な決議は、株主総会決議の取消事由となる旨が規定されているが、組織再編条件の不当性に関して裁判所は、条件（合併比率）が多くの事情を勘案して種々の方式によってされ得ることから、企業価値の測定として許される範囲を超えない限り、著しく不当とは言えないとしている。また、改正前商法の解釈として、違法行為差止請求権や新株発行差止請求権に基づき、条件の不当な組織再編の差止を可能とする学説もあったが[21]、会社法において略式再編についてのみ対価の不当を理由とする差止請求権が規定された点から、それ以外の組織再編に関しては当該事由による差止が不可能と解されるとの指摘がなされている[22]。加えて、差止仮処分命令の申立には保全の必要性が要請されるところ、先例において、債権者に生ずる著しい損害または緊急の危険を回避する必要性と、債務者たる会社に生ずる損害とが比較考量されている点から、保全の必要性が認められにくい場合のあることが指摘されている[23]。従って、組織再編条件を不公正と考える株主が採り得る実際的な措置は、決議内容の当不当や適法性に関わりなく救済を受けられる株式買取請求権に帰着する。

株式買取請求権については2005年の改正により、組織再編行為によるシナジーの再分配と、組織再編がなされなかった場合の経済状態の保証という異なる2つの機能が課せられたと説かれており、裁判所による組織再編条件の事後的審査の性格が強められる一方で、その選択的な権利行使の許容が組織再編決

たは新設会社の資本額が解散会社の純財産額によって制約されるとの原則に反する場合、合併無効の訴えの原因となると解するものとして、上柳克郎「合併」『会社法・手形法論集』193-195頁（1980年、有斐閣）、合併条件の不公正を合併無効事由と考える学説として、龍田節「合併の公正維持」法学論叢82巻2・3・4号301頁（1968年）。

[21] 合併比率が著しく不公正であり、これを承認した株主総会決議に多数決の濫用が認められる場合には、合併承認決議の取消原因となり、ひいては合併無効の原因となることから、取締役に対し、合併手続きの実施差止を請求し得ると解すべきと説くものとして、大隅健一郎＝今井宏『会社法論　下巻Ⅱ』91頁（有斐閣、1991年）。また、解釈上問題の余地はあるが、著しく不公正な比率の場合には、新株発行の差止ないし合併無効の訴などの救済手段を利用する余地がなくはないと指摘したものとして、矢澤惇「合併貸借対照表における資産評価（完）」企業会計5巻1673頁（1953年）。

[22] 会社法784条第2項、796条第2項、藤田友敬「新会社法における株式買取請求権制度」黒沼悦郎、藤田友敬編『江頭憲治郎先生還暦記念　企業法の理論（上巻）』284頁、286頁注(44)（商事法務、2007年）。

[23] 中東正文『企業結合法制の理論』415-416頁（信山社、2008年）、初出、法律時報79巻5号（2007年）。

議に株主が過剰に反対する等の機会主義的行動を招く誘因となることが懸念されている[24]。今日、株式買取請求権は組織再編のみならず、発行株式に全部取得条項を付す定款変更に反対する株主にも認められており、かかる定款変更や株式取得決議に所定の方法で反対した株主等には、組織再編に反対した株主と同じく、裁判所への価格決定申立権が認められている。組織再編対価の柔軟化や種類株式の多様化等、買収対象企業を完全子会社化する手段の拡充に伴い、これら決議に反対した株主が提起した係争の数もまた、増加傾向にある[25]。これは権利の付与対象の拡大もさることながら、先の懸念の顕在化の証左とも受け止められ、近時の裁判例では、組織再編等に先立って行われた公開買付価格よりも裁判所の決定した価格が高い事案が現れたことから[26]、更に助長される恐れもある。

　また、株式買取請求権は2005年の改正により、組織再編によるシナジーの公正な分配が可能とされ、条件の公正性を図る機能が強化されたと雖も、株主に対し、公正価格による会社退出機会を提供するに過ぎない。会社法の他の事後的救済措置の実行困難性は、組織再編条件を不当と考える株主が会社に留まりつつ不利益を是正する方法の不備を示しており、その帰結としてわが国は、株式買取請求権に組織再編条件の不当にかかる株主保護の多くを依存している。

　加えて裁判所は、前述の全部取得条項付種類株式の買取価格決定申立事件において、公開買付価格の合理性につき、株価算定評価書や事業計画を開示してこれを説明しない状況下においては、多数の株主が公開買付けに応じたとの事実から、買付価格や買付価格の決定に当たって考慮されたプレミアムの額が合理的であり、正当であったと容易に推認することはできないと述べた上で、公開買付価格より高い買取価格を決定している[27]。この判示は公開買付けの実

24　藤田・前掲注(22)284頁、287頁注(47)。
25　㈱TKCが提供する法律情報データベース（LEX／DBインターネット）に集録されている裁判例の検索結果によれば、上場会社が関係した株式買取価格決定申立事件は、会社法改正以前の55年間では5件を数えるに過ぎなかったが、2006年以降2010年末までに、決定が行われた事案は15件に上っており、この中には同一申立人による事件も含まれる。なお、件数は上級審を含め、事案毎に1件とカウントしている。
26　レックス・ホールディングス全部取得条項付株式取得決議反対株主の株式取得価格決定申立事件抗告審東京高裁決定平成20年9月12日（金融・商事判例1301号28頁）、サンスター株式取得価格決定申立事件抗告審大阪高裁決定平成21年9月1日（金融・商事判例1326号20頁）。
27　東京高裁決定平成20年9月12日・前掲注(26)。

第2節 問題の所在

施過程において、買付価格が不当であっても、株主がこれを判断し、是正し得る情報や仕組みが提供されておらず、株主が支配権移転の是非を決定する環境に不備があることや、買取価格決定申立権が公開買付価格の合理性を事後的に審査し、不当な対価により少数株主を締め出す二段階買収の強圧性を低減させる役割をも担っていることを示している[28]。更に、裁判所の決定した価格は申立を行った株主の株式に対してのみ適用されるため、それが株主総会決議や事前の公開買付けにおいて提示された条件と異なったとしても、その価格は全ての株主に適用されず、対価の不公正に対する救済は全株主に及ばない。

以上から、わが国のM&Aにおける株主保護は株式買取請求権及び買取価格決定申立権に多くを依存しており、これらは組織再編条件の公正性のみならず、公開買付価格の合理性、ひいては二段階買収の強圧性の問題にも対応する一方で、少数株主の機会主義的な行為を誘引する恐れや、権利を行使した株主にしか公正が図られない等、対象株主間の平等性において課題を抱えていると言えよう。

③に関し、現行法は組織再編を会社の基礎的変更の一つと位置付け、原則的に株主総会特別決議による承認を要件とし、反対株主には株式買取請求権を認めている。公開買付けにより支配株式が取得される場合にも、当該企業の株券等の買付け申込み等を通じ、支配権の移転にかかる株主の意思が確認される。しかしながら、公開会社の株式及び新株予約権の発行・割当は有利発行に当たる場合を除き、取締役会決議によることとされており、公開会社の株主は新株引受権を有しないことから、発行可能株式総数と発行済株式総数の如何によっては、取締役会の決定に基づく新株等の発行により、会社支配権を移転させることが可能となっている。また、新株等の発行は、株主の議決権所有割合を変動させることから、敵対的企業買収への対抗措置としても活用されているが、これに関しても同様に取締役会決議によることが可能である。

かかる特定第三者への大規模な新株等の発行は、組織再編や公開買付け等を通じたM&Aと同様の支配権移転効果をもたらすにも拘らず、株主総会の承認や個々の株主の意思決定を経ることなく行われ、株主がこれらに設けられた株主保護措置を享受し得ない点において、著しい不均衡を生ぜしめるのみなら

---

[28] なお、本事件後、マネジメント・バイアウトに対しては、買付価格算定時に参照した第三者の評価書の写しを公開買付届出書に添付する旨が規定された。2006年発行者以外の者による公開買付けの開示に関する内閣府令13条第1項8号。

ず、会社支配権の移転を決する主体としての株主の地位を不明確なものとしている。また、買収防衛策として行われる新株等の発行は、株主の機関選任権限を左右するのみならず、株式の売却機会を阻害する恐れもあることから、同様の疑問を投げかける。

　大規模な第三者割当増資に対しては、東京証券取引所が2009年8月の上場規程等の改正において、発行済株式の議決権総数に対する議決権数の割合が300％を超える第三者割当増資を決定した上場会社を上場廃止とする旨を定めた他、議決権比率が25％以上となる第三者割当やこれ等により支配株主が異動する場合には、当該割当の必要性や相当性に関する意見の入手、もしくは株主総会決議等による株主の意思確認を要請した[29]。2009年12月に改正された企業内容等の開示に関する内閣府令においても、第三者割当増資に関する開示内容の拡充が図られる等[30]、株主及び投資者の権利ないしは利益を不当に害する恐れのある第三者割当増資の抑制を意図した措置が徐々に採られてきてはいるものの、現在までのところ、上場会社の大規模な第三者割当増資が株主総会に付議された事例はない。

　一方、買収防衛策に関しては、2006年の会社法施行規則において、株式会社が財務及び事業の方針の決定を支配する者の在り方に関する基本方針を決定している場合には、事業報告の内容として、当該内容や不適切な者による支配防止の取組み等について記載する旨が規定され、同年末の企業内容等の開示に関する内閣府令の改正により、有価証券報告書にもかかる方針や買収防衛策等に関する事項の開示が求められた[31]。また、各証券取引所は買収防衛策の導入に当たって尊重すべき事項を示した上で、上場会社の買収防衛策が株主の権利内容及びその行使を不当に制限しており、一定期間内にその状況が解消されない場合には、当該企業を上場廃止とする基準変更を行った。上場企業の多くは買収防衛策の導入に際し、株主総会にこれを付議しており、2008年7月末時点

29　東京証券取引所上場規程432条、601条第1項17号、同施行規則435の2、601条第13項6号。本規定は東京証券取引所のマザーズ以外の市場（いわゆる本則市場）に上場している内国株券等の発行会社に適用される。

30　平成21年内閣府令第73号による改正後の企業内容等の開示に関する内閣府令19条第2項1号ヲ、第二号様式記載上の注意 (23-2)-(23-8)、(23-10)。

31　会社法施行規則（平成18年法務省令第12号）127条、平成20年内閣府令第47号による改正後の企業内容等の開示に関する内閣府令第三号様式記載上の注意 (12)、第二号様式記載上の注意 (32)。なお、後の改正により、会社法施行規則127条の内容は118条第3項に移管されている。

で買収防衛策を導入していた570社のうち、株主総会に関連議案を上程した会社は555社に上っている。しかしながら、定款に買収防衛策の導入を株主総会決議事項とする旨の規定を設けた上で、これに基づき防衛策の承認決議を行った社数は249社であり、法令や定款に基づかない事実上の決議を行った企業も284社と多数を占める[32]。

このように、大規模な第三者割当増資や買収防衛策として行われる株式等の発行に対しては、会社法・金融商品取引法双方から開示制度が設けられ、証券取引所の規則を通じ、上場会社がかかる新株等を発行する場合の要件や範囲が一定程度明らかにされてきたものの、株主の意思決定の場が確保されるには至っておらず、その場合の株主総会決議の位置付けや法的効果等も明らかではない[33]。

法人格を有する会社の法的所有者は会社自身であるが、会社に危険資本を投下する株主は会社の実質的所有者と位置付けられ、株主としての資格において会社に対し、法律上の地位を有する。議決権を始め、会社支配に参与し、会社や取締役の経営を監督是正する権利はその一つであり、法は株主総会の法定決議事項として、会社の基礎に根本的変動を生ぜしめる事項等とともに機関の選解任権限を株主総会に留保している。この権限は民法上の所有物の使用権能の会社法的変容と考えられており、株主は取締役の選任を通じ、間接的あるいは直接的に経営に参画し、会社支配を実現させる[34]。これらの点から、会社支配を決する権利は株主にあると考えられ、議決権株式の割合の変動や移転は、会社支配権に影響を与えると言える。

株主の権利は株主が投じた危険資本と経済的には対価の関係にあり、資本多数決の原則の下、株主は出資額に応じて会社支配に参画し得ることから、株主の議決権比率の維持は当然には要請されず、その貢献に応じて会社の支配関係が形成されるに止まる[35]。しかしながら、大規模な議決権株式等の発行・割当は、資金調達や業容の拡大等に必要な業務執行上の行為である場合にも、依

---

[32] 藤本周＝茂木美樹＝谷野耕司＝佐々木真吾「敵対的買収防衛策の導入状況──2008年6月総会を踏まえて──」旬刊商事法務1843号50頁（2008年）。

[33] 敵対的買収防衛策に関する株主総会の役割に関し、効果や理論的根拠の不明確さを指摘したものとして、稲葉・前掲注(19)101頁。

[34] 以上につき、森本滋『会社法〔第二版〕』35-36頁注(1)、106頁、193頁（有信堂、1995年）。

[35] 森本滋「新株の発行と株主の地位」法学論叢104巻2号8頁（1978年）。

然として会社の人的・物的基礎や既存株主の使用権能に大きな変動をもたらす会社支配権の移転形態の一つと捉えられることから、発行等を決定した取締役の地位の保全や株主構成の変動を目的としていないことはもとより、公正な発行価額によって行われ、既存株主の財産的価値を低下させないとしても、また、上場会社の反対株主が市場で株式を売却し、会社を退出し得るとしても、かかる新株等の発行に関し、株主の意思決定機会が確保されていないことの当否が問題となる。

この問題は、公開会社の支配権の移転にかかる判断を誰に委ねるべきか、会社支配権の移転における株主の権利と取締役会の業務執行権限の関係をどのように位置付けるべきかという問題に帰着するものと思料される。現行法は特定第三者に対する大規模な新株等の発行や、会社の方針決定を支配する者の在り方に関する基本方針等の決定権者に関し、明確な指針を示していないが、会社支配権の所在に関わる事項につき、誰がどのような方法で決定すべきか、あるいはそれ自体を各社の定款に委ねるものとするのか等、株主及び取締役の権限や位置付けを含め、規制理念の明確化が求められるところと考える。

第3節　研究の目的及び考察の範囲・方法・順序

本書は、M&A 及び支配権移転時の株主保護に対する英国の規制理念やその背景、施策の変遷、効果等を英国 M&A 法制の史的展開の考察から明らかにし、対象会社株主の立場から解決が求められる上述の諸課題に英国がどのように対処しているかを解明するとともに、わが国の M&A 法制や対象株主保護のあり方を検討するための示唆を得ることを目的とする。前述のとおりわが国の M&A 法制は、会社法においては米国流会社支配市場法制に向かう一方、金融商品取引法の公開買付制度においては EU 型への傾倒が認められ、今後、どのような理念の下にいかなる道を歩むべきかが問われる局面にある。

米国型規制モデルの対極を成す EU の公開買付規制は、英国の規制に範を採ったものであり、英国の公開買付け等に対する規制は1968年以来、7,500件もの公開買付けを監督してきた民間団体である「買収及び合併に関するパネル」(the Panel on Takeovers and Mergers、以下、パネルと表記する場合がある)の自主規制に基づき、発展してきたものである[36]。今日、公開買付規制を含む英国の M&A 法制は主として英国会社法によって担われているが、わが国において英国会社法に関する研究は米国法のそれに比して、必ずしも十分には

第3節　研究の目的及び考察の範囲・方法・順序

行われていない。

　英国会社法は公開買付規制等のM&Aに関する手続き規定のみならず、圧倒的多数の対象株式を取得した者の少数株主への株式強制買取権や、少数株主側からの株式買取請求権等、支配権の移転に付随する独自の規定を発展させてきた一方で、イギリス法は体系的な結合企業法制を有しておらず、また、法制の前提となる文化的基盤が大きく異なるとも評される[37]。そのため、英国がかかる法制を採るに至った歴史的経緯や規制目的、その根底に流れる法的理念等を含め、これらを明らかにすることは、わが国の今後のM&A法制や株主保護のあり方、とりわけ、M&A法制において英国法を参照ないし継受する意義や妥当性、留意点等を検討する上で、重要な示唆を与えるものと思料する。

　英国会社法は、個別的修正法やその他の制定法を定期的に基幹法（principal act）に整理統合し、新たな総括法を制定する総括法形式を採っており[38]、現行法は2006年11月に改正された2006年総括会社法[39]である。英国会社法は先に挙げたM&Aに関する規定の他、少数株主への不当な利益侵害に関する救済規定や、主要株主等の株式所有状況の開示規定を早くから導入し、また、株主の新株引受権を法定する等、M&Aに関係し、株主保護の観点から参考になる条文を擁してきた。本書ではこれらを含め、支配権の移転にかかる一連の行為に対する規制をM&A法制として取り扱い、検討の対象とする。また、わ

---

[36] 北村雅史「イギリスの企業結合形成過程に関する規制」旬刊商事法務1832号12頁（2008年）。なお、パネルの公開買付け等の件数については、2005年1月に刊行された英国貿易産業省の諮問文書及び以後のパネルの年次報告書に基づく。The Department of Trade and Industry, A Consultative Document, Company law implementation of the European Directive on Takeover bids, January 2005, Annex D, p51, The Takeover Panel, Report and Accounts for the year ended 31 March 2006-2008.

[37] 河村尚志「イギリスの親会社株主保護」旬刊商事法務1833号39頁（2008年）、中東2・前掲注（4）60頁。

[38] 酒巻俊雄「英連邦諸国の会社法（2）」国際商事法務4巻54頁（1976年）。英国では1862年法以降、1908年、1929年、1948年、1985年、2006年に総括会社法が制定されている。

[39] Companies Act 2006, c46. 2006年総括会社法は、1929年法以来、グレートブリテン（Great Britain）にのみ適用されてきた適用範囲を、北部アイルランド（Northern Ireland）を含む英国・グレートブリテン及び北部アイルランド連合王国（United Kingdom of Great Britain and Northern Ireland）に拡大している（Companies Act 2006, §1 (1)(b), Geoffrey Morse, et al., Palmer's Company Law: annotated guide to the Companies Act 2006, 1st ed., 2007, p56）。本書では原則として会社法の適用を受ける領域を英国と呼ぶ。

が国の公開買付制度は有価証券報告書提出会社の株券等の買付けを規制の対象としており、その発行体は主として証券取引所に上場する会社である。これらの企業に対しては証券取引所等の規則が大きな役割を果たしていることから、かかる規制に関しても必要な範囲で考察を行う。一方、完全な支配権が移転した後の企業運営や支配関係の解消における株主保護の問題については、上記の少数株主への不当な利益侵害に関する救済規定を除き、基本的に本研究の対象から除外する。

英国会社法は、会社の規約（constitution）[40]に基づき、株主の責任を有限とする有限責任会社（limited companies）及び無限責任会社（unlimited companies）を体系的に規整しており、有限責任会社は株式有限責任会社（companies limited by shares）と保証有限責任会社（companies limited by guarantee）から成る[41]。株式有限責任会社並びに株式資本（share capital）[42]を有する保証有限責任会社には、公募会社（public companies）と私社（private companies）の別があり、私社は公募会社以外の会社を言う[43]。本書では、M&Aにかかる欧州共同体（European Communities、以下、ECという）[44]の会社法指令（Directive）やパネルの規則の適用対象等を勘案し、公募株式有限責任会社を当事会社とするM&Aに関する規制を中心に、考察を進める。

[40] 従来、会社の規約は、社名や登記上の本社、会社の目的、株主の責任範囲等を記載した基本定款（memorandum of association）と、会社の内部事項を定めた付属定款（articles of association）とされていたが、2006年改正時に会社の規約文書単一化方針が採用されたため、基本定款は会社設立時に署名者（subscribers）が会社の設立願い等を記述する形式的書面に変更され、これ以外の旧基本定款の内容は付属定款の規定として扱われることとなった。従って、2006年会社法における会社の規約は、付属定款と、規約に影響を与える株主総会決議及び契約の2点である。なお、国務大臣によって規定される模範付属定款（model articles）をTable Aと呼び、会社は模範付属定款の全部または一部の規定を自社の付属定款に採用することも、独自に付属定款を規定することもできる。id., p61-62, p70, Companies Act 2006, §8, §17, §19.
[41] 株式有限責任会社は株主の責任を、未払込部分を含む株式の払込総額（英国では会社法581条において、付属定款による株金分割払込制度が許容されている）に、保証有限責任会社は会社の解散時に会社資産への提供を約した総額に限定した会社であり、無限責任会社は構成員が無限責任を負担する会社を指す。Companies Act 2006, §3、小町谷操三『イギリス会社法概説』29-30頁（有斐閣、1962年）。
[42] 株式資本とは授権資本を指す。小町谷・前掲注(41)84頁。なお、英国会社法において株式（share）は株式資本を意味する。Companies Act 2006, §540 (1).
[43] Companies Act 2006, §4 (1)(2)、公募会社に関する規制整備の背景や要件等については第2部第5章第3節参照。

第3節　研究の目的及び考察の範囲・方法・順序

　本研究ではこれら英国M&A法制の制度化から今日までの約150年間の変遷を主たる考察の対象とするが、英国における会社の法的性質がM&A法制に影響を与えた点に鑑み、必要に応じて株式会社制度の成立過程に遡り、検討を行う。また、法令や規則を始め、議会文書や行政文書、判例、実際に行われたM&Aに関する記録、自主規制機関の報告書やM&Aに関するデータ等の様々な文献を通じ、制度や措置の変遷のみならず、立法趣旨や社会的背景、法的思想、制度の運用実態等の解明を試みる[45]。

　本書はまず第1部において、現行の英国M&A法制の概略を述べた後、第2部にてその起源から今日に至るまでの歴史的変遷やその背景等を紹介する。続く第3部において、わが国の会社法並びに金融商品取引法へのM&A法制導入の経緯や以後の展開等を概観した後、第4部において英国M&A法制の株主保護措置の特徴や目的、効果、かかる方策が採用された背景や法的理念、実態への影響等について考察するとともに、わが国のM&A法制のあり方や対象株主保護の課題について提言を試みる。

---

[44] ECは、ヨーロッパ経済共同体（European Economic Community、以下、EECという）、ヨーロッパ石炭鉄鋼共同体（European Coal and Steel Community）、ヨーロッパ原子力共同体（European Atomic Energy Community）の三共同体に、共通する単一の理事会及び委員会を設置する1967年8月のブリュッセル条約（Treaty of Brussels, OJ 152, 13/07/1967）の発効により発足したもので、マーストリヒトで調印された欧州連合条約（Treaty on European Union, OJ C 191, 29/07/1992）の発効（1993年11月）に伴い、ECに共通外交・安全保障政策（Common and Foreign Security Policy）、司法・内務協力（後に警察刑事・司法協力と改称、Police and Judicial Co-operation in Criminal Matters）に関する新たな協力体制が導入され、EUとなった際、EECがECと改称された。http://europa.eu/legislation_summaries/institutional_affairs/treaties/treaties_eec_en.htm, http://europa.eu/abc/treaties/index_en.htm、山口幸五郎『EC会社法指令』3頁（同文舘出版、1984年）、上田純子『英連邦会社法発展史論──英国と西太平洋諸国を中心に──』51-62頁（信山社出版、2005年）。EC会社法指令については第2部第5章第1節参照。

[45] 会社法制の将来を展望する前提として、会社法制の沿革についての認識、とりわけ運用実態の沿革認識の重要性を指摘するものとして、江頭・前掲注(17) 3頁。

第1部

英国における現行 M&A 法制の概要

概　説

　英国会社法は、名実ともに会社法の近代的基礎を確立した最初の総括会社法が1862年に制定されて以来[1]、株主の責任範囲や株式資本の有無等によって異なる種類の会社を体系的に規整する。本書が論考の対象とする株式有限責任会社のM&Aに関する規定は、主として、2006年11月に改正された英国会社法の第26部「整理及び再建」（Part26 Arrangements and Reconstructions）[2]、第27部「公募会社の合併及び会社分割」（Part27 Mergers and Divisions of Public Companies）、第28部「買収等」（Part28 Takeovers Etc.）に置かれている。これらは、かつて会社の整理及び再建に関する内容として一つの部を構成していた三条文から発展したものである。

　会社法以外に英国のM&A法制を構成するものとして、金融サービス機構（Financial Services Authority、以下、FSAと表記する場合がある）の上場規則（Listing Rules）等におけるM&A関連規制がある。FSAは2000年金融サービス市場法（Financial Services and Markets Act 2000、以下、FSMAと表記する場合がある）[3]に基づき、制定法上の権限を授権された民間機関で、英国の上場監督官庁（UK Listing Authority）として、規制市場（regulated market）[4]に上場

---

[1] An Act for the Incorporation, Regulation, and Winding up of Trading Companies and other Associations, 25 & 26 Vict., c.89. (hereinafter referred to as Companies Act 1862)、本間輝雄『イギリス近代株式会社法形成史論』154頁（春秋社、1963年）。

[2] arrangement、reconstructionの訳語につき、法務府法制意見第4局は債務整理、再組織（法務府法制意見第4局「英国会社法（抄）――1948年――」法務資料第315号1頁（1951年））と、小町谷氏は協定、再建（小町屋操三『イギリス会社法概説』480頁以下（有斐閣、1962年））、中東氏は整理、再構築（中東正文『企業結合・企業統治・企業金融』411頁（信山社、1999年））と訳出されている。本書では整理、再建と表記する。

[3] Financial Services and Markets Act 2000, c.8. (hereinafter referred to as FSMA)

[4] 規制市場とは、2004年4月21日に採択された金融商品市場に関する指令（Directive 2004/39/EC of the European Parliament and of the Council of 21 April 2004 on markets in financial instruments amending Council Directives 85/611/EEC and 93/6/EEC and Directive 2000/12/EC of the European Parliament and of the Council and repealing Council Directive 93/22/EEC（hereinafter referred to as Directive 2004/39/EC), OJ L 145, 30/4/2004, p1-44) Article 4 (1) 14に定義される「市場運営者により運営・管理される、多数の第三者の金融商品の権利（interest）の売買を媒介する多角的システム（multilateral system）」を指し、2008年5月現在、英国の規制市場としてロン

する証券の上場審査や上場企業への規制機能を担っている[5]。FSA の上場規則や開示・透明性規則（Disclosure Rules and Transparency Rules）には、上場企業による資産や株式等の取得並びに譲渡等の重要な取引に対する規制や、議決権所有状況の開示制度等が含まれており、上場企業の M&A は会社法の規制に加え、これらの制約を受ける。

　以下では、英国 M&A 法制の史的展開の検討に先立ち、英国会社法及び FSA の規則における現行 M&A 法制の内容を概観する。

　　ドン証券取引所を含む七市場が認可されている。英国の規制市場については http://www.fsa.gov.uk/register/exchanges.do 参照。
[5]　FSA については第 2 部第 6 章第 6 節参照。なお、FSA の認可投資取引所（recognised investment exchange）であるロンドン証券取引所は、開設する市場での取引を許可（admission to trading）する権限を有しており、ロンドン証券取引所が開設する市場での取引には FSA による上場許可に加え、ロンドン証券取引所の許可が必要とされる。ロンドン証券取引所は認可・開示基準（Admission and Disclosure Standards）に基づき、取引の認可を行っているが、取引認可は FSA の上場認可を前提としているため、その要件は重複を回避した、比較的簡素な内容となっている。河村賢治「イギリス上場規則・開示規制の研究——公開会社および金融・資本市場法の観点から——」イギリス資本市場研究会編『イギリスの金融規制——市場と情報の観点から——』162-168頁（日本証券経済研究所、2006年）。

第1章　英国会社法における M&A 規定の概略

第1節　第26部「会社の整理及び再建」

　企業が事業の発展や衰退、あるいは財政的危機の打開に伴い、定款や資本構成の変更、M&A 等を行う際、債権者や株主との法的関係や既存の権利内容の変更を必要とする場合がある。英国会社法の会社の整理や再建に関する規定は、一部の債権者や株主の同意が得られず、これらが実現できない事態を解決すべく備えられたもので、合併や事業（undertaking）[6]等の譲渡はこの範疇に置かれている[7]。

　整理や再建の定義は会社法に設けられていないが、一般に企業や会社運営に関する内部の再編を表す用語と考えられている[8]。整理は元来、会社法において、会社の清算（winding up）に際して清算人によって行われる協定等を意味していたが[9]、その後、異なる種類の株式（share）の統合や異なる種類の株式への分割等、株式資本の再構成等も整理に含まれるものとされ[10]、今日では合併や会社分割、買収等の M&A や、経営破綻の回避に向けた債権者との和解（compromise）[11]等を達成する手段として、広く用いられている[12]。一方、

---

[6] 2006年会社法において undertaking は法人、組合、営利・非営利目的かを問わず事業を営む法人格なき社団を指すとされる。Companies Act 2006, §1161 (1). 本書では基本的に事業と訳出する。

[7] 小町谷・前掲注(2)480-481頁。

[8] Clive M. Schmitthoff, Palmer's Company Law, 24th ed., 1987, Vol.1, para. 79-01.

[9] Companies Act 1862, §136, §159, §161。会社の清算に関する規定は、1986年支払不能法（Insolvency act 1986, c45）に移管されるまで会社法の中に置かれていた。1862年法の規定内容については第2部第1章第1節、1986年支払不能法については後掲注(19)参照。なお、英国会社法において清算（winding up）と解散（liquidation）の語は無差別に用いられる。L. C. B. Gower, the Principles of Modern Company Law, 3rd ed., 1969, p647.

[10] 後掲第2部注(36)参照。現行法の規定については、Companies Act 2006, §895 (2) 参照。

[11] 和解は元来、会社の清算時に裁判所の許可あるいは会社の決議に基づき、清算人が債権者と行う妥協を意味しており（Companies Act 1862, §159）、権利の執行に関する困

第1部　第1章　英国会社法におけるM&A規定の概略

再建は第一義的に、新会社を設立し、旧会社の事業資産を譲渡することにより、会社の規約に若干の変更を伴うものの、実質的に同一主体が同一事業を営むことと考えられている[13]。

英国会社法の整理または和解の手続きは、裁判所に対する株主総会等の招集の申立、必要な承認を得るための株主総会等の開催、裁判所によるスキームの承認の3段階で構成される。第26部「会社の整理及び再建」において、会社と債権者、あるいは会社と株主の間で和解または整理が提案され、会社、債権者、株主、清算中の会社にあってはその清算人ないし管財人が裁判所に申立を行った場合、裁判所により債権者集会（数種の債権者がある場合は各種の債権者集会）もしくは株主総会（数種の種類株式がある場合は各種の種類株主総会）が招集される[14]。直接または委任状を通じて会議に出席し、票を投じた債権者あるいは株主の過半数、且つ債権（種類債権者集会の場合はその種類の債権）もしくは株式（種類株式の場合はその種類の株式）の価値[15]の75％に相当する債権者ないし株主が、当該和解または整理に同意した場合、裁判所は会社や債権者、株主等の申請に基づき、当該和解及び整理の承認を為し得るものとされ、裁判所の承認を得た和解または整理は、決議に反対した者を含む全ての債権者もしくは株主、会社、清算中の会社の場合には清算人及び追加出資義務者

難や争議を前提とした、整理よりも狭義の語と考えられている。J. B. Lindon, Buckley on the Companies Acts, 13th ed., 1957, p403, Geoffrey K. Morse, et al., Palmer's Company Law, 25th ed. (hereinafter referred to as Morse, et al., 25th ed.), 1992, para. 12.010. 1862年法159条については第2部第1章第1節参照。なお、小町谷氏はcompromiseを妥協と訳されており、法務府法制意見第4局は和解と訳出している（小町谷・前掲注(2)484頁、法務府法制意見第4局・「英国会社法（抄）──1948年──」法務資料第315号1頁（1951年））。本書では和解と表記する。

12　整理は和解よりも広義の語と解されており、困難等を前提とするような制約はない。また、和解のように、利益の埋め合わせもなく、株主が全ての権利を放棄するようなスキームを表現するには適さない語とされる。Schmitthoff, supra note 8, paras. 79-06 and 79-07, Lindon, supra note 11, p403.

13　id., p586, Paul Frederick Simonson, the Law related to Amalgamation of Joint Stock Companies, 4th ed., 1931, p9, *In re South African Supply and Cold Storage Company Wild v Same Company* [1904] 2 Ch. 268, 286. なお、必ずしも資産または負債の全てを譲渡する必要はない。

14　Companies Act 2006, §895(1), §896.

15　各株式の価値は等価とされる。債権の価値は各種類の債権総額に依存し、債権者は概算額を推定し得る債務に関してのみ主張を行うことができる。Schmitthoff, supra note 8, paras. 79-16 and 79-17.

(contributories)[16]に対し、法的拘束力を有する[17]。

アマルガメーション（amalgamation）[18]は再建とともに、和解または整理において提案されるスキームの一つとして第26部900条「再建またはアマルガメーションを促進する裁判所の権限」に登場する。第26部の他の規定が、継続事業体か清算過程にあるかを問わず、1986年支払不能法及び1989年支払不能（北部アイルランド）命令[19]の下に清算されるいかなる会社をも対象とするのに対し、900条は英国会社法上の会社、すなわち、同法及び1986年会社（北部アイルランド）命令の下に設立・登記された会社にのみ適用され、外国会社には

---

[16] 2006年会社法に追加出資義務者の定義は置かれていないが、1986年支払不能法79条第1項において、同法及び会社法上の追加出資義務者とは、会社の清算に際し、会社資産に出捐する義務を負う者と定義されている。2006年会社法11条第3項において、保証有限責任会社の構成員もしくは構成員であることを辞めてから1年以内の者は、保証有限責任会社の清算に際し、会社資産に出捐する義務を負う旨が規定されている。一方、株式有限責任会社の株主は、所有株式に未払込株金がある場合、付属定款の定めに従い、取締役会決議に基づき、要求額を支払う義務を負う（Table A for public companies, 12）他、会社の清算に際しては裁判所から未払込株金の支払いの履行を命ぜられる場合がある（Companies Act 2006, §653 (3)(b)）。

[17] Companies Act 2006, §899 (1)-(3).

[18] 中東氏はアマルガメーションをわが国の合併に相当する語と紹介されており（中東・前掲注(2)412頁）、法務府法制意見第4局（法務府法制意見第4局・前掲注(2) 3頁）、小町谷氏（小町谷・前掲注(2)481頁）も合併と訳されているが、本書ではアマルガメーションと表記する。

[19] Insolvency Act 1986, c45, the Insolvency (Northern Ireland) Order 1989, SI 1989/2405. 1986年支払不能法は従来、別個に規定されていた会社と個人の支払不能にかかる手続きを統合した初めての法で、1985年支払不能法（Insolvency Act 1985, c.65）のほぼ全文、1985年総括会社法（Companies Act 1985, c.6）第16、20、21編の会社の清算及び支払不能に関する規定、1970年支払不能サービス（会計及び投資）法（the Insolvency Services (Accounting and Investment) Act 1970）その他を総括している。1986年支払不能法は英国に登記されている会社はもとより、登記されていない会社（unregistered companies）や海外の会社の清算についても取り扱っている（Insolvency Act 1986, §220-§229）。なお、命令（order）は英国の二次立法（secondary legislation）の一種である。英国の法令は、立法手続きにより制定された一次立法（primary legislation）と、一次立法の権限に基づき行政機関等が制定した二次立法に区分され、二次立法の一つである英国の制定法文書（Statutory Instruments、S.I.）には命令、規則（regulation）、規定（rule）の3つがある。英国の法令については英国法務省の法令出版局（UK Statutory Publications Offices）のウェブサイト（http://www.statutelaw.gov.uk/help/Introduction_to_UK_Legislation.htm）参照。

適用されない[20]。アマルガメーションは法律用語ではなく、整理と同じく、英国会社法に定義は設けられていないが、同条第1項に、2社以上の会社が関係し、そのスキームの下に事業または財産の全部ないし一部が他の会社に譲渡される旨の記載がある[21]。

再建及びアマルガメーションに関する和解または整理が提案され、法定多数の株主または債権者の賛成に基づき、裁判所にこれらの承認を求める申立がなされた場合、裁判所は当該和解または整理を認める命令あるいはこれに続くその後の命令により、以下の内容の全部または一部にかかる措置を行うことができるものとされている[22]。

a) 譲渡会社（transferor company）の事業、財産（property）または負債（liabilities）の全部または一部の譲受会社（transferee company）への譲渡
b) 和解または整理に基づき、譲受会社によって交付される譲受会社株式、社債、保険証書その他の、譲受会社による割当
c) 譲受会社による譲渡会社の訴訟の継受
d) 譲渡会社の清算手続きによらない解散（dissolution）
e) 裁判所所定の期間・方法による和解または整理に反対した者への措置
f) 再建やアマルガメーションが完全に有効に実施されるために必要な一切の事項

なお、財産には各種の権利能力、負債には義務が含まれる[23]。

譲渡会社の資産及び負債は裁判所の命令により、権利の委譲手続きや債権者等、第三者の同意を得ることなく譲受会社に移転され、譲受会社は譲渡会社の事業を構成していた資産及び負債を所有することが可能になる[24]。この点から英国会社法900条は、わが国の会社法における吸収合併や新設合併、会社分割と同等の効果を生ぜしめる規定と言うことができる[25]。

アマルガメーションや再建を含む和解及び整理のスキームは、買収対象企業

20　Companies Act 2006, §895 (2), §1 (1).
21　Simonsonはアマルガメーションを①1社以上の会社による、事業及び財産の全部または一部の既存企業への譲渡、あるいは②2社以上の会社による、事業及び財産の全部の新設会社への譲渡のいずれかであって、譲渡の対価を譲受会社の株式とし、譲渡会社の株主に割り当てるものと結論付けている。Simonson, supra note 13, p9-11.
22　Companies Act 2006, §900 (1)-(2).
23　Companies Act 2006, §900 (5).
24　Stephan Kenyon-Slade, Mergers and Takeovers in the US and UK Law and Practice, 2004, para. 8.57.

第1節　第26部「会社の整理及び再建」

の全株式の取得や持株会社の設立等、M&A の実施に幅広く活用されており、譲渡会社の100％減資と譲受会社への新株発行、譲受会社による譲渡会社株主への対価の支払いを通じ、完全親子会社関係を創出する整理のスキーム（reduction scheme、減資スキーム）も行われている[26]。

　日本企業が整理のスキームを活用した M&A の事例としては、2006年2月から6月にかけて行われた日本板硝子㈱による英国ガラスメーカー Pilkington plc の全株式の取得、2006年12月から2007年4月の間に行われた日本たばこ産業㈱による大手たばこ会社 Gallaher の完全子会社化、2007年11月から2008年2月にかけてオリンパス㈱が実施した医療機器会社 Gyrus Group PLC の買収、2009年2月から4月に行われた㈱スクウェア・エニックス・ホールディングスの Eidos plc 全株式の取得等が挙げられる[27]。

　以上から、英国会社法第26部の規定は企業の組織再編行為のみならず、事業譲渡や全株式の取得をも可能にする、広義の M&A 規定と位置付けられる。

　裁判所はスキームを承認するに当たり、①決議が法定多数の承認を得ている

---

[25] 英国会社法において新設合併は、新会社への事業譲渡と譲渡会社の清算を経ない解散、事業譲渡の対価としての譲渡会社株主に対する新設会社株式の発行によって行われる。id., para. 8.60.

[26] id., paras. 8.47, 8.55, and 8.60, Schmitthoff, supra note 8, paras. 79-03 and 79-05. 平野正弥「日本企業による英国での TOB について」国際商事法務34巻12号1616頁（2006年）。減資スキームによる株式交換や企業買収は、株式の譲渡を伴わないため、これにかかる印紙税を回避できるメリットがある。Weinberg and Blank on Take-Over and Mergers, 5th, ed., 1989, paras. 2-066, 4-081/4 and 4-081/5.

[27] 日本板硝子(株)の事案は、すでに約20％の株式を保有し、資本事業提携先であった Pilkington plc の全普通株式を、NSG UK Enterprises を通じ、一株当たり165ペンス（約340円）の現金もしくは額面償還請求権付利付債により取得し、完全子会社化したものである。また、日本たばこ産業(株)のケースは子会社の JTI (UK) Management Ltd を通じ、Gallaher の発行済及び発行予定全株式を一株当たり1,140ペンス（2,635円）の現金で、オリンパス㈱も同様に Olympus UK Acquisitions Limited を通じ、Gyrus Group の全普通株式を一株当たり630ペンス（1,426円）の現金で、取得したものである。(株)スクウェア・エニックス・ホールディングも英国の完全子会社を通じ、Eidos の発行済及び発行予定全株式を一株当たり32ペンスの現金で買収した。詳細は各社のホームページ

http://www.nsg.co.jp/press/2006/0227.html,
http://www.pilkington.com/pilkington-information/investors/default.htm,
http://www.jti.co.jp/investors/press_releases/2006/pdf/20061215_03.pdf,
http://www.olympus.co.jp/jp/corc/ir/tes/2007/nr20071119.cfm#top,
http://www.square-enix.com/jpn/pdf/news/20090422_01.pdf　参照。

か、②法定多数がその種類の株主総会や債権者集会を正しく代弁しているか、多数株主が全体の利益に反する利益を図るため、少数株主を強制していないか、③合理的な人間が承認し得るスキームか等を検討の上、裁量権を行使する[28]。従って、形式的な要素が全て整っていれば、自動的にスキームが承認される訳ではなく、スキームが関係者の多様な利害に対して公正であるか、合理的に承認されたかが重要とされる。他方で、裁判所はスキームの商業上のメリットには関知しないため、スキームを支持した多数決に大きな影響を受ける[29]。なお、和解または整理に関しては法文上、株主の株式買取請求権は設けられておらず、再建やアマルガメーションについても同様である。

第2節　第27部「公募会社の合併及び会社分割」

英国会社法第27部は、公募会社に対し、合併（merger）または会社分割（division）を含む会社の再建またはアマルガメーションのスキームが提案された場合について規定する。これらはEC会社法第三指令及び第六指令の採択を受け、英国会社法に挿入されたもので[30]、裁判所は第27部の要件が遵守されない限り、第26部に基づく和解または整理の承認を行ってはならないとされていることから[31]、第27部は公募会社を当事会社とする再建もしくはアマルガメーションの特別規定の位置付けにある。

英国会社法において合併とは、そのスキームにおいて、和解または整理が提案された会社を含めた1以上の公募会社の事業、財産及び負債が、既存の公募会社あるいは新設会社（公募会社か否かを問わない）に譲渡されることとされ、会社分割とは、和解または整理が提案された会社の事業や財産及び負債が、1以上の既存の公募会社あるいは新設会社（公募会社か否かを問わない）に分割・譲渡される場合を言う[32]。

28　Lindon, supra note 11, p409, Schmitthoff, supra note 8, paras. 79-15, 79-16, 79-17 and 79-18. なお、会社の全株式を取得する整理のスキームに対しては、後述する979条との整合性が求められる場合があり、Hellenic事件では、発行済普通株式の無効とこれに対する対価の支払い及び新株の発行を通じ、特定の会社が全株式を取得する整理につき、本条及び979条の承認に必要な法定多数（979条では90％以上）が異なる点等が考慮され、承認の申立が棄却されている。*Re Hellenic & General Trust Ltd* [1975] 3 All ER 382.
29　Morse, et al., 25th ed., supra note 11, paras. 12.070 - 12.072.
30　第2部第5章第4節参照。
31　Companies Act 2006, §903(1).

第2節　第27部「公募会社の合併及び会社分割」

　前述の第26部が、譲渡会社の立場から再建またはアマルガメーションの手続きを定めているのに対し、第27部は両当事会社が行うべき手続きを規定している。主な手続きには、当事会社[33]取締役会（the directors）による合併または会社分割スキームの原案（draft terms）作成及び承認、会社登記官（registrar）へのスキーム原案の複写の送付及び当該機関による受領公告、各当事会社株主総会における当該スキームの承認、各当事会社取締役会による和解または整理の効果や条件の法的・経済的根拠（特に株式交換比率）等を説明する報告書の作成、法定監査人（statutory auditor）の資格を有する独立した専門家による報告書（expert's report）の作成、これら書類の株主総会1ヶ月前から総会当日までの開示等がある[34]。

　原則としてスキームの承認には、直接または委任状を通じて株主総会に出席し、票を投じた各当事会社の各種類の株主の、数にして過半数及び価値にして75％相当の賛成を要するが、裁判所が所定の要件を満たしていると認めた場合には、親会社による完全子会社の吸収合併においては全当事会社の、90％以上の関連証券（relevant securities）[35]を所有する会社による子会社の吸収合併では親会社側の、1以上の既存の譲受会社による完全子会社の会社分割においては子会社側の、株主総会承認が不要とされる[36]。また、完全子会社の吸収合

---

[32] Companies Act 2006, §904 (1), §919 (1).

[33] 吸収合併における当事会社（merging companies）とは譲渡会社及び譲受会社の両社、新設合併の場合には譲渡会社、会社分割における当事会社（companies involved in the division）とは譲渡会社及び既存の譲受会社を指す。Companies Act 2006, §904 (2), §919 (2).

[34] Companies Act 2006, §905‐§909, §920‐§924.

[35] 関連証券とは株主総会の議決権を有する株式及び有価証券を指す。Companies Act 2006, §915 (6), §916 (6).

[36] 所定の要件とは、①(a)完全子会社の吸収合併及び会社分割の場合には、裁判所の命令が出される日の、(b)90％以上の証券を所有する会社による子会社の吸収合併においては、スキームの承認を目的とする譲渡会社株主総会の、少なくとも1ヶ月以上前に会社登記官によりスキーム原案受領通知が公示されること、②吸収合併においては譲受会社の、会社分割においては当事会社の株主が、上記の1ヶ月間、登記上の本社にてスキーム原案等の関連書類の検分・複写を行うことが可能であること、③吸収合併の場合には譲受会社の、会社分割においては譲渡会社の、少なくとも5％以上の議決権を有する1名以上の株主が、上記期間中、当該スキームを決議する各種類株主総会の招集権限を有しており、且つ、かかる要求がなかったこと、加えて会社分割においては、譲渡会社取締役がスキームを承認する株主総会の通知を受領する資格を有する株主と譲受会社取締役に対し、スキームが採択された日から裁判所の命令が出される日の1ヶ月前までの間に生じ

併に際しては、合併スキーム原案の譲渡会社株主への株式割当にかかる事項の記載は不要とされ、取締役会及び専門家による報告書等も要求されない[37]。

第3節　第28部「買収等」

1．緒論

　先の第26部及び第27部が、主として組織再編行為を通じたM&Aを規制するのに対し、第28部の「買収等」は会社の株式取得を通じたM&Aを規制の対象とする。

　英国では1950年代以降、株式の取得を通じ、企業結合の拡大が図られてきたが[38]、かかる行為への直接的な規制は制定法に設けられず、ロンドンの金融街シティの自主規制機関である買収及び合併に関するパネル[39]が刊行・運用する自主規制「シティ・コード（City Code on Takeovers and Mergers、以下、シティ・コードもしくは単にコードという）」が、これを律してきた。しかしながら、2004年4月にEUの公開買付けに関する指令[40]が採択されたことを機に、英国の伝統的な自主規制によるM&A規制アプローチは、制定法に基づく枠組みへと転換され、わずか9条の規定が置かれるに過ぎなかった会社法の買収関連規定は、2006年法において4章51条構成へと大幅に拡充された。ここでは、第28部第1章のテイクオーバーパネル、第3章の少数株主の締出し及び少数株主からの売却について概説するとともに、現行のシティ・コード[41]の概要を紹介する[42]。

　　た譲渡会社の財産及び負債に関する重要な増減につき、報告書を送付した場合と規定されている。この他、裁判所が上記要件の充足を認めた場合には、吸収合併及び会社分割における譲受会社の株主総会が不要とされる（①については(b)の要件が適用される）。Companies Act 2006, §916 - §918, §931 - §932.

37　Companies Act 2006, §915 (1)-(4).
38　中東・前掲注(2)414頁。
39　パネル及びコード誕生の経緯については第2部第4章第3節参照。
40　Directive 2004/25/EC of the European Parliament and of the Council of 21 April 2004（hereinafter referred to as Directive 2004/25/EC）OJL 142, 30/4/2004, p12-23. 内容については第2部第7章第1節参照。
41　The City Code on Takeovers and Mergers, 8th ed., in loose-leaf format, 20 May 2006（hereinafter referred to as Code）.
42　第28部第2章の買収の障害（Impediment to Takeovers）については、第2部第7章第3節参照。

第3節　第28部「買収等」

2．パネルの位置付けと権限

　従来、制定法上の根拠を持たない業界の自主規制機関であったパネルの地位は、2006年会社法において、会社法上に基礎を置く機関へと変更され、法的権限が与えられた[43]。パネルは第28部第1章によって授権された機能を有する機関として、当該機能を果たす上で必要ないしはその目的に適したいかなる行為をも行うことができるものとされ、M&A全般を規制する監督機関に位置付けられた[44]。

　パネルは公開買付けに関する指令を履行するための規則の策定を義務付けられているだけでなく、公開買付け（takeover bids、以下、TOBと表記する場合がある）[45]や合併（Merger）取引、会社の所有権や支配権に直接間接に影響を与える上記以外の取引等に関する規則の制定権を与えられており、従前より運用されてきたシティ・コードの規定もこれに含まれる[46]。パネルは規則の解釈や適用、効果に関し、拘束力ある裁定を為し得るが、その裁定に対しては審査委員会（Healings Committee）による再審査の、審査委員会の決定に対しては上訴委員会（Takeovers Appeal Board）に上訴する機会が設けられている[47]。パネルは規則に基づき、違反行為の抑止に必要な指示（direction）を与える権限や、書面による通知に基づき、機能行使に必要な書類や情報の提供を求める権限、規則違反等に対する制裁措置を講じ、あるいは金銭的賠償を命ずる権限

---

[43] パネルへの法的権限の付与は、2006年4月に制定された公開買付け指令（暫定実施）規則（The Takeovers Directive (Interim Implementation) Regulations 2006, SI 2006/1183）により、公開買付けに関する指令の履行に必要な部分のみ、会社法改正に先行して実施され、2007年4月の2006年法第28部の施行を以って、買収全般にその権限が拡張された。その経緯については第2部第7章第2節及び第3節参照。

[44] Companies Act 2006, §942 (1) (2), Geoffrey Morse, et al., Palmer's Company Law: annotated guide to the Companies Act 2006, 1st ed. (hereinafter referred to as Morse, et al., 2006), 2007, p696.

[45] 公開買付（takeover bid）の語は、英国の文献等において従前より一般的に使用されていたが、英国会社法上、正式に登場したのは2006年会社法においてである。英国会社法におけるtakeover bidは、公開買付けに関する指令におけるtakeover bidと同義とされ、指令においてtakeover bidは、規制市場で取引される会社の支配権取得を目的として、会社の議決権付譲渡性証券の保有者に対して行われる、当該証券の全部あるいは一部の公的な取得申込と定義されている。Companies Act 2006, §971(1), Directive 2004/25/EC, Article 2, definitions 1(a).

[46] Companies Act 2006, §943(1)-(3).

[47] Companies Act 2006, §945, 951(1), (3).

等を授権されている[48]。これらはパネルが自主規制機関時代に構築してきた制度や活動に法的根拠を与えたもので、加えて、パネルは新たに、裁判所への申立及びその命令を通じ、規則に基づく要請（rule-based requirement）の執行を図ることが可能となった[49]。

パネルは金融業の業界団体[50]から推薦されたメンバーやパネルが指名する20名以内のメンバーを含む34名で構成され、会長1名と最大2名の副会長を擁する。日常の規制及び監視業務は、エグゼクティブ（Executive）と呼ばれる組織が担当しており、調査の実施やコードに関連する取引の監視、コードの解釈や適用に関する裁定等に当たっている。パネルの下には、規則の策定や改訂等を行うコード委員会、エグゼクティブによる裁定の再審査や懲戒手続きの審問を行う審査委員会、指名委員会、報酬委員会が設置されており、審査委員会の裁定に対する訴えを審理する上訴委員会はパネルとは別個に組織されている[51]。

3．シティ・コードの概要

パネルの規則であるシティ・コードは、対象株主が買収の利点を決定する機

---

[48] Companies Act 2006, §946, §947, §952, §954. コード及び裁定違反に対する審査委員会の制裁等には、私的または公式な譴責、パネルによって付与された免除や承認、特別な資格等の停止または撤回、懲戒処分等を検討し得る国内外の監督機関への当該行為の報告、違反者を示唆する声明の発表がある。Code, Introduction, 11 DISCIPLINALY POWERS. 金銭的賠償の先例としては1989年7月、パネルが前年に行われたGuinness社のDistillers社株式買付けにおけるコード違反の賠償として、前Distillers株主に8500万ポンドを支払うようGuinness社に命じた事案がある。Panel on Take-overs and Mergers, Panel Statement, 1989/13, 14/07/1989, the Distillers Company Plc, Sanction imposed on Guinness that it must compensate certain Distillers shareholders.

[49] Companies Act 2006, §955.

[50] パネルメンバーの推薦団体には、英国保険業協会（the Association of British Insurers）、投資会社協会（the Association of Investment Companies）、専属顧客投資マネジャー及び株式ブローカー協会（the Association of Private Client Investment Managers and Stockbrokers）、英国銀行協会（the British Bankers' Association）、英国産業連盟（the Confederation of British Industry）、英国勅許会計士協会（the Institute of Chartered Accountants in England and Wales）、投資顧問協会（the Investment Management Association）、ロンドン投資銀行協会（the London Investment Banking Association）、全国年金基金協会（the National Association of Pension Funds）の8団体がある。Code, Introduction, 4(a).

[51] 以上、パネルの組織については Code, Introduction, 4(b)-(c), 5, 8(a)。

第3節　第28部「買収等」

会の確保や、買収等の申込者（offeror）による同種の全株主に対する平等な取扱いを主たる目的とする[52]。コードは、序文、一般原則、定義、規則から成り、必要に応じて注釈（note）や附表（appendix）が設けられている。

　コードが適用される企業及び取引の範囲は序文に示されている。対象となる企業が（ⅰ）英国、チャンネル諸島及びマン島に登記上の本社（英国で登記されていない会社の場合は英国における主要事務所）を置き、且つ、英国の規制市場またはチャンネル諸島及びマン島の証券取引所において証券取引が許可されている企業及び欧州会社（Societas Europaea、以下、SEという）[53]、（ⅱ）英国、チャンネル諸島及びマン島に登記上の本社があり、管理及び支配の中心地がこれらに置かれているとパネルが判断した公募会社、私会社、SEの場合、コードはこれら企業に対する全ての買収等の申込（offer）に適用される。なお、私会社への適用は、過去10年間に当該企業の証券に取引や目論見書の発行等があった場合に限られる。

　また、（A）登記上の本社を英国に置き、英国の規制市場を除く1以上の欧州経済領域（European Economic Area、EEA）[54]協定の締約国（以下、EEA諸国という）の規制市場で証券取引が許可されている会社への買収等の申込については、対象会社従業員に提供される情報及び会社法関連事項に関して、（B）他のEEA諸国に登記上の本社を置き、英国規制市場でのみ証券取引が許可されている会社、並びに（C）他のEEA諸国に登記上の本社を置き、当該国以外の、英国を含む1以上のEEA諸国の規制市場で証券取引が許可されている

---

[52] Code, Introduction, 2(a).
[53] 欧州会社は2001年10月に採択され、2004年10月に施行された欧州会社法に基づいて設立される、EUの法人格を有する会社を指す。なお、欧州会社法は、欧州会社法に関するEU理事会規則（Council Regulation (EC) No 2157/2001 of 8 October 2001 on the Statute for a European company (SE), OJ L 294, 10/11/2001, p1-21）と、従業員の経営参加に関して欧州会社法を補完するEU理事会指令（Council Directive 2001/86/EC of 8 October 2001 supplementing the Statute for a European company with regard to the involvement of employees, OJ L 294, 10/11/2001, p22-32）により構成されている。
[54] 欧州経済領域は、欧州自由貿易連合（European Free Trade Association、以下、EFTAという）加盟国がEUに加盟することなく、EUの単一市場に参加することができるよう、EFTAとEUとの間で1992年5月に締結し、1994年1月1日に発効した欧州経済領域に関する協定（Agreement on European Economic Area）に基づき発足したもので、EFTAはEECの枠外にあった英国、オーストリア、デンマーク、ノールウェー、ポルトガル、スウェーデン、スイスの7ヶ国が1960年に設立した連合である。EEA及びEFTAについては、http://ec.europa.eu/external_relations/eea/、http://www.efta.int/content/efta-secretariat/content/about-efta/aboutefta を参照。

会社であって、その証券取引が第一義に英国で許可されている会社等に対する買収等の申込については、申込の対価と手続きに関して、コードが適用される[55]。

上記（ⅰ）（ⅱ）の場合、コードは関連する企業の株式の公開買付け（takeover bid）や、法定合併（statutory merger）及び整理のスキーム（scheme of arrangement）を含む合併取引の規制に関係する他、関連会社証券に対する部分的な株式取得申込（partial offer、以下、部分的買付けという）[56]や、関連する会社の支配権獲得やその強化（obtaining or consolidating control）を目的とし、あるいはその潜在的効果を有する取引等の規制にも関与するものとされ、その取引には、親会社による子会社株式の取得申込、新株の発行、株式資本の再構成、少数株主に対する株式取得申込等が含まれる。一方、（A）（B）（C）の申込（offers）は、支配権獲得のため、会社証券の保有者に対してなされる公の申込（public offer、但し、自社による場合を除く）に限定されている。コードにおける買収（takeovers）及び買収等の申込（offers）とは、これらすべての取引を指す[57]。

一般原則においては6つの概括的な行動基準、すなわち、①申込対象会社（offeree company）の同種の証券保有者全てに対する平等の取扱い、更には会社支配権取得時の申込者以外の株主の保護②対象会社の証券保有者が公開買付け（bid）に関し、適切且つ詳細な情報を得た上で決断を下す十分な時間と情報の確保、③対象企業取締役会に対する会社全体の利益における行動と当該企業の証券保有者が買収の利点を決する機会の確保に関する要請、④買収当事会社証券に関する相場操縦等、虚偽市場（false markets）の形成禁止、⑤申込者

---

[55] これらはEU加盟各国の監督機関の管轄を規定した公開買付けに関する指令4条第2項（e）に基づくもので、会社法関連事項には、支配権を決定する議決権の比率、申込義務の特例、対象企業取締役会による買収阻害行為の許容条件が、申込の対価に関する事項には価格が、手続きに関する事項には申込者の申込決定に関する情報や申込文書の内容、申込の開示等が含まれる。Code, Introduction, 3(a).

[56] 一部の株式資本の取得を目指して行われる部分的買付けの実施に当たっては、パネルの承認（Panel's consent）が必要とされ、通常、申込者及び共同行為者に、30％以上の議決権株式の所有をもたらさない申込についてはパネルの承認が与えられている。Code, Rule 36.1. 共同行為者については後掲注（60）参照。

[57] 以上のコードの適用範囲についてはCode, Introduction, 3(a)(b)。以上を踏まえ、本書ではofferを合併や買収、株式取得に関する広義のM&Aの申込と捉え、買収あるいは申込等と表記し、takeover offerについては株式の取得申込、takeover bidを公開買付け等と表記する。

が十分な金銭的裏付を確保した上で公開買付を表明する義務、⑥買収による対象会社業務の不当な妨害の禁止が示され、続く規則がこれら原則に基づく手続きや適用範囲等を詳述している。

　38の規則は、買収申込の提案・公表・助言を始め、取引に関する制限、義務的株式取得申込（mandatory offer、以下、強制公開買付けという）及びその条件、自主的株式取得申込（voluntary offer、以下、自主的買付けという）及びその条件[58]、全申込に共通する規定、申込期間中の行為、買収当事会社による文書、収益予測、資産評価、スケジュール及び条件の見直し、申込に伴う制限、部分的買付け、自己株式の取得、関係する免除自己取引事業者（exempt principal trader）[59]の取引の14に区分されている。各規則の大半は細分化されており、細目は合わせて154に上る。

4．コードの規則概要

　英国において強制公開買付け義務が課される基準は、コードの規則9により、共同行為者（persons acting in concert）[60]の株式と合わせ、30％以上の議決権を

---

[58] 自主的買付けに関する規則は、原則として対象企業の50％以上の議決権証券の所有をもたらす議決権株式資本または他の譲渡性議決権証券への申込において、申込者が50％超の議決権株式を取得しない限り、申込への応募が確定しない旨を条件とするよう義務付けるもので、申込者が一般的な申込により、計画的にパネルの承認を得ない部分的買付けを実施し、事実上の支配権（例えば30％以上の議決権）を確保する問題に対処したものである。P. C. F. Begg, Corporate Acquisitions and Mergers: a practical guide to the legal, financial, and administrative implications, 2nd. ed., 1986, para. 9.46, Code, Rule 10.

[59] 自己取引事業者（principal trader）とはマーケット・メイカーとして証券取引所に登録またはパネルにマーケット・メイカーとして認められている者、あるいは本人名義で（as principal）、注文控元帳（order book）の有価証券取引を行う証券取引所の会員企業を指し、自己取引事業者並びに投資一任勘定の管理者は、パネルへの免除資格の申請を義務付けられている。Code, Definitions, exempt principal trader, principal trader.

[60] 共同行為者とは、公式・非公式を問わず、契約または合意に従い、協同して会社支配権を取得、強化、あるいは会社に対する買収申込の成功を妨害する者を指し、当事者とその関係者（affiliated person）は皆、互いの共同行為者と見なされる。関係者とは、株主の議決権の多くを所有する者や過半数の取締役会構成員の指名・解任権限を有する株主、合意に基づき過半の議決権を支配する株主、支配的影響力や支配権の行使権限を有する者等を擁する企業（undertaking）を指す。なお、次に掲げる者は反証のない限り、同一区分における他の者の共同行為者と推定される。(1) 当事会社、その親会社、子会社、兄弟会社、これらの関連会社及びこれらの会社が関連を有する会社（関連会社の基

有する株式の権利（interest in shares）[61]を取得した場合、もしくは共同行為者とともに30％以上50％未満の議決権株式を所有する者が、当該証券以外に証券の権利を取得し、議決権株式の比率を増加させた場合と規定されている。かかる者は、議決権の有無に関わらず、いかなる種類の株式資本（equity share capital）の保有者や議決権を有する譲渡性証券の保有者に対しても、株式取得申込を拡張すべき旨が定められ、この強制公開買付けは、少なくとも申込発表前12ヶ月の間に申込者または共同行為者によって支払われた最高の価格で、現金もしくは現金同等物によって行われなければならない。但し、パネルの許可を得た場合や、コードに従って行われた議決権株式資本等の全保有者に対する自主的買付けの結果、申込対象企業の支配権（control）[62]が取得される場合には、強制公開買付け義務は課せられない[63]。

規則9は全ての株主に平等の取扱いを要求するコードの姿勢を端的に示すものであり、少数株主に公平且つ適正な保護手段を提供する点で重要とされる[64]。その根底には、少数株主の帰趨は支配株主の権限行使の如何にかかっており、会社法の規定では支配株主の不当な取扱いから少数株主を保護するには不十分であるとの見解がある。本規則はその帰結として、会社支配権の移転に際し、全ての対象会社の株主にすでに株式を売却した者と同一の条件で、会社退出の機会を与えようとするものである[65]。米国では、対象企業の取締役会による

準は会社の株式資本の20％以上の所有・支配を試金石とする）、(2) 会社とその取締役（近親者及び信託を含む）(3) 会社と(1)に規定される会社の年金基金、(4) ファンド・マネジャーと投資会社、投資信託、その投資が一任勘定によりファンド・マネジャーに管理されている者、(5) 関連アドバイザーとその顧客（当該顧客が買収当事者と協同して行動する場合等に限られる）、(6) 買収申込を受けている、あるいは善意の申込が切迫していると信ずるに足る理由のある会社の取締役等。Code, Definitions, acting in concert.

[61] コードは、条件の有無に関わらず、証券（securities）の価格変動に長期的な経済リスクを負う者を、これら証券の所有者としている。なお、コードにおいて証券と株式は同義とされる。Code, Definitions, interests in securities, shares or securities.

[62] コードにおいて支配権とは、30％以上の会社の議決権を有する株式の権利を意味する。Code, Definitions, control.

[63] Code, Rule 9.1, 9.5.

[64] Alistair Defriez, A Practitioner's Guide to the City Code on Takeovers and Mergers, 1999/2000 ed., 2000, p2.

[65] Paul L. Davies, Gower and Davies' Principles of Modern Company Law, 7th ed., 2003, p730.

第3節　第28部「買収等」

全株主のための公平な取引交渉を助けるため、ポイズン・ピルが必要とされているが、その理由は米国に本規則に相当するものがないためとも論じられている[66]。

強制公開買付規制の適用が免除されるケースとしては、①株式の発行等に際して当該発行等と無関係な株主（independent shareholders、以下、独立株主という）の同意が得られた場合（ホワイトウォッシュ制度（Whitewash））、②貸付金の担保の実行により株式その他の有価証券が請求される場合、③深刻な財務状況にある会社の緊急的救済手段として、独立株主の承認なしに新株発行を行うか、救済者が既存株式を取得する以外に方法がない場合、④不注意な過ちにより当該義務を負う場合、⑤50％以上の議決権を有する株式保有者が申込に応募しない旨を書面で述べている場合、もしくは50％以上の議決権株式が他の1名の株主によって保有されている場合、⑥無議決権株式の所有者が会社の30％以上の議決権を有する株式を所有することとなる場合が挙げられている[67]。

ホワイトウォッシュ制度は、買収または現金投下の対価として株式の発行や引受け等が行われることにより、強制公開買付け義務が生ずる場合に、パネルが関連する各種類株主総会での過半の独立株主の承認等を条件に、強制公開買付け義務を免除する仕組みである。免責には株主の事前承認の他、当該義務の免除を求める株式の取得者またはその共同行為者が、招集通知投函に先立つ12ヶ月の間に株式の権利を取得していないことや、パネルへの事前相談、招集通知に関するパネルの事前承認等、諸条件の充足が求められる。株主への通知には、当該取引や取引によって創出される支配的地位、株主に与える影響等に関する発行会社への適格な助言や、最大限実現可能性のある支配的地位の全詳細、当該取引の結果、最大の株式保有見込みが会社議決権の50％を超える場合には、潜在的支配者が強制公開買付け義務を負うことなく、更に株式の権利を取得する可能性、複数の者が潜在的な支配的地位を有する場合には、その身元とそれぞれの潜在的な株式の権利等を網羅することが義務付けられており[68]、取引を判断する株主に予め、当該取引が将来の会社支配権に与える可能性につ

66　Defriez, supra note 64, p2.
67　Code, Rule 9, Notes on Dispensations from Rule 9. ②及び④につき、パネルは通常、一定期間内に株式の権利を当人と無関係な者に譲渡し、議決権株式の割合を30％未満に引き下げることを条件に、強制公開買付け義務を免除する他、③については事後の速やかな独立株主による承認等を求めている。
68　Code, Appendix 1, Whitewash guidance note, 2, 3, 4.

いて知らせる役割を果たす。

　買収等の申込（offer）の具体的な手続きは、申込者の確固たる意思の公表（announcement of a firm intention）に始まる[69]。公表は、申込対象会社の取締役会に確たる申込の意向が通知された場合や、強制公開買付け義務が生ずる株式の取得が行われた場合、対象企業へのアプローチ前あるいはこれに伴い、対象会社が風説や投機の対象となり、株価の動向に悪影響を与える場合等に行うことが求められており、対象企業への接触前の公表義務は申込者にのみ課せられている[70]。公表は強制公開買付け義務が適用される場合を除き、申込の確固たる意思が通知されるまでは、協議が行われている事実や申込が検討されている旨の簡潔な発表によることが認められているが、対象企業は申込の可能性の公表後、いかなる時点においても、パネルに対し、潜在的申込者が対象会社に関する意向を明確にすべき期限を定めるよう要求することができる。申込を行わない旨の声明を行った者及びその共同行為者等は、ごく例外的なケースを除き、6ヶ月間、当該対象企業への申込の公表や強制公開買付け義務を生ずる株式の権利の取得、申込の可能性を提起するような声明の発表等を禁じられる[71]。

　申込者は通常、確固たる意思を公表した日から28日以内に、対象会社株主に申込文書（offer document）を送付し、対象会社の事業に関する意向を始め、対象会社に対する戦略的計画や雇用及び事業所の立地に関する影響、対象企業及び子会社の従業員と経営陣の継続雇用に関する意向等を明らかにするよう求められている。この他、申込文書には申込者の財務状況に関する情報や取得対象となる証券の種類、申込の条件、申込者及び共同行為者の対象会社株式の所有状況等を記載しなければならない[72]。

　これに対し、対象会社取締役会は、申込文書の公表後遅滞なく（通常は14日以内）、申込に関する意見を記載した勧告状（offeree board circular）を作成し、当該申込が会社全体の利益、とりわけ雇用に与える影響や、申込者の対象会社に関する戦略的計画等に対する見解等を、その理由とともに株主に示すよう義

69　申込者は意思表明に際し、申込の条件や自身に関する情報、申込者及び共同行為者の対象会社関連証券の所有・入手・賃貸借の状況等を示すものとされている。Code, Rule 2.5, 2.7.
70　Code, Rule 2.2-2.3.
71　Code, Rule 2.4, 2.8.
72　Code, Rule 24.1-3, 30.1(a).

務付けられている[73]。これに加え、対象会社取締役会は適格で且つ申込と無関係なアドバイザーから申込に関する助言を得て、株主に提供しなければならない[74]。

申込期間は文書郵送後、少なくとも21日以上と規定されており、申込への応募が確定、ないしその旨が宣言された場合には、原則として申込期間終了後14日以上、引き続き申込が行われる[75]。これは申込の成功に際し、買付けに応じなかった少数株主に退出機会を提供するものである[76]。

申込期間中、申込に関係する会社の情報は、対象会社の全株主が平等に利用し得るよう、可能な限り同時に同様の方法で提供されねばならない。また、一方の申込者に提供された情報は、要求に応じ、競合する他の申込者に対しても平等に遅滞なく提供されるよう義務付けられている。更に、申込期間中の申込者及び対象会社の自己勘定等による関連証券の取引については、取引翌日の正午までに規制情報サービス（Regulatory Information Service、以下、RIS という）等を通じ、開示することが求められている[77]。

申込対象企業の取締役会は、規則21において、申込期間中、あるいは誠実な（bona fide）申込の切迫を信ずるに足る理由がある場合には申込日の前であっても、株主総会の承認を得ず、申込を阻害する、もしくは株主がその利点を決する機会を拒絶する結果をもたらす行為を行うことが禁じられている。具体的な禁止行為としては（ⅰ）株式資本のうち未発行の株式の発行・譲渡・売却、自己株式の譲渡または売却の合意、（ⅱ）未発行株式にかかるオプションの発行・付与、（ⅲ）株式への転換権または株式の引受権を有する株式の設定・発行、（ⅳ）重要な資産の売却・処分・取得もしくはこれらの合意、（ⅴ）通常業務以外の契約の締結が列挙されており、本規則に抵触する恐れのある行為についてはパネルへの事前相談を要する[78]。本規則は一般原則③を補強するもので、1968年3月に公表された初版のコード以来、同旨の規則が設けられている。

---

[73] Code, Rule 30.2, 25.1. なお、これらの文書については対象会社株主のみならず、従業員の代表や従業員も入手できるよう取り計らうものとされている。Rule 30.1（b）, 30.3.

[74] Code, Rule 3.1.

[75] Code, Rule 31.1, 31.4.

[76] 北村雅史「イギリスの企業結合形成過程に関する規制」旬刊商事法務1832号14頁（2008年）。

[77] Code, Rule 20.1-20.2, 8.1. 規制情報サービスとは FSA の上場規則添付資料3記載の FSA に承認された情報提供サービスを指す。

[78] Code, Rule 21.1.

第1部 第1章 英国会社法におけるM&A規定の概略

　規則21は、申込の成否を決するのは対象会社経営陣ではなく、株主であるとの前提に基づくもので、その目的はコードの主眼の一つである株主の利益保護、すなわち、当該申込が株主利益になるか否かを株主自身が判断する機会の保証にあり、企業買収防衛策の禁止自体が目的ではない[79]。そのため、対象会社取締役会が株主に敵対的買収に打撃を与えるような措置を提案することは可能とされ、これに関連する株主総会の招集通知には申込ないしは予期される申込の情報を含むものとされている[80]。但し、取締役はかかる買収防衛措置の実施に当たり、取締役としての一般的義務や判例法上の原則等を考慮しなければならない[81]。

---

[79] 申込前の買収防衛策についてはかかる株主総会承認が要求されず、株主の申込判断機会の剥奪につながらない防衛策が株主総会の承認なく実施されたとしても、本規則並びに原則③の趣旨に反しない点等に留意する必要がある。なお、取締役会の行為が株主総会決議を要するかに関するパネルの判断は、当該行為により申込が実際に妨害されるかを基準としている（買収防衛策に対するパネルの判断事例として Panel on Take-overs and Mergers, Panel Statement, 1989/20, 15/09/1989, B.A.T. Industries Plc, Reasons for dismissing an appeal against a ruling of the Panel Executive, p12, p15）。竹野康造「英国における敵対的企業買収に対する企業防衛策」国際商事法務21巻第8号960-963頁（1993年）。

[80] David Pudge, Conduct during the Offer; Timing and Revision; and Restrictions Following Offeres, Alistair Defriez, A Practitioner's Guide to the City Code on Takeovers and Mergers, 1999/2000 ed., 2000, p182, Code, Rule 21.1. 対象会社取締役会による競合的買収の模索は原則3及び本規則に抵触しないと考えられており（Alexander Johnston, the City Take-Over Code, 1980, p199）、Guiness 事件では、対象企業である Distillers が友好的買収者の Guiness 社の買収関連費用を支払う契約についても、コードに反する妨害行為に当たらないと判断されている（Panel on Take-overs and Mergers, Panel Statement, 1986/02, 29/01/1986, the Distillers Company Plc, Dismissal of an appeal against a ruling of the Panel Executive）。但し、対象企業の取締役会は、歓迎しない申込者に対しても平等に情報を提供する義務を負う。一方、申込期間中の通例でない対象会社の中間配当は原則3及び本規則に反する恐れがあるとされており、パネルへの事前相談が求められている。Code, Rule 20.2, 21.1.

[81] 英国判例法において取締役の買収防衛行為の正当性は、①会社の利益のための誠実な権限行使であるか（自己の利害のために行われていないか）、②取締役に授権された権限が定款の目的に即して行使されているかによって判断されている。これは、取締役の権限は受託者の権限であり、付属定款に基づく取締役の権限は適切な目的のために行使されねばならないとの考えによるものである。買収防衛措置に関する裁判例については後掲第2部注（312）及びその本文を参照。

第3節　第28部「買収等」

5．少数株主の締出し及び少数株主からの株式売却

　第28部第3章は、株式の取得申込（takeover offer）を行った者が申込により一定の株式を取得した場合、残余の株式保有者に株式の売却を求める権利（以下、株式強制買取権という）や、株主側から申込者に保有株式の買取を請求する権利（以下、株式買取請求権という）を定めたものである。これらは英国会社法の規定として発展してきたものであるが、EUの公開買付けに関する指令にこれらが取り入れられたことを受け、2006年法において指令との一致や更新を図るべく、改正や拡充が行われた[82]。

　本章における株式の取得申込とは、申込者が申込時点ですでに保有している株式を除く会社の全株式（種類株式がある場合には1以上の種類株式の全ての株式）に対する取得申込であって、申込条件が申込に関連する全株式について同一（関連する株式に異なる種類の株式を含む場合には各種類の全株式について同一）である申込を言い、本取得申込における株式とは関連自己株式（Relevant treasury shares）以外の株式を指す[83]。本章は公開買付けに関する指令が対象とする上場企業への申込のみならず、全ての企業に対する申込に適用される[84]。

　株式取得申込を行った者は申込対象株式（申込が異なる種類の株式に関連する場合には当該種類株式）の価値にして90％以上、議決権株式の場合にはこれに加えて議決権の90％以上を、取得ないしは取得する契約を確定させた場合、申込期間の最終日の翌日から3ヶ月間、申込期間が早期に終了した等の場合には申込日から6ヶ月間、未だ取得していない株式の保有者に対し、これら株式の取得を希望する旨の通知を為すことができる[85]。少数株主に当該通知が行われ、これに関して、裁判所への異議申立等が行われない場合、申込者は申込の条件で当該株式を取得する権利を与えられるとともにその義務を負う[86]。

　なお、申込において少数株主に株式の売却を求める通知を発するに足る応募が得られなかった場合にも、(a) 妥当な調査を以ってしても株式保有者の行方を追跡することが不可能、(b) 当該保有者からの応募があれば通知の要件を

---

[82] Alistair Alcock, John Birds, Steve Gale, Companies Act 2006：Te New Law, 2007, p311.
[83] Companies Act 2006, §974 (1)-(4), (6). 関連自己株式とは、会社が申込日に自己株式として保有している株式、または申込日以後、申込条件に従って定められた特定の日以前に、自己株式として保有することとなった株式を指す。
[84] Morse, et al., 2006, supra note 44, p714-715.
[85] Companies Act 2006, §979 (1)-(4), §980 (2).
[86] Companies Act 2006, §981 (2).

充足している、(c) 申込の対価が公正且つ妥当、の3つの条件を充足している場合には、裁判所への申立により、当該通知を発する権利を付与する命令を求めることができる。但し、裁判所は追跡された株主のうち申込に応じなかった株主の数等を勘案し、かかる命令が公正且つ公平であると認めない限り、命令を行わないものとされる[87]。

通知日の6週間後、申込者は通知の複写を対象会社に送付するとともに、通知に関連する株式の対価を会社に支払うものとされ、対価が申込者の証券や株式の場合には、会社に当該証券等が割り当てられる。会社は対価を受領する従前の株式の権利者のため、これらを信託物（on trust for the person）として預からなければならない[88]。

一方、会社の全株式に対する取得申込に際し、申込を受諾しなかった議決権株式の保有者及び申込に関係する無議決権株式の保有者は、申込者が一定の申込対象株式の取得または取得契約を確定させ、その他の取得株式と合わせ、これらの株式が会社の全議決権株式の価値にして90％以上、且つ議決権付社債[89]を除く会社議決権の90％以上に達する場合（無議決権株式保有者の場合には会社の全株式の90％以上の価値に達した場合）には、申込期間終了前のいかなる時点においても、申込者に対し、保有株式の取得を請求することができる[90]。申込が1以上の種類株式に関連する場合には、当該種類の株式の価値にして90％以上（当該株式が議決権を有する場合には議決権についても90％以上）の基準に達した場合、当該種類株式の保有者も同様の権利を有するものとされ、申込者は上記基準の達成後1ヶ月以内に、株式買取請求権の行使が可能である旨と権利行使期間を残余の株主に通知しなければならない[91]。当該権利は申込受諾期間終了日もしくは権利行使が可能である旨の通知日から3ヶ月の間に、申込者宛ての書面による通知を以って行使することができ、申込者は異議申立等のない場合、株式強制買取権と同様に、申込の条件でこれらの株式を取得する権利を与えられ、且つその義務を負う[92]。

---

[87] Companies Act 2006, §986 (9)-(10).
[88] Companies Act 2006, §981 (6), (9).
[89] 2006年会社法第28部第3章において、議決権株式または議決権社債を発行し、規制市場での取引が許可されている企業の議決権付社債は、株式として扱われる旨が定められている。Companies Act 2006, §990 (1)-(2).
[90] Companies Act 2006, §983 (1)-(3).
[91] Companies Act 2006, §984 (3).
[92] Companies Act 2006, §984 (1)-(2), §985 (2).

第3節　第28部「買収等」

　なお、申込者から少数株主に株式の売却を求める通知が送付された場合、当該株主は通知の日から6週間以内に裁判所へ異議を申し立て、申込者に株式を取得する権利及び義務を付与しない旨の、あるいは裁判所が適当と考える条件で、申込者に株式強制買取権等を与える旨の命令を求めることができる。一方、少数株主が株式買取請求権を行使する場合にも、当該株主または申込者は、裁判所が適当と考える条件で申込者に株式を買い取る権利等を与える命令を裁判所に申請し得る。裁判所はこれらの申立において、株式保有者が申込条件の価格が不公正である旨を立証しない限り、残余の株式に対し、申込条件より高い対価を命ずることはできず、申込条件より低い対価もまた、命令できないものとされている[93]。

　裁判所は基本的に、大多数の株主が申込に応じた事実に重きを置いており、単に十分な情報が与えらなかった等と主張するだけでは不公正の疎明には不十分とされている。かかる公正性の検証では申立人個人に対してではなく、申込対象者全体にとって申込が公正であるかが問われるが、本規定を少数株主の株式を取得する目的で濫用することは認められていない[94]。

　1960年のBugle Press事件[95]は、90％の株式を所有する株主兼取締役等2名が、少数株主から株式を取得するために別会社を設立し、同社を通じて株式取得申込を行う意向と両名が当該申込に応ずる旨を伝えたことにつき、少数株主が株式強制買取権を認めない旨の宣言を求めて提起した訴訟であるが、裁判所は申込者と対象会社株主の90％が同一であるとの事実を以って、裁判所がその他の命令を行うべき旨を少数株主が疎明したと判断した。同判決は少数株主を締め出す手段として本規定を利用することにつき、会社法の基本原則に反するとして、少数株主の異議申立を認めた原審を支持しており、適切な意図によるスキームや契約等により、会社の利益のために当該権限が行使されない場合には、強制買取権を認めない姿勢を示した[96]。

---

[93] Companies Act 2006, §986 (1), (3)-(4).
[94] Morse, et al., 25th ed., supra note 11, paras. 12.327-12.328.
[95] *Re Bugle Press Ltd* [1961] Ch 270.
[96] L. C. B. Gower, J. B. Cronin, A. J. Easson and Lord Wedderburn of Charlton, Gower's Principles of Modern Company Law, 4th ed., 1979, p616-632, p645, L. S. Sealy, Cases and Materials in Company Law. 4th ed., 1989, p443-497、川島いづみ「イギリス会社法における少数派株主保護の理論的系譜」石山卓磨・上村達男編『酒巻俊雄先生還暦記念　公開会社と閉鎖会社の法理』235頁以下（商事法務研究会、1992年）。

近時の裁判例では、会社の取締役や株主等の内部者による申込において、株主が利用し得る情報が不足していた場合には、90%の株主が申込を受諾したとの事実は必ずしも決定的な影響力を持たないとの見解が示されており、申込の諾否を決する上で十分な情報や時間、客観的な助言等が提供されない場合には、申込条件による株式の強制買取が認められないケースも出てきている[97]。

少数株主がこれらの申立を行った場合には申込者に対し、申込者が少数株主の株式買取請求権につき、条件に関する申立を行った場合には、株式の取得を希望する旨を通知した残余の株式保有者と株式買取請求権を行使した株主に、当該申立を通知する義務を負い、株主から申立の通知を受けた申込者は、株式の取得希望を通知した株主と株式買取請求権を行使した株主に通知の複写を送付する義務を負う[98]。

第4節　M&Aに関連する第26-28部以外の規定

1．緒　論

M&Aを直接的に規制する英国会社法の規定は以上であるが、以下ではM&Aに関連する会社法の規定として、株式の発行等に関する規制、会社のM&Aに関して生ずる取締役の私的利害への対応、会社が株式所有状況を調査する権限について紹介する。

2．株式の発行、割当及び新株引受権にかかる規制

英国会社法は1980年以来、取締役の株式割当権限と株主の新株引受権を法定しており、取締役会が新株の発行等を行うに当たっては当該規定の制約を受ける。従業員のストック・オプション制度（employees' share scheme）[99]等、一部

---

[97] *Re Chez Nico (Restaurants) Ltd* [1992] BCLC 192, *Fiske Nominees Ltd and others v Dwyka Diamonds Ltd* [2002] EWHC 770 (Ch). Fiske Nominees 事件は申込条件の変更が命じられた唯一の事案で、裁判所は独立鑑定人によって算定された価値での取得を命じているが、本件は申込対象企業の経営の本拠地が英国に置かれていなかったため、当時のパネルに管轄権がなく、本件申込にコードが適用されなかった。この反対解釈として、今日コードの下に十分な情報が提供され、申込が適切に行われた場合には、申込と同一条件で強制買取権が認められるものと考えられる。

[98] Companies Act 2006, §986 (6)-(8).

[99] 2006年英国会社法において employees' share scheme とは現在または従前の誠実な従業員や会社、子会社、親会社、兄弟会社、もしくは上記従業員の配偶者や遺族、未成年

第4節 M&Aに関連する第26-28部以外の規定

の例外を除き、一種類の株式のみを発行する私会社以外の会社の取締役会が、株式の割当や、新株引受権または有価証券を株式に転換する権利の付与権限を行使するに当たっては、会社の付属定款または株主総会決議による授権を必要とする。この授権は特定の権限行使に限定して行うことも、権限行使について一般的に規定することも可能で、無条件あるいは条件付の授権も認められている。授権に際しては最大限割当可能な株式総数と当該授権から5年以内の権限失効日を指定しなければならないが、株主総会決議による5年を超えない期間の更新、破棄、変更が認められている[100]。一種類の株式のみを発行する私会社については、付属定款に制限的規定のない限り、取締役会が自由にこれらの権限を行使し得る[101]。

割当可能な株式総数の授権に関しては、2006年会社法において授権株式資本の概念、すなわち、従来、基本定款に記載が求められていた株式資本の額や、株主総会決議によって当該総額を変更し得る旨の規定が撤廃され[102]、授権株式資本総額を規定する機能を併せ持つこととなった点が注目される。

また、既存株主の新株引受権について、2006年会社法561条第1項は、公募会社・私会社を問わず、会社が普通株式（ordinary shares）の保有者に対し、同一もしくはより有利な条件で普通株式の額面価額の割合に従って持分証券（equity securities）を割り当てる申込を行い、申込期間が終了または当該申込を受諾もしくは拒否する通知を受領しない限り、当該証券の割当を行うことができない旨を規定する。本章における普通株式とは、配当や資本に関して、特定された金額までしか分配に与る権利を有しない株式以外の株式を言い、持分証券は普通株式、または普通株式の引受権及び有価証券を普通株式に転換する権利を指す[103]。持分証券の割当にはこれらの権利の付与や自己株式として会

の子供、継子等のための、会社株式や社債の保有を促進するスキームと定義されており、本書ではストック・オプション制度と訳す。Companies Act 2006, §1166.

100　Companies Act 2006, §549 (1)-(2), §551 (1)-(4).
101　Companies Act 2006, §550.
102　Companies Act 1985, §2 (5)(a), §121(1),(2)(a),(4), Morse, et al., 2006, supra note 44, p64. これを受け、2006年法では、株式資本を有する会社が登記に際して提出する書類として、設立時に引き受けられる株式数やその額面価額の総額、各種類の株式の権利内容や総数、払込総額等を記載した「資本及び設立時の出資に関する報告書（statement of capital and initial shareholdings）」が要請されている。Companies Act 2006, §9(4)(a), §10 (1)-(2).
103　Companies Act 2006, §560 (1).

社が保有している普通株式の売却を含むが、株式の無償割当（bonus shares）や、全部または一部が現金以外の対価によって支払われる持分証券の割当、ストック・オプション制度に基づき保有される証券の割当には適用されない[104]。

申込の伝達は書面または電子的方法によって行われ、申込期間は21日以上と規定されている。これらの規定に違反した会社及び違反を知りつつ認めた各役員（officer）[105]は、当該違反により申込がなされるべき者に生じた損失や損害、費用等を連帯して補償する義務を負う[106]。

会社は付属定款に、特定の種類の普通株式を保有する全ての株主に対し、561条第1項規定の申込を行う条件を遵守しない限り、当該種類の普通株式の割当を禁ずる旨を規定した上で、当該規定に従って株主に株式割当申込を行い、株主が割当申込を受諾する権利の放棄に賛成した場合には、新株引受権規定の適用から除外され、割当を行うことが可能となる。私会社の場合は付属定款の規定により、新株引受権及び伝達に関する会社法の規定のいずれをも免除し得る[107]。

取締役会に前述の株式割当に関する一般的権限が授権された場合には、付属定款の規定または株主総会の特別決議により、取締役会がその授権に従い、新株引受権を当該割当に適用することなく、あるいは取締役会の決定に基づき修正が加えられた割当に適用して、持分証券を割り当てる権限が与えられる[108]。また、株主総会の特別決議を以って、新株引受権を特定の持分証券の割当に適用しない旨や、本決議により修正された割当に適用する旨を承認することも可能とされている[109]。これら新株引受権の不適用に関して取締役会に付与された権限及び株主総会の決議は、当該授権の破棄あるいは期間満了により効力を失うが、株式割当権限の授権と同様に、特別決議に基づく期間の更新が可能で

104　Companies Act 2006, §560（2）, §564 - §566.

105　役員（officer）には法人の取締役（director）、業務執行者（manager）、秘書役（secretary）を含む。Companies Act 2006, §1173（1）．秘書役は1948年会社法（Companies Act 1948, 11 & 12 Geo. 6, c.38, §177（1））以来、設置が義務付けられている役職で、2006年会社法に秘書役の職務は明示されていないが、経営に関する業務ではなく管理業務が想定されており、2006年法は公募会社に対し、1名以上の秘書役の選任と登記を求めている。Morse, et al., 25th ed., supra note 11, para. 8.1101, Companies Act 2006, §271.

106　Companies Act 2006, §562（1）,（2）,（5）, §563（1）-（2）.

107　Companies Act 2006, §568（1）, §567（1）.

108　Companies Act 2006, §570（1）.

109　Companies Act 2006, §571（1）.

ある[110]。この他、持分証券の割当に際し、会社が自己株式を売却する場合や、一種類の株式のみ発行する私会社についても、付属定款の規定または株主総会の特別決議の下、取締役会に持分証券の割当権限が認められる[111]。

3．会社のM&Aに関する取締役の私的利害への対応

　M&A取引においては、当事会社の取締役が取引の相手方として関与する場合や、取締役が金銭的な利益を享受する場合があり得る。これらの取引に対して英国会社法は、一律に禁ずるスタンスではなく、株主の事前承認を要請し、その是非を株主の判断に委ねる姿勢で臨んでいる。

　2006年会社法190条は、会社または親会社の取締役及びその関係者が会社の現金以外の重要な資産を取得する場合、あるいは会社が取締役等からかかる資産を取得する契約を締結する場合、株主総会の承認を得るか、その承認を条件とすることを求めている。重要な資産の基準は会社資産の価値の10％以上で5,000ポンド以上、もしくは1万ポンド以上と規定されており、取締役及びその関係者が親会社の取締役やその関係者である場合には、親会社の株主総会決議も必要とされる[112]。

　また、取締役が会社や子会社の事業もしくは資産の全部または一部を譲渡する場合、あるいは公開買付けにおいて会社や子会社の株式を譲渡する際に、退任の補償（payments for loss of office）を得る場合にも、株主の事前承認が求められる[113]。退任の補償とは、会社の現職ないし従前の取締役が、取締役の職または会社経営に関する他の役職を辞するに当たり、受領する補償や退職金、報酬等を指す。取締役が所属する会社から退任の補償を受領する場合にも、原則として[114]株主総会決議が必要とされるが[115]、上記のM&Aに伴い、取締役

---

[110] Companies Act 2006, §570 (3), §571 (3).
[111] Companies Act 2006, §569 (1), §573 (1)-(2).
[112] Companies Act 2006, §190 (1)(2), §191 (2). なお、英国に登記上の本社がない会社や、他の法人の完全子会社については本規定の対象から除外される。Companies Act 2006, §190 (4).
[113] Companies Act 2006, §218, §219.
[114] 英国に登記上の本社がない会社や、他の法人の完全子会社は本規定の対象外とされている他、法的義務の履行や当該義務違反の損害、解雇に伴う損害賠償請求の和解、年金に関する支払いや、200ポンドを超えない少額補償は、例外とされている。Companies Act 2006, §218 (4), §219 (6), §220 (1), §221 (1).
[115] Companies Act 2006, §215 (1), §217.

が補償を受領する場合には、それがいかなる者から提供されるものであっても、株主の承認のない限り、支払いが認められない。

株主の承認は、子会社の事業譲渡の場合には親会社及び子会社の、株式譲渡の場合には公開買付けに関係する株式の保有者とこれらと同じ種類の株式保有者の株主総会決議が、それぞれ必要とされ、株式譲渡に伴う補償の承認に際しては、原則として公開買付けの申込者とその関係者は当該決議に参加できない。なお、事業譲渡契約の一部として、または契約締結の1年前から2年後までの間に、締結された契約に従い、契約当事者である事業や資産の譲受会社及び譲受人、公開買付けの対象である株式の発行会社もしくは株式の譲受人に対してなされた支払いは、反証が示されない限り、本規定における補償と見なされる[116]。

4．公募会社が株式所有状況に関する情報を請求する権限

英国会社法には公募会社にのみ適用される規定として、会社自ら、あるいは株主の請求に基づき、発行済株式の所有状況を調査し、開示し得る制度が設けられている。公募会社は、ある者が会社株式を所有（to be interested in shares）していることを知り、またはそのように信ずる合理的な理由のある場合、当該人物に通知を為し、事実確認や当人の現在または過去の所有に関する詳細な情報を要求することができる。その対象範囲は通知を発する前3年に遡って株式を所有していたと考えられる者に及び、現在も当人が株式を所有しており、他にも所有株式がある場合、あるいは当人が株式を所有していた時期に、他にも株式を所有していた場合には当該他の株式に関しても、当人が知り得る限りの詳細を求め得る。上記の詳細には当該株式を所有する者の身元や、株式の共同所有者が824条規定の株式取得契約あるいは所有株式の議決権行使契約の当事者であるかが含まれており、公募会社は通知を通じ、現在または過去の株式所有状況を把握することができる[117]。

本権限については、株主が会社に当該権限の行使を要請することも可能とされており、議決権を有する払込済株式資本の10％以上を保有する株主の要請があった場合、会社は当該権限を行使するものとされ、履行しない役員には罰金

---

[116] Companies Act 2006, §218 (5), §219 (7).

[117] Companies Act 2006, §793. なお、株式取得契約とは、契約に従って取得された特定の公募会社株式の使役、保有、処分に関し、契約当事者に義務や制限を課す条項を含むものを言う。§824 (2)(a).

第4節　M&Aに関連する第26-28部以外の規定

が科される[118]。

　会社が受領した情報は備置が義務付けられている情報登録簿（register of information）に、当該要請がなされた事実やその日付とともに、3日以内に記入することが義務付けられており、情報は現在の株式保有者の名義で、保有者がいないもしくは不明の場合には株式に権利を有する者の名義で記入される[119]。

　通知を受けた人物が情報提供を怠った場合、会社は当該株式につき、譲渡の無効や議決権行使の制限、当該株式の権利に基づく追加的な株式の発行や清算以外の会社からの支払い等に関する制限を目的とする命令を、裁判所に請求することができる。また、当該人物もしくは虚偽の回答をした者には、懲役または科料もしくはその両方が課せられる[120]。

118　Companies Act 2006, §803 (1)-(2), §804.
119　Companies Act 2006, §808 (1)-(3).
120　Companies Act 2006, §794-795, §797 (1).

第2章　M&Aに関連する金融サービス機構の規制

第1節　M&A取引に関する規制

　英国規制市場に持分証券の上場登録をしている会社（以下、上場企業という）がM&Aを行うに当たっては、会社法の規定の他、英国の上場監督官庁であるFSAが定めた規則の制約を受ける。FSAは上場規則第10章の「重要な取引（Significant transactions）」において、上場企業が会社規模の25％以上に相当する大規模な取引を行う場合、FSAから承認を受けた情報提供機関であるRISへの通知と、株主総会の承認を求めている[121]。本規定の目的は上場企業の株主に当該企業が締結した取引を知らせ、大規模な取引に関し、議決権行使機会を確保する点にある[122]。取引には上場企業もしくはその子会社によって締結された全ての契約、オプションの付与及び取得が含まれるが、通常業務の収益的性質を持つ取引や、上場企業またはその子会社による固定資産の取得及び処分を伴わない有価証券の発行や資金調達、上場企業と完全子会社あるいは複数の完全子会社の間のグループ内取引は除外される[123]。

　取引規模は総資産、当該資産から派生する利益、対価、総資本の4点から判断されるが、いずれかにおいて25％以上に該当する取引はクラス1取引とされ[124]、上記要件の充足が求められる。本規定は資産のみならず、株式の取得や譲渡、逆さ買収（reverse takeover）[125]等のM&A取引全般に適用される。

---

[121] Financial Service Authorities, Listing Rules（hereinafter refferd to as LR）10.5.1, 10.4.1.
[122] LR 10.1.2.
[123] LR 10.1.3.
[124] LR 10.2.2, LR 10 Annex 1 the class tests.
[125] 逆さ買収とは、上場企業の事業や未上場企業、資産等の取得により、取引規模が100％以上となる取引、または取得会社の事業や取締役会または議決権支配に基礎的変更をもたらす取引等を指す。LR 10.2.2（4）．上場企業が逆さ買収を完了した場合、FSAは通常、当該証券の上場を取り消すため、会社は再度の上場申請と上場に必要な要件の充足を求められるが、上記4点に関する比率がいずれも125％を超えず、類似事業の取得が目的であり、当該上場企業の取締役会や議決権支配に変更がない等の所定の条件全てを充足する逆さ買収については、クラス1取引として扱われる。LR 5.2.3, 10.2.3, 10.6.2.

第1部 第2章 M&Aに関連する金融サービス機構の規制

第2節 新株発行にかかる規制

上場企業はFSAの上場規則においても、現金を対価とする持分証券の発行及び自己株式の売却提案に当たり、まず当該種類の株式の保有者と、かかる申込を受ける権利を有する他の持分証券の保有者に対し、保有割合に比例した当該証券の申込を行うよう義務付けられている。無論、会社法の規定に従い、株主から新株引受権の不適用や持分証券の発行が認められた場合や株主割当、ストック・オプション制度に関連した自己株式の売却、英国以外で設立された企業についてはこの限りではない[126]。

しかしながら、かかる規制の帰結として、英国では上場企業の資金調達方法の一つとして、株主割当が依然、重要な役割を果たしている。年によって変動はあるものの[127]、その活用度合は国際上場企業に比して突出して高く、これらの規制が実際に機能している状況を示している。

ロンドン証券取引所メインマーケットにおける2008年調達方法別株式発行額[128]

調達方法	英国上場企業			国際上場企業			合計		
	発行社数	調達金額	調達比率	発行社数	調達金額	調達比率	発行社数	調達金額	調達比率
公募	181	441	0.9%	0	0	0.0%	181	441	0.7%
プレイシング	77	4,072	7.9%	12	8,216	93.7%	89	12,288	20.3%
公募及びプレイシング	20	19,964	38.7%	1	140	1.6%	21	20,104	33.3%
株主割当	15	27,174	52.6%	1	415	4.7%	16	27,589	45.7%
ストック・オプション	111	0	0.0%	42	0	0.0%	153	0	0.0%
合計	404	51,650	100.0%	56	8,772	100.0%	460	60,422	100.0%

---

[126] LR 9.3.11-9.3.12.

[127] 2007年の既上場会社の株主割当による調達割合は7.5%、2006年は41.0%であった。London Stock Exchange, Market Statistics, December 2007, London Stock Exchange, Market Statistics, December 2006.

[128] London Stock Exchange, Main Market Statistics, December 2008, Table 3. ロンドン証券取引所のメインマーケットに上場している英国及び国際企業の調達方法別株式(equity)発行金額（確定利付債等(fixed interest and covered warrants)を除く）を示したもので、調達金額の単位は百万ポンド。ロンドン証券取引所の定義において株式は会社資本のリスク負担部分を指し、通常は普通株式を指す。公募は会社が株式を広く公衆に発行することを言い、プレイシングは限定された機関投資家層に証券を発行する方法を指す。以上の定義については http://www.londonstockexchange.com/global/glossary/a.htm 参照。

第3節　議決権所有状況の開示

第3節　議決権所有状況の開示

　FSAの開示・透明性規則第5章は、規制市場等で取引される会社の発行済議決権株式[129]や金融商品（financial instrument）等の保有により議決権を有する者と、当該株式等を発行する企業（以下、発行体という）の議決権所有割合等の報告義務について規定する。従来、公募会社の議決権株式の所有状況に関する開示（いわゆる大量保有報告）は会社法が規定し、上場規則はこれを前提に、発行体が受領した情報の通知について定めるのみであったが、2004年12月に採択されたEUの「規制市場における取引を許可された有価証券発行者の情報に関する透明性要求指令」[130]の履行に伴い、2006年会社法から当該規定が廃止され、FSAの開示・透明性規則に詳細な規定が設けられた[131]。

　開示・透明性規則5章1条において、①発行済議決権株式や適格金融商品[132]等の金融商品の取得または処分により、あるいは、②議決権の概要（breakdown）を変更する事象の結果、発行体が6条1項に従って開示する発行済株式の議決権総数等に関する情報に基づき、株主としてあるいは直接的・間接的な金融商品の保有を通じ、その保有する議決権の割合が3、4、5、6、7、8、9、10％、以後100％までそれぞれ1％（英国以外の会社が発行する株

---

[129] 発行済議決権株式には、転換権の行使や債務不履行により、議決権を与えられることとなる株式を含む。Financial Service Authorities, Disclosure Rules and Transparency Rules（hereinafter referred to as DTR）5.1.1(3).

[130] Directive 2004/109/EC of the European Parliament and of the Council of 15 December 2004 on the harmonisation of transparency requirements in relation to information about issuers whose securities are admitted to trading on a regulated market and amending Directive 2001/34/EC, OJ L 390, 31/12/2004, p38-57. 本指令の概要については第2部第5章第5節参照。

[131] Companies Act 1985, §199-210A, Companies Act 2006, §1295, §1300, Schedule 16, the Companies Act 2006 (Commencement No. 1, Transitional Provisions and Savings) Order 2006, SI 2006/3428, art. 7(b)、河村・前掲注(5)177頁。以上の経緯については第2部第5章第5節を参照。

[132] 譲渡性証券やオプション、先物、スワップ、金利先渡契約、その他のデリバティブ取引等、EUの金融商品市場指令（Directive 2004/39/EC）の付属書類1 Section Cに参照されている商品は、正式な契約に基づき、所有者自身の意思により、規制市場等における取引を認められている発行体の議決権株式を取得する権利を有する場合、適格金融商品と見なされる。DTR 5.3.2(1)。

式の場合には5、10、15、20、25、30、50、75％）の基準値に到達、超過、もしくはこれを下回った者は、原則として発行体にその旨を通知する義務を負う[133]。

上記の株主には一定の議決権の取得、処分、行使に関し、権限を有する間接的な株式保有者が含まれるものとされ、当該議決権には、保有する議決権の共同行使により、発行体の経営者に対し、継続的な共通の政策（common policy）を採る義務を課す契約を締結した第三者によって保有される議決権や、一時的な譲渡のため当該議決権に対し、対価を提供する者と締結した契約に基づき、第三者が保有している議決権、議決権を支配し、議決権行使の意思を宣言している者に担保として提供されている株式や、他の者が終身権益（life interest）を有する株式に帰属する議決権等がある[134]。

報告の内容には、議決権の状況や議決権の保有を通じて支配される子会社（該当企業がある場合）、基準値に到達・超過した日付、株主の身元に関する情報が含まれる他、金融商品の保有から生ずる議決権に関しては、権利行使期間や株式が取得される時期、金融商品の満期日、発行体の社名の開示等が求められる[135]。

発行体への通知は遅滞なく、遅くとも関係者が（1）議決権の取得や処分、議決権を行使する可能性を知った日、あるいは、（2）前述の②の事象に関する情報が提供された日の翌日から2営業日以内に行うものとされ、英国企業以外の発行体の場合には遅くとも4営業日以内と規定されている。取引の当事者や指示者は当該取引を知る関係者と見なされ、取引が公的機関の承認や、取引の当事者がコントロールできない将来の不確実な出来事の発生を条件とする場合には、それらが生じた場合にのみ、当該取引を知るものと見なされる[136]。通知を受領した発行体は規制市場で取引されている株式に関し、遅くとも翌営業日の終わりまでに、報告に含まれる全ての情報を公にするものとされ、英国企業以外の発行体については、情報受領後3営業日以内の公表が義務付けられている[137]。

---

[133] DTR 5.1.2, 5.3.1(1)．なお、EEA諸国以外の国に登記上の本社を有する会社等については本規則の対象外とされている。
[134] DTR 5.2.1.
[135] DTR 5.8.1-5.8.2.
[136] DTR 5.8.3.
[137] DTR 5.8.12.

第3節　議決権所有状況の開示

　なお、発行体が自己株式の取得及び処分を行い、帰属する議決権が5、10％の基準値に到達、超過、もしくは下回った場合にも、4営業日以内の議決権割合の開示が求められる。加えて、発行体は発行済株式の議決権総数及び資本に増減が生じた月末ごとに、各種類の株式の議決権総数と資本の総額、発行体が自己株式として所有している株式の議決権総数を開示するよう義務付けられている[138]。

---

[138] DTR 5.5.1, 5.6.1.

第2部

英国におけるM&Aに関する規定の沿革

概　説

概　説

　英国初の統一会社法である1862年会社法に、アマルガメーションを始め、M&Aを直接的に規制する条文は設けられていなかった。英国会社法にM&Aに関する規定が本格的に整備されたのは1928年会社法[1]によってである[2]。1928年法を総括した1929年会社法[3]において初めて「整理及び再建」の部が創設され、3つの条文——153条「債権者及び株主と和解する権能」(Power to compromise with creditors and members)、154条「会社の再建及びアマルガメーションを促進する規定」(Provisions for facilitating reconstruction and amalgamation of companies)、155条「多数により承認されたスキームまたは契約に反対する株主の株式を買い取る権能」(Power to acquire shares of shareholders dissenting from scheme or contract approved by majority)——が置かれた。現行法第26部及び第27部は1929年法153条及び154条が、第28部は1929年法155条が発展したものである。

　1929年法以降、英国では1948年、1985年、2006年に、その間の諸改正等を反映した総括会社法が施行された[4]。この間、英国M&A法制に影響を与えた主

---

[1] Companies Act 1928, 18 & 19 Geo. 5, c. 45.
[2] なお、生命保険会社に関しては、1870年生命保険会社法（An Act to amend the Law relating Life Assurance Companies, 33 & 34 Vict. c. 61）により、アマルガメーションや生命保険事業の譲渡に関する規制が設けられている。同法は生命保険会社の合併等によって生ずる不利益から保険加入者を保護し、生命保険会社を監督するために商務省によって制定された特別法である。同法14条は、2社以上の生命保険会社のアマルガメーションないし事業譲渡に、裁判所の許可を要請し、当事会社の十分の一以上の保険加入者が反対する場合、当該アマルガメーション等が許可されないものとした。また、申立に先立ち、予定されるアマルガメーションもしくは事業譲渡の契約内容の抜粋やアクチュアリーその他の報告書の写しを保険加入者（事業譲渡の場合は譲渡会社加入者のみ）に送付するとともに、送付後15日間、事業所において当該契約書を保険加入者並びに株主の閲覧に供する義務等を規定している。亀井利明「英国における保険監督法の発展」生命保険文化研究所所報第10号189-191頁（1964年）。
[3] Companies Act 1929, 19&20 Geo. 5, c.23.
[4] 1948年総括会社法は1929年会社法及び1947年会社法（10 & 12 Geo. 6, c.47）その他を統括したもので、1948年から1983年までの会社法改正は、1985年総括会社法、1985年営業名称法（Business Name Act 1985, c.7）、1985年会社証券（内部者取引）法（Company Securities (Insider Trading) Act 1985, c.8)、1985年会社総括（付属規定）法（Companies

な要因としては、会社法改正委員会の勧告、M&Aにかかる自主規制の発展、英国のEC加盟等が挙げられる。

　1841年に議会が設置した特別委員会の1844年の報告において、詐欺的な会社の設立防止と株主・公衆保護に向けた会社の登記制度が提案され、その勧告に基づき制定された1844年会社登記法[5]が、企業の設立から解散に至るまでの企業内容や業容の公示を通じた投資者保護政策を採用して以来、投資者及び公衆の保護は英国会社法の主要なテーマであり、公示は英国会社法の顕著な特徴の一つであった[6]。国家の監督よりも開示に信頼を置く英国会社法の基本スタンス[7]の下、歴代の会社法改正委員会の主眼も、会社法の望ましい改正のみならず、投資家や債権者、公益（public interest）の保護に置かれてきた。

　国家資源の最善の活用が個人の経済的利益追求の許容に由来するとの自由企業経済（free enterprise economy）哲学において、私的契約の自由[8]と不可侵は必然的帰結であるが、会社の行為は会社関係者間に利害衝突を生ぜしめる起点となり得るが故に、詐欺的なものはもとより、公正な商取引の概念に反する会社の行為から、株主及び債権者を保護する特別な立法の必要性が認められてきた。しかし一方で、このような立法措置は、誠実で公正な会社の活動に制約を

　　Consolidation（Consequential Provisions）Act 1985, c.9）の4法に総括された。2006年総括会社法は、1986年の会社取締役資格剥奪法（Company Directors Disqualification Act 1986, c.46）、支払不能法（Insolvency Act 1986, c.45）、1986年金融サービス法（Financial Services Act 1986, c.60）、1989年会社法（Companies Act 1989, c.40）、1986年金融サービス法の改正法である2000年金融サービス市場法等を反映したものである。Geoffrey K. Morse, et al., Palmer's Company Law, 25th ed.（hereinafter referred to as Morse, et al., 25th ed.）, 1992, paras. 1.109-1.140. 上田純子『英連邦会社法発展史論――英国と西太平洋諸国を中心に――』59頁、81頁（信山社出版、2005年）。

[5]　An Act for Registration, Incorporation, and Regulation of Joint Stock Companies, 7 & 8 Vict. c. 110（hereinafter referred to as Registration Act 1844）.

[6]　B. C. Hunt, The Development of the Business Corporation in England 1800-1867, 1936, p94-95. 本間輝雄『イギリス近代株式会社法形成史論』96-98頁、104-109頁（春秋社、1963年）。詳細については第2部第2章第3節参照。

[7]　L. C. B. Gower, The Principles of Modern Company Law, 3rd ed.（hereinafter referred to as Gower, 3rd ed.）, 1969, p.307.

[8]　契約自由の原則は、当事者に契約の締結、相手型、内容等にかかる自由な選択と、相互的合意による契約の成立を認めるものであり、人が自ら契約を締結する不可侵の権利を持つとする自然法思想や、国家は市民の活動に積極的に干渉せず、問題発生時にはじめて登場すべきとするレッセ・フェール（Laissez-faire、自由放任主義の意）の哲学の下に19世紀に確立された。望月礼二郎『英米法〔新版〕（現代法律学全集55）』320-321頁（青林書院、1999年）。

課すことに繋がりかねず、これに反対する英国民間のロビー活動もまた活発であった。この点において、第一次世界大戦後、着実な成長を続けた英国産業界の見解（statement of commercial opinion）は、ブラック・フライデー後、証券取引委員会の創設を認めた米国産業界のそれとはかなり異なっており、会社法改正委員会の検討においても、投資家保護と、事業活動への制約ないし情報開示にかかる負担のバランスが常に意識された[9]。

株主保護に関する会社法改正の方向性は、株主構成の変化とも無縁ではなく、同様の葛藤は、取締役の業務執行権の濫用に対する株主の管理・統制に関しても生じた。投資から生ずる利益よりも株式の値上がり益を目的に証券投資に参加する、投資対象に特定の利害を有しない非人格的な投資家は第二次世界大戦以前から存在していたが、戦後の政府の配当抑制政策による株価低迷や、「株主民主主義」の確立に向けた小株主層拡大方針等を受けてこれらの投資家が増加したことから、株式の分散傾向は一層顕著となった。また、1960年代のユニット・トラストの発展等に伴う機関投資家の台頭により[10]、株主による経営への関与は減少し、株主の無機能化が進行した[11]。

このような英国の環境変化と物価の高騰は、株式の取得申込ないしTOBを推進する原動力となり、買収対象会社の取締役会との合意交渉なしに支配権を

---

[9] M. A. Weinberg, Take-Overs and Amalgamations, 2nd ed. (hereinafter referred to as Weinberg 2nd ed.), 1967, paras 108-109. 1920年代の会社法改正に対する英国の態度を紹介するものとして、H.B. Samuel, Shareholders' Money, 1933, p9-12。任務懈怠に対する訴追免除を取締役等に与えることを禁ずる穏健且つ自明な改正でさえ、弁護士会等の反対を受けていたという。英国経済は1920年代不振であったことも手伝って、米国に比べ大恐慌からさほど深刻な打撃を受けず、1932年に開始された低金利政策及び管理通貨制度の下、比較的早期に景気を回復し、1936-37年には好況を迎えた。小林襄治「証券市場の歴史」日本証券経済研究所編『図説 イギリスの証券市場〔2005年版〕』10頁（日本証券経済研究所、2005年）（以下、小林1と表記する）。

[10] 英国における機関投資家とは、通常、保険会社、年金基金、証券投資信託を指し、証券投資信託には、インベストメント・トラストとユニット・トラストがある。1868年に出現したインベストメント・トラストは当初は信託契約に基づいていたが、1879年以降、株式会社形態に転換、投資家は当該株式を所有する。一方、オープン・エンド型の契約型投資信託であるユニット・トラストは、1931年に登場した。斉藤美彦「金融構造と金融機関」日本証券経済研究所編『図説 イギリスの証券市場〔2005年版〕』28頁（日本証券経済研究所、2005年）、木島和雄『投資信託』同138頁。機関投資家の株式所有規模の拡大については第2部第4章第6節参照。

[11] Weingerg, 2nd ed., supra note 9, paras. 110-112. 機関投資家は一般に、会社の経営陣が株主の利害に反する行為を行わない限り経営に関与しない方針を採っていた。

獲得し得る TOB は、1950年代以降、英国の M&A の中心的手法となっていった。

私的契約の自由に立脚する英国自由企業経済は一般に、TOB やアマルガメーションに関し、会社資産に現株主が考える以上の価値があると考える買収者には、株主を説得し、資産の支配権を移転しようと試みる権利が与えられるべきであり、既存株主に不公正な取扱いがない限り、法はこれを許容し、容易にすべきであるとの姿勢で臨んでいると言われる[12]。早くから英国会社法が対象会社株式の大部分を取得した者に、残余の株式に対する買取権を与えた理由も、TOB が経済的発展に資することを認め、圧倒的な支持を得た TOB は法によって推進されるべきとの考えに基づくものである[13]。

市場内外での株式取得を通じた買収は対象企業の機関決定を必要とせず、会社法が拘束し得る会社の行為が明らかでないため、多くの欧州諸国は買収規制を証券法の一部として扱っている。英国では証券市場への法的規制が確立される以前から、準自主規制的アプローチにより買収規制を発展させてきた経緯があり[14]、株式取得を通じた買収に対する規制は、申込文書に対する制定法の規制を除き、シティ・コードに代表される自主規制を中心に発展してきた。

資源の有効活用を促進する TOB の効用は広く認められたものの、買収者や対象企業の取締役等が採る手法の不公正さに批判が高まり、制定法による規制のない TOB における関係者の利害調整は次第に容易ならざるものとなっていった。そこで、ロンドン金融街シティの自主規制の伝統に根ざし[15]、イングランド銀行（Bank of England）のイニシアティブの下、これらの諸課題を検討するシティ作業部会（the City Working Party）が発足、1959年に「英国企業のアマルガメーションに関する覚書（Notes on Amalgamations of British

---

[12] Clive M. Schmitthoff, Palmer's Company Law, 24th ed., 1987, vol.1 para. 81-01, Weinberg 2nd ed., supra note 9, para. 113.

[13] Weinberg 2nd ed., supra note 9, para. 1402.

[14] Paul L. Davies, Gower and Davies' Principles of Modern Company Law, 7th ed., 2003, p706.

[15] シティでは、証券取引所や海上保険会社、商業海運取引所等、複数の金融会社が同じ場所で働き、共通のサービスを分担する性質上、団体構成員の評判を維持するため、ある種の行動基準が求められ、その自主規制に基づき、効率的且つ合理的な自治運営が行われていた。イングランド銀行は証券市場の健全且つ効率的な運営に全面的な関係を有し、その機能を果たすに当たっては市場運営者の協力を得ていた。イングランド銀行は証券取引所の代表と共通の利害について定期的な会合を行っており、自主規制はこの枠組みの中で運営されていた。Alexander Johnston, The City Take-Over Code, 1980, p5.

Businesses、いわゆるシティ・ノート)」を発表した。この覚書が後にシティ・コードへと発展する[16]。

　これと前後し、制定法においては、証券取引業を規制していた従来法を代替する1958年詐欺防止（投資）法[17]が制定され、これに基づく商務省（Board of Trade）の1960年認可証券取引事業者（業務）規則[18]に、株式取得申込を行う認可事業者の申込文書（offer document）や、対象企業の取締役会による勧告状（recommendation circular）への規制が設けられた。

　一方、ロンドン及び各地の証券取引所は1965年7月に英国・アイルランド証券取引所連合（the Federation of Stock Exchanges in Great Britain and Ireland）を創設し、翌年6月、上場企業に対する取引所の要請を成文化した「有価証券上場規則：英国・アイルランド証券取引所連合による手引きと要件（Admission of Securities to Quotation : Memoranda of Guidance and Requirements of the Federation of Stock Exchanges in Great Britain and Ireland、以下、1966年有価証券上場規則という）」を公表した。この1966年有価証券上場規則には「上場企業による子会社、事業、固定資産の取得及び換金、会社株式の買付け及び申込に関する手引き（Memorandum of Guidance on Acquisitions and Realizations of Subsidiary Companies, Business or Fixed Assets by Quoted Companies and Bids and Offers for Securities of A Company）」が含まれており、資産の取得や処分、買収等に際し、上場企業が遵守すべき証券取引所の指針や要請、開示すべき内容や方法等が記載されていた[19]。

　これらのM&Aを巡る法的規制は、1973年の英国のEC加盟とこれに伴うEC指令の国内法化により少なからぬ影響を受け、その範囲は会社法のみならず証券規制にも及んだ。1978年及び1982年に成立した公募有限責任会社（public limited liability companies）の合併及び分割に関するEC会社法指令は、

16　以上につき、Committee to Review the Functioning of Financial Institutions, Second Stage Evidence, 1979, Vol. 1, Panel on Take-Overs and Mergers, the Financial Institutions Directorate of the Commission of the European Communities, Written Evidence by the Panel on Take-overs and Mergers, p3-4.

17　Prevention of Fraud (Investments) Act 1958, 6 & 7 Eliz. 2, c. 45. 1958年詐欺防止（投資）法は1939年詐欺防止（投資）法（Prevention of Fraud (Investments) Act, 1939, 2 & 3 Geo. 6 c. 16) を代替する法で、1986年金融サービス法により廃止された。

18　The Licensed Dealers (Conduct of Business) Rules 1960, SI 1960/1216.

19　Weingerg, 2nd ed., supra note 9, para. 1209.

1985年会社法に条文と附表を挿入する形で実現され[20]、1979年から1982年にかけて採択された公的証券取引所への上場に関する3つの指令は、従来の証券取引所の規則を、国家の規制を受けない文字通りの自主規制から、制定法上の根拠を有する自主規制[21]へと転換し、制定法の枠組み内に自主規制機関を取り込む契機となった[22]。そして2004年4月に採択された公開買付けに関するEC指令の履行に当たり、シティ・コードが会社法上に位置付けられ[23]、今日に至っている。

第2部では、これら英国M&A法制の史的展開を辿るとともに、英国がかかる法制を採るに至った背景やM&A法制における株主保護措置の変遷について考察する。

まず第1章において、1929年総括会社法に整備された英国のM&A規定とその起源を明らかにするとともに、当該規定が法定される以前のM&A実施方法について紹介する。続く第2章では、かかる法制度が採用された所以として、英国近代会社法の成立過程におけるジョイント・ストック・カンパニー（joint stock company）の法人格及び株主有限責任制度獲得の歴史と、社団内部の契約理論的性質を取り上げる。

第3章から第7章にかけては、1929年総括会社法に導入された後の英国M&A法制の変遷を追うこととし、第3章では1960年代までの制定法におけるM&A関連規定の改正を中心に、第4章では1950年代後半から1980年代にかけてのM&Aに関する自主規制の発展について概観する。第5章では英国のEC加盟に伴う1970年代から2000年までの英国会社法のM&A関連規定の改正について、第6章では1970年代から2000年にかけての英国証券規制の展開とこれによるM&A法制への影響、第7章では2004年に採択された公開買付けに関する指令と英国M&A規制体制の変化を中心に紹介する。第8章では、以上のM&A法制の展開を踏まえ、時代を4つに区分し、各期のM&Aにおける

---

20 第2部第5章第4節参照。
21 前田氏は自主規制の形態につき、制定法に基礎づけられ、制定法の枠内において、政府規制機関の監督の下で存在する自主規制と、制定法上の根拠を持たず、制定法の直接的なコントロールを受けずに存在する自主規制の2つに区分されている。前田重行「証券取引における自主規制」龍田節・神崎克郎編『証券取引法大系』97頁、115頁（商事法務研究会、1986年）。
22 第2部第6章第2節参照。
23 Companies Act 2006, §943 (3). その経緯については第2部第7章第2節及び第3節参照。

概　説

株主保護措置の進展や特徴について分析を試みる。

なお、1929年総括会社法以降の総括会社法における M&A 規定の条文番号は、以下のとおりである。

1929年法	1948法	1985年法	2006年法
153条	206条 207条	425条 426条	Part26：895-899条
154条	208条	427条 427A 条及び附表15B [24]	Part26：900-901条 Part27：902-941条
155条	209条	428条-430条 （428条-430F 条）[25]	Part28：974-989条

---

[24] 1985年会社法427条は1987年改正により427A 条他が付加された。内容については第2部第5章第4節参照。

[25] 1985年会社法428-430条は1986年金融サービス法による改正を受けた。詳細は第2部第6章第5節参照。

第1章　1929年総括会社法まで

第1節　1870年ジョイント・ストック・カンパニー・アレンジメント法と1929年法153条

　1929年総括会社法に初めて創設された「整理及び再建」の部は、153条「債権者及び株主と和解する権能」、154条「会社の再建及びアマルガメーションを促進する規定」、155条「多数により承認されたスキームまたは契約に反対する株主の株式を買い取る権能」の3条文によって構成されていた。

　1929年法153条は、1908年会社（統合）法[26]120条「和解の権能（Power to Compromise）」を引き継ぐ条文で、1908年法120条は1870年に制定されたジョイント・ストック・カンパニー・アレンジメント法[27]の規定から発展したものである。

　ジョイント・ストック・カンパニー・アレンジメント法は1870年8月、清算中のジョイント・ストック・カンパニーの債権者と株主の間の和解または整理を促進する目的で制定されたものである。同法2条は、会社法に基づき清算中の会社と債権者の間に和解または整理が提案され、債権者または清算人の略式の申立により、裁判所が債権者集会を命じ、出席者の過半数且つ債権総額の四分の三に相当する債権者が整理に賛成した場合には、裁判所の承認を条件に、全ての債権者と清算人、追加出資義務者を拘束する旨を定めていた[28]。

---

[26]　Companies (Consolidation) Act 1908, 8 Edw.7, c. 69.
[27]　An Act to facilitate compromises and arrangements between creditors and shareholders of Joint Stock and other Companies in Liquidation, 33&34 Vict. c.104.　同法は4条から成り、1条に簡略標題、3条に会社の定義（同法における会社とは1862年法の下に清算される可能性のある（liable to be wound up）会社を指す）、4条に同法が1862年会社法の一部である旨を規定する。
[28]　1870年ジョイント・ストック・カンパニー・アレンジメント法2条は次のとおりである。
　Where any compromise or arrangement shall be proposed between a company which is, at the time of the passing of this Act or afterwards, in the course of being wound up, either voluntarily or by or under the supervision of the Court, under the Companies

当時の総括会社法である1862年会社法において、会社の清算は裁判所が命ずる強制清算（winding up by court ないし compulsory winding up）と任意清算（voluntary winding up）に大別され[29]、任意清算には裁判所の監督下で行われる任意清算が含まれていた[30]。1862年法159条及び160条は、清算人に対し、強制清算並びに裁判所の監督下で行われる任意清算の場合には裁判所の許可、任意清算の場合には会社の臨時決議（extraordinary resolution）[31]を以って、債権者や追加出資義務者等との和解または整理を行う権限を付与していたが、本規定は多数決により承認された和解等に、反対する少数株主を拘束する機能を備えていなかった。また、任意清算される会社またはその過程にある会社と債権者間の整理については、136条において、会社の臨時決議による承認と、債権総額及び債権者数の四分の三に相当する賛成を以って、会社と債権者を拘束する旨が規定されていたが、会社の債権者及び追加出資義務者が、整理妥結の日から3週間以内に裁判所に当該整理に関する異議申立を行った場合には、裁判所が公正と考える修正を行うことが可能とされていた。1870年ジョイント・ストック・カンパニー・アレンジメント法はこれらの不備を補うべく制定された

Act, 1862 and 1867, or either of them, and the creditors of such company, or any class of such creditors, it shall be lawful for the Court, in addition to any other of its powers, on the application in a summary way of any creditor or the liquidator, to order that a meeting of such creditors or class of creditors shall be summoned in such manner as the Court shall direct, and if a majority in number representing three-fourths in value of such creditors or class of creditors present either in person or by proxy at such meeting shall agree to any arrangement or compromise, such arrangement or compromise shall, if sanctioned by an order of the Court, be binding on all such creditors or class of creditors, as the case may be, and also on the liquidator and contributories of the said company.

29　Companies Act 1862, §79, §129.
30　裁判所の監督下で行われる任意清算は、任意清算中、清算に不満な債権者や株主、あるいは一部の債権者や株主の主張により任意清算が阻害される恐れがある場合に、強制清算の開始を回避したい債権者や株主等の申請により行われるものである。Companies Act 1862, §147、小町谷操三『イギリス会社法概説』509頁（有斐閣、1962年）。
31　1862年法51条は会社の特別決議（special resolution）につき、株主総会に出席した株主の（委任状による投票を含む）四分の三以上の賛成と、決議の14日以降1ヶ月以内に開催される2度目の株主総会において、過半数の株主の賛成に基づき当該決議の確認が行われることを要件とする。一方、臨時決議は出席株主の四分の三以上の賛成を必要とするが、確認のための株主総会を要しない。Henry Thring, The law and Practice of Joint Stock and Other Companies, 1880, 4th ed., p249.

第1節　第1870年ジョイント・ストック・カンパニー・アレンジメント法と1929年法153条

ものである[32]。

同法は1900年会社法[33]24条により、会社と債権者間の和解または整理のみならず、会社と株主との和解または整理を対象とする旨が新たに規定され、1907年会社法[34]38条により清算過程にない会社を対象とするに至り、1908年法120条として会社法に編入された[35]。1929年総括会社法において153条に配置された本規定[36]に、会社の再建及びアマルガメーションの促進と、反対株

---

[32] id., p366.

[33] Companies Act 1900, 63 & 64 Vict. c. 48. なお、1900年会社法24条は次のとおりである。The provisions of sect.2 of the Joint Stock Companies Arrangement Act, 1870, shall apply not only as between the company and the creditors, or any class thereof, but as between the company and the members, or any class thereof.

[34] Companies Act 1907, 7 Edw.7, c. 50. なお、1907年会社法38条は以下のとおりである。The Joint Stock companies Arrangement Act, 1870, shall apply to a company which is not in the course of being wound up, in like manner as it applies to a company which is in the course of being wound up, as if in that Act references to the Court having jurisdiction to wind up the company were substituted for references to the Court, and references to the liquidator were omitted there-from, and references to the company were substituted for references to contributories of the company.
当時、本改正に対するニーズは非常に高かったとされる。Francis Beaufort Palmer, The companies Act, 1907 and The Limited Partnerships Act,1907 with Explanatory Notes, Rules, and Forms, 2nd ed., 1908, p44.

[35] 1908年法120条は以下のとおりである。
(1) Where a compromise or arrangement is proposed between a company and its creditors or any class of them, or between the company and its members or any class of them, the court may, on the application in a summary way of the company or of any creditor or member of the company, or, in the case of a company being wound up, of the liquidator, order a meeting of the creditors or class of creditors, or of the members of the company or class of members, as the case may be, to be summoned in such manner as the court directs. (2) If a majority in number representing three-fourths in value of the creditors or class of creditors, or members or class of members, as the case may be, present either in person or by proxy at the meeting, agree to any compromise or arrangement, the compromise or arrangement shall, if sanctioned by the court, be binding on all the creditors or class of creditors, or on the members or class of members, as the case may be, and also on the company or, in the case of a company in the course of being would up, on the liquidator and contributories of the company. (3) In this section the expression "company" means any company liable to be would up under this act.

[36] 1908年法120条は1928年会社法53条による改正を受け、以下の3点が付加された後、1929年法153条に移行した。(a)同条規定の裁判所の命令は、登記官に当該命令の官製謄本が届けられ、その複写が命令後に発行された会社の各基本定款の謄本に添付されるま

主が所有する株式の買取に関する規定が加わり、1929年法の「整理及び再編」の部が構成された。

第2節　1929年法154条

　1929年法154条は、条文構成や表現、本規定の不履行に関する会社及び役員への罰則規定に若干の変化は見られるが、内容は2006年会社法900条とほぼ同様である。本規定は、英国企業が株主総会に出席した株主数の過半数、価値にして四分の三相当の賛成を以って、組織的に事業や資産を他社へ譲渡し、その対価として受領した譲受会社の株式等を株主に割り当て、清算手続きを経ることなく解散するアマルガメーションを可能とする。本規定導入以前のアマルガメーションは、後述する1862年会社法の任意清算に関する規定を活用して行われることが多かったことから、本規定は英国企業に清算の有無を問わずアマルガメーションを行い得る途を開くものであった。

　本規定は、商務省が1908年会社法制定以降1917年までの個別的修正法を含む会社法の改正を検討するため、1925年に設置した会社法改正委員会（Company Law Amendment Committee、委員長を務めた W. Green 氏の名からグリーン委員会と呼ばれる）による報告書[37]の勧告に基づき、創設されたものである。英国では近代会社法成立後、約20年毎に、会社法の運用全般の見直しを行う会社法改正委員会が商務省によって設置され、その勧告に基づき会社法を改正する慣行が確立されていた[38]。1929年法はこのグリーン委員会報告と、グリーン委員

　　で効力を発しない、(b)会社が当該要請を履行しない場合、会社と各役員を、各謄本につき、1ポンド以下の科料に処す、(c)整理に、異なる種類の株式の統合や異なる種類の株式への分割、またはその両方による株式資本の再構成を含む。Companies Act 1929, §153 (3)-(5).

[37]　Company Law Amendment Committee, 1925-26 Report (hereinafter referred to as Green Committee Report), 1926, Cmd. 2657. グリーン委員会は、1925年2月に提出した報告書において、会社法の体系と実務が社会、とりわけ産業界のニーズに応えるべく発展しており、原則として必要不可欠な変更を除き、変更すべきでないとの見解を示した上で、時折発生する犯罪者を排除するために、誠実な人々の活動を著しく阻害するような制約を課すことは望ましくないとの原則に立ち、十分な根拠を持って変更の必要性が明示されたものについてのみ勧告を行ったとしている。id., Preliminary 4-10.

[38]　L. C. B. Gower, J. B. Cronin, A. J. Easson and Lord Wedderburn of Charlton, Gower's Principles of Modern Company Law, 4th ed. (hereinafter referred to as Gower et al., 4th ed.), 1979, p53.

第2節　1929年法154条

会以前に、第一次世界大戦から生じた状況や展開等、限定された課題に対処すべく設置された1918年2月のレンブリー委員会（Wrenbury Committee）報告[39]に依拠している[40]。

　グリーン委員会は再建及びアマルガメーションに関する問題点として、従価印紙税（ad valorem stamp duty）の賦課等による多額の費用の発生[41]や、清算によって生ずる商業的偏見等を挙げ、一定条件の再建にかかる従価印紙税の免除[42]や清算の必要性を排除するよう提言した。後者については、裁判所に2社以上の会社のいずれかもしくはいずれもが清算せずにアマルガメーションを行うスキームを許可する権限や、1908年法120条と同様に、アマルガメーションを行う会社の債権者集会や株主総会を命ずる権限、スキームの許可にかかる可能な限り幅広い裁量権を与えることに加え[43]、1908年法120条規定の多数決

---

[39] Company law Amendment Committee, Report of the Company Law Amendment Committee, 1918, cd. 9138.

[40] Green Committee Report, supra note 37, Preliminary 2、上田・前掲注(4) 16頁、Gower et al., 4th ed., supra note 38, p53.

[41] 1891年印紙税法（Stamp Act 1891, 54 & 55 Vict. c. 39）により、会社の資産または株式の譲渡に関しては対価の約0.5%（対価が75ポンド以上100ポンド未満の場合は0.5ポンド等）に相当する従価印紙税が、新会社設立に伴う授権株式資本の創設や既存の会社の授権資本の増加に対しては、当該授権株式資本または増加資本の額面価額の0.1%（100ポンドにつき0.1ポンド）の印紙税が課されていた。Stamp Act 1891, §54-61, §112, First Schedule, Conveyance or Transfer on Sale, Weinberg 2nd ed., supra note 9, para 1501.

[42] グリーン委員会は、少なくとも新設会社の90%の資本が旧会社の株主によって保有される再建に関しては、新設会社への資産の譲渡に従価印紙税を課すべきではなく、新設会社の資本に関する従価印紙税は旧会社の資本を超える部分に対してのみ課されるべきであると勧告した（Green Committee Report, supra note 37, para. 85.Ⅰ）。これを受け、1927年金融法（Finance Act 1927, 17&18 Geo 5. c. 10）に、会社の再建またはアマルガメーションに関する資本及び譲渡印紙税の救済規定が設けられ、既存の会社の事業または発行済株式資本の90%以上を取得するため、譲受会社の登記、設立、授権株式資本の増加がなされ、既設会社またはその株主に対する事業取得の対価、ないしは既設会社株主に対する株式取得の対価として、譲渡会社株式が発行される場合には、事業や株式の譲渡にかかる1891年印紙税法第1附表の従価印紙税及び1895年金融法（Finance Act 1895, 58&59 Vict. c16）12条の印紙税が免除されることとなった。また、株式資本に課される印紙税を試算する際、譲受会社の授権株式資本の額またはその増加額は、従来、印紙税を支払っていた既設会社の株式資本総額または取得された事業の価値に応じた株式資本の額、あるいは対価として発行された株式に支払われたと認められる額のいずれかを減額して扱う旨が規定された（Finance Act 1927, §55 (1)）。

[43] 本条導入以前の裁判所には、会社法上、清算されない会社に整理が提案された場合、

の準用等が勧告された[44]。これらは1928年会社法54条に反映され、1929年総括会社法154条として編入された。

第3節　1929年法155条

155条は、既存株式の取得を通じた支配権の移転に関連し、申込を行った会社が対象企業株主の大多数の賛成に基づき、反対株主から強制的にその所有株式を買い取る権利を規定したものである。

会社（本条において譲渡会社と呼ぶ）の株式またはある種類の株式を、他の会社（本条において譲受会社と呼び、会社法における会社であるか否かを問わない）に譲渡する内容を含むスキームまたは契約が、譲受会社による申込後4ヶ月以内に、関連する株式の価値にして十分の九以上に相当する株主によって承認された場合、譲受会社は先の4ヶ月の期間満了後2ヶ月間のいかなる時点においても、反対株主にその所有株式の取得を希望している旨の通知を行うことができるものとされた。通知がなされた日から1ヶ月以内に反対株主が裁判所に異議申立を行い、裁判所が適切と認める命令その他の措置を行わない場合、譲受会社は当該スキームまたは契約に基づく条件により、反対株主の株式を取得する権利を与えられ、且つその義務を負う[45]。なお、反対株主には当該スキー

会社に対する訴訟手続きを制限する権限がなく、この点が法的欠陥と考えられていた。
Alfred F. Topham, Pamler's company law : a practical book for lawyers and business men : with an appendix containing the Companies Act, 1929, and the Companies (Winding-up) Rules., 13th ed., 1929, p464.

44　Green Committee Report, supra note 37, paras. 82 and 85 II.
45　1929年法155条1項は次のとおりである。
Where a scheme or contract involving the transfer of shares or any class of shares in a company (in this section referred to as "the transferor company") to another company, whether a company within the meaning of this Act or not, (in this section referred to as "the transferee company"), has within four months after the making of the offer in that behalf by the transferee company been approved by the holders of not less than nine-tenths in value of the shares affected, the transferee company may, at any time within two months after the expiration of the said four months, give notice in the prescribed manner to any dissenting shareholders that it describes to acquire his shares, and where such a notice is given the transferee company shall, unless on an application made by the dissenting shareholder within one month from the date on which the notice is given the court thinks fit to order otherwise, be entitled and bound

第3節　1929年法155条

ムまたは契約を承認しなかった株主の他、当該スキームまたは契約に従って譲受会社への株式の譲渡を履行しなかった株主や、譲渡を拒否した株主が含まれる[46]。

譲受会社は、裁判所が反対株主の異議に関し、反対する命令を下さなかった場合には通知の日から1ヶ月後に、反対株主による裁判所への異議申立が審理中の場合には申立の決定後に、譲渡会社に通知の複写を送付するとともに、譲渡会社に本規定により買取権限を有した株式に支払われる価格に相当する対価の総額ないしは他の対価を支払うものとされ、譲渡会社は譲受会社をこれら株式の所有者として登録すべき旨が定められた[47]。

本規定は154条同様、グリーン委員会の勧告を採用したものである。同委員会は前述の報告書において、買収対象企業が実質的に存続する必要がある場合のアマルガメーションは、資産の売却を通じてではなく、株式の譲渡により行われており、一般に買収企業は対象企業の全株式資本の獲得を望むところ、対象企業の少数株主が（他の株主が受け入れる以上の条件を引き出したい、あるいは買収に実質的な関心がない等の理由から）、しばしば大多数の株主にとって魅力的な協定の実現を阻む要因となっているとの認識を示していた。同委員会は、この少数株主による多数株主への圧迫（oppression of the majority by a minority）に対処する方策として、株式の譲渡を含むアマルガメーションのスキームが少なくとも90％以上の株主によって承認された場合には、譲受会社に一定期間、賛成株主が受け入れた条件で反対株主の株式を獲得し得る権利と、価格や圧迫

---

　　to acquire those shares on the term on which under the scheme or contract the shares of the approving shareholders are to be transferred to the transferee company: Provided that, where any such scheme or contract has been so approved at any time before the commencement of this Act, the court may by order, on an application made to it by the transferee company within two months after the commencement of this Act, authorize notice to be given under this section at any time within fourteen days after the making of the order, and this section shall apply accordingly, except that the terms on which the shares of dissenting shareholders are to be acquired shall be such terms as the court may by order direct instead of the terms provided by the scheme or contract.

46　Company Act 1929, §155 (4).
47　Company Act 1929, §155 (2). また、第3項において、譲渡会社により受領された総額は別の銀行口座に払い込まれ、それらの総額ないし対価は、譲渡会社により株式の権利人のために信託されたもの（trust for the several persons entitled to the shares）として維持される旨が規定されている。

の疑義につき、裁判所へ上訴する権利を与えるよう勧告していた[48]。本条はこれを受け、世界に先駆けて導入されたものである[49]。

　全株主からの株式の譲受は事業支配権の移転にとって必ずしも不可欠とは限らないが、株式売却を拒否する少数株主の存在は整理のスキームを阻害する恐れがある。1928年法50条により導入された本規定は、買収対象となる譲渡会社の大多数の株主の承諾の下、譲受会社が譲渡会社を完全子会社化する途を開くものとなった。

第4節　M&Aに関連する1929年法の規定

　1929年法では、以上のようなM&Aに直接関係する規定の他、これに関連する規定の改正や新設が行われた。

　1928年法82条により設けられた1929年法150条第1項は、会社の事業または資産の全部ないしは一部の譲渡に関し、取締役に支払われる退任の補償ないし対価の合法性について規定している。取締役に支払われるこれらの補償は、金額を含む内容の詳細が株主に開示され、会社により承認されない限り違法となり、違法とされた取締役への支払いは、会社のための信託物（trust for the company）と見なされる。また、株主全体に対してなされる会社の全部または一部の株式取得申込（offer made to the general body of shareholders, of all or any part of the shares in the company）を通じた株式の譲渡においても、取締役は上記のような補償の支払いに関し、その詳細が株主への株式取得申込書に記載され、送付されるに必要なあらゆる合理的手段を取るよう義務付けられ、これに反した場合には科料が課されることとなった[50]。

　アマルガメーションにおいて対象企業の取締役の賛同は不可欠であるが、既存の株主に株式取得を申し込む場合においても、申込に対する対象会社取締役の支持は、その成否に少なからぬ影響を及ぼす。本規定は開示を条件に、M&Aに関連する対象企業取締役の受益を認めたものである。

　この他、1928年法40条により創設された1929年法127条において、初めて持

---

[48] Green Committee Report, supra note 37, paras.84 and 85Ⅲ. 同委員会は買収対象企業の存続が必要な場合として、会社名に関連する業務上の信用（goodwill）の維持、免許実施権のような譲渡不可能な資産の存在を挙げている。
[49] 浜田道代「国際的な株式公開買い付けを巡る法的問題」証券研究102巻75頁（1992年）。
[50] Companies Act 1928, §82, Companies Act 1929, §150 (3).

第4節　M&Aに関連する1929年法の規定

株会社（holding company）及び子会社（subsidiary company）の語が規定された。本規定はグリーン委員会の会計（accounts）に関する勧告に付随したものである。

1929年法以前の英国会社法には、会社の適正な会計管理にかかる直接的な法的義務がなく、グリーン委員会は取締役が適正な会計の維持に配慮し、年次株主総会に会社の損益計算書及び貸借対照表を提出する義務を負うべきとの提言を行っており、持株会社に関しては、貸借対照表の確認書に子会社の利益及び損失の総計を記述するよう勧告していた[51]。当該勧告を反映した1928年法40条により、直接または代理人を通じ、子会社の株式を所有する持株会社の貸借対照表には、子会社の損益（複数の子会社が存在する場合はその合計額）を記述すべき旨が定められた[52]。

これに伴い、1929年法127条に、会社の資産が（直接または代理人によって所有されているかに関わらず）、他社の全部または一部の株式から成り、当該他社の発行済株式資本または議決権の50％以上を所有する場合、ないしは会社が直接または間接に他社の取締役会の過半数を指名する権限を有する場合、当該他社は子会社と見なされる旨が規定された。

これら1929年法の規定は、当時の英国において、事業や資産、株式の譲渡等を内容とするスキームを通じ、M&Aが一般的に行われていたことを物語る。19世紀後半、産業革命によってもたらされた生産方法の激変と生産力の急増、更に重化学工業への転換は、国際競争の激化とともに、経営規模の拡大や企業集中、産業の合理化を要求するところとなっており[53]、欧米の主要産業では各国の法令や慣習等に依拠した企業結合を通じ、これらが推進されていた。英国においても1919年から1930年に至る第二次M&Aブームの最中、アマルガメーション等によりUnileverやImperial Chemical Industries等、英国を代表する大企業が形成されていた[54]。1929年法におけるこれらの規制整備は、合

51　Green Committee Report, supra note 37, para. 72 I, Ⅶ.
52　Companies Act 1928, §40（5）, Companies Act 1929, §126（1）.
53　大隅健一郎『株式会社法変遷論〔新版〕』102-103頁（有斐閣、1987年）。
54　蕗谷硯児「M&Aと機関投資家」日本証券経済研究所ロンドン資本市場研究会編『機関投資家と証券市場』161頁（日本証券経済研究所、1997年）。第二次世界大戦前の英国においては、1898年-1900年と1919年-1930年の2度、M&Aの高揚期があり、第一次高揚期は繊維・油脂工業の企業合同が中心であった。なお、Unileverは1930年に3社のアマルガメーションにより設立されている（http://www.unilever.com/ourcompany/aboutunilever/history/1920s.asp?linkid=navigation）。

理化の進行した他国の企業との国際競争に直面する英国産業界の懸念に応え、その促進や効率化を図ったものと言える[55]。

第5節　1929年法以前のM&Aに関する規定

1．緒　　論

1929年法にM&Aに関する規制整備が行われる以前の英国において、会社法の下にある企業のM&Aは、任意清算における清算人の権限、もしくは基本定款の定めに基づき行われていた。以下では、任意清算を前提にアマルガメーションの実施を可能とした1862年会社法161条の規定と、法文に拠らず、会社の基本定款の目的事項に依拠して行われたM&Aについて紹介する。

2．1862年会社法161条によるM&A

1862年会社法161条は、任意清算が提案された、あるいはその過程にある会社の事業や財産（property）の全部または一部を、他社へ譲渡または売却する提案がなされた場合の、清算人の特殊な権限について定めたものである。同条において清算人は、清算人に関する一般的権限または特殊な整理に関する権限のいずれかを授権する会社の特別決議に基づき、清算中の会社の株主に分配する目的で、譲渡または売却の対価ないしはその一部として、譲受会社の株式、証券、その他権利に類するもの（other like interests）を受領し得る他、清算会社の株主が現金や株式、証券その他の受領に代え、あるいはこれらに加え、譲受会社の利益やその他の利得に与ることができるとする整理を締結できるものとされた。清算人による売却または整理は、清算会社株主を拘束するが、特別決議に投票しなかった株主が決議の日から7日以内に、清算人に宛てた書面により特別決議に反対する旨を表明し、会社の登記上の本社に残した場合、反対株主は清算人に対し、当該決議の実施を差し控えるか、反対株主の権利を買い取るかのいずれかを要請し得る[56]。

---

[55] Paul Frederick Simonson, The Law related to Amalgamation of Joint Stock companies, 4th ed., Preface to the 4th ed., ⅲ-ⅴ.
[56] 1862年法161条は次のとおりである。
　　Where any company is proposed to be or in the course of being wound up altogether voluntary, and the whole or portion of its business or property is proposed to be transferred or sold to another company, the liquidators of the first-mentioned company may, with the sanction of a special resolution of the company by whom they were

第5節　1929年法以前のM&Aに関する規定

　すなわち1862年法161条は、会社の解散を前提に、株式を対価とする資産や事業の譲渡と、清算に伴う当該対価の株主への分配を通じ、アマルガメーションを可能とするものであり、事業等を譲渡する会社並びにその株主の見地からこれを規定したものである。また、清算人に対する反対株主の株式買取請求権は、株主総会の多数決議に対し、少数株主の利益を保護するため、一種の退社権を与えたものと言うことができる[57]。

---

appointed, conferring either a general authority on the liquidators, or an authority in respect of any particular arrangement, receive in compensation or part compensation for such transfer or sale of shares policies or other like interests, in such other company, for the purpose of distribution amongst the members of the company being wound up, or may enter into any other arrangement whereby the members of the company being wound up may, in lieu of receiving cash shares policies or other like interests or in addition thereto, participate in the profits of or receive any other benefit from the purchasing company; and any sale made or arrangement entered into by the liquidators in pursuance of this section shall be binding on the members of the company being wound up; subject to this proviso, that if any member of the company being wound up who has not vote in favour of the special resolution passed by the company of which he is a member at either of the meetings held for passing the same expresses his dissent from any such special resolution in writing addressed to the liquidators or one of them, and left at the registered office of the company not later than seven days after the date of the meeting at which such special resolution was passed, such dissentient member may require the liquidators to do one of the following things, as the liquidators may prefer; that is to say, either to abstain from carrying such resolution into effect, or to purchase the interest held by such dissentient member at a price to be determined in manner hereinafter mentioned, such purchase money to be paid before the company is dissolved, and to be raised by the liquidators in such manner as may be determined by special resolution: no special resolution shall be deemed invalid for the purpose of this section by reason that it is passed antecedently to or concurrently with any resolution for winding up the company, or for appointing liquidators; but if an order be made within a year for winding up the company by or subject to the supervision of the Court, such resolution shall not be of any validity unless it is sanctioned by the Court. なお、反対株主の株式買取金額に関して係争となった場合には、1845年会社条項統合法（An Act for consolidating in One Act certain Provisions usually inserted in Acts with respect to the Constitution of Companies incorporated for carrying on Undertakings of a public Nature, 8 & 9 Vict., c.16, hereinafter referred to as Companies Clauses Consolidation Act 1845）の規定に基づいて仲裁される。Companies Act 1862, §162.

[57]　小町谷・前掲注(30)489-490頁。小町谷氏は、日本の商法がアメリカ法に倣って導入した株式買取請求権は、間接的には英国法における当該制度を継受したものと述べておられる。

第2部　第1章　1929年総括会社法まで

　この1862年法161条の萌芽は、1856年7月に制定されたジョイント・ストック・カンパニー法[58]に見ることができる。1856年法は会社の清算を強制清算と任意清算に区分した最初の法で、同法が株主総会特別決議に基づく任意清算[59]と、清算人による他社への資産売却等を認めたことにより[60]、アマルガメーションを行うことが可能となっていた。しかし、この手法による企業結合達成の実質的な障害は、整理の当事者に対する法的拘束力の欠如にあった。反対株主は所有株式に対し、法外な対価を主張、あるいは清算人を不適切な価格で企業の財産を売却した背任の罪に問う法的資格を有していたため、整理の実現は当事者の誠意に依拠せざるを得なかった。そこで1857年ジョイント・ストック・カンパニー法[61]17条において、任意清算される会社が資産の全部または一部を他社に売却する場合、清算人は会社の特別決議に基づき、株主に分配する目的で、他社に売却した資産の全部または一部の対価として譲受会社の株式を受領できる他、清算会社の株主が現金や株式の受領に代え、またはこれらに加え、譲受会社の利益や便益等に与る旨の整理を締結できるものとされた。合わせて当該売却や整理が、所定の手続きに従って反対した株主を除き、清算会社株主を拘束する旨が規定され、1862年法161条の大要が形成された[62]。

　1862年法161条が持ち得なかった全株主に対する法的拘束力は、1929年法154条において裁判所の関与の下に達成されたが、1929年法にM&A関連規定が新設された後も、本規定は一定の再建や整理において活用され[63]、1986年支払不能法に移管されるまで会社法の中で存続した[64]。

---

[58]　An Act for the Incorporation and Regulation of Joint Stock Companies and other Associations（hereinagter referred to as Joint Stock Companies Act 1856), 19 & 20 Vict., c.47.

[59]　Joint Stock Companies Act 1856, §102（2）.

[60]　任意清算における清算人には、公的清算人に与えられる全ての権限と、裁判所の干渉なしにこれらを行使することが認められており、公的清算人は競売または私的契約により会社の不動産、動産、相続財産、私的資産等を売却する権限の他、適切と考える場合にはそれら全部を他者へ譲渡または売却する権限を有していた。Joint Stock Companies Act 1856, §90, §104（7）.

[61]　An Act to amend the Joint Stock Companies Act, 20 & 21 Vict., c 14.

[62]　1856年法、1857年法と1862年法161条の関係につき、Thring, supra note 31, p149-150.

[63]　後掲注(74)参照。

[64]　1985年会社法582条及び593条に継承されていた本規定は、1986年支払不能法110条及び111条に移管された。

第5節 1929年法以前のM&Aに関する規定

3. 基本定款に基づくM&A

　英国会社法下の企業が1862年法161条の規定に拠らず、M&Aを行い得るかについては、当該企業の能力、すなわち、基本定款の目的事項の内容に依拠していた。19世紀半ばの英国において、法人の能力は自然人同様に無制限ではなく、基本定款の目的事項の範囲に限定されるとするコモン・ロー上の原則が支配的となり、会社がその範囲を超えて行った行為ないし目的事項に記載のない行為は、法に反する行為であって無効とする判例理論——ウルトラ・ヴァイルス理論（ultra vires doctrine）——に発展した。このウルトラ・ヴァイルス理論は、1875年のAshbury Railway Carriage and Iron Company Limited v Riche貴族院判決[65]において、1862年会社法の下に設立された会社に初めて適用され、以後、英国法の特徴を成す判例理論として、大きな影響を与えることとなる[66]。

　厳格なウルトラ・ヴァイルス理論の解釈において、基本定款の目的事項に記載のない会社の行為は——たとえそれが株主の満場一致の承認を以って行われた行為であっても——会社の能力外の行為であって無効とされるため、契約の相手方は当該契約の履行を強制できない。これは、本理論が擬制悪意（constructive notice）の法理を前提としており、会社と取引する第三者が公示

---

[65] （1875）LR 7 HL 653. ウルトラ・ヴァイルス理論のリーディング・ケースとされる同判決は、Ashbury Carriage and Iron Companyの取締役等がベルギーに設立した株式会社（sociiti anonyme）を通じ、利権の買収や会社の設立、鉄道建設資金の調達、原告への鉄及び車両供給事業の付与等を目的とする契約を交わしていた原告が、同社に対し、契約違反の損害賠償を求めた事案である。同社の株主は当該行為が能力外であるとの調査委員会の報告を受け、取締役等との間で証書を交わし、当該契約の責任は取締役等が負うものとしていたが、原告は両者の協定がどのようなものであれ、同社には原告に対する責任があるとして、同社を提訴していた。Cairn大法官は、本契約は完全に同社の基本定款の目的の範囲を超えており、かかる契約の締結は会社の能力の範囲外であるから、本契約は当初より無効であると述べ、原告の主張を認めた一審及び二審の決定を破棄した。
本決定では、有限責任性の導入を受けた基本定款の目的条項は、単に現在の株主の利益のための規定であるだけでなく、将来の株主や公衆、とりわけ債権者の利益のために供することを目的としているとの判示がなされた他、基本定款の目的の範囲を超えた会社の能力外の行為（urtra vires）と、付属定款の委任範囲を逸脱した取締役の越権行為（an act extra vires of the directors, but intra vires of the company）とが明確に区別された。また、ウルトラ・ヴァイルスの問題が、会社の契約行為の違法性ではなく、契約行為を行う会社の資格及び権能にあること等が示された。

[66] ウルトラ・ヴァイルス理論の沿革や内容については、小町谷・前掲注(30)64頁以下、上柳克郎「アメリカ株式會社法に於けるultra vires理論」大隅健一郎編著『英米會社法研究』235頁（有斐閣、1950年）234頁以下、本間・前掲注(6)173頁以下を参照した。

文書である定款の目的事項の不知を主張し得ないことに起因する[67]。故に、基本定款の目的条項に、事業や会社、財産、株式等の全部または一部の売却または取得等を成し得る旨の記載がない場合には、本理論により当該行為が無効とされる蓋然性が高まる。

従って、1862年法下の英国企業が会社法の法文に拠らずM&Aを行うには、売却・取得のいずれを行う場合にも、基本定款の目的事項に当該能力が授権されていることが前提となった。先の1862年法161条に基づくM&Aについても、当該条文は譲渡会社に関する規定であるため、譲受会社におけるM&Aの適法性は、目的条項の内容如何となる。更に、事業等を売却する会社の能力は、特段の記載のない限り現金を対価とする場合にのみ認められたため[68]、株式を始め、現金以外の対価を受領するには、別途、その旨の権能が必要となる。

すなわち、161条と同様の効果をもたらすアマルガメーションを行う場合には、譲受会社の基本定款の目的条項に、事業等の取得に加え、対価として株式を交付し得る能力が、譲渡会社の目的条項には、他社の全額払込済株式等を対価として、事業の全部または一部を他社に譲渡する能力が、掲げられていることが必要であった。このような定款の規定に基づく161条類似のアマルガメーションは、譲渡会社が権利・義務とともに事業を譲受会社へ譲渡した後、株主総会で解散決議を行い、債務弁済後の譲渡対価の残額を株主へ分配する権限を、清算人に付与することによって実施され、債権譲渡に不満な債権者への弁済は、譲受会社よって行われた[69]。

しかし、会社にM&Aの能力が授権されている場合であっても、譲渡会社の株主の意思に反し、譲受会社株式の引受け、すなわち、譲受会社の株主となることを強制することはできず、株主が明示の承認を与えない限り、反対株主を会社のアマルガメーションに拘束し得ないことが、1867年のBagshaw事件[70]によって明らかにされた[71]。

本件は、アマルガメーションにより譲受会社株主として登録された譲渡会社

---

[67] 上田・前掲注(4)23-24頁。登記官に提出される会社の定款は公示文書（public document）であり、コモン・ロー上、公衆縦覧に供される公示文書には擬制悪意の法理が適用される。

[68] この点を明らかにしたDougan事件については、第2部第2章第6節3参照。

[69] Simonson, supra note 55, p21-22、小町谷・前掲注(30)494頁。

[70] *In re Empire Assurance Corporation. Ex parte Bagshaw* (1867) 4 Eq 341.

[71] Thring, supra note 31, p87.

第5節　1929年法以前のM&Aに関する規定

の株主が、譲受会社の株主名簿からの登録抹消を求めた事案である。Pagewood 副法官は、アマルガメーションの定義は困難であり、その法的効果は法律辞典等にも詳述されていないとしながらも、「契約書の締結実施（execution of a deed）により、これまでパートナーでなかった人を、従来の証書とは異なる条件で、パートナーにすることを意味するものでないことは確かである」と述べ、「本件において株主が取締役等に他社とアマルガメーションを行う権限を与えていることは事実であり、取締役等には他社に資産を譲渡し、当該企業に事業継続を認める権限が与えられている」と認める一方で、「これは反対株主が全資産を喪失した上に、自ら新たな継続事業体での役割と割当を引き受ける義務を負うとの意を含むものではない」として、原告等の申立を認め、原告の氏名の削除を命じている。

　基本定款に基づくアマルガメーションは1862法161条による場合と比較して、会社の規約に基づくが故に株主からの反対を受けやすく、1908年の Bisgood 事件控訴院判決では、基本定款に基づく再建に反対する株主にも、161条による場合と同様に差止請求権が認められた[72]。そのため、1929年法以前のアマルガメーションの多くは、事業の譲渡先が新設会社であるか既存の会社であるかを問わず、また、基本定款に明示の規定を有する企業においても、1862年法161条に依拠して行われ[73]、1908年の判決を契機に、基本定款に基づくアマルガメーションの活用範囲は一層限定的となった[74]。

---

[72]　Bisgood 事件控訴院判決については第2部第2章第6節3参照。
[73]　Simonson, supra note 55, p20-21.
[74]　更なる資金調達を予定しない再建や清算とは無関係の事業譲渡等においては、引き続き活用されたという。Topham, supra note 43, p462.

第2章　1929年総括会社法がかかる M&A 法制を採るに至った背景

第1節　ジョイント・ストック・カンパニーの誕生とその法的性格 [75]

　英国会社法が1929年法においてかかる法制度を採用した所以は、近代会社法の成立過程におけるジョイント・ストック・カンパニーの法人格及び株主有限責任制度獲得の歴史と、社団内部の契約理論的性質に由来するものと考えられる。

　英国の近代株式会社制度は、商人ギルド（gild merchant）から派生した商人の結合体であるカンパニー制度と、現代のパートナーシップの祖であるソキエタス（societas）の接合によって誕生したジョイント・ストック・カンパニーの発展により形成された [76]。12世紀に誕生した商人ギルドは、構成員とは別個の法人格を有する商人の自治組織であり、形成には国王の特許状（royal charter）を要し、法人概念を始め、団体運営に必要な機関及び制度、並びにその永続性等を発達させたという。14世紀末に商人ギルドから派生した制規会社（regulated company）は、国王の特許状による外国貿易の独占権や植民地開発の特権等の確保に主眼が置かれた外国貿易に従事する商人の自治団体で、構成員はその厳格な規約に服しながら、各自が自己の計算において商取引を行っていた。一方、ソキエタスは組合員の共同出資により共同事業を営むもので、組合員は相互に他を代理し、各自が組合の債務につき無限責任を負っていた。両形態の発展は16世紀半ばの英国に、全構成員の資本を結合し（joint）、共同の計算で共同事業を永続的に行うジョイント・ストック・カンパニーの誕生をもたらした [77]。

75　以下、英国が準則主義に転換する1844年登記法まで、ジョイント・ストック・カンパニー の corpotator, member, shareholder, subscriber, proprietor 等を構成員と、share, portion, part 等を持分と訳出する。

76　大隅・前掲注(53)24頁以下、小町谷・前掲注(30) 6頁、松井秀征「取締役の新株発行権限（一）」法学協会雑誌114巻4号80頁注1（1997年）。

77　英国最初のジョイント・ストック・カンパニー は1553年、制規会社から発展したロ

85

ジョイント・ストック・カンパニーの多くは捺印証書の合意に基づく（by agreement under seal）パートナーシップとして設立され、特許状を付与された会社には法人格や各種の特権が認められた。法人格の付与は会社に永続性や訴訟当事者能力を与え、会社の債務に対する会社と構成員の責任の分離や、会社の債権者に対する構成員個人の責任範囲の限定等を可能にした[78]。

16世紀のジョイント・ストック・カンパニーにおいて、資本は譲渡可能な持分に分かたれ、持分は少数に固定されていた。各持分に請求される払込金額は適宜増額され、新たな資金が必要な場合には、既払込金額に加えて追加徴収（leviationまたはcall）が行われた。そのため、支払いに必要な資金を提供できない、一株のみを所有する構成員が、持分を再分割（divide into fractions）の上、一部を売却、あるいは持分の下引受や匿名出資（admission of under-adventures）を認めて対応するケース等が現れ、17世紀にかけて持分の小額化が図られた[79]。また、1600年に設立された英国東インド会社（the East India Company）においては、持分の額面金額を固定し、数に相当の裁量を持たせる方法が導入された[80]。

会社が構成員に追加徴収を行う権限は17世紀の特許状に顕著に現れており、債権者は会社が構成員に追徴を為すべきとの裁判所の命令を得た場合に、債務の充足に必要な範囲で、間接的に個々の構成員に責任を問い得る他、債権者が会社の権限を代位し、直接構成員に徴収することも可能であった[81]。そのため、17世紀後半には、個々の構成員が会社の債務に責任を負わないとの結論が商事会社にも認められていたものの、無限に追加徴収に応ずる義務を負う特許会社構成員の有限責任は、会社の債権者に関する対外的な範囲に限定されてお

シヤ会社（Russia Company）とされ、パートナーシップからジョイント・ストック・カンパニーへ発展した代表例には、同じく1553年に発足したアフリカ会社（African Company）がある。大隅・前掲注(53)27頁。

[78] Gower, 3rd ed., supra note 7, p25 W. S. Holdsworth, A History of English Law, 1925, Vol.Ⅷ, p202-203.

[79] William Robert Scott, The Constitution and Finance of English, Scottish and Irish Joint Stock Companies to 1720, 1912, Vol.Ⅰ, p44-45, p155, Gower, 3rd ed., supra note 7, p25、星川長七『英国会社法序説』218頁註30（勁草書房、1960年）。

[80] Scott, supra note 79, p155、大隅・前掲注(53)36頁。

[81] Holdsworth, supra note 78, p.204、小町谷・前掲注(30)6-7頁。但し、債権者の構成員に対する権利は、会社の株主に追徴を為す権利に依存しており、会社に追徴権限がなければ債権者はその権利を失う。

り、間接無限責任（limited personal liability）と言うべき状況にあった[82]。

第2節　泡沫会社法制定とジョイント・ストック・カンパニーへの影響

　16世紀からすでに行われていた特許会社証券の取引は、17世紀後半に活発となり[83]、同世紀末にはロンドンに公の株式市場が開設され[84]、オプション取引や思惑売買等も行われた[85]。18世紀初頭にかけての熱狂的な株式投機ブームは、南洋会社（South Sea Company）の破綻を契機に南洋泡沫（South Sea Bubble）と呼ばれる大恐慌を引き起こし、泡沫会社法[86]が制定されるに至った[87]。

　泡沫会社法において、1720年6月以降、議会の制定する法律（acts of parliament）または国王の特許状に基づく法的権限なくして法人としての活動

---

[82] Holdsworth, supra note 78, p.203-205、大隅・前掲注(53)35-36頁、37-38頁注2、星川・前掲注(79)213-214頁。

[83] Scottによれば、16世紀には個人的な知人以外にも株式が制約条件なく売却されていたという（Scott, supra note 79, p443）。もっとも当時の株式取引は利害関係者の私的取引が中心であり、公的取引は、1566年 Sir Thomas Gresham によってロンドンに設立され、1571年に Royal Exchange と改称された王立取引所において、他の商品と並んで小規模に行われていたとされる。Barry Alexander K. Rider, David A. Chaikin, Charles Abrams, Guide to the Financial Services Act 1986（hereinafter referred to as Rider et al.), 1987, para. 103、小林1・前掲注(9)2頁。1689年以前の英国において、主要なジョイント・ストック・カンパニーは約15社、資本はわずか90万ポンドに過ぎなかったが、1695年までにその数は約150社、資本は430万ポンドに上った。Ranald Michie, The London Stock Exchange — A History, 2001, p15.

[84] ロンドン証券取引所によれば、その正式な設立は1801年であるが、創業は1698年に遡るという。http://www.londonstockexchange.com/about-the-exchange/company-overview/our-history/our-history.htm.

[85] Scott, supra note 79, p442-443.

[86] An Act for better securing certain powers and privileges intended to be granted by his Majesty by two charters for assurance of ships and merchandizes at sea, and for lending money upon bottomry; and for restraining several extravagant and unwarrantable practices therein mentioned, 6 Geo. I, c. 18（hereinafter referred to as Bubble Act). 同法は、保険会社2社に特許状を付与する法案と、株式投機の制限や罰則を定めた法案を一体化して制定されたもので、18条以下が後者に該当する。Gower, 3rd ed., supra note 7, p29〔31〕, Journals of the House of Commons, Vol. XIX, p351, p355-356, p361.

[87] 小町谷・前掲注(30)7-10頁、本間・前掲注(6)13頁、大隅・前掲注(53)32頁。

を行うことや、譲渡可能な株式の募集並びに譲渡、特許状に記載された目的以外の活動や失効した特許状に基づく行為等が禁じられた結果[88]、法人格なきジョイント・ストック・カンパニーの設立は抑制され、英国における株式会社制度の発展は著しく阻害されることとなった[89]。

特許状は国家が有する機能の一部を行使し、特権を有する団体を創設するとの公法的見地から付与され、また、特許状に対する会社からの献金が王室の重要な財源であったことから、その獲得には莫大な費用と長い時間を要した[90]。また、議会の法に基づく会社の設立は、特許状による場合と同様に公的性格を帯びた企業に限られており、一般のジョイント・ストック・カンパニーがこれを望むべくもなかった[91]。しかしながら、18世紀の産業の隆盛は大資本の集中を可能とする結合資本方式(ジョイントストック)の企業形態を必要としており、企業家はジョイント・ストック・カンパニーを、持分の譲渡を厳重に制限する普通法上のパートナーシップ、すなわち、法人格なき社団（unincorporated association）として形成する方法に活路を見出した。これは、泡沫会社法において、現行法の枠内で法律に従って国内外での取引を行うパートナーシップへの適用が明示的に除外され、また、裁判所の違法性の判断が、株式の自由譲渡性の如何に基づいていたことによる[92]。

法人格獲得の術を持たないこのジョイント・ストック・カンパニーは、訴訟を始め、会社と構成員及び構成員相互間の妥当な救済方法の欠如や構成員の無限責任等、普通法上のパートナーシップとして処遇されることに起因する不利益を回避し、可能な限り法人格を有する会社と同様の機能を果たすため、衡平法において発展せられた信託法理に庇護を仰いだ[93]。

---

[88] Bubble Act, §18.

[89] 大隅・前掲注(53)39頁。

[90] 大隅・前掲注(53)33-34頁、星川・前掲注(79)204頁、206頁、208頁。

[91] 議会の法によって設立される企業の大半は、運河を始め、銀行、保険、水道等の公共事業を営む企業に限定されていた。本間・前掲注(6)13頁、41頁注4。

[92] Bubble act, §25, Gower, 3rd ed., supra note 7, p32-34、本間・前掲注(6)34-35頁。

[93] Ronald Ralph Formoy, The historical foundations of Modern company law, 1923, p32-33, Armand Budington DuBois, The English Business Company After The Bubble Act 1720-1800, 1971, p216-222、本間・前掲注(6)13頁、35頁以下。当時、すでに確立されていた契約自由の原則により、裁判所は解散命令のない限り、組合や会社の内部の処理や争いに干渉することができず、構成員の濫訴により会社が破滅に陥る恐れがあった。本間・前掲注(6)49-50頁。また、通常のパートナーシップでは規約の変更に全員一致の決議が必要であり、持分の譲渡は認められていなかった。小町谷・前掲注(30) 7頁。契

第2節　泡沫会社法制定とジョイント・ストック・カンパニーへの影響

　英国のパートナーシップに法人格はなく、構成員は相互に他の構成員の代理人たる地位に置かれ、パートナーシップの利益に対して分配を受ける権利を有する一方、損失に対しては人的無限責任を負う。これに対し、衡平法上の信託制度を活用したパートナーシップでは、契約に基づき構成員が醸出した一定の動産・不動産が特定の経営者に信託譲渡され、構成員は受託者たる経営者が譲渡財産を資本として運用して得た利益の受益者となり、持分に応じて経営より生ずる利益の分配に与る[94]。このような法人格なき社団は、設立証書（deed of settlement）の合意に基づいて設立され、設立証書には株式の譲渡性や構成員の有限責任等に関する条項も挿入された[95]。

　衡平法上の信託制度の活用により、法人格なきジョイント・ストック・カンパニーの困難のうち、取締役の義務の履行強制や義務違反に対する差止請求、代表訴訟による第三者の会社財産に対する侵害排除等に関しては、信任関係並びに衡平法の法理に基づいて処理され、一定の改善を見た。しかし、その他については裁判所がかかるジョイント・ストック・カンパニーを普通法上のパートナーシップとして取り扱ったため、完全な法的承認が得られるまで、その困難が続いた[96]。

　18世紀のジョイント・ストック・カンパニーにおいて、構成員は当該企業の特許状や設立法、設立証書やこれに含まれる付属定款（article of association）等に拘束されるものと考えられていた[97]。これら会社の規約は多数決ないし特別決議による変更を可能とする場合が多かったが、会社参加者の権利保護や利害に関する事項——減資や競合他社との企業結合、委任状投票の禁止等、特

　　　約自由の原則については前掲注(8)参照。
[94]　本間・前掲注(6)35-36頁、46頁。信託を利用した社団は16世紀にすでに存在したとされるが、17世紀に入り、法人格を取得しない限り、社団固有の財産を所有できないとする普通法上の原則が確立されたことに伴い、一時衰退していた。その後、衡平法裁判所において、法人格なき社団であっても、信託機構の利用により、特定財産の信託的所有が可能である旨が確認されたことを機に、当該法理に基づき結成された社団組織が再び登場した。
[95]　Gower, 3rd ed., supra note 7 p33-34, 本間・前掲注(6)36頁、42頁注8。設立証書は担保付社債信託証書（debenture trust deed）と後の付属定款を兼ね備えたものに近似しており、社団の結成や、構成員と業務執行者間の信託契約等が一括して定められていた。
[96]　本間・前掲注(6)37頁、47頁。
[97]　DuBois, supra note 93, p303.

許状または議会の法の変更を要する事柄——、事業の抜本的変更のような重要事項の変更に関しては、全員の同意が必要とされた[98]。特許会社には自然人同様の能力が認められる一方、議会の法によって設立された会社については、法の規定する目的の範囲内でのみ、活動する権限が与えられた[99]。

18世紀に入り、構成員に支払いを求める追加徴収（call）[100]の権限範囲は、特許状や議会の法により授権された資本の総額、あるいは明示的に株主に引き受けられた額に限定される傾向を示すようになった。また、東インド会社においては、当該権限が当初の株主に引き受けられた総額の未払込部分に限定され、引受けによる追加資本の募集に際しては、議会の許可が必要であると考えられた。しかし、London Assurance Corporation や Royal Exchange Assurance Corporation のように、追加徴収の権限を明示的に限定していない会社もあり、構成員の財務的責任の範囲は、個々の特許状や設立法に規定される授権資本の額や追加徴収を為す権限に依存していた[101]。また、法人格なきジョイント・ストック・カンパニーにあっては、構成員の責任を制限する設立証書の条項は構成員間において効力を有するに止まり、第三者に対し、普通法上の効力を有するものではなかった[102]。

---

[98] 特許会社である Royal Exchange Assurance Corporation の各構成員は1720年の減資に当たり、賛意を表す文書への署名を求められたとされる。また、法人格なきジョイント・ストック・カンパニーの事例として、Phoenix Assurance Company の定款は構成員の四分の三の賛成による設立証書の変更を認める一方、変更後の設立証書への署名を望まない構成員の持分を買い取る旨を規定しており、Edinburgh Sugar House Company は1751年に、増資方法の限定と、パートナーが引受総額以上の資金の醵出を強いられない旨の規定を除き、定款を総会により変更し得るものとした。DuBois, supra note 93, p303-306, p340-341 n164, p343 n176、小町谷・前掲注(30)11頁。なお、本間氏は衡平法上の信託制度を活用した会社の設立証書の変更につき、契約当事者全員の特別決議により行われたとしている。本間・前掲注(6)36頁。

[99] A. B. Levy, Private Corporations and Their Control, 1950, Vol. I p48-49.

[100] call は構成員に対してなされる、期日に支払いを行う旨の正式な要請であり、特定の引受（subscription）条件に基づく支払いと、構成員の確約に関係なく、総会（general court）によって命ぜられる支払いの別があったが、18世紀においては後者の意で用いられることが多かったと言う。DuBois, supra note 93, p158 n96。call は後の近代会社法において、株主への未払込株金の払込催告を意味するようになる。

[101] DuBois, supra note 93, p99-103.

[102] 大隅・前掲注(53)42-43頁、Formoy, supra note 93, p42-43.

第3節　ジョイント・ストック・カンパニーの法人格及び株主有限責任の獲得に向けた道のり

　商業資本主義から産業資本主義への移行と産業の飛躍的発展、これに呼応した営利企業の急増を背景に有名無実化した泡沫会社法は1825年、商務省の主導の下、これを廃止する法律[103]によって撤廃され、コモン・ローの原則下に置かれた法人格なきジョイント・ストック・カンパニーは、次第に合法性を認められるようになった[104]。同法は会社債務に対する構成員の責任範囲を、国王が付与する特許状に自由に規定し得るとしたことから、法人の付帯的権利とされていた構成員の有限責任[105]と法人格とを分離し、法人格なきパートナーシップに法人類似の地位や特権を与える途が開かれた[106]。

　構成員の有限責任と法人格を分離する原則は、1834年の商事会社に関する法律において、国王が法人格なき会社に対し、開封勅許状（letters patent）を以って、訴訟能力その他の特権を付与し得る規定へと発展した[107]。更にこれを代替した1837年の法[108]は、諸条件を充足して開封勅許状の申請を行った法

---

[103] An Act to repeal so much of an Act passed in the Sixth Year of His late Majesty King George the First as relates to the restraining several extravagant and unwarrantable Practices in the said Act mentioned; and for conferring additional Powers upon His Majesty, with respected to the granting of Charters of Incorporation to trading and other Companies, 6 Geo.Ⅳ. c. 91（hereinafter referred to as An Act to repeal the Bubble Act）.

[104] しかしながら、泡沫会社法廃止後も信託法理に基づく法人格なきジョイント・ストック・カンパニーの合法性を巡って、コモン・ロー裁判所は違法、衡平法裁判所は合法とする混迷状態が、1830年代末まで続いていた。Levy, supra note 99, p57、本間・前掲注(6)63-66頁。

[105] 構成員の有限責任は特許会社の属性の一つであり、責任の拡張は特許状や自治法によっては規定し得ず、議会の法のみが特許会社構成員に責任を課し得るとされていた。Levy, supra note 99, p49、大隅・前掲注(53)71-72頁。

[106] An Act to repeal the Bubble Act, §2、本間・前掲注(6)62-63頁、76-77頁。

[107] An Act to enable His Majesty to invest trading and other Companies with the Powers necessary for the due Conduct of their Affairs, and for the Security of the Rights and Interests of their Creditors, 4 &5 Wm.Ⅳ c.94, §1, Levy, supra note 99, p60、本間・前掲注(6)77頁。

[108] An Act for better enabling Her Majesty to confer certain Powers and Immunities on trading and other Companies, 7 Wm. Ⅳ&Ⅰ Vict. c. 73（hereinafter referred to as An Act on trading and other Companies）.

人格なき会社に対し[109]、会社が指名した役員名による訴訟や、構成員の個人責任を持分の範囲に限定すること等、法人格を有する会社と同様の特権を与え得るとした[110]。

　一般のジョイント・ストック・カンパニーが正規に法人格を獲得する途は、1844年の会社登記法によって開かれた。同法は1841年、議会が設置した特別委員会（1843年に商務省長官グラッドストンが委員長に就任したことからグラッドストン委員会と呼ばれる）の報告書[111]を受けたものである。

　産業構造の転換に伴い、鉄道や運河等、社会基盤への大規模投資が要請された当時、これらの多くが社会に散在する個人資産の集積を通じて充足される一方、会社設立及び経営に伴う不当な詐欺が後を絶たず、これらの会社の規約や義務を妥当に規制する法律も存在しなかった。このような状況の下、公衆（public）の安全を目的にジョイント・ストック・カンパニーに関する法の状況を調査するため指名されたグラッドストン委員会は、1844年に提出した報告書において、設立登記による会社の法人格取得や開示を通じた株主並びに公衆の保護を提言、これを受け、英国初の会社法とも言うべき会社登記法が制定される運びとなった[112]。同法により英国は特許主義から準則主義へ転換、ジョイント・ストック・カンパニーは登記により法人格の取得を認められる一方[113]、

---

[109] 開封勅許状の申請には設立証書（deed）または契約書に基づき、会社を設立し、事業体（undertaking）を一定の持分数に分割すること、開封勅許状申請通知をロンドン新聞（London Gazette）及び営業予定地を含む1以上の地方新聞に1週間以上の間隔で3回出稿すること等が必要とされ、設立証書には商号や構成員の氏名、設立日、事業や設立の目的、主たる営業所の所在地、会社を代表し、訴訟を行う2名以上の役員の記載が求められた。An Act on trading and other Companies, §5, §32.

[110] An Act on trading and other Companies, §3-4, 本間・前掲注(6)80-82頁。開封勅許状を付与された会社は3ヶ月以内に、衡平法裁判所（the Enrolment office of Court of Chancery）に付与日や設立証書の内容等を届け出なければならず、登記後の商号変更は認められなかった。また、構成員の退出や株式の譲渡等につき、情報受領後3ヶ月以内の申告が義務付けられた他、構成員の責任を株式の範囲に限定した場合には、各構成員の払込済金額や会社からの払戻金額に関しても申告が必要とされた。申告内容は登記され、公衆縦覧に供された。An Act on trading and other Companies, §6 - §12, §15 - §16.

[111] First Report of the Select Committee on Joint Stock Companies; together with the Minutes of Evidence, Appendix and Index, Great Britain House of Commons parliamentary papers, H.C. Vol 48, 1844.

[112] id., Resolutions, x ii -xv, 本間・前掲注(6)95-98頁、105頁。

[113] Registration Act 1844, §25. 登記には仮登記（§4）と本登記（§7）とを要し、仮登記

第3節　ジョイント・ストック・カンパニーの法人格及び株主有限責任の獲得に向けた道のり

設立から解散に至るまで、その内容や業容に関する開示を義務付けられた。

　同法においてジョイント・ストック・カンパニーは営利を目的とし、①その資本を、全協同組合員（all the copartners）の明示の同意なしに譲渡し得る株式に分割したパートナーシップ、または②25名以上の構成員から成るパートナーシップ等と定義され[114]、非公開のパートナーシップ（private partnership）と明確に区分された[115]。同法は仮登記（provosional registration）と本登記（complete registration）の２回に亘る登記制度を採用しており、本登記に提出される設立証書（deed of settlement）には、会社の商号、事業または目的、主たる営業所及び支店の所在地、発行予定資本及び追加予定資本の額及びその調達方法、会社の存続期間等の記載が必要とされた[116]。会社は法人格の取得により、訴訟当事者能力を始め、取引及び事業の実施、不動産の所有、会社の目的達成に必要なその他全ての行為の執行等を認められ、これらの能力及び特権は、同法並びに設立証書の規定等に従うものとされた[117]。

　会社の破産は株主（shareholder）の破産とは別個に取り扱われ、会社の破産が必ずしも株主の破産を意味しない旨が明らかにされる一方[118]、株主の責任制限は認められず、株主は会社債務につき無限責任を負うものとされた[119]。会社を訴訟当事者とする判決や命令は、会社資産に対して効力を有するのみならず、会社資産による弁済を以ってなお不足する場合には、株主及び従前の株主の資産に対しても同様の効力が及ぶとされ、当該執行の免除は株式譲渡後3年以降と規定された[120]。

により会社設立準備行為能力が与えられ、法定事項を記載した設立証書の届出と登記官からの本登記完了証明書（certificate of complete registration）の受領により、完全な法人格が認められた。

114　Registration Act 1844, §2. 上記のパートナーシップの他、生命、火災、海上保険等を目的とする会社や団体もジョイント・ストック・カンパニーの範疇とされた。

115　本間・前掲注(6)104頁、128頁。

116　Registration Act 1844 1844, §4, §7. この他、設立証書には借入予定金額、すでに引き受けられた、あるいは設立証書作成日において引受けが予定されている資本の総額、総株式数、引受人の氏名・住所・職業及び所有株式数、取締役の氏名等の記載が求められた。

117　Registration Act 1844, §25. 法人格を取得した会社は商号に登記済（registered）の語を付してその旨を表示するものとされた。

118　小町谷・前掲注(30)16頁、本間・前掲注(6)120頁。

119　Registration Act 1844, §25.

120　Registration Act 1844, §66. 対象となる旧株主の範囲は、訴訟対象となった契約締結時点、当該契約の不履行期間、または当該判決時の株主とされる。会社債務を弁済し

第2部　第2章　1929年総括会社法がかかるM&A法制を採るに至った背景

また、同日制定された1844年会社清算法[121]において、法人格を有する商事会社等が債権者の申立や取締役会決議に基づく支払不能宣言等により、裁判所の破産宣告を受け、破産手続きを行う旨が規定されるとともに、破産宣告の執行に当たり、裁判所が債権者に指名された管財人（creditors assignees）をして上級衡平法裁判所（High court of Chancery）に最終的な清算命令の申立を成し得る旨や、債務の完済や清算費用に要する資金に充当すべく、構成員に一定の追加出資金（contribution）の醵出を命じ、裁判所が指名した破産管財人に徴収させる手続き等が定められた[122]。更に1848年及び1849年の改正法は、解散及び清算申立権者の範囲を追加出資金の醵出義務者（contributory）に、追加出資義務者を構成員及びその相続人等に拡大した他、同法の適用対象を、法人格の有無にかかわらず、7名以上の構成員を有する会社とした[123]。

英国では、大企業の大半が特許状ないし議会の法により設立された会社であり、かかる企業はこれらをもって株主の責任を限定し得ることに加え、法人格なき会社に特許会社等に比すべき大規模会社が現れなかったことや、パートナーシップの原則が適用されてきたこと等から、準則主義転換に際しても、構成員の責任を有限とする制度は導入されなかった[124]。しかしながら、産業革命を背景とした企業規模の拡大に伴う株主数の増加と分散傾向、遊休資本に対する調達ニーズの高まり等を受け、1855年に有限責任法[125]が制定された。同法により、1844年会社登記法の下に設立され、額面10ポンド以上の額面株式に資本を分かつジョイント・ストック・カンパニーは、同法所定の要件を充たす

た株主は、会社へ求償を為し得る他、会社資産からの弁済後、他の株主にも負担を求めることができる。§67.

[121] An Act for facilitating the winding-up the Affairs of Joint Stock Companies unable to meet their pecuniary Enlargement, 7 & 8 Vict. c.111（hereinafter referred to as Winding-up Act 1844）.

[122] Winding-up Act 1844, §1, §4, §20.

[123] An Act to amend the Acts for facilitating the Winding-up the Affairs of Joint Stock Companies unable to meet their pecuniary Engagements, and also to facilitate the Dissolution and Winding-up of Joint Stock Companies and other Partnerships, 11 & 12 Vict., c. 45, §3（1）, §5, An Act to amend the Joint Stock Companies Winding-up Act, 1848, 12 & 13 Vict., c. 108, §1. なお、議会の法により設立された鉄道会社については適用対象から除外されている。

[124] 本間・前掲注(6)127頁以下、大隅・前掲注(53)80頁。

[125] An Act for limiting the Liability of Members of certain Joint Stock Companies, 18 & 19 Vict. c.133（hereinafter referred to as Limited Liability Act 1855）.

第3節 ジョイント・ストック・カンパニーの法人格及び株主有限責任の獲得に向けた道のり

ことにより、会社に有限責任を認める本登記証明（certification of complete registration）を取得し得ることとなった[126]。

1844年会社登記法及び1855年有限責任法は1856年ジョイント・ストック・カンパニー法[127]の制定により廃止された。同法は登記制度を簡素化し、衡平法上の制度として生まれた設立証書に代えて、基本定款（memorandum of association）及び付属定款（article of association）による会社設立方式を採用した初めての法律で、法人格を有する会社の設立は、発起人7名以上が署名した基本定款の登記を以って認められることとなった[128]。

基本定款の絶対的記載事項として、設立予定会社の商号、登記される事務所の所在地、目的、株主の責任範囲、授権資本の額、株式数が規定され、基本定款に責任制限の有無を記載することにより株主の責任を有限とすることが認められた。また、かかる会社は、商号末尾に有限（limited）の語を付し、広く公示すべきものとされた[129]。これらの規定は、英国において法人格の取得と株主有限責任の享受とが別個のものであり、有限責任が基本定款の規定を以って初めて達成される効果であることを示している[130]。

1856年法では会社の清算に関する独自の規定が設けられ[131]、会社の清算が強制清算及び任意清算の2種類に区分された。株主は会社の清算に際し、会社債務及び解散費用を賄う金額の出捐を求められるが、有限責任会社株主の醵出

---

[126] 要件には、仮登記の報告書及び設立証書に、当該企業を有限責任会社として設立する旨を記載し、商号の末尾に有限（limited）の語を付すことや、設立証書が授権資本（nominal capital）の四分の三以上に相当する株式を有する株主25名以上によって署名され、当該株式につき20%以上の払込がなされていること等が含まれる。Limited Liability Act 1855, §1.

[127] An Act for the Incorporation and Regulation of Joint Stock Companies, and other associations, 19 & 20 Vict. c. 47（hereinafter referred to as Joint Stock Companies Act 1856）.

[128] Joint Stock Companies Act 1856, §3.

[129] Joint Stock Companies Act 1856, §5. なお、株主が7名未満になったにもかかわらず営業を6ヶ月以上継続した会社の株主は、6ヶ月後以降、会社の債務や他の株主の訴訟につき無限責任を負うものとされた。Joint Stock Companies Act 1856, §39.

[130] 本間・前掲注(6)140頁、酒巻俊雄「株式会社の本質観と会社法理――イギリス法とアメリカ法――」星川長七先生還暦記念論集刊行会編『英米会社法の論理と課題』15頁（日本評論社、1972年）（以下、酒巻1と表記する）。

[131] 1856年法下の会社は、1844年、1848年、1849年会社清算法の適用除外となる。Joint Stock Companies Act 1856, §107‐§108.

額は株式の未払込部分に限定され、株式譲渡後1年後に当該責任から開放されることとなった[132]。

一方、基本定款とともに登記される付属定款については雛形が用意されたものの、内容に関しては直接的な規定が設けられず[133]、法と基本定款の許す範囲内で任意に定めることが可能であった。

基本定款及び付属定款はともに、各株主が署名捺印した契約同様、会社と株主とを拘束するものとされた[134]。会社内部の運営規則である付属定款については、株主総会の特別決議──議決権を有する株主の数及び価値にして四分の三以上の承認と、決議後1ヶ月以上3ヶ月以内に開かれる次回総会での多数決による確認──を以って、規定の変更や追加が可能とされたが[135]、基本定款については変更にかかる規定が設けられなかった。

1856年法ではレッセ・フェールの思潮[136]やこれを基調とする広範な自由主義が採用され、1855年法において課せられていた授権資本額や払込済資本金額、株式の最低価額に関する規定は削除され、監査役の強制的任命制度や経営機構の採用は任意とされた[137]。すなわち、1844年法において会社の業務執行の運営並びに監督は、株主によって選任された3名以上の取締役によって行われ、株主は会社の通常業務に直接関与することはできず、取締役を通じてのみ行動し得る構成が採られていたが[138]、1856年法では取締役制度はもとより、その権限についても付属定款の規定に基づくこととなった[139]。また、会社は付属

132　Joint Stock Companies Act 1856, §61, §63。なお、有限責任会社以外の会社の場合、株主の当該責任は株式譲渡後3年後に消滅するものとされ、株主の株式譲渡後に発生した債務は責任範囲から除外される。Joint Stock Companies Act 1856, §62。
133　Joint Stock Companies Act 1856, §10, §12, Table B.
134　Joint Stock Companies Act 1856, §7, §12.
135　Joint Stock Companies Act 1856, §33 - §34.
136　前掲注(8)参照。
137　本間・前掲注(6)139頁。
138　Registration Act 1844, §25, §27.
139　1856年法の模範付属定款では、会社の事業が取締役によって運営され、取締役は本法並びに付属定款等の定めに従い、会社の権限を行使し得る旨や、取締役が取締役会を構成し、提起された議案を多数決により議決し得る旨等が規定されていた。Joint Stock Companies Act 1856, Table B, 46, 55-62. 取締役制度は1929年会社法139条において、私会社以外の登録会社に、2名以上の取締役を要請する旨が規定されるまで、法定されなかったため、事業をどのように、誰に運営させるかの決定は、専ら株主に委ねられており、付属定款の規定により、取締役の代わりに協議会(council)や経営委員会(managing committee)を置き、あるいは経営者(managers)に事業を運営させることも可能であっ

定款に認められている場合に限り、付属定款規定の方法により資本を増加し得るものとされ、付属定款の規定の枠内で新株発行権限を株主総会・取締役会のいずれに分配することも可能であった[140]。

この1856年法の極端な自由主義は、会社関係法への公的監督権限と公示原則を強化する後の立法により修正され、1862年に英国最初の一般会社法である1862年総括会社法に統合された。1862年法において、20名以上の構成員（銀行の場合は10名以上）を有する商事会社は同法に服すべきものとされ[141]、会社の形態は株式有限責任会社、保証有限責任会社、無限責任会社の3種とされた[142]。また、基本定款の変更方法が規定され、株式有限責任会社の場合、原始付属定款または株主総会の特別決議によって変更された付属定款によって (by its regulations as originally framed, or as altered by special resolution)、基本定款の変更権限が与えられている場合に限り[143]、資本の増加、既存株式の併合・分割・額面金額の変更、商号の変更が認められることとなった[144]。付属定款については引き続き、特別決議による規定の追加・変更が可能とされた。この他、清算関連規定が充実され、全5章207条から成る1862年法のうち、4章「会社の清算」にかかる規定は100条に上った[145]。

第4節　ジョイント・ストック・カンパニーの契約理論的性質が基本定款に与えた影響

以上から、英国会社法における株式有限責任会社制度は、営利を目的とする衡平法上の信託制度を活用したパートナーシップが、国王の特許状や議会の法等によってのみ付与される特権であった法人格や株主有限責任を、登記や業容の公示を通じて取得し得るに至った歴史的所産と評価することができるが、そ

た。Topham, supra note 43, p179.
140　本間・前掲注(6)142頁、Joint Stock Companies Act 1856, §37. なお、増資決議を行った場合には、当該通知を決議日から15日以内に登記官に送付することを要した。
141　Companies Act 1862, §4.
142　Thring, supra note 31, p170. 会社の形態を示す規定の一例として、Companies Act, 1862, §8 - §10.
143　Companies Act 1862, §12. なお、regulations は付属定款ないし附表Aの規定を指す。Thring, supra note 31, p174.
144　Companies Act 1862, §12, §13. なお、商号の変更には商務省の認可を要する。
145　Companies Act 1862, §74 - §173.

れ故に、後の英国会社法にパートナーシップの理念や契約理論的性質を色濃く残すものとなった。とりわけその影響は、基本定款の目的事項の変更に対する会社法の制限的態度において顕著であった。

英国会社法において会社の規約である基本定款及び付属定款は、株主と会社間及び株主相互の契約として、あたかも会社と各株主が各自の所有する謄本に署名したと同様に、会社と株主を拘束する効力を有すると考えられた[146]。中でも基本定款は、1856年ジョイント・ストック・カンパニー法においては内容の変更方法が規定されておらず、1862年法においても変更が原則として禁止されており、新株発行による資本の増加や企業名の変更等をわずかに認めるのみで、目的事項の変更は許されていなかった[147]。これは会社法が、1844年会社登記法にあった規定を、文言以外に修正を加えることなく承継したことに由来する[148]。

当初、訴訟等の対外的便宜を図るため、定款を始めとする企業内容の公示と登記を前提にパートナーシップに法人格を認めたにすぎなかった法が、後に株主とは別個の完全な法人格を有する会社を認めるに至り、会社−構成員間及び構成員間相互の関係につきパートナーシップ時代の性質を持ち続けた会社の規約は、普通の契約理論によって説明し得ない矛盾を抱えることとなった。その

---

[146] 1862年法11条後段は、基本定款の対内的効果について次のように規定している。It (the memorandum of association) shall, when registered, bind the company and the members thereof to the same extent as if each member had subscribed his name and affixed his seal thereto, and there were in the memorandum contained, on the part of himself, his heirs, executors, and administrators, a covenant to observe all the conditions of such memorandum, subject to the provisions of this Act. 付属定款についてもほぼ同様で、会社と株主を拘束するものとして、付属定款に含まれる全ての規則を遵守すべき旨が規定されている Companies Act 1862, §11, §16、小町谷・前掲注(30)51頁以下。当該規定は今日においてもなお、引き継がれており、2006年総括会社法33条第1項は以下のとおり、規定されている。The provisions of company's constitution bind the company and members to the same extent as if there were covenants on the part of the company and of each member to observe those provisions.

[147] Companies Act 1862, §12、本間・前掲注(6)177頁。

[148] 小町谷・前掲注(30)52頁。1844年法7条は、登記官に提出する設立証書につき、少なくとも四分の一の株式引受人の署名と、所定の確認書（Schedule B）への署名を以ってする取締役2名以上の確認を求めており、この点において設立証書は、文字通り、会社と株主との契約であった。Registration Act 1844, §7. 1856年法7条は基本定款について、10条は付属定款について、会社と株主を拘束する旨を規定しており、1862年法の規定はこれを引き継いだものである。Joint Stock Companies Act 1856, §7, §10.

第4節 ジョイント・ストック・カンパニーの契約理論的性質が基本定款に与えた影響

特殊性は、一般契約においては条件変更に契約当事者全員の同意を必要とし、契約違反につき、損害賠償を含む多様な救済を求め得るところ、定款については会社法上、株主総会特別決議による変更が認められ、救済手段も差止や権利の執行等に限定される等の点において明らかであるが、前段に関しては、株主が、株主総会の多数決議により他の当事者が契約変更を成し得るとの条件で契約を締結したと解することにより、解決が図られている[149]。

しかしながら、これら定款を株主－会社間及び株主間の契約と見なす会社法の規定により定款、とりわけ基本定款は、特殊な性格を持った契約として、その契約理論的性質を後世に留めることとなった。

基本定款の目的事項は1890年の会社（基本定款）法により、
 a) 事業をより経済的にあるいは効率的に実施するため
 b) 新規のあるいは改善された手法によりその主目的を達成するため
 c) 運営地域の拡大または変更
 d) 既存事業との組み合わせにより効果が見込まれる事業を行うため
 e) 基本定款上の目的の制限または放棄を可能にする場合

のいずれかを目的とする場合に限り、会社の特別決議と裁判所の確認を以って変更可能とされた[150]。その後、1928年会社法2条により上記に「会社の事業の全部または一部の売却または処分」並びに「他の会社または社団とのアマルガメーション」が追加され、これらを理由とする目的事項の変更が認められたが[151]、本格的に目的事項変更要件の緩和が図られたのは第二次世界大戦後のことである。

---

[149] John H. Farrar et. al., Farrar's Company Law, 2nd ed., 1987, p106-107, Gower, 3rd ed., supra note 7, p262, *Malleson v National Insurance and Guarantee Corporation* [1894] 1 Ch 200, *Shuttleworth v Cox Bros & Co（Maidenhead）Ltd and others* [1927] 2 KB 9、小町谷・前掲注(30)52-53頁。

[150] An Act to give further Powers to Companies with respect to certain Instruments under which they may be constituted or regulated, 53 & 54 Vict., c. 62, §1-§2. 但し、裁判所の確認に先立ち、(a) 会社の社債権者や、裁判所が当該目的変更により利害に影響を受けると考える人々に十分な通知がなされていること、(b) 裁判所が反対する資格を有すると考える債権者が、所定の方法によって反対を表明している場合には、当該債権者の同意の取得、もしくは債務の返済が求められた他、裁判所が適切と考える条件で変更確認命令を行い得るものとされていた。

[151] Companies Act 1928, §2, Companies Act 1929, §5. これは従前より、会社に事業売却や合併を行う能力を授権するために、基本定款の目的事項を変更し得るかに関して疑義があったため、立法的解決が図られたものである。本改正によりこれらを行う明示の

第 2 部　第 2 章　1929年総括会社法がかかる M&A 法制を採るに至った背景

　商務省が1929年法改正の検討を求めて指名した会社法改正委員会（委員長を務めた J. Cohen 氏の名からコーエン委員会と呼ばれる）が1945年 6 月に提出した報告書[152]を受け、会社の目的事項は1947年会社法により、原則として株主総会の特別決議を以って変更可能とされ、変更取消を求める申立がなされた場合に限り、裁判所の確認を要するものに改められた。異議申立権者は、株式有限責任会社においては発行済株式資本の額面総額の15％以上を所有する株主、または目的事項の変更につき異議申立権限を付与された社債権者で、総額15％以上の社債を所有するものに限定され、その申立は特別決議の日から21日以内とされた[153]。

　会社の目的事項は、1989年会社法110条第 1 項によって1985年法に挿入された 3 A 条において、会社の基本定款が会社の目的を、一般商事会社としての事業の実施と規定する場合、会社は取引及び事業の実施にかかる全ての事項を行う能力を有するものと認められた[154]。また、 7 つに限定されていた目的事項の変更要件は撤廃され、会社は理由の如何に関わらず、特別決議を以って目的を変更し得ることとなったが、裁判所に変更取消の申立が行われた場合には、裁判所の承認のない限り、変更の効力を有しないものとされた[155]。裁判所の承認に関する規定は2006年会社法において廃止され、付属定款として扱われることとなった従前の基本定款[156]の目的条項は、他の項目と同様に特別決議により変更可能となった[157]。

　しかしながら、英国会社法が一世紀以上に亘り、目的事項の変更を容易ならざるものとしたことは、有限責任制度の導入とともにウルトラ・ヴァイルス理論を確立・維持する基盤となり、M&A を始め、英国企業の活動に多大な影響を与えた。

　　能力が会社に授権され得ることとなり、アマルガメーションが会社の能力の範疇にあることが認められた。Herbert W. Jordan, The New Company Law, 1930, p1, p39.
[152]　Report of the Committee on Company Law Amendment (hereinafter referred to as Cohen report), 1945, Cmd. 6659, para.12.
[153]　Companies Act 1947, §76, Companies Act 1948, §5 (1)-(3).
[154]　Companies Act 1989, §110 (1).
[155]　Companies Act 1989, §110 (2).
[156]　Companies Act 2006, §28.
[157]　Companies Act 2006, §21 (1). 但し、当該変更等については登記官への通知義務が課せられており、当該通知が登録されるまで効力は生じない。Companies Act 2006, §31 (2).

第5節　判例法における契約理論的性質の影響

　19世紀後半に確立されたウルトラ・ヴァイルス理論は、会社——実質的には経営を委任された取締役——が株主の資金を用いて、会社と株主の契約である基本定款の目的範囲外の行為を行うことを能力外の行為であって無効且つ違法とし、株主の満場一致の承認を以ってしても追認し得ないものとした。このウルトラ・ヴァイルス理論出現の要因としては、株主有限責任制度の確立が挙げられているが[158]、当該理論が適用された最古の判例と考えられている Colman v. The Eastern Counties Railway 事件[159]は、議会の法に基づいて設立された鉄道会社の取締役等が、輸送量増加のため汽船会社（steam-packet company）を設立する際に、汽船会社の株主に年間5％の配当保証等を与えようとしたこと等に対し、かかる契約の締結等が信任義務違反（breach of trust）に当たる等として、反対株主が差止を求めたものである。この点につき Horrwitz は、本理論出現の法文上の根拠を1862年法12条による基本定款の目的事項の変更禁止、すなわち、本規定により株主が基本定款の会社の目的以外の行為を承認し得なくなった点に求めている[160]。

---

[158] Gower, 3rd ed., supra note 7, p84-85.

[159] *Colman v. The Eastern Counties Railway Company* (1846) 10 Beav. 18. Langdale 記録長官はジョイント・ストック・カンパニーの資金の巨額さや、他者並びに公衆の権利や利害に影響を及ぼす権限行使の大きさに触れた上で、「議会の法によって授権された能力は、法に明示された以上に拡大せず、法が明示的に許可した事業を適切に実施することが求められる」と述べ、議会の法が同社に付与した能力には汽船会社の設立手続きや、利益のため、全く別の取引に会社の資金を自由に投ずる権限は含まれていないとして、1審の差止仮処分命令の取消を求めた被告等に対し、差止命令の取消を行わない旨の決定を言い渡した。
　なお、本件はウルトラ・ヴァイルス理論が適用された最古の判例と考えられているが（上柳・前掲注(66)235頁)、DuBois 及び Levy はウルトラ・ヴァイルスの語がスコットランドの事業会社に関して使用された事例として、*York Buildings Company v. James Fordyce, Morison*, 8380（Court of Session, Edinburgh, 1778）を挙げている。DuBois, supra note 93, p195 n245, Levy, supra note 99, p50。但し、英国会社法がスコットランドに適用範囲を拡張したのは1856年ジョイント・ストック・カンパニー法が最初であり（Levy, supra note 99, p78-79)、同事例における英国会社法及び判例理論への影響の有無や程度は明らかではない。

[160] Walter Horrwitz, Company Law Reform and the Ultra Vires Doctrine, The Law Quarterly Review, Vol. 62, (1946) 66. Horrwitz は有限責任制度の導入が債権者保護を

第 2 部　第 2 章　1929 年総括会社法がかかる M&A 法制を採るに至った背景

　ウルトラ・ヴァイルス理論の趣旨は、会社の能力を公示文書である基本定款の目的範囲内に限定することにより、規約に基づき会社に参画した株主並びに将来の株主と、会社と取引する債権者等の第三者の保護を図る点にあるとされる。ジョイント・ストック・カンパニーの法律上の地位が有限責任を享受し得る法人へ移行するに伴い、債権者保護強化の必要性が高まったことは疑うべくもないが、責任制限の有無に関らず、当初契約に反する会社の行為から株主を救済することも、本理論が確立された要因の一つであったと考えられる。

　ウルトラ・ヴァイルス理論の理解及び適用については、1880 年の Attorney-General v. Great Eastern Railway Company 事件において、合理的で、不合理でないことを要するとして、主要な目的条項に付随（incidental to）またはその結果として生じた（consequential upon）と認め得る行為については、明示的に禁じられていない限り、裁判所の解釈により能力外とされるべきでないと判示された[161]。しかし、判例は目的条項の解釈につき非常に慎重であり、個々の案件においてその立場は必ずしも首尾一貫したものではなかった。極めて厳格であった判例法の立場が弾力的なものに変化したのは、第一次世界大戦前後とされる[162]。

　ウルトラ・ヴァイルス理論に対しては、コーエン委員会がその報告書の中で、会社の能力にかかる現行規定を株主－取締役間の契約にのみ適用し、第三者との取引に関しては、会社に自然人同様の能力を認めるべきとの提言を行っていた[163]。しかし、商務省は当該勧告の実施に関し、基本定款が公示文書であり、会社と取引する第三者がこれを事前に通知されているものと見なすルールの変更が必要であるとして、1948 年会社法においてはこれを採用せず、前述の目的事項の変更に関する提言のみを反映させるに止めた。その後、1948 年会社法の改正を検討するために設置された会社法委員会（委員長を務めた Jenkins 卿の名からジェンキンス委員会と呼ばれる）においても、会社の能力とウルトラ・ヴァイルスに関する検討が行われ、1962 年 6 月に提出された報告書では、(a) 誠実に（in good faith）行われた会社との契約が、会社の能力外を理由に無効とされ

　　　必要としたことを認めつつも、無限責任会社に対しても目的事項変更禁止規定とウルトラ・ヴァイルス理論が適用される点を根拠に、同理論と株主有限責任制度との関連を否定している。
161　*Attorney-General v Great Eastern Railway Company* (1880) 5 App Cas 473.
162　小町谷・前掲注(30) 72-74 頁。
163　Cohen report, supra note152, para. 12.

第5節 判例法における契約理論的性質の影響

ないこと、(b) 当該契約に際し、契約の相手方は会社が必要な能力を有するかについての調査を前提とされず、その懈怠を理由に誠実に行為しなかったと見なされないこと、定款により与えられた会社の能力や取締役等の権限にかかる擬制悪意を根拠に、契約実施の権利を剥奪されないこと等が勧告された[164]。

これらの勧告は1972年ヨーロッパ共同体法[165] 9条を通じてようやく反映され、取締役により決定された取引を会社の能力範囲内のものと見なし、定款の制限に服しないとする修正は、その後、1985年総括会社法に取り入れられた[166]。しかし当該改正は、会社と取引する者の動的安全性を保護すべく、擬制悪意の法理とウルトラ・ヴァイルス理論の適用範囲を制限するもので、当該理論の完全な廃止を意図するものではなかった。

ウルトラ・ヴァイルス理論の対外的適用は、1986年に提出されたブレンティス委員会報告とこれに基づく貿易産業省（Department of Trade and Industry）の諮問報告書（Consultative report）[167]を受けた1989年会社法108条によって廃止された[168]。そして2006年会社法において、付属定款に特段の制限のない限り会社の目的が自由とされ[169]、会社の能力外の行為に対する株主の差止請求権が撤廃されるに至り[170]、最終的な解決が図られた。

---

[164] Report of the Company Law Committee (hereinafter referred to as Jenkins report), 1962, cmnd 1749, paras. 35-42.

[165] European Communities Act 1972, c68. 1972年ヨーロッパ共同体法9条第1項において、会社と善意で取引する者のため、取締役によって決定された取引は会社の能力範囲内のものと見なされ、会社を拘束する取締役の権限は基本定款及び付属定款の制限に服しない旨が規定された他、取引の相手方は会社の能力あるいは取締役の権限に関して調査義務を負わず、反対事実が証明されない限り善意で行為したと推定される旨が定められた。なお、第8項において、本条の規定が1948年会社法と一体となって解釈されるべき旨が示されていることから、本規定は1948年法の改正法に当たる。

[166] Companies Act 1985, §35.

[167] Department of Trade and Industry, A Consultative Document, Reform of Ultra Vires Rule, 1986.

[168] Companies Act 1989, §108 (1). 内容については第2部第5章第2節参照。

[169] Companies Act 2006, §31 (1).

[170] Companies Act 2006, §39. 1985年法は会社の行為から派生する法的権利義務の履行に関するものを除き、会社の能力外の行為に対する株主の差止請求権を認めていた。Companies Act 1985, §35 (2). 但し、取締役の越権行為に対する株主の差止請求権は、現在も維持されている。Companies Act 2006, §40 (4).

第6節　ウルトラ・ヴァイルス理論が英国の M&A に与えた影響

1. 緒　論

　かかるウルトラ・ヴァイルス理論は、1929年会社法に M&A 関連規定が置かれる以前の英国企業の M&A にどのような影響を与えたか？。以下では、1929年以前の判例から、各社の基本定款に基づく M&A に対する裁判所の適法性判断とその効果について検証する。譲受会社の観点からは株式及び事業全部の取得に関する事案を、譲渡会社の立場からは株式を対価として受領する全事業の売却、アマルガメーションに関連する事案を中心に取り上げる。

2. 株式及び全事業の取得における影響

　古きコモン・ローの下、法人は一般市民と同じく、いかなる動産の取得・保有も可能と考えられていた[171]。ジョイント・ストック・カンパニーによる投資目的の株式所有は、18世紀にはすでに行われていたが、直接所有することは稀であり、通常は信託制度が利用されていた[172]。

　しかしながら、会社の動産取得能力は19世紀半ばに登場したウルトラ・ヴァイルス理論によって、明示の授権範囲に限定されるところとなり[173]、他社株式の取得に会社の資金を充当することは、一般に能力外の行為と見なされた。従って、法人が他社株式を取得・保有するに当たっては、基本定款の目的事項に他社株式への投資や受領等が含まれていることが必要とされた。

　1867年の Barned's Banking 事件[174]は、1862年会社法の下に設立された会社による他社株式の取得並びに保有が、会社の能力範囲内の行為と認められた事案である。

---

[171] Howard A. Street, A Treatise on the Doctrine of Ultra Vires, Reprint 1981, p113, DuBois, supra note 93, p115-116.
[172] id., p115-116.
[173] Street, supra note 171, p115.
[174] *In re Barned's Banking Company, Ex parte The Contract Corporation* (1867) LR 3 Ch App 105.

第6節　ウルトラ・ヴァイルス理論が英国のM&Aに与えた影響

【事案の概要】

　1864年1月に設立されたContract Corporation（以下、C社という）は、1865年6月、J. B. Barned and Co.の名で取引を行っていた個人銀行（旧B銀行という）が法人化するに当たり、新設銀行の株式1万株をC社の任意の名義で申し込む支援等を行うことで旧B銀行と合意した。C社は基本定款の目的の一つとして、外国及び英国企業の債券・公社債・株式等の購入または受領、及び上記証券の売却交渉を掲げており、付属定款においてC社取締役等にこれら有価証券に会社資金を投ずる権限を与えていた。C社による株式申込には、P氏名義による500株の申込が含まれており、これに対しては368株が割り当てられた。P氏その他の名義人は割り当てられた株式をC社のために保管し、C社から請求があった場合にはいつでも当該株式を譲渡する旨の書面に署名していた。

　1865年の秋、C社は旧B銀行のパートナーとの間で、名義人に割り当てられた株式1万株の大半を両社の共同名義で保有する新たな合意に達し、P氏はC社に368株を譲渡した。本件譲渡はC社の捺印を付してB社に提出され、C社はB社株主として登録されたが、その間にC社の清算が申し立てられ、C社は清算命令を受けた。その後、B社にも清算命令が出され、本件368株に関し、記録長官がB社の追加出資義務者リストにC社を掲載する決定を下した。これに対し、C社の公的清算人は、①基本定款及び付属定款を検討した結果、C社による他社株式の取得は能力外の行為である、②仮に定款の範囲内であったとしても、会社による他社株式の保有は1862年会社法の下でなお、能力外の行為である等として、P氏からの株式譲渡は無効であるとの異議申立を行った。Cairn控訴院裁判官は以下のように判示して、公的清算人の異議を棄却した。

【判旨】

　C社による他社株式の取得及びこれに対する会社資金の充当が、能力外の行為であるとの異議は、一般的にはそのとおりであるが、C社の基本定款の目的事項には、外国及び英国企業の債券・公社債・株式等の購入または受領、及び上記証券の売却交渉が含まれている他、付属定款において、C社取締役等は自社株式を除き、これら有価証券に会社資金を投資し得るものとされている。C社はB社株式の申込及び受領において、文字通り基本定款に従い、その範囲内で行動しており、取締役等は明らかに他社株式の割当または購入に関し、資金を投じる権限を有していた。

第 2 部　第 2 章　1929年総括会社法がかかる M&A 法制を採るに至った背景

　この他、本件では、1862年会社法によって廃止された1844年会社登記法や1849年会社清算法に、株主に法人（corporate bodies）を含むとの解釈条項があり、1862年法にかかる条項はないものの、これらの法律と同様に解釈すべき旨が判示され、1862年法下の有限責任会社が他の商事会社の株主となり得る旨や、その帰結として、当該株式を発行した会社の清算に際し、追加出資義務者として責任を負う可能性がある旨が明らかにされた。

　次に、商事会社が会社の規約に基づき、他社の事業全体（whole concern）を取得し得る旨を示唆した初期の判例として、Ernest v Nicholls 事件を取り上げる[175]。

【事案の概要】

　1847年4月に登記された Port of London Company（以下、P社という）は設立証書において、海上、火災、船舶や船荷等に対する保険契約の締結、その他船舶に付随する事業等を営む旨を規定していた。証書は管理役員（managing officer）に指名されたC氏と会計担当者のP氏によって認証され、彼等の氏名には「取締役2名」と書き添えられていた。一方、1849年2月に設立された Sea Fire Life Assurance Society（以下、S社という）の事業は、設立証書において、船舶に関する保険契約や資金の融資、生命・遺族保険等その他と規定されており、登記の完了後、取締役等は他の火災・生命・海上保険会社の事業を取得または賃借し、同社と株主の名によりこれらの契約を締結・破棄・変更する権限を有するものとされていた。当該証書は取締役と記載されたD氏及びC氏によって認証され、10月に正式な登記が完了した。

　同月、P社は10シリングとS社の誓約を対価として、S社に全ての海上保険事業や取引、事業に関する営業権や株式資本、資産及び負債等を譲渡する契約を締結した。同契約書においてP社は譲渡を公に通知し、以後、海上保険事業を行わない旨を誓約する一方、S社はP社の譲渡及び誓約の対価として、P社とその株主、並びに株主の財産や個人資産に対し、P社が発行した保険証書等に関する請求から生ずる全ての訴訟や費用、負債、損害等を補償する誓約を行っていた。

　その後、P社の清算を求める申立が行われ、1850年1月、P社の公的管理人として被告N氏が指名された。S社に関しても同様の申立が行われ、同年6月、原告E氏がS社の公的管理人に指名された。公的管理人（N氏）はS社

---

[175]　(1857) 6 HL Cas 401.

に総額5,856.55ポンドの請求を伝えたが、当該請求が裁判所から棄却されたため、N氏は原決定の破棄等を求め、控訴院裁判所に上告した。これに対し、控訴裁判官が、1849年10月の譲渡契約書の誓約に従い、S社がP社の損失等を補償する義務を負うとの決定を行ったため、E氏が控訴していた。

Cranworth大法官は次のように述べ、S社のP社事業の取得が設立証書の目的の範囲内にあることを認めた。

【判旨】
他社の営業権や事業全部を取得する取引は、会社の通常の目的範囲内にあるとは言えず、本来、会社が関与するに正当でない取引である。しかしながら、S社の設立証書は明示的に、適法な条件で他社の火災・生命・海上保険事業を取得し、かかる契約を締結する権限等を取締役等に与えている。

事業売却のために締結された本件契約書は、取締役が会社に提案された契約に利害を有する場合、関連する議決等から除外される旨を規定した1844年会社登記法29条に照らして無効とされたが、本判決は、他社の事業全部を取得する権限が、会社の能力範囲において明示的に授権され、会社の規約及び会社を規制する法律に従って厳正に実施された場合には、法的拘束力が認められる旨を示唆するものとなった。

その後、以下に紹介するような事業売却に関する裁判例等を通じ、事業を取得する権限が基本定款によって授権され得ることが明らかとなるに連れ、本件において「通常の目的範囲にない」と評された事業全体の取得は、産業界がアマルガメーションに向かう傾向を示す中、次第に一般的な活動と考えられるようになった[176]。

3．全事業の売却における影響

一方、商事会社による動産や不動産等の資産処分及び換金は、法の禁止するところでない限り、取締役の一般権限として認められており、会社の目的を実施する場合、その権限は基本定款の規定に含意されると考えられていた[177]。しかしながら、事業の全部または一部の売却については、黙示の授権はなされ

---

[176] Street, supra note 171, p118.
[177] id., p143-146. 会社の規約に基づく取締役の会社資産の処分や換金は、大規模なものであっても、取締役の一般権限として認められるとした事案として、*Wilson v Miers* (1861) 10 C. B. (N. S.) 348、また、商事会社が基本定款の目的の実施に伴い、財産の

ず、明示的に授権された会社の能力範囲に限定され、しかもその権限は、特段の定めのない限り、原則として現金による売却を意味するものと考えられた。これを示した事案に1873年の Dougan 事件[178]がある。

【事案の概要】

　スコットランドで生命保険事業を営む Scottish Industrial Insurance Company（以下、S社という）は付属定款において、会社の事業や営業権、資産等の売却や処分、同業他社等が営む事業または企業の買収、及びこれらの条件や契約の正当性については、臨時株主総会が検討した上で決議し、取締役会に決議実施権限を授権する旨を規定していた。1866年10月、S社取締役等と1865年にロンドンで設立された生命保険会社 Empire Assurance Corporation（以下、E社という）の取締役等の間で、S社事業をE社に売却する協議が行われ、暫定契約が締結された。本契約において、2社のアマルガメーションやE社によるS社の全資産及び負債の取得、S社の全負債が保険契約上の債務を除き、200ポンドを超えない旨の保証等が合意され、E社はS社株主に、S社の払込済額と同じ総額1,050ポンドのE社株式を発行することとしていた。契約は10月のE社取締役会、11月のS社株主総会で承認され、当該アマルガメーション契約書はS社の捺印後、E社に送付されたが、1867年3月までE社の押印は行われなかった。

　S社株主の株券はE社に発送され、E社は3月、S社取締役であり、株主でもあったD氏に1ポンド払込済みのE社株券25株と、署名の上、返送を求める受領書を送付したが、D氏は株式受領に関し、何らの行為も行わなかった。

　E社株券の送付から2日後、D氏も出席したS社取締役会において、「E社が6日以内にアマルガメーション契約書に捺印した上で返送しない限り、S社取締役会はアマルガメーションの実施を拒否するとともに、暫定契約を無効とし、当該措置を追認する株主総会を直ちに招集する意向である旨を知らせるべく、事務弁護士に指示する」旨の決議が行われた。E社の社印が押された英国書式の契約書はその4日後、S社事務弁護士宛てに郵送されたが、諸般の事情により契約書の受領に1週間を要し、しかも当該契約書はスコットランド法書式に則った完全なものではなかった。

　　　処分や売却を行う場合、その行為は明示の授権がなくとも能力外の行為とは見なされず、目的事項に含まれるとした事案として In re Kingsbury Collieries Limited, and Moore's Contract [1907] 2 Ch 259がある。

[178]　In re Empire Assurance Corporation. Dougan's Case (1873) LR 8 Ch App 540.

第6節　ウルトラ・ヴァイルス理論が英国の M&A に与えた影響

契約書受領の翌日、E社の清算申立が行われ、5月にその命令が下された。D氏は4月にE社株券の受領を拒否する書簡とともに株券をE社に返送していたが、当該25株につき、同氏の氏名が追加出資義務者リストに掲載されていたため、氏名の削除を求めて申立を行った。これに対し、原審が同氏の氏名を登録から削除する旨の救済を与えたため、E社の公的清算人はこれを不服として上告した。Mellish 控訴院裁判官は以下のとおり判示して、上告を棄却した。

【判旨】
原審はS社の事業を売却・譲渡する権限について、金銭の支払いまたは金銭的対価（valuable consideration）による売却にのみ与えられたものであり、株主がその株式と引き換えに譲受会社株式を受領する条件で、事業を譲渡する権限を与えたものではないとして、能力外の行為と判断した。同社の付属定款には他社とアマルガメーションを行う権限を与える特別な文言はなく、通常、アマルガメーションが依拠する1862年会社法161条が規定するような、反対株主に所有株式の価格を支払う規定もない。よって本契約をウルトラ・ヴァイルスとした原審を支持し、上告を棄却する。

株式を始め、現金以外の対価と引き換えに行われる事業や資産売却の法的有効性は、1892年の Cotton 事件[179]によって認められた。

【事案の概要】
1889年に設立された Imperial and Foreign Agency and Investment Corporation（以下、旧会社という）は基本定款の目的条項に、会社が適当と考える対価、とりわけ企業の株式や債券、社債、有価証券等を目的に、同社の事業や資産、資産所有権の売却、賃貸その他の処分を行うことや、同社が所有する株式や債券等を株主に分配し得る旨等を規定していた。

1892年4月、旧会社の臨時株主総会が開催され、本総会に提出された契約案の条件に従い、新設する New Imperial and Foreign Agency and Investment Corporation（以下、新会社という）に、同社の事業を売却・譲渡する決議が行われた。本総会ではこの他、旧会社の任意清算や清算人の指名も提案されたが、これらは承認されなかった。翌月、新旧会社間で旧会社の事業を新会社に譲渡し、対価として新会社の完全払込済株式を旧会社に割り当てる旨の契約書が締結され、2日後の旧会社臨時株主総会において、同社の任意清算と2名の清算

179　Cotton v Imperial and Foreign Agency and Investment Corporation. [1892] 3 Ch 454.

人の指名が決議された。また、その後開催された臨時株主総会において、これらの決議の確認と、清算人に対し、先の契約に基づいて受領した株式を旧会社株主に分配する権限を与える旨の決議が行われた。

　発起人株式等を所有していた原告は、①新会社に事業譲渡等を行う契約が旧会社の能力外の行為である旨の宣言や、②旧会社及びその清算人による契約履行手続きの差止、もしくは③原告等が、清算人に契約実施の自制または1862年会社法161条に基づく価格により所有株式の取得を求める権限を有する旨の宣言等を求めて提訴した。これに対し、Chitty判事は次のように述べて、新会社株式を対価に事業譲渡を行う取締役の行為が、基本定款と株主総会決議によって授権されたものであることを認め、当初の株主総会で清算の提案が行われた以上、基本定款の規定は1862年法161条によって無効となるとして、事業売却に関する決議を会社の能力外の行為と主張した原告の申立を却下した。

【判旨】
　1862年会社法161条の立法主旨は、清算人に現金に代えて株式等を対価とする（事業）売却を認めることにあり、清算会社株主に完全払込済でない株式が強要され、債務が課されることを防止する措置として、反対株主が所有株式の価値を現金で受領し得るとする利益保護方法を示したものである。161条は簡便に会社の清算を行うため、清算人に与えられた権限であって、会社が自身の基本定款により他の会社の株式を対価とする資産売却権限を持つことは、161条に反する行為ではない。会社は161条に基づいて行動しておらず、原告は間違った法廷に間違った方法で訴訟を提起している。よって、本件申立を却下する。

　このようにCotton事件では、会社が基本定款によって、他社の株式等を対価とする事業や資産等の売却権限を与えられた場合には、これを行い得る旨が示されたが、1908年のBisgood事件控訴院判決[180]では、1862年法161条の保護なく、事業の売却益を株主に分配し得るとしたCotton事件の決定に異が唱えられ、基本定款及び付属定款の規定並びに株主総会の承認に基づく会社の再建計画に反対し、実施差止仮処分等を申し立てた株主に、1862年法161条による場合と同様の保護が与えられた。

---

[180]　*Bisgood v Henderson's Transvaal Estates, Ltd.* [1908] 1 Ch 743.

第6節　ウルトラ・ヴァイルス理論が英国のM&Aに与えた影響

【事案の概要】

被告である株式有限責任会社の基本定款の目的事項には、株式を対価とする会社資産の売却や、事業売却その他の方法による他社とのアマルガメーション、株式を対価とする事業並びに資産の全部または一部の売却と株主への現物資産の分配、会社の財産を取得する会社の発起と当該企業の株式の取得及び所有等が掲げられていた。また、付属定款には、会社の清算に際し、清算人が臨時株主総会の承認に基づき、追加出資義務者に資産を分配し得るとされていた他、1862年会社法161条に基づく売却に関し、株主は同条が規定する反対株主の権利を有しないものとされていた。

財務的に万策尽きた同社は、償還期限が到来する社債と運転資金を調達するため、1908年2月に株主総会を開催し、1月に南アフリカに設立された新会社と同社との間で締結された契約や、被告会社の組織再編計画及び任意清算決議、被告会社株主に新会社株式1株を分配するため、清算人が17シリング6ペンス（0.875ポンド相当）の価値と評価された新会社の額面1ポンド株式1,770,386株を申し込む権限や、期限までに株式を受領しなかった株主に売却益を分配するため、清算人がこれを保持する権限等について承認を得た。

被告会社の完全払込済株式50株を所有していた原告は翌日、自身及び他の株主を代表して、組織再編計画や関連決議の実施差止仮処分命令を求め、訴訟を提起したが、原審が、原告には本契約及び反対株主の株式売却益の分配のいずれについても差止命令を求める権利がないとしたため、これを不服として控訴した。Buckley控訴院裁判官は以下のように述べて、原告の計画実施差止権を認めた。

【判旨】

1862年会社法161条は、合意等によって決定された権利の価値を反対株主に保証することにより、株主を保護するものであるが、本計画の目的は本規定の潜脱にあり、株式の全額払込が完了した後の有限責任会社において、株主に追加出資負担の引受けか、合意等によって決定された権利の価値とは異なる補償（satisfaction）を甘受するかのいずれかを課すことにある。会社の規約に、法の与える権利や免責を株主（corporator）が享受しない旨を規定し得ないことは先例によって明らかであり、付属定款を以って1862年法161条の異議申立権から株主を除外することはできない。株式有限責任会社の株式に課せられる負担の問題について1862年法38条第4項は、株式の未払込総額を上回る負担を株主に要求しない旨を規定しており、株主がより多額の責務を負うよう会社の規

約を規定するいかなる試みも、違法且つウルトラ・ヴァイルスであり、株主により大きな負担の受入か、株主としての地位の明け渡しかの選択を強いる計画の維持に使用され得るいかなる規定も、能力外の行為と考える。

　Cotton 事件の決定は、会社が基本定款に基づき、その時点の全資産のみならず、現在及び将来の事業という意味においての全事業を売却し、株主総会の特別決議により、161条の保護なく、売却益を株主に分配し得る旨を支持したが、この決定には同意できない。売却契約は継続企業の事業活動であり、目的の範囲内であるが、売却契約及び分配は、会社に清算が提案された場合または清算中の場合にのみ有効であり、かかる場合、株式との交換により事業売却を行うことは161条を遵守する場合にのみ、許容されるものと考える。

　本件により、事業売却の対価を譲受会社の株式とし、当該株式を売却企業の株主に割り当て、譲受会社の株主とするアマルガメーションが、例え、基本定款の規定に基づくものであったとしても、株主に新たな負担を強いる場合には違法且つ能力外の行為であり、適法性が認められないことが明らかにされた。この、株主に当初の基本定款にない新たな負担を課すことを認めないとする判例法上の原則は、後に1928年会社法3条によって成文化され、1929年法22条において、株主は株主となった日以降に行われた基本定款の変更に拘束されない旨が明示された[181]。また、事業売却及び売却益の分配によって構成されるアマルガメーションが、1862年法161条の規定に従う場合にのみ許容され、反対株主に161条による場合と同様の権利が認められたことにより、基本定款に基づく事業売却やアマルガメーションに反対株主を拘束することは極めて困難となった。

　その一方、1914年の William Thomas 事件[182]では、株主に負担の受入を強

---

[181] 1929年法22条は以下のとおりである。

　Notwithstanding anything in the memorandum or articles of a company, no member of the company shall be bound by an alteration made in the memorandum or articles after the date on which he became a member, if and so far as the alteration requires him to take or subscribe for more shares than the number held by him at the date on which the alteration is made, or in any way increase his liability as at that date to contribute to the share capital of, or otherwise to pay money to, the company.

　Provided that this section shall not apply in any case where the member agrees in writing, either before or after the alteration is made, to be bound thereby.

[182] *In re William Thomas & Co., Ltd.* [1915] 1 Ch 325.

いることのない、基本定款に基づく事業譲渡やアマルガメーションの法的有効性のみならず、当該行為から派生する目的事項に明示されていない行為についても、基本定款の解釈によって認められる旨が判示された。

【事案の概要】
　1866年に設立された原告の煉瓦製造会社の基本定款には、煉瓦製造業の取得及び買収に加え、会社が適当と考える方法や条件、目的により、会社の土地や不動産、動産、財産等の全部または一部の管理、譲渡、交換、売却、処分等を行うことや、同社と同じ目的を有する会社等とのアマルガメーションに関する協定の締結等が掲げられていたが、株式の取得は含まれていなかった。同社は同業他社と新設した会社に事業部門を売却し、対価として新会社の株式ないし社債を受領するアマルガメーションの提案を受け、原告の事業売却等を行う権限の有無等を確認すべく、株主総会決議において全株主の代表に指名されたS氏に対し、召喚状を発行した。Warrington判事は以下のとおり判示して、同社の株式を対価とする事業売却から必然的に派生する株式の取得や所有を認めた。

【判旨】
　事業部門の売却は明らかに原告の能力の範囲内にあり、株式等を対価とする売却も、「会社が適当と考える方法や条件、目的により」という最も幅広い表現により、明確に授権されている。本件においては（1867年の）Barned's Banking事件のような、他社株式の取得（take shares in other companies）に関する明示の授権はないが、規約の真の構文解釈により（according to the true construction of the document）基本定款に十分な権限が見出される場合には、明示の授権は要請されない。

　本事案からは、会社法上に継続事業体による事業譲渡やアマルガメーションにかかる明文の規定が設けられず、基本定款の目的事項に依拠した事業売却等の成否が法的安定性を欠く中、事業会社が清算を伴わないM&Aの実現可能性を高めるべく、確認を行いつつ、これに取り組んでいた様子が窺われる。
　また、上記のような基本定款に基づくM&Aへの試みは、会社に基本定款の目的事項の変更と、アマルガメーションを含めたM&Aの能力を認める法改正を促す原動力となって、1890年及び1928年の改正に結実したものと思料される。

第7節　ジョイント・ストック・カンパニーの契約理論的性質が付属定款に与えた影響

　以上から、ジョイント・ストック・カンパニーの契約理論的性質が、基本定款の目的事項を通じ、英国企業のM&Aの成否に影響を与えていたことが明らかとなったが、ジョイント・ストック・カンパニーにおけるパートナーシップの理念もまた、付属定款に基づく少数株主からの株式取得に関連して、M&Aに影響を及ぼしたと見られる。これは、パートナーシップ法の理念を継受した判例法が、資本多数決に基づく付属定款の変更につき、多数株主に会社全体の利益のための誠実な議決権行使を要請したことに由来する。

　英国法において株式は規約の創造物であり、契約上の無体動産（contractual choses in action）と位置付けられてきた[183]。英国判例法は通常、株主が議決権を、自己の利益のために行使する財産権の付帯物として扱うことを認めており[184]、株主には会社の利益と考えられるところに従い、議決権行使すべき責務はないものとされていた[185]。英国裁判所は伝統的に、Foss v Harbottle 事件[186]に示された内政不干渉の原則に則り、多数株主の判断を尊重し、会社内部の事業判断や方針に干渉しない立場を採ってきたため、原則として少数株主には多数決議の受入れが求められた。

---

[183] L. C. B. Gower, Some Contrasts between British and American Corporation Law, Harvard Law Review, Vol. 69, (1956) 1369, 1377.

[184] 制定法においても株式が動産である旨が明示されている。Companies Clauses Consolidation Act 1845, §7, Companies Act 1862, §22.

[185] L. S. Sealy, Cases and Materials in Company Law, 4th ed., 1989, p443.

[186] (1843) 2 Hare 461. 本事案は Victoria Park Company の2名の株主が、同社取締役5名他に対し、会社の資産が不正に使用・浪費されたとして、会社に生じた損害の賠償命令等を求めて提起したものである。Wigram 副法官は「多数株主は株主総会で機関全体を拘束する権限を有しており、各株主はかかる拘束を条件に会社に参加しなければならない。株主の統治機関は本件訴訟の対象行為の承認決議を適法に行うことにより、判決を無効化し得る。株主の統治機関が不本意な少数株主をも拘束し得ると言う事実は、かかる機関が当該機能を維持している間は、本件訴訟の枠組みを維持し得ないことを示している」等と判示して、被告等の妨訴抗弁（demurrer）を認容した。本件は、会社自らが解決あるいは追認する法的能力を有する問題に対し、原則として裁判所が会社の最高統治機関である株主総会の多数株主の判断を尊重し、会社の内部関係に干渉しない立場を採ることを示した他、会社に対して不正がなされたことを申し立てる唯一の適格な原告が当該企業である旨を明らかにした。Sealy, supra note 185, p445.

第7節　ジョイント・ストック・カンパニーの契約理論的性質が付属定款に与えた影響

しかしながらこの原則には判例法上、例外とされる類型があり、①訴えられた行為がウルトラ・ヴァイレスもしくは違法である場合、②株主の個人的権利が侵害されている場合、③当該行為が少数株主に関する詐欺に相当し、且つ、加害者が自ら会社を支配している等の場合には、少数株主に訴権が認められた[187]。

19世紀末の英国において、会社の付属定款を変更し、少数株主から所有株式を取得する事案が現れた。その目的は、株主の未払込株金への充当や全株式の取得に向けた少数株主の締出し、競合会社関係者からの株式の取得等と様々であったが、かかる付属定款変更における多数株主の議決権行使は、③の一類型とされる「他の株主の財産の没収」[188]に該当するものとして、無効と判断される恐れがあった。

基本定款の目的事項の変更に対する制定法の制限的なアプローチとは対照的に、付属定款については会社法並びに基本定款の下、株主総会特別決議による変更が常に認められてきたため、多数株主の付属定款変更権限を規制する一般原則の形成は、裁判所の手に委ねられていた[189]。その原則は必ずしも明確なものではなかったが、一般に多数株主は付属定款の変更決議において、「会社全体の利益のために誠実に」議決権を行使するよう制約された。かかる場合、その変更は法的に有効且つ株主への拘束力を有し、株主としての既存の権利に影響を及ぼすとされたが[190]、当該権限が会社全体の利益のために行使されなかった場合には、裁判所の株主総会決議の無効宣言や当該行為の差止命令等を

187　K. W. Wedderburn, Shareholders' Rights and the Rule in Foss v. Harbottle, Cambridge Law Journal Vol.15, Issue 2 (1957) 194, 203.
188　Gower, et al., 4th ed., supra note 38, p616-630. Gower はこの他の③の類型として、会社財産の没収や取締役の誠実義務免除等を挙げている。
189　Sealy, supra note 185, p150.
190　その典拠とされる1900年の Allen v Gold Reefs of West Africa 事件（[1900] 1 Ch 656）は、Gold Reefs of West Africa 社が亡くなった株主の未払込株式の債務に充当するため、従来、全額払込済でない株式に関して株主が負っている債務に対し、会社が第一順位の先取特権を有するとしていた付属定款の規定範囲を全額払込済株式にまで拡大した上で、当該株主及びその遺言執行人に宛てて、未払込株金の催告と、不履行の場合には未払込株式を没収する旨の通知を行ったことにつき、遺言執行人が株主の払込済株式に対し、会社が先取特権を有しない旨の宣言と、一部未払株式の没収差止命令を求めて申立を行った事案である。一審において会社の先取特権執行差止判決が言い渡されたため、同社が控訴していた。
　　Lindly 記録長官は「会社に授権されたこの（特別決議により付属定款の規定を変更す

通じ、少数株主の救済が図られた。これはパートナーシップ法が多数株主の除名権限行使の抑制に用いていた概念を受け継いだものとされる[191]。

かくして、株主から所有株式を取得する目的で変更された付属定款の法的有効性は、多数株主が会社全体の利益ために誠実に議決権を行使したかを基準に判断されることとなったが、公正な対価の支払い等によっては他の株主の財産の没収が認容されるケースもあり、多数株主の議決権行使に関する禁忌は必ずしも絶対的なものではなかった[192]。かかる付属定款の変更に関する事案には、1919年の Brown v British Abrasive Wheel 事件[193] や Sidebottom v Kershaw Leese 事件[194]、Dafen Tinplate v Llanelly Steel 事件[195] 等があるが、ここでは前2件を紹介する。Brown v British Abrasive Wheel 事件の概要は以下のとおりである。

> る会社法50条の）権限は、法の定めと基本定款に規定される条件によってのみ制限されるが、授権された権限は、他の全ての権限同じく、多数株主に授権され、少数株主を拘束し得る権限全てに適用される一般法及び衡平法の原則に従って、法的に義務付けられている方法で行われることはもとより、会社全体の利益のため、誠実に行使されなければならない」と述べた上で、「かかる状況が充足される場合には、当該条文によって授権された権限に司法上の制約を加える根拠を見出すことはできず、付属定款の変更は法的に有効であり、変更時に会社に対して債務を有するか否かにかかわらず、既存の全額払込済株式の所有者を拘束する」として、本件控訴を認容した。
>
> なお、1845年会社条項統合法は、取締役が未払込株金の支払催告に応じなかった株主に対し、支払予定期日の2ヶ月後以降、当該株式の没収宣言を行うことを認めており、1862年総括会社法の模範付属定款も、株主が未払込株金の支払いに期日までに応じず、取締役が更なる通知を以って支払いを求めてもなお、請求に従わなかった場合、取締役会の決議により当該株式を没収し得るものとしていた。Companies Clauses Consolidation Act 1845, §29, Companies Act 1862, First Schedule, Table A, 17-19.

191 Farrar et. al., supra note 149, p112. その典拠とされる Blisset v Daniel 事件（(1853) 10 Hare 493）は、パートナーシップから除名通知を受けたパートナーが、他のパートナーを相手取り当該通知の無効等を求めて提訴した事案である。1844年に署名された John Freeman and Copper Company 社の設立証書には、株式の三分の二以上を有するパートナーの多数決議を以ってパートナーを除名し得る旨の規定が設けられていた。Page Wood 副法官は、かかる多数派の権限は誠実に（bona fide）行使されねばならず、誠意（good faith）は全ての契約において最も重要であると述べ、当該権限の存在を認めながらも、それは特定の多数株主の利益のためにではなく、パートナーシップ全体の利益のためにあるとして、原告への除名通知を無効とした。

192 Gower et al., 4th ed., supra note 38, p620.

193 *Brown v British Abrasive Wheel Co, Ltd and others* [1919] 1 Ch 290.

194 *Sidebottom v Kershaw, Leese and Company, Limited* [1920] 1 Ch 154.

195 *Dafen Tinplate Company, Limited v Llanelly Steel Company Limited.* [1920] 2 Ch

第7節　ジョイント・ストック・カンパニーの契約理論的性質が付属定款に与えた影響

【事案の概要】
　公募会社であったBritish Abrasive Wheel社は株式5万株を発行しており、49,119株を2名の取締役が、50株を原告が所有していた。事業が行き詰まり、万策尽きた取締役等は1918年3月、会社の全株式を払込額にて買い取る旨を提案、多くの株主がこれに応じたものの、一部は承諾しなかった。そこで両名は、会社の株主が、発行済株式の90％を所有する者の書面による要求により、別途規定する公正価額または払込額のいずれか高い価格で、大株主の名義人に株式を売却・譲渡する旨に拘束されるとの付属定款変更を求めた。
　これに対し、少数株主である原告が、提案された付属定款の規定は違法であるとして、会社と取締役等を相手取り、当該規定を付属定款に追加するための株主総会の開催差止等を求めて提訴した。Astbury判事は次のように述べて、株主総会開催の差止を命じた。

【判旨】
　本件は、90％超の株式を有する2名の大株主が、同意によって行い得なかった発行済株式全部の強制的取得を可能にするもので、売却に不同意の株主が強制的にそうせざるを得ないよう権限を行使したものと言うべきである。
　問題は、提案された（付属定款）変更を行う会社の権限が法及び基本定款によってのみ制限されるものか、少数株主を拘束する多数株主の権限全てに適用される法及び衡平法の一般原則に従うものか、変更自体が会社全体の利益のために行われているかにある。同意に基づく株式の取得に失敗した大株主に、これを強制的に行うための議決権行使権限を与えることが、公正且つ衡平であると解することは困難であり、当該変更は多数株主を除き、いかなる者の利益のためでもないと考える。よって、これは大株主が少数株主に強制する権利のない付属定款であり、差止が命じられねばならない。

　Brown v British Abrasive Wheel事件は、後に1929年会社法155条によって認められた少数株主からの株式取得を、付属定款の変更によって試みた事案と捉えることができ、支配権を完全なものとすべく残余の少数株主から株式を取

---

124. 本件はLlanelly Steel Company（以下、L社という）が、株主総会の特別決議を以って付属定款の規定を変更し、取締役会が株主に適正な価格で所有株式の売却を申し込む旨を、株主総会で決定し得る権限を導入したこと等につき、L社株主で、徐々にL社の競合企業との関係を深めていた原告がDafen Tinplate Companyが、決議の無効宣言や差止等を求めて提訴したものである。

117

得する法的手段へのニーズを窺わせるものとして注目される。本事案では付属定款変更を行う株主総会の開催差止が認められたが、翌年の Sidebottom v Kershaw Leese and Company 事件では下記のとおり、付属定款の変更が認容された。

【事案の概要】
　綿紡績業や綿糸製造業等を営む継続事業体の営業権取得を目的に設立された Kershaw Leese 社（以下、K 社という）は、7,620株の株式を発行しており、うち4,396株を取締役等が、711株を G. I. Sidebottom のパートナーで、その商号の下に同種の生地を扱っていた原告等が保有していた。

　K 社は1919年 6 月に開催された臨時株主総会において、会社の事業と直接競合する事業を営む者またはかかる企業の取締役が同社の株式を保有している場合には、当該株主は取締役の通知に基づき、別途規定する公正価格で、取締役が指定する者に全株式を譲渡する旨に拘束されるとの付属定款の変更等を行った。

　当時、K 社は業容拡大に伴い、原告等と競合状況が生じつつあったが、K 社取締役は原告等を競業他社とは認識しておらず、K 社株式の70株を所有し、常時、K 社と激しく競合していた 2 つの会社の株式を有する B 氏のみを、競合状況にあると考えていた。原告等が変更された付属定款に法的強制力がなく、無効である旨の宣言を求め、訴えを提起したところ、一審が、大株主である取締役等が競合する株主から強制的に株式を没収し得ることを理由に付属定款の変更を無効としたため、K 社はこれを不服として上訴した。Sterndale 記録長官は以下のように判示して、本件上告を認めた。

【判旨】
　本件の変更は K 社と競合状況にあった原告企業に対してではなく、必要な場合に B 氏に適用する目的で導入されたものであるが、付属定款変更の法的有効性に関して、当該変更が原告企業に適用する目的で行われたか否かは、誠実さに疑義が生ずる場合を除き、重要ではない。当該変更が合理的な根拠なく、B 氏を害し、あるいは同氏を会社から排除するためにのみ行われたものならば、誠実さを欠くものとなろう。

　付属定款を変更する権限は1862年会社法50条に当たる1908年法13条に規定されており、会社は Allen v. Gold Reefs of West Africa 事件において Lindley 記録長官が判示した（付属定款の変更が会社の利益のために誠実に行われた場合には、

法的有効性を有し、既存株主を拘束するとの）制限を条件に、付属定款の変更を行い得る。

　Brown v British Abrasive Wheel 事件において、「争点は少数株主に関し、提案された（付属定款）変更の強制が通常の公正の原則の範囲内にあるか、会社全体の利益のためであるかにある」として、両者が異なるものであるかの如く判示されたが、両者は別個のものではなく、会社の利益のために誠実であるならば、通常の公正の原則と一致するものと考える。

　本件の争点は、事業上、競合している株主の株式を買い取る権限を付属定款に導入した際、取締役がこれを会社のために誠実に行ったか否かに帰着するものと考えられるが、競業事業を営む株主の排除が会社の利益であることは極めて明白であると思われる。本件決議は会社のために誠実に行われており、個人的な動機によってＢ氏に向けられたものではなく、Ｂ氏は単に変更を生じさせる要因となる地位にあったに過ぎない。

　以上の理由から、本件は法的に有効な付属定款であり、当該変更は会社の能力の範囲内にあると考えられる。従って上告は認容されねばならない。

　ところが、本件において認められた少数株主の株式を取得するための付属定款変更は、同年の Dafen Tinplate v Llanelly Steel 事件において再び否定されており、1929年法に M&A 関連規定が導入される前の、付属定款変更に基づく少数株主からの株式取得は、法的有効性の点で極めて不安定且つ予見可能性に欠ける状況にあった。

第8節　1929年法に M&A に関する規定が制定された理由とその意義

　以上から、1929年会社法が裁判所の関与や圧倒的多数の株主の賛同を条件に、会社に M&A の完全な実施を認める法制を採用した所以が、会社法下の規約に引き継がれたジョイント・ストック・カンパニーの契約理論的性質やパートナーシップの理念に由来することが明らかとなったが、この他、株主有限責任制度が確立される以前に、ジョイント・ストック・カンパニーの構成員が規約に基づき負ってきた義務もまた、パートナーシップ時代の残照として、M&Aの手法や対価の選択、中でもアマルガメーションの成否に影響を与えたと考えられる。永きに亘りジョイント・ストック・カンパニーの構成員に課せられて

きた追加徴収や第三者に対する無限責任、清算時の追加出資金醵出義務等は、1855年有限責任法によって撤廃され、株主の責任範囲を株式の未払込部分に限定することが可能となったが、出資につき全額払込制度を採用していない英国会社法の下、事業譲渡等の対価として株主が他社株式を受領することには、従来の会社との契約にはなかった新たな負担が課せられるリスクがあったためである。

　このことは、会社法制定当初、任意清算中の会社の清算人がアマルガメーションを行うに当たり、反対株主に株式買取請求権や差止請求権が認められた点からも窺い知ることができる。アマルガメーションのスキームにおいて、株主は事業譲渡等の対価として譲受会社株式等を受領するが、これは譲渡会社の株主にとって当初契約を交わした会社とは別の会社との契約に他ならない。契約理論を基調とする英国法が、かかるアマルガメーションに組織的拘束力を付し、反対株主にこれを強要し得なかったことは想像に難くない。故に英国会社法は旧契約の解消もしくは新規契約への移行の選択にかかる株主個々の意思決定を尊重するとともに、新たな契約によって株主に負担が課せられることを防止すべく、株主が公正な評価額と引き換えに会社を退出し得る権利や差止請求権を備えたものと思料する。

　しかしながら、20世紀初頭の国際競争の激化に伴い、経営規模の拡大が要請され、アマルガメーションを始めとするM&Aが商事会社の通常の事業活動となっていくにつれ、譲渡会社が株主の権利の変容を伴うM&Aを、清算を前提とせず、組織的拘束力をもって行うための規整整備が求められたことは、当然の帰結と言える。

　かくして、1929年会社法154条は、継続事業体としての譲渡会社が従来の規約に基づく株主の権利の変容を伴うM&Aを、組織的拘束力をもって行うことを可能としたが、かかる拘束力を付与するに当たり、英国会社法は当該スキームに裁判所の承認を要請した。これは、それまで規約の公示と当事者間での事後的利害調整を前提に、株主や公衆の保護を図ってきた会社法が、裁判所に管轄権を付与し、株主のM&Aの意思決定プロセスに関与せしめることにより、譲渡会社株主の保護を強化するとともに、爾来、事後的調整に委ねられてきた株主間並びに取締役－株主間の利害調整を、M&Aを決定する過程において行う方向に転換したことを示している。

　また、完全子会社化に向けた少数株主からの株式取得についても、1929年法に法文上の根拠を得たが、これについては90％以上の譲渡会社株主の賛同が条

第8節　1929年法にM&Aに関する規定が制定された理由とその意義

件とされた他、株主の異議申立を通じ、裁判所に関与し得る余地が与えられた。これは、株式取得による支配権取得の有用性を認め、154条による場合と同様に、譲渡会社の全株主を当該M&Aに拘束する途を開く一方、付属定款の変更要件を超える圧倒的多数の株主の承認を以って、少数株主からの株式取得の合理性や妥当性、取得する多数株主の意図が会社全体の利益のための誠実なものであるかを量らんとしたものと思料される。

第3章　1929年総括会社法以降の M&A 法制の展開

第1節　1948年総括会社法における改正

　1929年総括会社法の改正は、コーエン委員会が1945年6月に提出した報告書の勧告に基づき行われた。同委員会は、企業活動に関する可能な限りの情報開示が有限責任制度の濫用機会を減少させ、社会意識の覚醒にかなうとの立場に立ち、誠実に行われている事業活動の不合理な足枷とならないよう配慮を示しつつも、会社の株主、債権者及び一般公衆が、合理的に必要とする限りの情報を利用できる状況を確保すべく数多くの提案を行っていた[196]。

　これを受けた1948年総括会社法が、企業活動に関する包括的な情報開示の強制を最重要目的の一つに掲げたことから、改正の多くは、情報が各株主のより適切な判断や対応に資する点において、少数株主への直接的な保護拡大効果を有するものとなった[197]。

　同委員会は「整理、再建及びアマルガメーション」に関し、153条の裁判所の承認手続きにおいて、裁判所が2つの重要な情報──(a) 株主総会での法定多数が、他の種類の株主としての利害が当該種類の株主としての利害を上回る株主の投票により、成立していないか、(b) スキームを推奨する取締役や社債権者の受託者の個人的な利害は何か──を得ていない旨を指摘した上で、名義人名による登記実務に鑑み、前段の情報が得難いことから、後段に関する情報につき、開示とその違反に対する罰則の新設を勧告した。

　これにより創設された1948年法207条において、206条に基づく債権者集会または株主総会等が招集される場合には、(a) 債権者または株主に送付される会議の招集通知に、再建または整理の効果や、取締役・株主・債権者その他いずれの立場であるかを問わず、会社の取締役が重大な利害を有するか否か、取締役の利害に対する再建または整理の効果が他者の有する同様の利害への効果と異なる場合には、その記載を要することとされ、(b) 会議の招集が公示によ

---

[196]　Cohen report, supra note 152, para. 5.
[197]　Morris Finer, The Companies Act, 1948, 1948, p118.

り通知される場合には、公示に上記の内容や、会議に出席する権利を有する債権者または株主が、当該記述の複写を得られる場所や方法についての通知が含まれねばならず、債権者または株主は複写を無償で提供される旨が規定された[198]。また、社債権者の権利に影響を及ぼす場合には、社債の発行を引き受ける受託者についても、取締役に要求される内容と同様の説明が必要とされ、本条の要求に従わない場合には、会社及び会社役員はもとより、清算人及び社債発行引受受託者についても会社役員と見なし、科料が課せられることとなった[199]。更に、取締役及び社債権者の受託者に対し、本規定の目的達成に必要な、自己に関わる状況の会社への通知義務が課せられる旨が示された[200]。

一方、1948年法209条となった1929年法155条については、少数株主保護の観点から、新たに譲受会社に対する少数株主からの株式買取請求権が導入された。従来、本条は、株式譲渡を含むスキームが、株式価値にして十分の九以上の譲渡会社株主の承認を得た場合に、譲受会社が残余の少数株主から株式を買い取る権利を規定したものであったが、譲受会社が取得株式数に満足し、当該行為に及ばない可能性もあり、その場合に取り残された少数株主の立場は必ずしも満足できるものでないにもかかわらず、これを打開する手段や権利を有しない点が、現行制度の不備と指摘されていた[201]。

そこで、譲渡会社株式が譲渡された結果、譲受会社等が当該株式価値の十分の九以上を保有した場合、譲渡会社が残余の株主に対し、(a) 譲渡日から1ヶ月以内にその旨と、(b) 譲受会社に対し、通知から3ヶ月以内に当該株主の所有株式を買い取るよう要求し得る旨を通知するものとし、少数株主から買取が請求された場合、譲受会社は当初の契約を承認した株主の株式と同一の、または合意による他の、あるいは当事者の申立に基づき裁判所が命ずるに適当と認められる条件により、当該株式を取得する権利を有し、且つ法的義務を負うものとされた[202]。

また、第1項の譲受会社の少数株主に対する株式強制買取権については、必要な取得株式数の計算において、譲受会社または同社が株式譲受人として指定

---

198 Companies Act 1948, §207 (1),(3).
199 Companies Act 1948, §207 (2),(4).
200 Companies Act 1948, §207 (5).
201 Cohen report, supra note 152, para. 141.
202 Companies Act 1948, §209 (2).

第1節　1948年総括会社法における改正

する者、もしくは譲受会社の子会社が申込の日に所有している譲渡会社株式を除外すべき旨が明記された他、譲受会社がすでに譲渡会社株式を、株式価値にして十分の一以上保有している場合であっても (a) 譲受会社が全株主に同一条件での申込を行う場合で、(b) スキームまたは契約を承認する株主が株式価値にして十分の九以上の株式を保有しており、且つ、株式保有者数の四分の三以上である場合には、本規定が適用される旨が規定された[203]。これは1929年法において、対象企業株式をすでに10％以上保有していた場合には、90％以上を取得しても株式強制買取権の適用対象外とされていたことに対し、上記のような場合には適用拡大が有用とするコーエン委員会の見解が反映されたことによる。これにより、従前より10％以上対象会社株式を所有する会社についても本条の適用対象とされ、その適用に当たっては、株式価値に加え、株主数の要件を充たすことが必要となった。

一方、1948年法は裁判所の株式強制買取権への関与について、裁判所が反対株主の申立を正当と認めた場合、買取の禁止やその他の措置を命ずることができる（the court think fit to order otherwise）とした。そのため、第2項の株式買取請求権における裁判所の措置とは異なり、買取の禁止を命ずることは可能であっても、買取条件の変更は命令できないものと解された。これは1929年法155条1項に記載されていた但書において、当該規定施行前に承認されていたスキームに関し、裁判所が条件を変更し得る旨が記載されていたところ、1948年法においてその但書が削除され、且つ、第1項において第2項とは異なる文言が規定されたこと等による[204]。

この点については、後世、1986年金融サービス法172条及び第12附表により挿入された1985年会社法430C条において、裁判所が申込条件と異なる買取条件を指定し得る旨が規定され、立法的解決が図られた[205]。しかし、裁判所がその他の命令を発する理由は、申立を行う反対株主から提供されねばならないとする初期裁判例の判示以来、立証責任が反対株主に課されていることに加

---

[203]　Companies Act 1948, §209 (1).
[204]　1948年法209条第2項は "the transferee company shall be entitled and bound to acquire those shares ～（中略）～ on such other terms ～（中略）～ as the court on application of either the transferee company or the shareholder think fit to order" と規定している。
[205]　Companies Act 1985, §430C (1)(b).

え[206]、裁判所は他の大多数の株主の賛同をスキームの公正さを示すものと解し、これへの反対に消極的であること等から、譲受会社が申込に応募した対象会社の株主や取締役等から完全に独立した第三者でない等の場合を除き、買取条件の変更はもとより、反対株主の申立が認められるケースは稀である[207]。

この他、1948年法による改正では、少数株主を多数株主の抑圧から保護する規定や、取締役の自社株式等の取引に関する開示義務が新たに設けられた。

少数株主保護規定は、従来、多数株主から少数株主を保護する中心的措置であった強制清算命令申立権を代替する手段として規定されたものである。英国会社法は、多数株主の権限濫用から少数株主を保護する措置として、減資や整理における反対株主の異議申立権や、基本定款等の変更に関する決議取消訴権等を設けていたが、中でも、少数株主が採り得る最終手段となっていたのは、裁判所への強制清算命令申立権[208]であった。しかし、資産価値を著しく減少させる会社の清算申立は、必ずしも十分な少数株主保護機能を果たすものとは言えなかったため、コーエン委員会がこれに代わる措置を検討していた[209]。

---

[206] 本項に関する初期の裁判例、Hoare事件（*Re Hoare & Co, Ltd* [1933] All ER Rep 105）において、Mougham判事は、9割以上の株主から承認された申込は一応正当なものと見なさねばならないとして、裁判所が強いてその他の命令を行う事由は反対株主から提供されなければならないとした。また、多数株主の見解にもかかわらず、スキームが不公正である旨が積極的に立証されない限り、裁判所にその他の命令を行う権限があると考えることはできないと判示した。本件では、強制買取の対価に当該申込受諾に基づき現金が支払われた日から5％の利息を付すことを条件に含め、申立費用を譲受会社の負担とした上で、株主の申立が退けられた。本事案を紹介するものとして、龍田節「イギリスにおけるテークオーバー・ビッド」インベストメント22巻5号28頁（1969年）、酒巻俊雄＝早川勲「テークオーバー・ビッドと少数株主の保護——イギリス会社法209条の機能——」海外商事法務102巻13頁（1970年）。

[207] Weinberg and Blank on Take-Over and Mergers, 5th ed.（hereinafter referred to as Weinberg and Blank, 5th ed.）, 1989, paras. 3-885 and 3-889A. 反対株主の申立が認められた事例として Bugle Press事件（*Re Bugle Press, Ltd. Re Houses and Estates, Ltd.* [1961] Ch 270）がある。本事案は対象企業の45％の株式をそれぞれ保有する株主2名が、共同して設立した会社を通じ、対象会社の残余の10％の株式を保有する株主に株式取得申込を行ったことにつき、申込を受けた株主が1948年法209条第1項に基づき、株式強制買取権を認めないよう裁判所に申立を行ったもので、特殊な事情があるとして反対株主の異議が認容されている。

[208] 裁判所は会社の特別決議の他、会社や債権者、追加出資義務者たる株主の申請により、清算を正当且つ衡平と考える場合には、清算を命じ得るものとされていた。Companies Act 1862, §79, §82.

[209] Cohen report, supra note 152, para. 60.

第1節 1948年総括会社法における改正

　1948年法210条において、裁判所が株主の（a）会社の運営が一部の株主に対して抑圧的な方法で（in a manner oppressive）行われたとする申立を認め、且つ、（b）会社の解散は株主に不当な損害をもたらすが、それさえなければ公正且つ衡平であり、解散命令が正当化されると考える場合には、裁判所は以後の会社運営の制限や、他の株主ないしは会社による当該株主所有の株式の取得等、問題解決のため、適当と思われる命令を行うことができるものとされた。

　取締役の自社株式等の取引に関する開示義務もまた、コーエン委員会の勧告に基づくものである。同委員会は、内部者情報に基づく取締役の行動を明らかな不正とし、当時、問題視され始めていた名義株主名で株式を登録する慣行[210]により、かかる行為の行われるリスクが一層高まっているとの認識を示した上で、取締役の不正取引から取引の相手方や会社を保護し、根拠のない疑惑を防止する措置として、取締役の自社株式の所有状況等を開示する体制の確保を勧告していた[211]。

　これを受けた1948年法195条において会社は、各取締役が自社、子会社、親会社、兄弟会社の株式及び社債を、自身あるいは信託により保有または保有者としての権利を得た場合、その保有数、内容及び金額を示す登録簿を本店に備え置き、年次株主総会開催日の14日前から終了3日後までの間、営業時間中2時間以上、株主及び社債権者の閲覧に供する他、年次株主総会開催中は、出席者に提示することを義務付けられた。取締役が当該有価証券の保有者でなくなった際の取引についても、日付や価格、対価の記載を要するが、登録株式等に関する取締役の利害や権利の範囲及び性質については、取締役が要請した場合にのみ表示される。合わせて、登録簿の備置等を怠った会社及び役員に対し

---

[210] 英国会社法は1862年の制定以来、会社に株主の登録と株主名簿の公衆閲覧を義務付けていたが（1862法25条）、信託の通知については、登録株主が実質的な株式所有者でないであろうとの立法府の考え等を反映し、イングランド企業に関しては名簿に記載しない旨が定められていた（30条）。しかしながら、名義人制度の拡大を受け、実質株主名や所有株式の変動に関する開示の是非を検討したコーエン委員会は、あらゆる株式譲渡の際、譲受人が当該株式の実質的所有者であるか否かについて申告することや、直接間接に会社の発行済株式資本や各種類の発行済株式の1％以上を実質的に所有し、当該株式が本人名義で登録されていない者に対し、所有者となった日から10日以内に、その株式数や種類、登録者名義を記載した申告書を会社に送付すること、会社が通知に基づき実質株主の名簿を備置するよう求めること等、実質株主の株式所有状況の開示に向けた多くの提言を行っていた。id., paras. 77-85.

[211] id., paras. 86-87, 95.

ては、罰則として500ポンド以下の科料、株主総会に提出しなかった場合には50ポンド以下の科料に処す旨が定められた[212]。

一方、コーエン委員会が提言していた実質株主名やその株式所有状況等に関する開示規定は1948年法に採用されず[213]、1967年までその実現を待つこととなった。

第2節　1950年代のTOB隆盛の背景

TOBは会社の株主に株式取得を申し込むことにより、株主総会における議決権行使を通じ、会社の支配権を確保する手法である[214]。第二次世界大戦前のM&Aの中心的手法は、産業の合理化、すなわち市場占有率の拡大や経済効果を目的とする同業他社との合意に基づくアマルガメーションで[215]、株式取得申込による買収が本格化したのは1950年代である。その主な要因は、株価の低迷により、株式取得を通じた会社支配権の確保により、会社の資産を割安に獲得できた点にあるとされる[216]。

株価低迷の主たる原因としては、第二次世界戦後のインフレーションにより固定資産価格が上昇する一方、会社の固定資産の多くが貸借対照表上、古い価格で表示されていたこと、1957年まで英国政府が企業の利益配当を抑制する政策と税制を採用していた点等が挙げられる[217]。

当時の英国企業は、個人と同じく所得税法に基づく所得税（income tax）が課されていたが、1947年1月以降、異なる税率の利潤税（differential profits tax）が導入され、企業が株主に配当する利益には、配当されない利益とは異なる高い税率が課せられた[218]。また、従来、私会社[219]は、所得税法の付加税

---

[212] Companies Act 1948, §95 (1)-(3), (5), (7), (8).
[213] 1948年法では実質株主に関する商務省の調査権や情報収集に関してのみ、規定が設けられた。Companies Act 1948, §172-§173.
[214] Committee to Review the Functioning of Financial Institutions, supra note 16, p3.
[215] Johnston, supra note 15, p8-9.
[216] Committee to Review the Functioning of Financial Institutions, supra note 16, p3, Weingerg, 2nd ed., supra note 9, paras. 306-311.
[217] 1935年時点のフィナンシャルタイムズ株価指数を100とすると1952年の指数は105となり、実質価値から見ると相当に下落していると言う。Johnston, supra note 15, p9.
[218] id., p9, Weinberg 2nd ed., supra note 9, para. 310A. 異なる利潤税は1958年まで課せられ、これにより配当利益と配当されない利益にかかる税率の差は1956年に最大27%（30%及び3%）に上ったとされる。A. Rubner, The Irrelevancy of the British Differential

第2節　1950年代の TOB 隆盛の背景

規定（surtax direction provisions）の下、利益の大部分を分配するよう求められていたが[220]、1947年6月の大蔵大臣（Chancellor of the Exchequer）声明により、会社が既存の配当率を継続する場合には、当該規定を執行しない方針が示され、加えて高い付加税率により、個人株主に配当される利益の大半は差し引かれた[221]。更に、大蔵省（the Treasury）が資本発行委員会（Capital Issues Committee）の勧告に基づき、借入や株式並びに社債の発行による資金調達等を1958年まで規制したことも[222]、利益剰余金の設備投資への再投資、ひいては配当の抑制を促進した。

企業が配当抑制方針に従う場合[223]、主として現在及び将来の配当利回りに

Profits Tax, The Economic Journal, Vol. 74, No. 294, (1964) 347.

219 私会社は1900年会社法6条第7項において、同条の適用除外対象として、公に株式の引受勧誘を行わない会社が規定されたところから間接的に承認され、1907年法により明文化された後、1908年法に取り入れられた。1908年会社（統合）法121条において、私会社とはその付属定款に（a）株式の譲渡制限、（b）社員数の制限（従業員を除き、50名以下）、（c）株式または社債の公募の禁止を規定する会社とされ、設立時の社員数の低減（7名のところ2名、2条）を始め、法定総会に先立ち株主等に提供すべき報告書（statutory reports）や株式・社債割当に際して提出を要する目論見書の代替書類の免除（65条第10項、82条第2項）、登記官の営業許可証（certificate）なしに事業や借入を行うこと（87条第6項）等、公募会社に課せられる各種の義務が緩和・免除されていた。星川・前掲注(79)301頁以下。

220 Johnston, supra note 15, p9.

221 Weinberg 2nd ed., supra note 9, para 310A.

222 大蔵省は、1946年7月に制定された借入（規制及び保証）法（Borrowing (Control and Guarantees) Act 1946, c. 58）の下、英国における借入や英国企業の資金調達に関する規則制定権を与えられており、同法1条に基づき公布された1947年借入規制命令（The Control of Borrowing Order 1947, SR&O 1947/945）は、原則として大蔵省の承認なしに、直近12ヶ月間で1万ポンドを超える借入や、株式発行等による資金調達を行うことを禁じていた（art.1 (1), art.3 (1)）。なお、銀行業を営む者から行う通常業務における借入や500ポンドを超えない株主への株式発行等による資金調達は例外とされ、直近12ヶ月間で総額1万ポンドを超えない同一人物による資金調達は免責されていた（art.1 (2)(a), art.3 (2), art.8 (1)）。この規制は同命令を改正・代替する1958年借入規制命令（The Control of Borrowing Order 1958, SI 1958/1208）の一般免責条項が、直近12ヶ月間の総額5万ポンドを超えない同一人物による調達につき、大蔵省の承認を不要としたこと等を以って終結した（art.8 (1)）。Weinberg 2nd ed., supra note 9, para 334 n.24、小林1・前掲注(9)12頁。

223 なお、英国公募企業の利益配分に関する実証データによれば、この間の配当性向は異なる利潤税によって低下しておらず、必ずしも配当抑制に繋がってはいないという。Rubner, supra note 218, p356-357.

依拠する株式の市場価格は、当該株式が生み出す将来の所得への期待を反映せず、本源的な資産価値より低い価格で取引されることとなり、TOB 隆盛の一因となった。また、資本発行委員会の資金調達制限も、多くの流動資産を有する企業を対象とした買収を助長することとなった[224]。

第3節　1950年代のTOB——その評価と問題点[225]

このような環境の下、1950年代初期には Charles Clore 氏を始めとする敵対的買収者による TOB が頻繁に行われ、1950年代後半には、複数の買収者が対象企業を巡り競合する競合的 TOB が相次いだ。

1953年から翌年にかけて行われた激しい買収活動では、買収者と対象企業取締役会の間に経営を巡る争いがしばしば起こった。所有資産を最も有利に活用していない非効率で怠け者の経営陣に対し、買収成功者の多くは効率的な経営を実現し、買収が成功しない場合にも、経営陣を積極的な行動に突き動かす契機となったため、買収者は有益な存在と見なされ、当時の経済新聞は TOB を経済に対する有用な刺激と評価していた。

一方、学会や政府当局は企業買収に中立的な態度を採っており、学会は買収を会社支配権が移転する技術的な方法であって、本質的には「良い」も「悪い」もない、全く中立的な手続きとの見解を示していた[226]。また、1953年にイングランド銀行総裁から英国銀行協会の会員銀行と保険会社に出された要請も、投機的要素があると認められる買収取引に特別な便宜を図る場合には特に注意を払うよう喚起する内容に止まっていた。

当時、問題視されたのは買収行為そのものの是非ではなく、買収における行動規範であった。買収行為に関しては当初より、全株主に条件を示す申込が適切であるとのコンセンサスがあり、取締役は自身の利害を検討すべきでないとの一般的な合意があった。また、買収者が買収対価として無議決権株式を活用することや、異なる名義の使用により身元を秘匿し、多数のブローカーから株式を取得しながら株式譲渡の登録をせず、取締役らを追い込むために当該株式を使用するような行為、申込を妨害するため株価変動要因となる風説を流布す

224　Weinberg 2nd ed., supra note 9, paras. 310-311 and 334.
225　本節の記述の多くは Johnston の著述（supra note 15, p9-18）に基づく。
226　田辺光政、坂上真美「イギリスにおける株式公開買付けの法的規制 (1)」インベストメント44巻1号15頁（1991年）、Editorial in The Journal of Business Law, (1959) 309.

第3節 1950年代の TOB

ること等に対しては、異議が唱えられていた。

証券取引所の Braithwaite 会長は1953年の演説の中で、支配権獲得を目的とする TOB や株式市場での株式取得、当該目的のため名義人名を使用することは、犯罪ではないとしながらも、近時の事案における時期尚早な情報漏洩に遺憾の意を示し、幸いにも未だそのような事案は発生していないと前置きした上で、個人的な利益のために虚偽の TOB の風説を故意に流布することは犯罪であると述べている。1954年には下院において、Gaitskell 氏及び Jenkins 氏が買収後に対象企業の「資産の収奪（asset stripping）」があったと主張、これに対し、Butler 大蔵大臣が、広範な略奪や事業破壊の証拠はないと否定する一幕もあった。

表面化する買収手続きの濫用に対しては、学会からも投資する公衆の保護を充実させる必要性が説かれ、法改正に際しては、対象会社株主に所有株式の価値に関する適切な情報が提供されることや、会社支配権の変更が効力を生ずる前に相談がなされること、かかる変更が多数決によって承認される場合には平等で無差別な取扱いが確保されること等を原則とするよう提言がなされていた[227]。

また、買収行為に関する批判は、対象企業の取締役会の防衛策にも向けられた。1953年２月、買収の脅威にさらされた Stag Line の取締役会は、会社の独立に関する更なる攻撃への防御として、株式の無償割当等を提案していたが、２月21日付の Economist は、「収益性及び生産性の最高の形を求めるリスク投資のたゆまぬ追求が、経済全体を貫く状況において、最善の産業効率が確保されるものと信ずる」と述べて、これを批判した。取締役等が株主権を剥奪するような方法により、買収の挫折を試みるケースが現れ、究極的に会社の保護を担うのは誰か、保護されるべきは誰の利益か等に関する深刻な疑念が提起された。

かかる買収防衛措置の一例として、1953年秋、Land Securities Investment Company（以下、LSI という）の買収を阻止した Savoy Hotel Company（以下、Savoy という）の事案が挙げられる。LSI の買収目的は Savoy が所有する Berkeley Hotel にあると考えられたことから、Savoy 取締役は Berkeley Hotel を Worcester Building 社と呼ばれる新設会社に譲渡し、新設会社は Berkeley Hotel をその承認なしにホテル以外の用途に使用させない条件で、Savoy にリースバックし、新設会社の議決権を Savoy Hotel 従業員共済基金の受託者3

---

[227] id., p309-310.

名に与えた。当該措置以前の Savoy 株主は Savoy 取締役の解任を通じ、Berkeley Hotel の利用方針の変更を求めることができたが、事後はかかる方針変更に新設会社取締役の承諾を要することとなり、しかも彼らは Savoy 株主の支配の及ぶ範囲になかった。

　また、不成功に終わったが、1956年に Scottish Motor Traction（以下、SMT という）取締役会が Sears Holdings（以下、Sears という）の買収を阻止するために行った防衛策では、SMT 取締役が私会社を買収した上で、リースバックを条件に、関連する他の私会社に SMT の資産を購入するオプションを与えた。現金と直ちに換金可能な資産を Sears の手の届かないところに置くことを意図したと見られるこの取引は、SMT の株主の多くが Sears の申込を受諾した後に報告され、訴訟の恐れに直面した SMT 取締役会は、私会社との取引の中止に合意した。同事案により、取締役の株主に対する責任への疑念が再び提起されたが、解決には至らなかった。

　1950年代後半に入ると複数の買収者が競合する買収が多く見られた。1958年、Tube Investments（以下、Tube という）は米国の Reynolds Metals（以下、Reynolds という）と共同し、British Aluminium（以下、BA という）の買収を視野にその株式を取得した。Tube の意向を聞きつけた BA 取締役会は、すでに進行中であった Aluminium Company of America（以下、Alcoa という）との緊密な提携交渉を急ぎ、Hambros 及び Lazards の助言を受け、1958年11月14日、Alcoa と授権済未発行株式450万株を1350万ポンドで売却する旨の契約を締結した。これは BA の普通株式資本の三分の一に相当したが、その詳細は12月5日まで公表されなかった。

　11月24日、Tube は BA 取締役会に、同社株式2株を、Tube 株式1株と現金78シリングで取得する意向を通知、BA 株は Tube が51％、Reynolds が49％所有する会社に帰属するものとした。申込文書によれば、Tube と Reynolds はすでに BA の普通株式資本の13％を所有していた。BA 取締役会は当該申込が不十分である等として、株主に Tube らの買収に反対する勧告を行い、より高額な配当を約束した。これに対し、投資銀行5社を含む City の14の有力機関投資家は Hambros 及び Lazards と共同し、BA 株主に申込に反対するよう助言、BA 株式の半数を1959年3月末まで持ち続けるとの合意に基づき、残りの半数の株式を82シリングで取得する申込を行った。しかし、当該申込は Tube 連合には明かされず、機関投資家グループにはこの株式の受入を700万ポンドに限定する権利が留保されていた。

第3節　1950年代のTOB

　Reynoldsは市場での株式取得によりこれに応戦し、BAの持株比率を45%にまで拡大、300万株の取得に1250万ポンドが費やされ、この間の株価は機関投資家グループが提示した82シリング以上を維持し続けた。1959年1月4日、Tubeは申込条件をTube株式1株と88シリングに変更、1月9日に本件申込は終了し、BA株式の50%超を取得したTubeは申込を確定する旨を宣言した。

　本事案は多くの論点を提起した。1958年5月にBAが授権資本を300万ポンドに拡大する承認を得た株主総会では、その目的について特段の議論はなされておらず、増加された授権資本の未発行株式は将来の株主または公衆からの資金調達に使用されると考えられていた。投資信託及び保険会社は株主として、外部の者に会社の利益を与えるため、株主に相談なく未発行株式が使用されることに反対の意を表明した。また、BA取締役会がAlcoaとの提携発表を遅らせたこと、Tube連合よりもAlcoaとの取引を強く支持した際、株主の利益への配慮に乏しかったこと、機関投資家グループが株主を区別し、Tube連合以外の株主には82シリングで申込を行い、その受入に制限を設けたことにも異論が出された。

　企業買収に関する経営陣の行為に対しては、本件と相前後して、株主の事前承認を受ける道義的責任が議論の俎上に上り、1958年11月には投資信託協会の会長から「取締役会に株主への照会のない会社支配権や事業の性質の変更を許容することは間違いである」との声明が発表された。企業からもこれに対応する動きが見られ、Associated Electrical Industries会長のChandos氏が1959年1月の臨時株主総会において、一定割合以上の第三者割当増資や他社株主との株式交換に際し、株主への照会を履行する旨を株主に保証した他、これに追随し、同様の行動規範を設ける企業も現れた[228]。

　1959年6月19日付のTimesは、TOBが社会的地位を得るようになったことは一種の進歩（a gain）であるが、買収に正しい方法と間違った方法があることが理解されなければ、その利益は少なくなるとのコメントを掲載した。買収者や対象企業の採る手法に不安が広がり、多くのケースで株主、とりわけ事情に精通していない少数株主が公平な取扱いを受けられない恐れが生じていた。

　かくして、後にシティ・ノートを発表することとなるシティ作業部会は、British Aluminium買収事件後に招集されることとなる[229]。

---

[228] id., p115-116.
[229] M.Weinberg（関西経済連合会訳編）『英国のテイクオーバー・ビッド』71頁（関西経済連合会、1967年）。

第4節　1958年詐欺防止(投資)法によるTOBへの規制

　証券取引に長い歴史を有する英国の、不正取引防止に向けた証券取引事業者に対する規制は古く、1697年のブローカー及び株式仲買人の数並びに不正行為を抑止する法律に遡ると言う[230]。しかし、英国には1950年代半ばまで、証券取引の当事者である株式取得申込者等を直接規制する法令はなく、1958年に改正された詐欺防止（投資）法が、株式取得申込に用いられる申込文書等への規制を通じ、これに対応することとなった。

　1958年詐欺防止（投資）法は、商務省から免許を受けた者及び例外適用者以外の証券取引を禁止するとともに、商務省に免許の認可権限や認可事業者に対する規則制定権等を与えていた[231]。同法13条は、故意による虚偽、欺瞞的な記載、約束及び予測、または重要事実の不正な隠蔽等により、他の者を以下の行為に誘引した者を7年以下の懲役に処すとし、共謀者についても処罰し得るとした。対象となる契約や行為は以下のとおりである[232]。

（a）（ⅰ）産業共済組合（industrial and provident society）及び住宅金融組合（building society）に対し、あるいはこれらと、証券の取得、譲渡、申込、引受けまたは金銭の貸与、譲渡を行う契約、または
　　　（ⅱ）証券の運用利回りや証券価値の変動から生ずる利益を関係者に対し、確約する目的等のために行われる契約
　　の締結もしくは締結の申込
（b）証券以外の資産の取得、保有、管理、処分から生ずる利益または収入に与る便宜を図る目的またはその効果等を有する整理に基づき、権利または所有権を取得すること、もしくはその申込
（c）関係者に対し、証券以外の資産価値の変動によって利益を確保する目的等のために行われる契約の締結またはその申込

　また、14条において投資に関する勧誘状（circulars）配布に関する規制が設けられ、例外とされる文書を除き、何人もその知る限りにおいて、

（a）（ⅰ）上記（a）から（c）の行為を誘因、または
　　　（ⅱ）情報受領者がこれらの行為を行う直接的または間接的な契機と

230　Rider et al., supra note 83, para. 106.
231　Prevention of Fraud (Investments) Act 1958, §7.
232　Prevention of Fraud (Investments) Act 1958, §13.

第4節　1958年詐欺防止（投資）法によるTOBへの規制

　　なることが予想される情報
　　を含む勧誘文書を配布または配布させること、もしくは
　（b）　その知る限りにおいて前述のような勧誘状であり、文書の性質上、配布の主たる目的が前述のような誘因または情報の伝達にあることを示している文書を、配布目的で所有すること
が禁じられた[233]。

　買収者は通常、投資銀行や発行事業者等の専門部局のアドバイザーとともにTOBを行う。一般的なTOBでは、買収者は事前に買収への支持を確認すべく、対象企業の取締役会に非公式な接触を図った後、買収者ないし対象会社、あるいは両者による事前公表を経て、対象会社株主への正式な申込が行われる。申込を受けた対象企業取締役会の対応には、（ア）株主に当該申込を回付することに同意する場合、（イ）株主への申込回付を拒否する場合、（ウ）一切の協力を拒否する場合があり、（ア）の場合、取締役会は申込に対する取締役会の支持と株主への受諾勧告を、勧告が正当であることを証明する情報とともに送付し、（イ）の場合には、申込への反対とその拒絶勧告、勧告の正当性を裏付ける情報を送付する。（イ）及び（ウ）の場合、買収者は1948年会社法113条に基づく株主の名簿閲覧権を行使して、対象企業の株主に直接申込を送付することができる[234]。

　1958年詐欺防止（投資）法において例外適用を受ける文書には、1948年会社法38条規定の目論見書（prospectus）、配布につき商務省の事前承認を得た文書等があり[235]、この他、
　（i）　商務省の認可証券取引所または認可証券取引事業者協会の会員、認可証券取引事業者（licensed dealer）
　（ii）　イングランド銀行または適用免除証券取引事業者（exempted dealer）あるいはその代理により、また、
　（iii）　自社や子会社の株式に関しては、自社または子会社の株主、債権者等に対し、当事会社またはその代理により、
作成された文書等については、株式への誘因または情報を含むという理由によってのみ、当該文書の配布が禁じられるものではないとされた[236]。しかし

233　Prevention of Fraud (Investments) Act 1958, §14 (1).
234　以上のTOBの手続きにつき、Weinberg 2nd ed., supra note 9, paras. 1003-1009.
235　Prevention of Fraud (Investments) Act 1958, §14 (2).
236　Prevention of Fraud (Investments) Act 1958, §14 (3).

ながら、商務省は上記（ア）の対象企業取締役会による株主への申込勧誘状の回付を、買収者の代理人としての行為と見なしており、また、株式を対価とする申込の受諾勧告状は、対象企業の株式のみならず、対象会社株主の申込企業株式の取得にも関係するとして、これらは適用除外に当たらないとしていた[237]。

認可証券取引事業者、適用免除証券取引事業者による文書は同法の例外に当たるが、認可証券取引事業者については翌年制定された1960年認可証券取引事業者（業務）規則の対象とされ、認可証券取引事業者が株式取得申込を行う場合には、同規則の遵守が求められた。

1960年認可事業者規則は法的には認可事業者にしか適用されないが、適用免除事業者に対しては、シティ・ノートや証券取引所の規則等[238]、法令以外の要求に従うことが求められた。適用免除事業者は（ⅰ）証券取引以外に主たる業務を有する、あるいは証券卸売業（wholesale dealing）を主体とし、一般の個人投資家と取引を行わず、（ⅱ）卸売以外の証券取引の大部分を、認可証券取引所等を通じて行う事業者である[239]。適用免除事業者は詐欺防止（投資）法16条の、商務省による適用免除の決定の下にその地位を得ており、多くはシティ・ノートを発起した証券関係諸団体の会員であった[240]。シティ・ノートは商務省規則を遵守すべき最低限の要件と位置付けており、証券取引所の有価証券上場規則も商務省規則に準拠していた。

すなわち、1958年詐欺防止（投資）法14条が証券の取得及び処分にかかる勧誘状の配布を認可経路または商務省の許可を通じてのみ可能としたことから、買収者本人ないしアドバイザーを務める証券取引事業者による正式な株式取得申込文書や、対象企業の取締役会による株主への申込受諾勧告状は、同法の規制対象となり、これらが商務省の事前許可を取得するためには、実質的に1960年認可証券取引事業者（業務）規則の要件を充足することが必要とされた[241]。一方、詐欺防止（投資）法上、適用除外とされた認可証券取引事業者及び適用

---

[237] M. A. Weingerg and M. V. Blank, Take-overs and Mergers, 4th ed. (hereinafter referred to as Weinberg and Blank, 4th ed.), 1979, para.1107.
[238] シティ・ノート及び証券取引所の規則については第4章第1節及び第2節参照。
[239] Prevention of Fraud (Investments) Act 1958, §16.
[240] Weinberg 2nd ed., supra note 9, para 1206, n.18.
[241] 大半の勧誘状は、適用免除事業者を通じて配布されたようであるが、比較的少額な勧誘においては経費節減のため、申込者自身もしくは対象企業を通じて申込が配布された。Weinberg and Blank, 4th ed., supra note 237, para 1104, note 18, para 1106.

免除事業者による株式取得申込文書についても、直接あるいは間接に、1960年認可証券取引事業者（業務）規則に適合することが求められた。かくして、買収にかかる文書はどの経路によって配布されようとも、商務省規則に拘束される結果となった[242]。

第5節　1960年認可証券取引事業者（業務）規則の制定

　商務省は1960年8月、1958年詐欺防止（投資）法7条の認可証券取引事業者に対する規則制定権に基づき、認可証券取引事業者（業務）規則を制定した。同規則は認可証券取引事業者が証券の取得または処分を勧誘する場合の規則を定めたものである。商務省はTOBに関する措置は最新状態を保つ観点から、制定法よりも規則による方がふさわしく、立法化による規則の硬直化は賢明でないと考えており、必要に応じた規則の改正を予定していた[243]。

　同規則18条において、株式の取得申込（take-over offer）は、1名以上の株式所有者に対してなされる会社株式の取得申込であり、当該企業の支配の取得をもたらすものと定義された。会社の支配については、直接または間接に、会社の株主総会において過半数の議決権を行使する権利を用いて支配することとされた[244]。それ故、厳密に言えば、支配権獲得を意図しない部分的な申込や、すでに50％超の株式を所有している者による残余の株式の取得申込に、同規則は適用されないが、これらについては全ての申込に適用される証券取引所の規則及びシティ・ノートが対応した[245]。

　認可事業者が株式取得申込を含む有価証券（securities）の取得または処分の申込を行う場合には、当該事業者が取得者本人（principal）であるか、代理人かを示した上で、代理人の場合には取得者本人の氏名・住所を明らかにすることが求められた。株式の取得申込を行う場合、申込条件及び文書は、規則第1

242　Weinberg 2nd ed., supra note 9, para 1206, Jenkins Report, supra note 164, para. 269.
243　Johnston, supra note 15, p24.
244　The Licensed Dealers（Conduct of Business）Rules 1960, rule 18（1）.
245　同規則は、支配権取得者が必ずしも申込者であるとは定義していなかったため、申込会社の関係会社がすでに一定割合を所有している企業の持株比率を、申込によりグループ全体で50％以上に引き上げる場合にも、株式取得申込に該当した。Weinberg 2nd ed., supra note 9, para, 1303, n.5. 証券取引所の規則及びシティ・ノートについては第2部第4章第1節及び第2節参照。

附表第1部及び第2部の要件に従うこととされ、対象企業株主に配布される遅くとも3営業日前までに対象企業に送付されることを要した。株式取得申込以外の証券の取得申込文書については同規則第1附表第1部の、証券の処分の申込文書は第2附表の[246]、買収対象企業の取締役による勧告状並びに認可事業者が当該文書を配布する場合[247]には第3附表の、詳細な規則に従う旨が規定された[248]。

第1附表第2部の規定により株式の取得申込は、申込を撤回しない限り最短21日間の応募期間を設定すること、買付上限数を設けた申込の場合には、申込が確定的となった旨を申込者が宣言する（declare the offer to have become unconditional）[249]ことができる最終の日を特定すること、申込が対象企業の株式発行総額未満の場合には、全株主を対象とし、申込を超える応募を比例配分して受諾すること等の要件を充足することが求められ、申込文書にその旨を明示するものとされた[250]。

また、申込文書には、(1) 申込者の対象企業有価証券の保有状況、(2) 上限付申込の場合はその旨と最少買付株式数、(3) 現金による証券取得の場合には支払期間とその方法、(4) 現金以外を対価とする場合には対象企業が当該対価を受領する期間、(5) 認可証券取引事業者が他の者に代わって申込を行う場合には、事業者による当該人物の全申込受入履行能力に関する確認措置の有無とその方法、(6) 対象企業取締役らに対する退職時の補償、(7) その他、申込の結果に関連して申込者との間でなされた合意の有無やその詳細、(8) 対象企業の株主総会に提出された最新の貸借対照表の日付以降、申込者が知り得た対象企業の財務状況に関する重大な変化の有無、(9) 申込に基づき取得された有価証券を他者へ譲渡する契約や合意の有無並びにその当事者の氏名や合意内容等

---

246 株式交換等、全部または一部の対価を有価証券とする申込は、1960年認可証券取引事業者規則において証券の取得・処分双方の申込として扱われているため（The Licensed Dealers (Conduct of Business) Rules 1960, rule 18 (2)）、第2附表の規定の適用も受けることとなる。

247 The Licensed Dealers (Conduct of Business) Rules 1960, rule 5.

248 The Licensed Dealers (Conduct of Business) Rules 1960, rule 1 (a), (c)-(e).

249 確定的（unconditional）とは、応募総数が買付予定数に満たない場合、全部の買付を行わないとの条件を付して行われる申込において、応募が予定数に達し、当該条件が充足されたことを意味する。龍田・前掲注(206)25-26頁。

250 The Licensed Dealers (Conduct of Business) Rules 1960, First Schedule, PartⅡ, para. 1.

を記述する旨が規定された[251]。

また、認可事業者が行う株式取得申込において、対価に持株会社の有価証券が含まれ、且つ、対象会社と1以上の他の会社が持株会社の子会社となるスキームの一部として、当該申込が行われる場合には、上記の要件に加え、申込に含まれる文書に第2附表2条所定の当該証券発行会社の概要や財務に関する情報を提供することが求められた[252]。一方、対象企業取締役会の申込受諾勧告状については、第3附表に従い、各取締役の保有する当該企業の株式の数や内容、総額、保有株式を申込に応募する意向、申込に関連した買収者からの補償等の提案やその他の合意の有無、買収者によって締結された契約における利害の有無やその性質、程度、株主総会に提出された最新の貸借対照表の日付以降に生じた重大な財政状況の変化の有無等の記載を要する旨が規定された[253]。

第6節　ジェンキンスレポートの勧告

商務省は1959年12月、会社法改正委員会(ジェンキンス委員会)を設置し、1948年会社法や1958年詐欺防止(投資)法その他の見直しと報告を求めた。同委員会に対しては、TOBに関する最新の状況や慣行を踏まえ、その実務や取締役の義務、株主の権利のあるべき姿を含め、検証するよう特に指示がなされた。これは、認可証券取引事業者が証券取引所外での証券売却の申込についてのみ法的規制を受け、証券取得の申込に関しては規制されていなかったことに批判があり、認可事業者によるTOBへの規制が強く要請されたこと[254]等による。

同委員会が1962年6月に提出した報告書において、取締役が会社の事業ないし資産全部の処分や、授権資本の範囲内で未発行の株式を発行する場合には、基本定款及び付属定款の規定に関わらず、株主総会での特別な承認を要請するべきとして、承認のない取締役の取引行為に対する株主の差止命令を可能とする旨の勧告がなされた[255]。

251　The Licensed Dealers (Conduct of Business) Rules 1960, First Schedule, Part II, para. 2.
252　The Licensed Dealers (Conduct of Business) Rules 1960, rule 3.
253　The Licensed Dealers (Conduct of Business) Rules 1960, Third Schedule.
254　Johnston, supra note 15, p22.
255　Jenkins report, supra note 164, paras. 117-122, especially 122 (e), (g)-(i).

TOBに関して同委員会は、株式取得申込と新株発行時の目論見書に対する法的規制のあり方が極めて異なっている現状を指摘し、申込文書についても、会社法規定の目論見書同様、誰もが法に従い、発行し得るものとすべきとの見解を示した。また、この提言の実現に向け、全ての株式取得申込や取得申込文書並びに対象企業取締役による株主への勧告状全てに関する規則制定権と適用除外権限を、商務省に与えるよう提案した[256]。これら規則の通則の大半は1960年認可証券取引事業者（業務）規則に従うものとされたが、株式取得申込にかかる文書や方法に関しては次のような改正点が挙げられた。

株式取得申込の勧誘状に関しては、商務省の認可経路または承認により配布されることを要せず、回付前に会社登記官に送付されるものとし、登記官は法定の情報を記載していない、または錯誤を招く恐れのある勧誘状の登記を拒否する権限を持つこと、受理されない勧誘状の発行は犯罪とすること、登記官は受理した勧誘状を添付書類とともに対象企業の記録に綴じ込むことが提案された。また、対象企業の取締役または株主による株式取得申込の拒絶勧告状については、商務省の認可経路による回付、登記のいずれも必要としないが、詐欺防止（投資）法13条の規定に従うものとし、詐欺防止（投資）法13条が民事上の救済に対応するよう勧告した。

株式の取得申込を行った者が申込価格の引上げを行った場合には、引上げ前に応募した株式に対しても修正後の価格による支払いが求められること、当初の申込への応募は、1948年会社法209条における最終の申込への応募と見なされること、確定宣言に際してはその時点までに取得した各種類の株式数と比率を開示すべきこと、35日以内に確定宣言されない場合には、いかなる応募者も以後、自由に応募を撤回できるとすること等が提案された。この他、現金を対価とする株式取得申込については、申込者への法的拘束や所要資金の確保にかかる措置が勧誘状に明記されること、各勧誘状には、同委員会の勧告等を踏まえて改正される予定の会社法191-193条の範囲内で、対象企業の取締役に対して提案された全ての支払いに関する記述が含まれるべきこと、株式取得申込の勧誘状または対象取締役による申込受諾勧告状においては、専門家の許諾なしに、当該専門家が作成したと称する記述が引用されるべきではないこと等も提言された[257]。

---

[256] id., paras. 270-272, 294 (a)-(b).
[257] id., para. 294 (c)-(k).

第6節　ジェンキンスレポートの勧告

　1948年会社法209条に関しては、12の改正点が挙げられた。まず、同委員会は会社の発行済株式、あるいはある種類の発行済株式全てに対し、全関係株主に同一条件で申込がなされない限り、209条が適用されるべきでないとの考え方を示し、その旨を明確化すべきと提言した。複数の種類の株式への申込については、ある種類の株式に関して所定の条件が満たされなかった場合、どの種類の株式に株式強制買取権及び株式買取請求権が発生するかについて疑義が生ずることから、1種類以上の株式を求める単一の申込は、包含される複数の種類の株式への申込から成るものとして扱われるべきとの勧告がなされた。

　209条第1項の株式強制買取権に関しては、子会社による対象企業の株式保有等により潜脱されやすいとの指摘を反映し譲受会社やそのグループ企業またはこれらの代理人が保有する株式を除く譲渡会社株式の十分の九以上の株主に申込が承認された場合にのみ、同項の効力が発生するよう改正を促した。また、同委員会は裁判所の権限につき、第2項においては反対株主による株式買取請求の"条件を変更する"権限が与えられているのに対し、第1項では反対株主株式への強制買取の"可否を命ずる"権限のみとなっている点を指摘し、裁判所に強制買取条件の変更権限を与えるよう提言した。この他、複数の条件を提示し、応募者がいずれかを選択する申込が頻繁に行われていることに関連し、反対株主が選択の表明を拒否した場合、209条第1項が機能しない恐れがあることから、申込企業が同項に基づく通知を行う際、一定期間内に反対株主が選択を行わない場合には、いずれの条件が適用されるかを規定し得るよう勧告した。

　209条第2項の株式買取請求権については、90％の株式を所有した等の場合にのみ、権利を行使し得るとされている点につき、全株式または任意の種類株式の一定割合を求める申込が行われ、申込者が確定を宣言した場合には、申込を受諾しなかった対象会社株主が、当該宣言の日から一定期間（例えば14日）、申込者に申込価格で株式を取得するよう要求し得る旨の規定の新設を求めた。

　この他、株式強制買取通知の発行期間について、現行規定が申込日から4ヶ月以内に90％の承認を得た場合、4ヶ月経過後の2ヶ月間に限ってこれを認めているところ、法定の90％の承認を得た申込者については申込後4ヶ月以内随時とし、同条2項の反対株主の裁判所への異議申立期間については、強制買取通知発行後1ヶ月間から2ヶ月間に延長するよう提案された。また、少数株主の株式買取請求権の行使期間については、3ヶ月から2ヶ月に短縮すべきとの勧告がなされた[258]。

第7節　取締役及び主要株主の株式所有状況にかかる開示制度の発展

　会社法改正作業は、会社法改正委員会の報告を受け、直ちに行われることが通例であったが、1948年総括会社法の改正に関しては1962年6月のジェンキンスレポート発表から3年以上経過した1966年2月に改正案が上程された。しかし、同法案は議会の解散により廃案となったため、翌1967年に若干の修正が施された改正案が再度提出され、2月にようやく成立した。このような情勢等から、1967年会社法[259]はジェンキンス委員会の広範な提言を反映するものとはならず、早急に実現すべき重要な課題に限定して改正がなされ、その余の課題はその後引き続き行われるであろう改正に委ねられた[260]。かくして1967年法による改正[261]の主眼は、特例私会社（exempt private company）[262]の廃止と会社情報の開示強化の2点に置かれ[263]、後者に連なるものとして、取締役所有

---

[258]　id., paras. 283-293, 294 (1).

[259]　Companies Act 1967, c.81.

[260]　酒巻俊雄「英国諸連邦の会社法（1）」国際商事法務3巻519-520頁（1975年）、同「1976年のイギリス会社法の改正（1）」国際商事法務6巻373頁（1978年）（以下、酒巻2と表記する）。

[261]　1967年会社法は第1部で一般会社法、第2部以下で特別法等の改正を行っており、第1部では特例私会社の廃止、計算書類、監査、取締役報告書、取締役等のオプション取引の禁止・重要事実の開示、議決権株式に関する個人的利害の開示、検査、会社の再登記について規定している。1967年会社法については星川長七「1967年イギリス新会社法の素描」旬刊商事法務研究431号10頁以下（1967年）、同「1967年イギリス改正会社法の概観」法律時報39巻第14号111頁以下（1967年）。

[262]　私会社の一類型である特例私会社は、1947年法54条によって規定され、1948年総括会社法129条に継受された。特例私会社の要件は（a）会社の株式及び社債に利害関係を有する者につき、同法第7附則の条件が充足されること、（b）社債権者数が50名を超えないこと、（c）法人が会社の取締役でなく、会社及び取締役のいずれもが取締役や株主、社債権者等以外の者により会社の政策が決定され得るとの協定に関与していないこととされ、第7附則規定の基本的条件には、法人による会社株式または社債の所有がないこと、株主または社債権者以外の者が株式や社債に権利を有しないこと等が掲げられていた。特例私会社には、1948法127条規定の年次報告書に添付すべき貸借対照表等の複写提出義務の免除や、会計検査役の被選任資格の緩和（161条第2項）等の特典が与えられていた。星川・前掲注(79)315頁以下。

[263]　酒巻俊雄「イギリス会社法改正とその概要(1)」企業会計19巻12号131-132頁（1967年）、Clive M Schmitthoff, The Companies Bill and Company Law Reform, Journal of

の自社株式等にかかる情報開示の強化が図られるとともに、実質株主の株式所有状況に関する開示規定が新たに設けられた。

1948年法195条の取締役の自社株式等の保有状況に関する開示規定は、取締役の内部者情報に基づく不正取引からその相手方を法によって保護すべきとするジェンキンスレポートの提言を反映し、一層の強化と明確化を図る1967年法27条ないし31条により置き換えられた。ジェンキンス委員会は、会社法に取締役の一般的信任義務規定を設けるよう提言していたが、判例において、取締役は株主及び会社に対して信任義務を負うものの、その義務は第三者に及ばないとされている点から、内部者情報に基づく取締役の株式取引の相手方や会社を信任義務によって保護することはできないとして、法的規制強化の必要性を唱えていた[264]。

1967年法27条ないし31条により、取締役はその在任中、自社・子会社・親会社・兄弟会社の株式及び社債を所有、あるいは所有しなくなった場合に加え、これら有価証券の譲渡契約締結時や、会社から付与されたこれらの引受権の譲渡、関係会社等の株式または社債引受権を付与・行使・譲渡する際にも、会社に対し、当該事実及び通知義務の発生を認識した翌日から14日以内に、その事実と当該種類の株式数や社債金額を、書面を以って通知する義務が課せられ[265]、信託あるいは共同出資等による場合にも、同様の義務を負うとされた[266]。更に31条第1項により、本規定の適用範囲が取締役の配偶者や子にまで拡大され、会社は旧規定同様、これらを記載した登録簿を本店に備え置き、株主や公衆の縦覧に供するものとされた[267]。

実質株主の株式所有状況の開示規定は、1948年法で見送られたコーエン委員会の提言を再度取り上げたジェンキンス委員会の勧告を反映したものである。ジェンキンス委員会は、取締役や他の株主、従業員にとって実質株主の身元が確認できることは、何者かが会社支配権の取得を企図していると考える理由がある場合、とりわけ重要であるとして、米国において、証券取引所に登録されている株式の10％以上を実質的に所有している者に対し、身元と取引内容の報

Business Law, (1966) 106, Peter V. Sclaverano, The Companies Bill, Journal of Business Law, (1966) 135、酒巻2・前掲注(260)373頁。

264 Jenkins report, supra note 328, paras. 88-91, 99.
265 Companies Act 1967, §27 (1)-(3).
266 Companies Act 1967, §28 (2), (5).
267 Companies Act 1967, §29.

告が義務付けられている点に鑑み、コーエン委員会が1％と提言していた株式所有比率を10％とした上で、実質株主等の株式所有状況の報告義務や、当該通知に基づく会社の実質株主名簿の備置を規定すべきとしていた[268]。

当該勧告を受けた1967年法33条において、認可証券取引所で取引される企業の発行済関連株式資本（relevant share capital）[269]の10％以上に相当する議決権株式を取得ないし所有する者には、株式の取得や、所有株式の増減及び処分等にかかる事実の発生を認識した翌日から14日以内に、当該事実やその日付、場合によっては株式数についても、書面を以って会社に通知する義務が課せられた。一方、通知を受けた会社は、当該人物の氏名や通知された情報を記載する登録簿を備え置き、営業時間中、株主他、公衆の閲覧に供するものとされた[270]。

緊急性の高い課題に限定して行われた1967年の改正後、残されたジェンキンスレポートの多くの勧告を反映させるべく、会社法改正作業は継続して行われ、1973年7月に法案が提出されたが、前回同様、政権交代により成立しなかった。そのため1967年会社法は9年後の1976年にようやく改正される運びとなった。

取締役の自社株式等の所有状況の開示に関しては、当該事実等の発生を認識した翌日から14日以内と規定されていた通知の履行期日が、1976年会社法により5日以内に変更された[271]。また、当該証券が認可証券取引所で取引されている場合、会社は1967年法27条ないしは31条に基づく義務により取締役が通知した内容を、受領した翌日中に証券取引所に通知する旨が新たに規定され、取引所は受領した情報を自らが決定した方法により公表できるものとされた[272]。

また、1967年法33条における実質株主の株式所有状況の開示規定については、開示要求基準とされていた株式資本の「10％」以上の語が「所定率（prescribed percentage）」に置き換えられた上で、5％または法令に基づき定められた国務大臣の規則によって規定される他の割合を指すものとされた[273]。また、所定率の引下げに伴い、開示義務の適用範囲の限定が図られ、当該企業の株式資本の額面価格に占める百分率が整数値にして同じ結果になるような変動については規制の対象から除外された[274]。この他、会社の関連株式資本が

268　Jenkins report, supra note 164, paras. 141-147.
269　公募会社の全種類の発行済議決権株式資本を意味する。Companies Act 1967, §33(10)
270　Companies Act 1967, §34.
271　Companies Act 1976, c.69, §24 (1).
272　Companies Act 1976, §25 (1)-(2).
273　Companies Act 1976, §26 (1)-(2).

第7節　取締役及び主要株主の株式所有状況にかかる開示制度の発展

異なる種類の株式に分けられている場合の関連株式資本の額面価格に対する割合は、それぞれの種類の発行済株式の額面価格に対する割合とされ、株式資本全体に占める割合でないことが明示された[275]。通知の実施期日については、取締役の自社株式等の所有状況の場合と同じく、5日に短縮された[276]。

以上に加え、1976年法では、1967年法33条の適用を受ける企業が株式の実質株主を特定するため、株主に対し、書面を以って通知を行い、指定期間内に株式を保有する資格（capacity）につき、書面で知らせることや、株式の実質的所有者以外の資格で当該株式を保有している場合には、その者の知る限りにおいて、当該株式の所有者を書面で示すよう要求し得る規定が導入され、要請に従わない者に対する罰則規定も設けられた[277]。上記の通知により、会社が株式の所有者に関する情報を得た場合、会社は当該人物に対しても同様の通知を行い、最終的な実質株主の確認を行うことができる他[278]、当該株式がその議決権行使権限を他の者に与える契約の対象となっているかについても、調査し得るものとされた[279]。情報を得た場合、会社は当該要求がなされた事実や日付、判明した情報を、1967年法34条規定の登録簿に記載するよう要請された[280]。

274　Companies Act 1976, §26 (8).　イングランドにおいて株式仲買人の業務に従事していると認められる者が業務目的で株式を所有する場合についても、適用対象外とされた（§26 (9)）。
275　Companies Act 1976, §26 (10).
276　Companies Act 1976, §26 (1).
277　Companies Act 1976, §27 (1), (7)。要請に従わない者が有罪判決を受けた場合は、2年以下の禁錮または科料もしくはそれらの併科、即決裁判（summary conviction）の場合には6ヶ月以下の禁錮または400ポンド以下の科料あるいはそれらの併科とされた。
278　Companies Act 1976, §27 (2).
279　Companies Act 1976, §27 (3)-(4).
280　Companies Act 1976, §27 (5).

第4章　M&Aにかかる自主規制の発展

第1節　シティ・ノートの誕生と改正[281]

　ジェンキンスレポートの勧告にもかかわらず、制定法である1948年会社法及び1958年詐欺防止（投資）法の改正が容易に行われなかった間、M&Aにかかる英国証券市場の規制はロンドン金融街シティの自主規制を中心に急速に進展した。

　英国企業のアマルガメーションに関する覚書（以下、シティ・ノートまたは単にノートという）は、1959年10月末にシティ作業部会が公表した自主規制である。シティ作業部会はイングランド銀行Cobbold総裁のイニシアティブにより発足した機関で、発行事業者協会（the Issuing Houses Association）、引受事業者委員会（the Accepting Houses Committee）、投資信託協会（the Association of Investment Trusts）、英国保険協会（the British Insurance Association）、ロンドン決済銀行委員会（the Committee of London Clearing Bankers）、ロンドン証券取引所（the London Stock Exchange）がこれに参画していた。

　1958年詐欺防止（投資）法や1960年認可証券取引事業者（業務）規則が、買収に用いられる勧誘文書に焦点を置いたのに対し、シティ・ノートは、既存の株主から会社支配権を移転する目的で行われる取引に関与する者が従うべき原則や実務に関する一般的な指針を示し、買収当事者の行為に直接働きかけるものであった。

　原則には（ⅰ）自由な株式・有価証券市場は干渉を受けるべきではないこと、（ⅱ）株式の売却ないし保有を決定すべきは株主であること、（ⅲ）株主が熟慮の上で決定できるよう、株主は適時適切な形で関連する全ての情報を与えられるべきであり、当該情報提供の確保と株主への助言にあらゆる努力を払うことは、対象会社取締役会の義務であること、（ⅳ）関連情報が利用可能になるまで、通常の株価水準に異常をきたすことを回避するあらゆる努力がなされるべきことが掲げられていた。

---

[281] 本節の内容の多くはJohnstonの著述（supra note 15, p19-21, p26-29）に基づく。

手続きにおいて、株主へ接触する最善の経路は対象会社の取締役会とされたことから、申込は最初に当該取締役会に対してなされ、取締役会は申込者の身元や申込の全面的な受入に必要な資金の裏付に関する証明を通知される権利を与えられるものとされた。取締役会には申込のメリットを検証する十分な時間が与えられる一方、可能な範囲でできる限り早く、株主に申込を通知する義務を負う。申込対価の全部または一部が提案企業の株式の場合、対象会社の株主は当該企業の将来の見通しに関する十分な情報を与えられるものとされた。

申込は原則として、対象企業の全株式資本、または関係する種類株式全部を対象に行われるものとされた。部分的な申込は極例外的に、有益な場合にのみ認められるものとされ、やはり対象株式の全株主に対して行われる。申込数を超える応募があった場合には、全応募者の中から比例配分で、取得を申し込む株主を選出する。株主には申込を検討する適切な期間（3週間が示唆されている）が与えられ、申込が確定した場合には更に一定期間、申込期間が設けられるものとされた。取締役会は株主への真摯で信頼し得る申込の提供を拒むに当たっては慎重でなければならず、株主全体の幸福が取締役や特定株主等のそれより優先されねばならない。

シティ・ノートに対しては一定の評価が与えられた。1959年10月31日付のTimesはノートを歓迎し、買収者側と買収される側の公正なバランスが取られており、主に株主の利益保護に関するものと評価した。一方、Financial Timesは、行動規範は柔軟だが強制力がなく、法的規制は強制力を有するが硬直的であると評した。

このノートは発表後に制定された1960年認可証券取引事業者（業務）規則や、1962年のジェンキンス委員会の勧告の影響を受け、1963年10月に改正された。改正されたシティ・ノート（Revised Notes on Company Amalgamations and Mergers、以下、改正ノートという）は、株式取得申込が反対を受けた際、しばしばスピード重視の展開がなされ、株主への十分且つ遅滞ない情報提供の継続が困難となっている点を指摘した上で、厳正な手続きに則って行われるべきこれらの取引に対して大いなる懸念を示し、改めて、適切な取引の基本原則及び手続きを打ち出している[282]。

基本原則においては、初代ノートが第一義に掲げていた株式市場自由の原則

---

[282] The Issuing Houses Association, Revised Notes on Company Amalgamations and Mergers (hereinafter referred to as Revised Notes), 1963, Introduction in Weinberg, 2nd ed., supra note 9, p355.

に替わり、株式処分の決定権者を株主とする原則が最初に掲げられた。従来、申込対象企業の取締役会の義務とされていた、全株主に対する十分且つ適時平等な関連情報の確保は、申込の検討に必要な期間の確保とともに、関係者全員の責務と位置付けられ、現在及び潜在的な株主が、同等の条件と事実認識に基づき、決定を行うことができなければならないとされた。また、取締役は常に各種類の株式や借入資本（loan capital）の所有者それぞれの権利に照らし、それら全ての利益を心に留めなければならないとの原則が新たに設けられた[283]。

手続きに関しては、商務省が1960年認可証券取引事業者（業務）規則の公布に際し、同規則を通則と見なすとしたため、ノートの改正者もこれらを最低限の要件と位置付け、規則と重なる手続き、例えば株主に適切な考慮期間が与えられるべき旨の規定等は、商務省規則により応募期間が21日と明示されたことから、重ねて設けられなかった。

他方で、改正ノートにおける手続き規定の大半は、市場の投機的な動きを防止するための申込の公表時期や内容、対象企業取締役会の義務等に向けられた。株式取得申込の事前交渉において、守秘は、全株主が関連情報を利用できるようになるまで、通常の株価水準に異常をきたす要因となることを回避する上で重要とされた。一方、申込が交渉段階に達した場合には、遅滞なく公表がなされ、最初の告知に申込条件が含まれることが理想とされた。申込に関する全ての発表はマスコミまたは勧誘状を通じ、随時可能とされ、1958年詐欺防止（投資）法14条に該当しない情報の伝達については、商務省の事前許可を要する点に留意するよう促している。

対象企業の取締役会はいかなる申込においても、株主が、従業員や経営者を含む全ての関係者の利害が適切に考慮されているかを、自由に判断し得る立場に立てるよう責任を負っており、株主に異なる申込の利点を助言することは取締役会の責務とされた。取締役会は申込に関する事実が公平に提供されるよう配慮を求めるべきであり、株主に真剣且つ責任ある申込や、すでに他の者（maker）に提供した申込情報の提供を拒絶する場合には、慎重を期すべきとされた。取締役会が申込拒否の勧告を決定した場合には、申込者は直接自由に株主に連絡を取ることができ、取締役会は株主に申込を拒絶した理由を説明す

---

[283] Revised Notes, Principles in Weinberg, 2nd ed., supra note 9, p356. 借入資本とは短中期の借入金を除く担保付債務や社債等を指す。Robert R Pennington, Company Law, 5th ed., 1985, p219.

るとともに、申込者の直接的アプローチを容易にする態勢を取らねばならない。また、取締役会は可能な限り迅速に、情勢の進展に対する姿勢を決定し、株主に通知するよう要請された。一方、申込を行う企業の取締役会においても、株主が可能な限り継続的に、企業の価値評価に直接間接に影響する利益や配当政策、申込の成功により期待される効果等の情報を得られるよう、開示に注意を払うべきとされた[284]。

改正ノートは、正式な申込と平行し、市場その他で行われる株式の取得についても言及している。これは1962年に行われた Imperial Chemical Industries（以下、ICI という）による Courtaulds に対する敵対的買収や、1963年の Whitehead Iron and Steel（以下、WIS という）への競合的買収等が提起した課題に対処するものであり、シティ作業部会が再招集されるに至った主要な問題が、TOB と TOB によらない株式取得との相互関係にあったことを示唆している。

ICI は Courtaulds の買収において、Courtaulds による増配や株主への転換社債の発行、同社の貿易投資（trade investments）の多くを含む子会社の新設等の買収防衛策を受け、当初の申込を変更し、応募総数にかかわらず、普通株式への申込を確定する旨の発表を行った。ICI の申込に対しては普通株式37.4％の他、優先株式の応募があったが、優先株式への申込は無効とされ、ICI は普通株式のみを取得した。

応募が50％に満たない申込の成立は、買収者がその後―恐らくは申込より高い価格で―株式を取得することにより、完全な支配権を確保し得ることを意味するため、支配権獲得の一助となる一方で、当初応募した株主に対しては不公平を生ずる恐れがある。ICI は最終的には支配権を獲得するに至らず、そのような行為も行わなかったが、シティ作業部会はこの状況に対処する必要があった。

また、1963年に行われた鉄鋼メーカー Stewart and Lloyds（以下、S&L という）による圧延鋼材メーカー WIS への買収では、Richard Thomas and Baldwin（以下、RTB という）が S&L に対抗し、WIS の TOB を行うと発表する一方で、市場において同社の株式を大量に取得した。その多くは、市場価格と最終的な申込価格との差を問題視しないと約束した機関投資家から取得したもので、S&L は当初75シリングであった申込価格を85シリングに変更したが、

---

[284] Revised Notes, Procedure in Weinberg, 2nd ed., supra note 9, p356-357.

第1節　シティ・ノートの誕生と改正

市場での株式の買付けによりRTBが64％の株式を確保した。この機関投資家への優先的な取扱いは大きな批判を浴び、大型機関投資家2社は他の株主に対して不公平であるとして、応募を拒否した。初代ノートは明示的にこの点を扱っていなかったが、当該行為がその意向に反することは明らかであった。RTBは結局、残余の株主に対し、85.25シリングで申込を行ったが、本事案は2月9日付のEconomistにおいて「最も抜け目のない無謀なシティの買収劇」の烙印を押されることとなった[285]。

　改正ノートはこれらの状況を踏まえ、市場その他における株式の取得により正式な申込をサポートする者は、他の株式保有者の申込の諾否に影響を与えており、そのような株式の取得はいかなる正式な申込とも分離することはできないとの立場を明らかにした。競合する買収の多くは、状況の急展開により、株主に正式な申込を行う時間がなくなり、既存の申込や、申込を行うもしくは見直すとの意向の発表等にもかかわらず、株式の取得が行われていた。改正ノートは、支配権獲得の意向を示し、市場内外での株式購入により事実上の支配権を取得した者は、遅滞なく、態度を明らかにしていない全ての株主に、市場取引価格を考慮した公正価格で、既存の申込の見直しまたは正式な申込を行うべきであるとした。加えて、市場その他で行われる特定の種類株式の取得については、その種類の全株主に適用されない特殊な条件で行われるべきではないと結論付けた。

　また、改正ノートは申込者の確定宣言に関し、申込が指定した比率よりはるかに低い応募数の場合、確定宣言は申込が示唆した将来価値の試算に重大な影響を与えることから、注意深く検討すべきであるとした。更に、改正ノートはジェンキンス委員会の提言を反映し、申込の確定を宣言する場合には、その時点までに取得した株式数を開示して、未だ応じていない株主に行動を決意させるべきであるとした上で、応募を決意した株主がこれを行い得るよう、申込を合理的な期間、継続させるものとした。この他、申込者が申込の価格を引き上げた場合には、引上げに先立ち応募した全株主に、当該価格が適用されるべきものとした[286]。

---

[285] Johnston, supra note 15, p26-27.
[286] Revised Notes, Procedures in Weinberg, 2nd ed., supra note 9, p358-359.

第2節　証券取引所の要請

　証券取引所は、上場契約（General undertaking）[287]の締結を上場の条件とし、上場企業を統制してきた。1930年9月のロンドン証券取引所規則集に初めて登場した上場契約は、折に触れて改訂され、1943年2月には、株主宛ての勧誘状に関し、ロンドン証券取引所の株式・融資部に事前に校正刷りを提出する規則が導入された。これは後に株式取得を申し込む対象企業の株主に送付する勧誘状の提出義務へとつながった[288]。

　1959年秋、株式・融資部はシティ・ノートの公表に伴い、申込の全ての応募に対応し得る資金の有無や、少なくとも3週間の申込期間の設定、事業継続や将来の雇用に関する申込者の意向の提示等、勧誘状の記載について調査し始めた。当時、発行事業者や銀行等によって行われる申込に対する統制はなかったが、シティ・ノートが、証券取引所で取引されている有価証券に関する申込文書は発行前に証券取引所の専門家に審査されることが望ましいとしたことから、多くの発行事業者や投資銀行が同部に申込文書のドラフトを提出し、コメントを求める傾向が強まっていた。

　1965年にロンドン及び各地の証券取引所によって創設された英国・アイルランド証券取引所連合[289]の1966年有価証券上場規則には、有価証券の上場承認や発表の伝達に関する手引きや上場契約と並んで、上場企業による子会社、事業、固定資産の取得及び換金、会社株式の買付及び申込に関する手引き（以下、手引きという）が規定されていた。

　手引きは「資産の取得及び換金（Acquisitions and Realizations）」と「買付け及び申込（Bids and Offers）」をそれぞれ別個に規定しており、「資産の取得及び換金」では、上場会社及びその子会社によって行われる、株式資本を含む取引が対象とされる一方、通常の事業取引は除外されていた。取引はその価値等に応じて4種に区分され、クラス1の取引については証券取引所や報道関係者への発表だけでなく、株主に書状を送付することが求められた。クラス1の取

---

[287]　General undertaking の訳語は龍田・前掲注(206) 9頁及び10頁注2による。
[288]　Johnston, supra note 15, p29.
[289]　英国・アイルランド証券取引所連合の創設は、上場証券やその他の重要事項に対する各証券取引所の要請を標準化するものとなり、このプロセスは1973年の、これら証券取引所の合併により完了した。Pennington, supra note 283, p13.

第2節　証券取引所の要請

引は、取得ないし処分する資産の価値や、当該資産に帰属する純利益、対価の総額、あるいは対価として発行される株式資本が、当該企業の総資産や純利益、純資産、発行済株式資本の15％以上の場合と規定された。取引の概要に関しては条件が合意され次第、また、株主への書状のドラフトについても承認後速やかに、提出するよう要請され、書状の詳細は第2附表Bに定められた[290]。

「買付け及び申込」は、原則、申込文書、手続きの3つの項目に分かれて規定されており、原則については改正シティ・ノートの4大原則がそのまま掲げられ、申込文書にかかる規定は、1960年証券取引認可事業者（業務）規則及び附表の規定に準じ、その要求を網羅する形を採っていた[291]。

手続きについては、改正ノートの提言のうち、市場での株式取得等により事実上の支配権を取得した者に対する全株主への正式な申込、全株主への同一条件の適用、申込の確定を宣言する場合の取得株式数の開示並びに申込期間の延長等に関する要請を遵守するよう促しており、疑問点については証券会社を通じ、取引所に相談するよう要請している。また、上場会社が株主に回付する全ての書状のドラフトを、証券取引所に提出するよう求めた他、他の機関が上場企業の株主に発行する勧誘状についても、証券取引所の事前承認が望ましいとした。そのため、上場企業が株式取得の申込を株主に回付する場合だけでなく、証券会社等が申込者の代理人として申込の勧誘状を上場企業の株主に配布する場合にも、本規定の対象となった[292]。

---

[290] The Federation of Stock Exchange in Great Britain and Ireland, Admission of Securities to Quotation：Memoranda of Guidance and Requirements of the Federation of Stock Exchanges in Great Britain and Ireland, June 1966（hereinafter referred to as Admission of Securities to Quotation 1966）, Memorandum of Guidance on Acquisitions and Realizations of Subsidiary Companies, Business or Fixed Assets by Quoted Companies and Bids and Offers for Securities of a Company, Acquisitions and Realizations, paras. 1-3 and 7 in Weinberg, 2nd ed., supra note 9, p342-347.

[291] Admission of Securities to Quotation 1966, Memorandum of Guidance on Acquisitions and Realizations of Subsidiary Companies, Business or Fixed Assets by Quoted Companies and Bids and Offers for Securities of A Company, Bids and Offers, paras. 13-14 in Weinberg, 2nd ed., supra note 9, p347-349.

[292] Admission of Securities to Quotation 1966, Memorandum of Guidance on Acquisitions and Realizations of Subsidiary Companies, Business or Fixed Assets by Quoted Companies and Bids and Offers for Securities of A Company, Bids and Offers, para. 15 in Weinberg, 2nd ed., supra note 9, p349-350. 買収者が上場企業で、且つ、申込の対価が新たに発行される、証券取引所で取引される株式である場合にも、1966年有価証券上場規則に従うよう求められた。Weinberg 2nd ed., supra note 9, para. 1210.

この他、証券取引所は上場契約において、上場会社が既存株主以外の者に対し、資金調達のため、株式や株式へ転換可能な有価証券、新株引受権等を発行するに当たっては、例外と認められる場合を除き、事前に株主総会の同意を得るものとしており[293]、上場企業のエクイティ・ファイナンスは、株主総会の承認のない限り、株主割当によることが求められた。

株主の新株引受権（pre-emption rights）は、1980年会社法によって規定されるまで会社法に定めがなく、新株引受権の有無は会社の付属定款の定めに依拠していたが、1862年の会社法制定から1929年総括会社法までの間、会社法の付属書類である模範付属定款に既存株主への新株割当に関する項目が設けられており、当該定款を採用した会社では株主に新株引受権が付与されていた[294]。この模範付属定款における規定は1948年総括会社法から削除されたが、上場企業は上場契約の下に、同様の新株割当規定に服することとなり、授権株式資本内の未発行株式の発行及び割当は、株主割当によらない限り、株主総会の決議事項とされた。

加えて証券上場承認に関する手引きは、上場企業が授権株式資本内の未発行株式資本を増加させる際、発行割合に関する取締役会の現在の意向を、株主総会招集通知の添付資料等に記載しなければならないと規定しており、授権株式資本の25％以上に当たる未発行株式資本を増加させる場合には、当該株式が株主総会の事前の承認なく、事業支配権変更のために発行されない旨を保証しなければならないとしていた[295]。

293　Admission of Securities to Quotation 1966, The General Undertaking, para.15 in Weinberg, 2nd ed., supra note 9, p352-353.
294　会社法制定以前の新株引受権にかかる規定としては、1845年会社条項統合法58条に、既存の株式がプレミアム付もしくは実際の価額が額面以上の場合、新株発行増資を行うに当たっては、まず既存の株主にその株数に応じた申込を為すべき旨の規定があった。1862年法において新株引受権は法定されなかったが、模範付属定款に、全ての新株はまず既存株主の所有株式数に応じて引受申込を行い、期間内に引受のない、あるいは株主が引受辞退を通告した失権株式につき、取締役が会社に最も有利と考える方法で売却し得るとの規定が置かれていた。Companies Clauses Consolidation Act 1845, §58‐§60, Companies Act 1862, First Schedule, Table A, 27. なお、1980年会社法（Companies Act 1980, c.22）17条による新株引受権の法定は、EC会社法第二指令の国内法化の一環である。上田・前掲注(4)55頁、中村俊夫「株主割当発行の特異性と機関投資家――パラドックス（米）とパズル（英）」日本証券経済研究所ロンドン資本市場研究会編『機関投資家と証券市場』53頁（1997年、日本証券経済研究所）。これについては第2部第5章第3節参照。

この他、証券取引所は1966年の上場契約において、上場企業の年次取締役報告書等に、当該企業の株式資本の大部分を所有ないし実質的に有する各取締役の記載とその所有総数を詳細に開示するよう求めており、1967年会社法に先んじて、上場企業に取締役の株式所有状況の開示を促すものとなっていた[296]。

第3節　シティ・コードとパネルの誕生

　英国は1960年代に第二次世界大戦後初のM&A活発期を迎えた。商務省等の資料によれば、上場企業を中心に1960年から1970年にかけて毎年600件から1000件に上る買収が行われ、この間の買収投下資金は1960年代後半の巨大合併により3倍に増加した。同業他社や供給者－顧客の関係にある企業同士の買収に加え、複合企業（conglomerate）が注目され始めたことから、現在または将来的にも事業上の関係を持つ可能性の薄い企業間のM&Aが見られるようになり、買収の主体はその財務的な結果に関心を持つ金融グループに移ってきた。

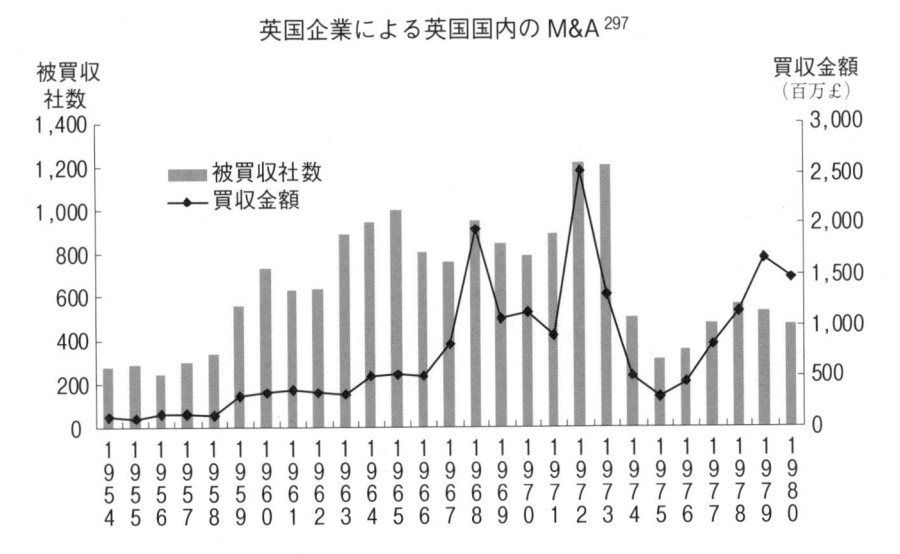

英国企業による英国国内のM&A[297]

---

[295] Admission of Securities to Quotation 1966, The Memorandum of Guidance on the Admission of Securities to Quatation, para. 6 in Weinberg, 2nd ed., supra note 9, p342.

[296] Admission of Securities to Quotation 1966, The General Undertaking, para. 6 (d) in Weinberg, 2nd ed., supra note 9, p351-352. 証券取引所は当該総数に取締役の配偶者や21歳以下の子、取締役等を受託者とする信託等の株式数を含むよう要請している。

また、対価に有価証券（paper）を用いる傾向が高まり、大企業による買収の対価として1964年時点に60％を占めていた現金の割合は1967年には33％に、1970年には22％にまで低下した。これは、1965年金融法[298]による法人事業税及び株式譲渡益課税制度の導入により、社債や転換社債（loan stock）の発行が買収者にとって魅力的となり、課税義務を生じない株式交換による買収に比べ、現金支払いを含む買収の魅力が低下したことによる。

また、政府による企業の利益配当抑制方針は1960年代以降も続いており、法人事業税において、税率は40％とされる一方、配当金を始め、個人株主が受け取る利益の分配等にはこれを上回る41.25％の所得税が課され、会社はこの所得税を源泉徴収し、内国歳入庁に直接支払うよう要請されていた[299]。また、利益配分が年間2,000ポンドを超える個人株主には、累進税率の適用により付加税（surtax）が課せられた[300]。加えて、大半の上場企業は年間の通常配当が最大10％に制限されており、この制限は1979年まで続いた[301]。そのため、配当抑制方針に従う企業の株価は本源的な資産価値を下回ることになり、かかる企業は引き続き買収対象になりやすい環境にあった。

---

[297] 1963年までのデータはGerald D. Newbould, Management and Merger activity, 1970, p19のHer Majesty's stationery office, Economic Trend（April 1963 and November 1965）に、1964年から1968年までのデータはP. Sudi Sudarsanam, The essence of mergers and acquisitions（1995, p3）に掲載された中央統計局（the Central Statistical Office, 以下、CSOという）のacquisitions and Mergers within the UKに、1969年以降のデータは英国国家統計局（the Office for National statistics）のMergers and acquisitions in the UK by UK companiesに基づく。英国国家統計局は1941年に創設されたCSOと、1970年に誕生したOffice for Population Censuses and Surveys等との合併により、1996年に発足した議会直属の英国統計院の事務局（the Executive office of the UK Statistics Authority）である。英国国家統計局についてはhttp://www.ons.gov.uk/about/who-we-are/index.html参照。なお、1960年までのデータは大企業3,300社を、1961年以降1968年までは上場企業のみを対象としており、年によっては一定金額以上の純資産ないし純利益要件が課されている等、調査方法や対象に相違がある。

[298] Finance Act 1965, c.25.

[299] この税制は1972年金融法（Finance Act 1972, c.41）により部分的な帰属課税方式（partial imputation system）が導入されるまで続いた。Weinberg and Blank, 4th ed., supra note 237, para. 314, n12.

[300] M.Weinberg（関西経済連合会訳編）・前掲注（229）37頁。なお、法人株主の配当所得（franked investment income）は所得税法上及び法人税法上も課税対象外とされ、源泉徴収された金額は自社の個人株主への配当にかかる源泉徴収額と相殺された。Weinberg 2nd ed., supra note 9, paras, 311, 1604 and 1613.

[301] Weinberg and Blank, 4th ed., supra note 237, para. 314, n.15.

第3節　シティ・コードとパネルの誕生

　1965年8月に制定された独占及び合併法[302]は、行政に大型買収提案に関する裁量権をもたらした。同法の下、商務省には一定の資産買収や合併等に関し、独占委員会（the Monopolies Commission）に調査報告を付託する権限が与えられ、当該M&Aが公益に反すると判断される場合には、損害を回復または防止するため広範な権限を行使することが認められた[303]。また、同年の産業再生公社（Industrial Re-organization Corporation）の発足は、公益の観点からより効率的な産業構造を産み出す買収を望ましいとする英国政府の意を暗黙裡に示すものとされ、同社の資金供給等は買収促進に一定の役割を果たすこととなった。

　その一方で、自主規制を含む当時の法令等は、著しく増加した買収活動のうちに見られた大胆な手法やその防衛手段に対し、十分に機能しておらず、株主保護等の役割を果たすには不十分であった。市場内外で会社支配権を取得した買収会社に対し、市場価格を考慮した公正価格で全株主に正式な申込をすべきとする改正ノートの規定に従わず、対象企業株式を大量に取得していた競合会社に多大な損害をもたらしたケース[304]や、株主から授権株式資本の増加承認を得る際に、株主に相談なく、会社支配権にかかる発行を行わないとの説明を行いながら、敵対的買収の防衛手段として、友好的買収者の支配権獲得に利用されたケース[305]等が少なからず発生し、規則等に対する強い批判と、規則遵守に対する厳重な監督への要求が高まった。また、買収における金融業種間ないし同業者間の利害対立の激化は、シティが維持してきた共通基盤を破壊しか

---

[302] Monopolies and Mergers Act 1965, c.50.

[303] Monopolies and Mergers Act 1965, §3, §6 (1) and (10). 独占委員会に付託する権限は、①少なくとも英国で事業を営む企業等1社を含む2以上の企業（enterprise）が、6ヶ月以内に別個の企業であることを止め、②その結果、英国において供給ないし購入される商品またはサービスの、少なくとも三分の一が1社に占有される等の場合、または取得資産の価値が500万ポンドを超える場合に、生ずるものとされた（6条第1項）。商務省が採り得る措置には、全部ないし一部の事業または営業資産の取得や、企業結合の禁止及び制限、事業または資産の売却による事業の分割ないし企業グループの分割命令等を含み、商務省は資産や負債の移転、契約の調整、株式や有価証券の発行、割当、引渡、取消、会社の設立や解散、株式資本や定款その他の変更等、分割の達成に必要なあらゆる措置を命令し得るものとされた（3条第5-6項）。事業や企業グループ等の分割にかかる商務省の命令には両院の事前承認が必要とされ、それ以外の命令については事前ないし事後28日以内の承認を要するものとされた（3条第11項）。

[304] 1967年、Cook & Watts を巡り、Courtaulds と Macaine が競合した買収事案において Courtaulds が行った行為である。Johnston, supra note 15, p33.

[305] 1967年、Metal Industries を巡る Aberdare と Thorn Electrical の競合買収において、Metal Industries が採った措置である。id., p34.

ねない事態をも生じていた。

　ロンドン証券取引所はこの状況に対応すべく、1967年7月、イングランド銀行総裁と協議を行い、発行事業者協会に初代ノート及び改正ノートを立案・発布したシティ作業部会の再招集を要請した。再招集された同委員会には、産業界から初めて英国産業連盟（the Confederation of British Industry）が参加、また、全国年金基金協会（the National Association of Pension Funds）もこれに加わった。再度集結した作業部会は、自律的な解決の遅延が国家の干渉を招くとの危機感の下、買収行動の監視を行うため、作業部会の構成団体から派遣されるメンバーによる委員会（Panel on Take-overs and Mergers、以下、パネルという）を設置することに合意、同年9月、イングランド銀行より公式に当該意向と規則改訂時にパネルが活動を開始する旨が発表された。10月にはコードと呼ばれる新規則の起草委員会が初会合を行い、ドラフトの修正作業等を経て、翌1968年3月27日に初版のシティ・コードを公表、同時にパネルの活動が開始された[306]。

　コードの前文において、パネルは全ての買収及び合併の監督機関であるだけでなく、取引期間中はもとより正式な申込以前からいかなる段階においても相談に応ずるものとされ、その主たる業務は正式な申込文書の審査、コードの解釈、これに関する懸案の裁定であった。パネルは裁定速度が最も重要であるとの認識の下、緊急課題に助言を求める当事者のニーズに遅滞なく対応するため、必要時には柔軟に正式会合を招集する他、日常業務の大半は正式な会合に拠らず、電話等を通じて処理する等の手段を講じた[307]。

　パネルの初代会長には、工業金融会社（the Finance Corporation for Industry）会長で1964年までイングランド銀行副総裁であったMynors氏が選出された。パネルは発行事業者協会、引受事業者委員会、投資信託協会、英国保険協会、ロンドン決済銀行委員会、英国産業連盟、全国年金基金協会、ロンドン証券取引所の代表者によって構成され、常設事務局はイングランド銀行が提供した。

　活動初年度に当たる1969年3月末までの12ヶ月間に、パネルが扱ったケースは575件に上り、うち420件が買収及び合併を完了、75件は次年度に繰り越され、80件については正式な申込が行われなかった。完了した420件のうち、70％以上がパネルから何らかのの対処を要請されており、25％以上の案件では提出文

306　M.Weinberg（関西経済連合会訳編）・前掲注(229)70-73頁。
307　The Panel on Take-overs and Mergers, Report on the year ended 31st March 1969, p5.

書の技術的な点につき、検討を要した。全案件の半数以上でパネルは関係者と手続きの検討を行う必要があり、半数近くにおいて関係者またはアドバイザーが、文書の詳細に関する許可を始め、コードの解釈を必要とする手続き及び一連の措置につき、事前にパネルの助言を求め、相談を行った。

420件の完了案件の約四分の三が当事者間で合意された、もしくは少数株主に対する申込であり、これらの多くは当初反対に合うも、申込条件の改善後、推奨された。競合的な申込は32件、最後まで対象企業の取締役会が反対した案件は24件で、うち9件は対象企業取締役会の反対にもかかわらず成功し、15件は失敗に終わった。英国以外の申込者が手掛けた案件は12件で、大半が米国企業によるものであった[308]。

第4節　シティ・コードの概要

コードは前文と定義、10の一般原則及び35の規則で構成され、買収行動における原則がどのように適用されるかについて、規則が詳述する形式を採っていた。コードは申込者及び対象企業の取締役会の、対象株主への対応のみならず、申込期間中の市場取引についても網羅していた。

一般原則には、新たに次の7つの原則が導入された[309]。

(ⅰ) コードは買収企業及び買収対象企業の取締役会が株主の最善の利益と認めるところに従って行う行動に関し、必然的に制限を課すことになること。

(ⅱ) 対象企業の取締役会が善意の誠実な (bona fide) 申込を知った後は、株主総会における承認のない限り、当該申込を妨げる (frustrate)、もしくは対象企業株主に申込の利点を判断する機会を失わせるいかなる行為も行ってはならないこと。

(ⅲ) 申込を受けた対象企業の取締役会は、株主の利益のため外部から適格な助言を求めるべきこと。

(ⅳ) 支配権の行使は誠実になされなければならず、少数株主を抑圧するいかなる行為も容認されないこと。

(ⅴ) 申込者は対象企業の同種の全株主を平等に取り扱うべきこと。

308　id., p8-9.
309　Johnston, supra note 15, p38-39.

（vi）　TOB の期間または TOB が計画されている間、全ての株主が入手し得ない情報を一部の株主に提供してはならないこと。

（vii）　買収等に関する文書は、1948年法会社法における目論見書と同一の注意義務の基準によって取り扱われるべきこと。

　改正ノートにおいて幾分実験的な（tentative）形で行われた様々な勧告（recommendations）は、コードの規則において要求（requirements）となり、申込の提案に関しては、申込が最初に対象企業の取締役会に示されるべきこと、申込者本人の身元が開示されること、申込の確固たる意思が通知された場合、対象企業の取締役会は直ちに新聞公告（press notice）により、株主に情報を提供しなければならないこと等が規定された。

　申込文書の詳細や申込の方法については、1960年認可証券取引事業者（業務）規則の多くが見直しの上、コードに取り入れられた。これは同規則の見直しに着手する意向が示されながら実際に改正が行われなかったため、一部の規定については改訂された形で再掲する必要があると考えられたこと、買収を規制する全てのルールを一体で表現する文書が必要との見解等が反映されたことによる。

　申込に関連して公表される対象企業の利益予想及びその算定根拠については、監査役または会計士による検証と報告が求められ、投資銀行または他のアドバイザーによる意見も必要とされた。書面で作成されるこれらの報告は取締役の他、パネルへも提出されるが、公表については見送られた。また、資産の再評価が行われる場合、取締役会は申込と無関係な独立専門家の意見を取得し、評価の根拠を明示するよう要請された。

　コードはジェンキンス委員会が立法を要請しなかった勧告についても盛り込んでおり、現金を対価とする申込文書には、申込者の所要資金の確保に関する投資銀行または他のアドバイザーの確認を含むこと、申込者は応募締切時に応募総数等を発表しなければならないこと、当初の申込締切日の21日以内に申込の確定が宣言されない場合には、株主が応募を取り消せること等が規定された。

　実質的な観点からは、50％超の議決権を獲得した場合に限り、申込者が申込の確定を宣言できるとした点が重要であった。また、コードは部分的な買付申込（partial bid）は望ましくないとの見解に立ち、部分申込を正当と考える場合には、1960年認可証券取引事業者（業務）規則の要求に従い、関係する種類株主全てに対し、申込を行わなければならないとした。その上で、極めて例外的な事情があり、重要な少数の株主との取引のみを行い、他の株主に対して同

様の申込を行わないことが、株主全体の利益となるケースがあり得るとして、パネルにその判断を行う裁量を与えている。

コードは申込者、対象企業並びにその関係者等による申込企業または対象企業株式の市場での売買取引を認める一方、その内容を直ちに公表しなければならないとした。また、対象企業の取締役会が申込期間中、またはそれが間近であることを信ずるに足る理由がある場合に、未発行の授権株式の発行や未発行株式に関するオプションの付与、重要な資産の売却・処分・取得またはこれらの合意、通常の業務以外の契約締結等を行うに当たっては、株主総会の承認が必要とされた。これは前記（ⅱ）の一般原則を、実際に採り得る措置に即して具体的に例示したものである[310]。

英国会社法において取締役の権限は制定法にではなく、付属定款に示された株主からの授権に由来しており、付属定款に規定された取締役の権限範囲内の行為については、取締役が誠実にその権限を行使する限り、株主は原則としてこれに干渉することができないとされていた[311]。これに対し、1967年の Hogg v Cramphorn 事件[312]は、取締役の行為の誠実性だけでなく、権限行使の目的の適正性からその法的有効性を判断する原則を示していた。

本件は、株式取得申込の意向を伝えられた非上場公募会社が、対抗措置として発行した複数議決権付優先株式の有効性等が争われた事案で、同社は従業員のために自社株式を取得する信託を設立し、会長兼取締役等を受託者とした上で、受託者に1株当たり10議決権を有する優先株式5,707株を額面価額で割り当て、株金の支払に充当する資金を無利息且つ信託期間満了日まで返済不要との条件で貸し付けた。翌月、同社取締役会は受託者が優先株式の買い増しを行えるよう、同様の条件で貸付を行う旨を決定した後、株主に株式取得申込を回付し、受託者に株式を売却するよう勧誘を行っていた。同社の株主で、申込者の友人であった原告は、取締役会によるこれらの行為がウルトラ・ヴァイルスであって無効であるとして、会長等を相手取り、信託の設立証書並びに受託者への当該優先株式発行が無効である旨の宣言や、会社の株主登録簿から受託

---

310 id., p39-40.
311 K. Goel, Delegation of Directors' Powers and Duties — A Comparative Analysis, International and Comparative Law Quarterly, Vol. 18 (1969) 155、酒巻１・前掲注 (130) 22-23頁。無論、事後、多数決議によって付属定款を変更し、当該権限を剥奪することや、取締役を解任することは可能である。
312 *Hogg v Cramphorn Ltd. And Others* [1967] Ch 254.

者名を削除すること等を求め、訴訟を提起した。

　Buckly 判事は、「取締役会が信託の設立並びに支配権移転の回避を会社の利益と信じて誠実に行ったとしても、本スキームの主たる目的が、取締役等による会社支配の確保にあることを念頭に置かねばならない」と述べた上で、「裁判所は会社から受託者の立場にある取締役等に委任された権限が、多数株主の規約上の権利行使を妨害するような方法で行使されることを認めない」として、取締役等が会社の利益であると誠実に信じたとしても、株式発行権限が不適切な動機のために行使された場合には、株式の発行が差し止められるとの見解を示した。

　その上で同判事は「株主総会において会社の多数株主が事前に5,707株の発行を承認していた場合には、取締役等が当該株式の発行により、多数株主の規約上の権限の剥奪を試みたとの批判は効力を失い、複数議決権が付されていたとしても、株主が当該株式の発行につき、訴訟を提起することはできない」と述べて、多数株主が本件5,707株の議決権が行使されない株主総会において、当該株式の発行を追認し得るとの考えを示し、本件株式の割当及び発行を無効とするに先立ち、取締役会がその是非を図るため株主総会を開催し得るよう、訴訟を一定期間延期する旨の提案を行った。

　本件では、取締役会の行為の誠実性と権限行使の目的の適正性を別個に扱う新たなアプローチが採用され、新株発行権限が不適切な目的で行使された場合には当該発行が無効とされ、取締役会が会社の利益のため誠実にかかる行為を行ったかについては重視されないことが明らかにされた。また、新株発行権限は会社の資金調達のために授権された権限であって、当該権限を他の目的のために行使することが不適正な権限行使に当たるとの判断が示された[313]。本判決はかかる目的で株式を発行する場合の株主による事前承認の必要性をも示唆していたが、実際に採用された措置は、訴訟の一時停止を通じた株主への追認機会の提供に止まっていた[314]。

　この点において、株式取得申込に際して株主の事前承認に基づかない買収防衛策を禁止するコードの規則は、株主総会の追認によりこれに対処した裁判所の措置を上回るものであった[315]。

313　Sealy, supra note 185, p281.
314　本判決に従って開催された株主総会では、信託の設立や会社による受託者への株式割当等が株主により追認された。また、90％の株主の受諾を条件としていた本件株式取得申込も成立しなかった。

第5節　制裁措置の導入と1969年のコード改正

　1969年2月、イングランド銀行より5月1日付でパネルの改組が行われる旨が発表され[316]、副会長職の設置、投資信託管理者協会（the Association of Unit Trust Managers）会長のパネルへの参加、スタッフの強化、業務再編等が行われた。また、パネルよりコード違反に対する制裁措置の導入に関する政策声明（policy statement）[317]と、改訂されたコード（以下、1969年コードという）が発表された。

　政策声明においてパネルは、自主規制機関であるパネルの機能の実効性を高めるべく、コード違反に対し、公開または非公開の譴責を行い、悪質な場合には、違反者が一時的または恒久的にM&A分野で活動する能力を剥奪する措置を講ずる旨を明らかにした。しかし、パネルは制定法上の権限を有しないため、その制裁措置は、譴責、違反者の属するシティの各種団体への処分要請、商務省への報告等に限られる。従って、実質的な制裁はパネルを支持する団体や商務省を通じて行われた。

　すなわち、証券取引所理事会（the Council of The Stock Exchange）はコードが遵守されなかった証拠としてパネルの所見（findings）を承認する旨の規則の改定に同意し、懲罰規則に従い、理事会が会員の譴責や資格停止、除名を含む適切な懲戒処分を検討することとした。英国・アイルランド証券取引所連合、証券取引事業者協会（the Association of Stock and Share Dealers）及び英国で活動する海外の事業者の代表機関も、証券取引所と同様の行動をとる旨に同意した。また、1969年4月の証券取引所連合の有価証券上場規則に、コードへの注意喚起とその遵守が特に重視される旨が記載され[318]、コードの上場企業への

315　なお、後のMillers社を巡る競合的買収に際して起きたHoward Smith社への第三者割当増資差止事件では、差止等を認めた一審の決定が支持され、Howard Smith社等の上告が退けられている。*Howard Smith Ltd v Ampol Petroleum Ltd and others* [1974] AC 821.

316　Panel on Take-overs and Mergers, Panel Statement, 1969/02 25/02/1969 Reorganisation of The Panel Announcement by the Bank of England.

317　Panel on Take-overs and Mergers, Policy Statement, 28th April, 1969 in Panel Statement, 1969/03 29/04/1969 Administration of The Panel Issue of policy statement.

318　The Federation of Stock Exchanges in Great Britain and Ireland, Admission of Securities to Quotation：Memoranda of Guidance and Requirements of the Federation

影響力が強められた。

　発行事業者協会の執行委員会は、パネルの権限を承認し、執行委員会に会員の資格停止または除名権限を与えることに同意した。また、商務省は公的譴責措置が適切な制裁になると思われない場合には、認可取引事業者や免除取引事業者が含まれる場合であっても、懲戒処分を検討する旨を確約した。この他、コードを後援し、パネルに代表を送っている引受事業者委員会、投資信託協会、英国保険協会、ロンドン決済銀行委員会、全国年金基金協会並びに投資信託管理者協会も、コード及びパネルへの全面的な支援と、支援に適切な手段を講ずることに合意した。

　一方、パネルの制裁措置導入に伴い、関連当事者が処分への異議申立を行えるよう、新たに審査委員会（Appeal Committee）が設置された。審査委員会は委員長の他、当該事案の関係者でないパネルメンバー3名で構成され、うち1名は可能な限り、違反者の属する団体の代表が務めるものとされた。審査委員会は、パネルがコード違反を発見し、制裁措置を科す提案を行った場合や、パネルが権限外の行為を行ったとする申立があった場合等に開催されるものとされ[319]、初代審査委員長には前常任上訴院判事のPearce卿が就任した。

　パネルは政策声明に従い、コード違反に対し、私的または公的な非難措置を取った他、重大な違反については当該違反者の所属団体に、採り得る処分を求めて注意を喚起した。また、パネルが示唆していたコード違反者のM&A分野で活動する能力の剥奪は、後に、証券市場の施設・機能を享受する（enjoy the facility）能力にまで拡大された[320]。

　一方、1969年コードは、M&Aに関して生ずる全ての多様な状況をカバーする詳細な規則の立案が非現実的であるとの認識の下、M&A取引に従事する者に対し、コードの一般原則及び規則の文言は無論のこと、その精神の遵守を促

---

　　 of Stock Exchanges in Great Britain and Ireland, April 1969, Acquisitions Memorandum: Memorandum of Guidance on Acquisitions and Realisations of Subsidiary Companies, Businesses or Fixed Assets by Quoted Companies and Bids and Offers for Securities of a Company, Bids and Offers, Principles and Procedures, para. 13 in M. A. Weinberg, Weinberg on Takeovers and Mergers, 3rd ed.（hereinafter referred to as Weinberg, 3rd ed.）, 1971, p429.

[319] Committee to Review the Functioning of Financial Institutions, supra note 16, p13. 事実認定やコード解釈に関しては、パネルの裁定が最終的なものであり、パネルに提示されていない新たな重要証拠があると思しき場合には、事案がパネルに差し戻された。

[320] id., p5.

す新たな原則を追加した[321]。これは、パネルがコード制定時に予期できなかった事態においても、コードを柔軟に解釈・適用し、弾力的に対応し得る基盤を与えるものであった。

規則においては部分的買付申込に関する規制が強化され、議決権の50％未満の獲得を目的とする部分的買付けを行う際にはパネルの事前の同意が要請された他、かかる部分的買付けの確定宣言は、申込株式数に対する応募があった場合にのみ可能とされた。また、申込者及びその関係者が部分的買付けの期間中（50％以上の議決権が取得されない部分的買付けの場合には申込期間後12ヶ月間についても）、自己の勘定により対象会社の株式を売買することが禁止された。

更に、1969年コードでは部分的買付けのみならず、例外的なケースにコードの適用除外を求める際に、パネルの同意を必要とする旨の規定が多く採用され、合理的な期間内に正式な申込が開始されない場合や、申込期間中に市場における加重平均取引価格で申込を行わない場合、会社の状態を変更しかねない契約の締結等につき、パネルとの事前協議や同意が求められることとなった[322]。

第6節　市場での株式取得と実質株主にかかる問題

シティ・コードは1969年の改正以降、1972年、1976年、1981年、1985年、1988年、1990年、1993年、1996年、2000年、2002年、2006年に改定され、各改正の間も状況の変化に即し、部分的な修正が積極的に行われた。改正の主眼はその時期によって様々であるが、1970年代前半のコードの主要な課題は、株式市場におけるTOB期間中の株式取得の影響に関するものであった。

ノート及び初版コードは、株式市場は拘束されるべきでないとの基本原則に従い、すべての当事者に買収過程における市場取引を公に開示させる以上の規定を設けていなかった。この市場自由の原則は、企業や株式の価値を決定する最も有効なメカニズムは証券市場であるとの信念から生じたもので、市場買付により一定数の株式を所有するに至るには、ある程度時間を要するため、株主は自身が適切と考える行動を取ることができるとの想定に基づいていた。

しかしながら、有価証券を対価とする株式の買付け（paper bid）の増加[323]

---

[321] The City Code on Take-overs and Mergers, revised in April 1969, General Principle, 1 in Weinberg, 3rd ed., supra note 318, p439.

[322] The City Code on Take-overs and Mergers, revised in April 1969, Rules, 12, 29, 31, 34 in Weinberg, 3rd ed., supra note 318, p442, p445-447.

や機関投資家による株式所有規模の拡大[324]等を背景に、完全に自由な市場の運営とTOBを並行して問題なく行い得るとする根拠に揺らぎが生じてきた。

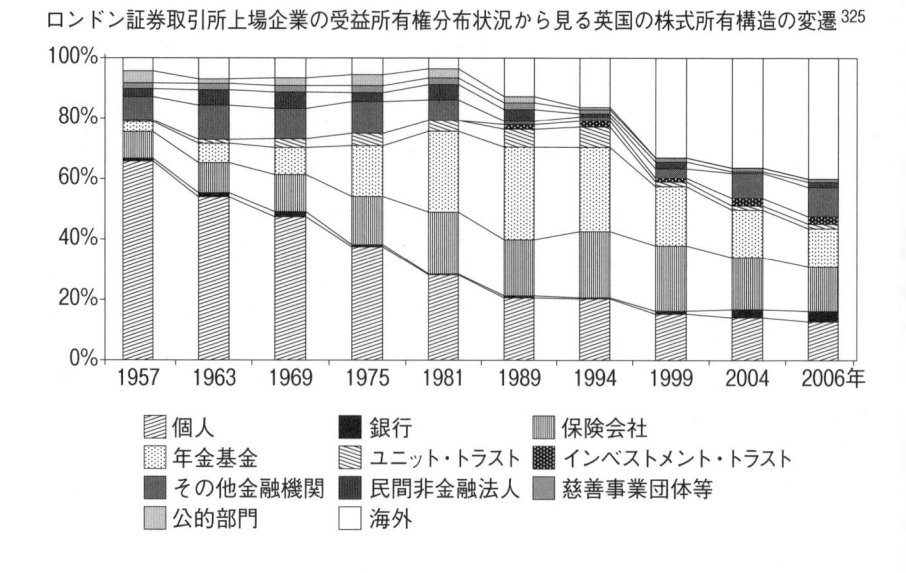

ロンドン証券取引所上場企業の受益所有権分布状況から見る英国の株式所有構造の変遷[325]

（グラフ：1957年から2006年までの株式所有構造の推移）

凡例：
- 個人
- 銀行
- 保険会社
- 年金基金
- ユニット・トラスト
- インベストメント・トラスト
- その他金融機関
- 民間非金融法人
- 慈善事業団体等
- 公的部門
- 海外

---

[323] これは1965年の株式譲渡益課税や法人事業税制度の導入により、直ちに課税関係を生じない、あるいは社債等の活用による節税効果等の点で、有価証券を対価とする買収が現金買収に比べて魅力的となったことによる。Johnston, supra note 15, p67. 法人事業税制度については本章第3節参照。

[324] 株式所有の機関化が進展した要因としては、1960年代初めには6％程度であった個人の可処分所得に占める貯蓄比率が、70年代初頭に12％水準にまで上昇し、貯蓄フローが生命保険や年金基金へ流入、機関投資家が当該資金の相当程度を株式の購入に振り向けたことが指摘されている。また、英国における個人貯蓄の特徴は、年金基金や生命保険等の長期契約貯蓄の比率が高い点にあるが、これは年金への醵出金及びその投資収益を非課税とする税制上の優遇措置に追うところが大きい。W. A. Tohmas、鈴木芳徳＝小林襄治＝吉沢法生＝飯田隆訳『イギリスの金融・証券革命』24-29頁（東洋経済新報社、1985年）。斉藤・前掲注(10)30頁、42頁。一方、英国の機関投資家は、ポートフォリオにおける株式組入比率の高さで知られるが、これは1970年代のインフレーションにより債権投資の実質リターンが低下し、運用利回りの点で勝る株式が重視されたためとされる。代田純「公社債市場」日本証券経済研究所編『図説　イギリスの証券市場〔2005年版〕』48頁（2005年）。

[325] ロンドン証券取引所に上場する企業を対象とするサンプル調査に基づき、普通株式資本の時価総額を所有者別に分類した推計値による。名義株主についてはサンプルから実質所有者を割り出し、各分類に配分して算出している。1969年までのデータについては

第6節　市場での株式取得と実質株主にかかる問題

投資機関による主要上場会社証券の所有状況 [326]

	1957年	1962年	1967年	1972年	1977年
普通株式	19%	24%	31%	35%	44%
優先株式	36%	37%	59%	52%	69%
社債	75%	79%	77%	51%	45%

　株式を対価とする買収の増加により、買収企業の株価はより重要性を増すこととなったが、株価収益率の高い企業が対価に自社の株式を活用した場合には、利益や効率性に全体として増進がないにもかかわらず、買収成功後の一株当たり利益の増加により、高い株価が正当化される恐れがあった。

　また、市場での株式取得は、会社支配権の獲得方法に不安定要素をもたらした。1963年の改正ノートは取締役の支配株式の売却に関し、他の全ての株主に平等な売却機会を与えるべきかを検討するよう求めていた[327]。1968年の初版のコードは、会社を実効支配する取締役が支配株式を移転させる際には、当該株式の取得者が残余の株主に同様の申込を行うことを引き受けない限り、支配権の移転を行うべきでないとしていた他、主に部分的買付に対する規定ではあるが、パネルは非常に例外的な状況でない限り、少数と雖も重要な株主と取引を行った者に対し、他の株主にも同様の申込を行う義務を免除することはできないとしていた[328]。これは、対象会社の同種の全株主が同様の取扱いを受け

　John Moyle, The Pattern of Ordinary Share Ownership 1957-1970, University of Cambridge Department of Applied Economics Occasional Paper 31, 1971, p18、1975年以降のデータはこれを継承した英国国家統計局のShare ownershipによる。1957年のデータのみ調査時点は7月1日、その他は12月末時点、1981年までのその他金融機関にはインベストメント・トラストを含む。当該データを紹介するものとして、小林襄治「英国の証券業」証券研究63巻212-213頁（1981年）。

326　各年末時点での時価総額に占める保険会社、年金基金、インベストメント・トラスト及びユニット・トラストの上場証券の所有比率に基づく。Committee to Review the Functioning of Financial Institutions, Appendices, 1980, p499.

327　1963年改正ノートの手続きにおいて、取締役または取締役と緊密な関係を有する者は、株式売却の自由があると雖も、実質的な支配株式の売却に際しては、他の株主の地位への影響や、他の全ての株主に平等な売却機会を用意すべきかについて、注意深く検討しなければならないとされていた。Revised Notes, Procedures in Weinberg, 2nd ed., supra note 9, p357.

328　Johnston, supra note 15, p68.

るべきであり、特定の株主が他の株主より良い扱いを受けるべきでないとの原則が適用されたことによる。

ところが、市場での株式取得が買収者の重要な武器となり、TOBがより厳密に規制されるに連れ、TOBによらない株式取得の魅力はより一層を増すこととなった。小規模な個人投資家の株式所有比率が低下する一方、保険会社や年金基金、投資信託等の機関投資家が一層大規模に株式を所有する傾向が現れ、大規模な株式の取得の多くは、これら金融機関へのアプローチを通じて行われた。機関所有の拡大に伴い、市場または私的売買を通じ、短期間に大規模な株式の所有が可能となったことは、1970年後半から71年にかけ、ペーパーカンパニー等が会社の有価証券を対価に、より大きな企業に買収を仕掛け、対象企業の支配権獲得に必要な株式を市場で取得した後、残余の株主に対価としての価値を有しない有価証券の受領か、少数株主に甘んじるかの選択を迫るケースが発生する一因となった[329]。1970年の終わりから71年の初めにかけ、買収者は対象会社株主に正式な申込を行うかなり前から、市場買付により支配権を取得することが可能な状況にあった。

加えて1970年には、買収者と株式取引を行う用意のある多数の者が、分散して潜在的買収対象会社の株式を保有することにより、保有者のいずれもが1967年会社法の要求する開示の対象に該当しない累積的株式保有（warehousing）の慣行が現れた。シティ作業部会は1970年9月、コードの規則8を改正し、申込が発表された場合には、申込者のみならずその共同行為者も、対象企業株式の所有状況を開示しなければならないとした他、同様の情報が申込文書に記載されるよう規則16を改正し、これに対応した。

しかしながら、市場での株式取得により支配権を獲得し、その価値に疑念のある対価の受領を残余の株主に強制する事例が発生するに至り、このような手法は非常に安価に会社を取得する手段を買収者に与えるもので、対象会社の株主に対して不公平であるとの見方が支配的となった。株式取得申込と平行して行われる市場での株式取得の問題は、1971年3月に行われたWilliams Hudson社の普通株式に対するAdepton社の申込[330]において山場を迎え、市場その他

---

[329] 1970年秋、Gamagesに対して行われたSterling Guarantee Trustの事例や、1971年初頭のRegis Propertyに対するBritish Landの事例がこれに該当する。id., p70.

[330] Adeptonは自動車販売事業に従事する上場企業で、1971年3月までの15ヶ月間の予想税引前当期純利益は8万ポンドであった。同社の事業領域は投資会社のArgo Caribbean Group Ltd.,（以下、Argoという）による買収後、不動産や金融事業分野に

第6節　市場での株式取得と実質株主にかかる問題

において買収結果に重大な影響を与える規模の株式取得が現金で行われた場合、取得者に残余の株主に対し、現金等による申込を要求すべきかが論点となった。

かくして、市場自由の原則と対象企業の株主に対する平等の取扱い原則との調整を迫られることとなったシティ作業部会は、1971年9月に新たな規則29A条を公表した[331]。同規則の下、申込者及びその共同行為者が、申込期間またはその12ヶ月前から、対象企業株式を15％以上取得した場合、申込は当該期間に支払われた最高価格以上の現金もしくは現金同等物（cash alternative to a paper）によって、行わなければならないとされた。この最高価格ルールに関してはパネルに、特殊な状況と認められる場合には適用を差し控え、また、全株主を平等に取り扱う原則に照らして必要と認められる場合には、15％未満であっても適用する裁量が与えられた。加えて規則16の改正により、申込前年の株式取得状況が申込文書に開示されることとなった。これは、自由市場の利害が株主のそれと衝突する場合には、シティ作業部会が市場を利用する者に義務を課す用意があることを示すものであった[332]。

更に1972年1月、シティ作業部会は昨今の環境変化により、コードが制定以

拡大され、主な資産は無担保転換社債を対価に買収した the Consolidated Signal Company Ltd. の支配株式となっていた。Williams Hudson（以下、Hudsonという）は陸海運事業を営む上場会社で、1970年3月期の税引前当期純利益が82.4万ポンドと、Adeptonに比べてかなりの大企業であった。Argoは1970年から翌年初頭にかけ、市場でHudsonの株式資本の14.46％相当を取得、Adeptonは1971年3月にHudson普通株式一株当たり、クーポン9.25％、転換価額75ペンスの無担保転換社債による申込を行った。額面価格で比較した場合、当該申込はHudsonの前3ヶ月間の平均株価73.2ペンスより高かった。申込発表後、Adeptonが市場で大量の株式を取得したため、3月4日時点に80ペンスであったHudsonの株価は同月12日には90ペンスに上昇、AdeptonはHudsonの41％の株式を取得した。Hudsonはコードの基本原則に基づき、Adepton株式の申込は現金で行われるべきとして、パネルに裁定を求めて申立を行った。Adeptonは申込の見直しを行い、Hudson普通株式6株当たりAdepton普通株式5株及び2.4ポンド8.5％の無担保転換社債に条件を変更したが、パネルは1971年4月の声明において、当該有価証券の安定的価値を認識し得るとは認められず、規則31（当時）の適用は困難であるとして、株主への平等の取扱いを要求する基本原則に立ち返り、当該申込が現金で行われるべきと結論付け、最終的に一株当たり87.5ペンスの現金同等物で対処すべきとした。
id., p70-73, Panel on Take-overs and Mergers, Panel Statement, 1971/03 02/04/1971 Williams Hudson Limited Requirement for a cash offer in order to comply with Rule 31.
331　Panel on Take-overs and Mergers, Panel Statement, 1971/09 08/09/1971 Announcement by The City Working Party Publication of Rule 29A.
332　Committee to Review the Functioning of Financial Institutions, supra note 16, p7.

来、基本原則としてきた、株式市場を通じた支配権の獲得はコードを適用させるM&A取引には当たらないとの見解が、もはや維持できなくなったとして、これに対応する新たな規則の採択を決定したと発表した[333]。新たに29Bとして設けられた規則において、共同行為者の株式を含め、会社の株式資本の40％に当たる議決権を取得した者は、特にパネルから承認を得た場合を除き、他の対象会社株主に対し、合理的な期間内に無制限の申込を行わなければならないとされ、その申込は前年度に当該種類の株式に支払われた最高価格（印紙税及び手数料を除く）であって、現金または現金同等物によることが求められた[334]。

これら2つの規則は1972年2月のシティ・コード改正により、ともに強制公開買付規定として位置付けられることとなる。

---

[333] Panel on Take-overs and Mergers, Panel Statement, 1972/02 18/01/1972 Announcement by The City Working Party Publication of Rule 29B.

[334] なお、導入時点ですでに議決権の40％以上を有する者に対して本規定は適用されない。id., New Rule 29B para. 3.

第7節　強制公開買付制度の導入と進展[335]

　全ての議決権株式の保有者に対し、一般的な申込を義務付ける強制公開買付制度は、1972年2月の改正コードに導入された。1972年改正コードの強制公開買付規定は先の29A・29B条を反映し、(1) 取締役や少数の売手から、実効支配をもたらす大規模な保有株式を獲得した場合と、(2) 株式の取得により議決権の40％以上を得た場合の異なる2つの状況を設定していた。

　(1) に関しては、30％の議決権株式の取得が実質的な支配権の獲得と位置付けられ、上記の者からかかる支配権を獲得した者は、他の株主に対しても申込を行わなければならないとされた。従来の規則は支配株式を売却した対象会社取締役に、残余の株主に申込を行う保証を株式取得者から得る義務を課すものであったが、新たな規則では株式取得者に義務が課されることとなった。

　一方、市場での株式取得により支配権を獲得した者に対する強制公開買付の要求基準は、(1) に比べ、支配権確保が困難であるとの理由から、議決権の40％に当たる株式を取得した場合に、申込を行うことが義務付けられた。

　この強制公開買付に関する二重の基準は1974年に統合され、共同行為者が取得した株式と合わせ、(a) 会社の議決権株式の30％以上を取得した者、あるいは (b) すでに30％以上50％未満の議決権を保有していた者が12ヶ月の間に1％以上議決権を増加させる株式の追加取得を行った場合に、前年度に当該株式に支払われた最高価格以上の現金または現金同等物で、一般的な申込を行う義務が課せられた。

　1974年の改正においては、複数の者により株式取得が行われた場合、主導的な取得者に当該義務を課すことが想定されていた。しかし、強制公開買付けが適用される議決権株式の所有比率の引下げにより、共同行為者と見なされる者が保有する対象会社株式の重要性が高まったことや、共同行為者の特定が困難な点等に鑑み、1976年改正において強制公開買付け義務を課す対象範囲が、共同して行動するグループの主要構成員にまで拡大されるとともに、共同行為者の定義がより詳細に定められた。一方、1974年時に1％とされていた (b) の

---

[335] 本節の1976年以前のシティ・コードの内容についてはJohnston（supra note 15, p78-79, p91-92）及びCommittee to Review the Functioning of Financial Institutions（supra note 16, p7）の記述に基づく。

議決権増加率は2％に変更され、部分的買付申込を好ましくないとする規定は削除された[336]。

この強制公開買付制度に対しては、1976年コードの注釈（practice note）において、新株発行に伴い、株式取得者に強制買付け義務が生ずる場合に、パネルが発行企業の独立株主の承認を以って強制買付けを免除する仕組みが示された。これが今日のホワイトウォッシュの制度祖である。また、強制公開買付規制の適用が免除されるケースとして、担保権の執行に伴う株式の取得や、対象会社の深刻な財務状態を救済する唯一の手段として独立株主の事前承認を得ずに新株発行等を行わざるを得ない場合、50％超の株式を保有する支配株主が他に存在する場合、無議決権株式の議決権復活（enfranchisement of non-voting shares）、不注意な過ちによる取得等が掲げられ、強制公開買付制度の弾力的な運営が図られた[337]。

第8節　パネルの裁定と司法審査

パネルによる裁定の法的な位置付けは、1986年のDatafin事件控訴院判決[338]において初めて明らかにされた[339]。同事案はパネルの裁定に対し、司法審査の適用と救済を求めた英国企業のDatafin社とPrudential-Bache証券（以

---

[336] The City code on Take-overs and Mergers, revised April 1976, definition, Rule 27, Rule 34（1）in Weinberg and Blank 4th ed., supra note 237, p654, p664, p667-668. 1976年改正コードの定義において、共同行為者は（1）当事会社、その親会社、子会社、兄弟会社、これらの関連会社、及びこれらの会社が関連を有する会社（株式資本の20％以上を試金石とする）、（2）会社とその取締役、（3）会社とその年金基金、（4）ファンド・マネジャーと投資会社、投資信託、一任勘定によりファンド・マネジャーに投資運用されている者、（5）財務アドバイザーと株式所有に関するその顧客等とされ、共同行為者には（公式か非公式かを問わず）合意・了解により、会社の株式取得を通じ、当該企業の支配権を獲得ないし確固たるものとするため、積極的に協力する者を含むものとされた。ここに掲げられた者は反証のない限り、同種の他の者の共同行為者と推定される。

[337] The City Code on Take-overs and Mergers, revised April, 1976, Practice Note No. 8, para. 9. 14-17, 20 in Weinberg and Blank 4th ed., supra note 237, p686, p688-689.

[338] *R v Panel on Take-overs and Mergers, ex parte Datafin plc and another*（*Norton Opax plc and another investing*）[1987] 2 WLR 699.

[339] シティ・コードに対しては本件以前から、法的強制力はないものの、公正な商慣行と職業規範を示すものとの評価がなされていた。*Dunford & Elliott Ltd. v Johnson & Firth Brown Ltd* [1977] 1 Lloyd's Rep 505、竹野康造「英国における敵対的企業買収に対する企業防衛策」国際商事法務21巻第8号967頁注4。

第 8 節　パネルの裁定と司法審査

下、Datafin 社等という）が、これを却下した裁判所の決定を不服として上訴したものである。

　1986年9月、Norton Opax 社（以下、Norton という）は、インベストメントバンクで財務アドバイザーを務める Samuel Montagu 社と、英国の印刷会社 McCorquodale 社（以下、M 社という）の普通株式1株につき Norton 社普通株式2株または現金260ペンスを対価とする株式取得申込を行った。これに対し、M 社取締役会は株主に申込の拒絶を勧告、11月1日、M 社役員により新設された Datafin 社により、M 社株式1株当たり現金300ペンスでの申込が発表された。11月20日、競合的買収の結果、M 社株式の50.2％を取得した Norton 社は申込の確定を宣言したが、エグゼクティブ（Executive）の要請を受け、ヒアリングの結果が出るまで確定宣言をしない旨に同意した[340]。

　これは、Norton 社の現金による申込が、Samuel Montag の設定した手数料協定の下、多くの元引受人及び下引受人（sub-underwriter）によって引き受けられる形を採っており、下引受人の一人であった英国市場の投資家 Kuwait Investment Office（以下、KIO という）が、Samuel Montagu の株式仲買部門 Greenwell Montagu に、M 社株主であった Sun Life 社からの株式取得を示唆され、Norton 社の申込に応じたことによる。KIO には元引受人より、買収成功時に35万ポンド、失敗した場合には3万5千ポンドが支払われることとなっており、KIO は本買収の成否に重大な利害を有していた。

　Datafin 社等はこれらの状況から、KIO と Norton 社の間には会社支配権獲得のため、M 社株式の取得を通じ、積極的に協力するとの合意があったと結

---

[340] エグゼクティブは事務局長（the Director General）1名、副事務局長2名、秘書及びスタッフ数名から成るパネルの常設執行機関で、株主への送付文書や声明等の確認、公募会社に対する買収の監視、照会されたコードの解釈や、コードに基づき、パネルに裁量が与えられている事柄の承認、コードに関する一般的問題の裁定、買収提案の公表に先立つ取引の調査等の日常業務を担当した。一方、会長・副会長以下、各団体の代表者全員が出席するパネル総会（the Full panel）は、四半期に一度の活動報告時及び以下の場合に開催され、その裁定は全当事者参加のヒアリング後に行われた。総会開催事由には（a）問題点が明らかにコードや確立された慣行の範疇にないとエグゼクティブが判断した場合、（b）事案の当事者等がエグゼクティブの裁定に異議を唱え、再検討を要請した場合、（c）コード違反行為があるとエグゼクティブが判断し、制裁措置を提案した場合、（d）パネルが検討すべき特別な問題が生じた場合等があり、パネル総会が（c）を決定した場合、関係者は48時間以内に異議申立を行い、審査委員会の裁定を仰ぐことができた。Committee to Review the Functioning of Financial Institutions, supra note 16, p11-12, p14-15.

173

論付け、KIO は Norton 社の共同行為者として、コードの最高価格ルールに反し、Datafin が315ペンスで最終申込を行った直後に、申込価格より高い315.5ペンスで Sun Life 社所有の M 社株式240万株を取得したと主張した。また、当該株式の応募により買収が成功すれば、KIO に追加的な引受手数料が発生することから、Norton 社は他の M 社株主への申込価格を超える価格で当該株式を取得することに同意していたとして、両者に対する不服をパネルに申し立てた。

　しかし、エグゼクティブが証拠審理の後、本引受協定は M 社の支配権獲得を目的とする KIO と Norton 社間の積極的な協力合意を証するものではないとの見解を示し、パネルも更なる審議の末、当該申立を却下した。Datafin 社等は11月26日、パネルの裁定に対する司法審査の適用と救済を求め、裁判所に申立を行ったが、裁判官が裁判所に管轄権がないとの個人的見解を示したのみで、理由を述べることなくこれを却下したため、同社等は即日控訴に及んだ。

　同判決では (a) パネルの裁定が司法審査に服するか否か、その場合には (b) パネルの活動の性質やパネルが市場機構の本質的一部であるという事実に鑑み、管轄権がどのように行使されるべきか、(c) 本件が救済を与えるべきケースに該当するか、その場合にはその方法、の3点が検討された。

　同判決においてパネルは、制定法に基づかないが、特権あるいはコモン・ロー上の権限を有する、金融市場や市場と取引する人々と契約上の関係を持たない自主規制[341]機関であり、シティ・コードの考案・公表・改訂・解釈、その適用の免除や調整、コード違反の調査報告、制裁措置の適用等を通じた膨大な事実上の権限の行使により、公の義務を担うものであると分析された。

　(a) の判断に当たり裁判所は、当該団体の権限の法源や義務に止まらず、それらの性質についても検討を行い、その団体に課されている義務が公の義務 (public duty) であり、当該団体が公の法的機能 (public law functions) を果たす、あるいはその職務執行が公法的な影響 (public law consequences) をもたらす場合には、当該団体は裁判所の司法審査の範囲内にあるとして、パネルの裁定が司法審査の対象となる旨を判示した。

　その一方、パネルの裁定が無効とされない限り、また、それまでの間、パネルと関係者はその裁定を有効且つ拘束力あるものとして扱わなければならない

341　ここでの自主規制とは、行動をともにする人々が自身や他の者を立案した行動基準に従わせるため、集団的権限を行使するシステムを指す。

第8節　パネルの裁定と司法審査

と述べ、単なる買収の策略として行われる申立は、裁判手続きの濫用に当たり、裁判所がこれを拒絶し得るものとした。

　本判決では、救済が行われるケースとして、パネルの認定事実に証拠が存在しなかった場合、パネルの規則の解釈に誤りがあった場合、パネルに条理（the rule of natural justice）に反する不公平な（unfairly）行動があった場合が挙げられ、事実認定及び規則解釈の誤りによる瑕疵（error of law）は、宣言的判決（declaratory judgment）により対処され、条理違反の場合にのみ、移送令状（certiorari）[342]や職務執行令状（mandamus）による救済が行われる旨が示された。

　裁判所は、司法審査における裁判所の役割はパネルの裁定の再審理と、その違法性（illegality）、不合理（irrationality）、手続き上の不正（procedural impropriety）の審理にあると述べた上で、本パネルの裁定にこれらは存在せず、パネルはコードの定義に基づき、問題に適切に取り組んだとして、申立の請求を棄却した。

　かくして本判決は、パネルに司法審査の請求受入余地があることを示す一方、パネルに条理に反する行為等がない限り、裁判所による干渉は行われず、パネルがシティ・コードの規則に関する紛争の最終的な裁定者であることを明らかにした[343]。

---

[342]　上級裁判所から下級裁判所へ出される事件記録の移送令状を指す。商事法務研究会『英米商事法辞典〔新版〕』149頁（1998年）。
[343]　P. F. C. Begg, Corporate Acquisitions and Mergers : a practical guide to the legal, financial, and administrative implications, Vol.1, 1992, para. 16.33.

第5章　EC指令と英国M&A法制への影響

第1節　英国M&A法制に影響を与えたEC指令の概略

　M&Aに纏わる法的規制がシティの自主規制を中心に展開される一方、会社法においては1973年の英国のEC加盟に伴うEC会社法指令の国内法化に向けた改正が順次行われ、会社法のM&Aにかかる規定もその影響を受けることとなった。

　EC指令（Directive）はEEC条約[344]の下、域内における加盟国国民の居住の自由（freedom of establishing）[345]にかかる制限を撤廃するため、閣僚理事会（Council）が策定した一般計画（general programme）の履行手段として、EC委員会（Commission）の提案に基づき、閣僚理事会が発する命令である[346]。指令は、法的拘束力をもって、直接加盟各国に適用される共同体規則（Regulation）とは異なり、達成すべき結果に関してのみ加盟各国を拘束する共同体法の一形態で[347]、各国における指令の国内法化を通じ、加盟各国間の法制調和、ひいては共同市場の確立を図るものである。指令は、1992年末までにEC域内市場の確立を目指す立法プログラムの一環として、会社法領域のみならず、金融・証券市場分野においても数多く採択された。

　会社法の一定の重要事項に関し、達成すべき水準を設け、各国法の相違を調整するEC会社法指令の中には、採択に至らぬものもあったが[348]、第一指令は英国EC加盟以前の1964年3月に成立しており、その履行は英国にとってEC加盟の所与の条件であった。

---

[344] Treaty establishing the European Economic Community（hereinafter referred to as Treaty of Rome 1957）. 1957年3月ローマにおいて調印され、翌年1月に発効したヨーロッパ経済共同体の創設にかかる条約で、ローマ条約とも呼ばれる。

[345] EEC条約は人や役務、資本が域内を自由に居住・移動する権利を認めており、その対象は自然人のみならず、企業や自営業者として活動する権利、企業を創業し、経営する権利に及ぶ。Treaty of Rome 1957, Article 8 (a), Article 52.

[346] Treaty of Rome 1957, Article 54.

[347] Treaty of Rome 1957, Article 189.

[348] 1972年9月に提出された会社の機関及び従業員参加に関する第五指令案は、数回に亘

第 2 部　第 5 章　EC 指令と英国 M&A 法制への影響

採択された EC 会社法指令

指　　令	主 な 内 容	採択年月日
第一指令 349	会社の開示、行為の効力及び無効	1968年 3 月 9 日
第二指令 350	公募有限責任会社の設立及び資本の維持・変更	1976年12月13日
第三指令 351	公募有限責任会社の合併	1978年10月 9 日
第四指令 352	会社の計算及び年次報告書	1978年 7 月25日
第六指令 353	公募有限責任会社の会社分割	1982年12月17日
第七指令 354	連結決算	1983年 6 月13日
第八指令 355	会計監査人の資格要件	1984年 4 月10日
第十指令 356	有限責任会社の越境合併	2005年10月26日
第十一指令 357	域内他国の支店に関する情報開示要件	1989年12月21日
第十二指令 358	有限責任一人私会社	1989年12月21日
第十三指令 359	公開買付け	2004年 4 月21日

り修正提案が出されたが、2001年12月に撤回された。また、関連企業集団に関する第九指令は提案段階に達していない。http://www.europarl.europa.eu/factsheets/3_4_2_en.htm, European Parliament Fact Sheets 3.4.2., Company law, Achievements 1. b. Company operation.

[349] First Council Directive 68/151/EEC of 9 March 1968 on co-ordination of safeguards which, for the protection of the interests of members and others, are required by Member States of companies within the meaning of the second paragraph of Article 58 of the Treaty, with a view to making such safeguards equivalent throughout the Community (hereinafter referred to as First Council Directive 68/151/EEC), OJ L 065, 14/03/1968, p8-12. EC 会社法第一指令の概要と英国国内法化については次節参照。

[350] Second Council Directive 77/91/EEC of 13 December 1976 on coordination of safeguards which, for the protection of the interests of members and others, are required by Member States of companies within the meaning of the second paragraph of Article 58 of the Treaty, in respect of the formation of public limited liability companies and the maintenance and alteration of their capital, with a view to making such safeguards equivalent (hereinafter referred to as Second Council Directive 77/91/EEC), OJ L 26, 31/1/1977, p1-13. 英国における第二指令の履行については本章第 3 節参照。

[351] Third Council Directive 78/855/EEC of 9 October 1978 based on Article 54 (3)(g) of the Treaty concerning mergers of public limited liability companies (hereinafter referred to as Third Council Directive 78/855/EEC), OJ L 295 20/10/1978, p36-43. 第三指令及び第六指令の概略と英国国内法化については本章第4節参照。

[352] Fourth Council Directive 78/660/EEC of 25 July 1978 based on Article 54 (3)(g) of the Treaty on the annual accounts of certain types of companies, OJ L 222, 14/8/1978,

第1節　英国M&A法制に影響を与えたEC指令の概略

p11-31. 英国における本指令の適用対象は公私の株式有限責任会社及び保証有限責任会社で、1981年会社法（Companies Act 1981, c.62）第1編「会社の計算及び開示（Company Accounting and Disclosure）」により国内法化が図られた。上田・前掲注(4)55頁。

353　Sixth Council Directive 82/891/EEC of 17 December 1982 based on Article 54 (3) (g) of the Treaty, concerning the division of public limited liability companies (hereinafter referred to as Sixth Council Directive 82/891/EEC), OJ L 378, 31/12/1982, p47-54.

354　Seventh Council Directive 83/349/EEC of 13 June 1983 based on the Article 54 (3) (g) of the Treaty on consolidated accounts, OJ L 193, 18/7/1983, p1-17. 英国の公私の株式有限責任会社及び保証有限責任会社を対象とする第七指令は1989年会社法第1編「会社の計算（Company Accounts）」により履行された。青木英夫「イギリス—1989年会社法を中心として」金融・商事判例856号136頁（1990年）。

355　Eighth Council Directive 84/253/EEC of 10 April 1984 based on Article 54 (3)(g) of the Treaty on the approval of persons responsible for carrying out the statutory audits of accounting documents, OJ L 126, 12/05/1984 p20-26. 第八指令は1989年会社法第二編「監査役の資格（Eligibility for Appointment as Company Auditor）」により国内法化された。青木・前掲注(354)136頁。

356　Directive 2005/56/EC of the European Parliament and of the Council of 26 October 2005 on cross-border mergers of limited liability companies (Text with EEA relevance)(hereinafter referred to as Directive 2005/56/EC), OJ L 310, 25/11/2005, p1-9. 第十指令は第一次提案の撤回後、有限責任会社の越境合併に関する指令として再提案され、2005年10月に採択された。本指令の概要及び英国における履行ついては第2部第7章第4節参照。

357　Eleventh Council Directive 89/666/EEC of 21 December 1989 concerning disclosure requirements in respect of branches opened in a Member State by certain types of company governed by the law of another State, OJ L 395, 30/12/1989, p36-39. 第十一指令は1992年の1985年会社法（支店及び銀行口座開示）規則（The Companies Act 1985 (Disclosure of Branches and Bank Accounts) Regulations 1992, SI 1992/3178）による1985年法第7附表6条の改正を通じ、実施された。

358　Twelfth Council Company Law Directive 89/667/EEC of 21 December 1989 on single-member private limited-liability companies, OJ L 395, 30/12/1989, p40-42. 第十二指令は1989年会社法第5編「私会社に関する規制緩和（De-regulation of private companies）」により履行された。

359　Directive 2004/25/EC of the European Parliament and of the Council of 21 april 2004 on takeover bids (hereinafter referred to as Directive 2004/25/EC), OJ L 142, 30/4/2004, p12-23. EU会社法第十三指令は第二次提案の否決後、株式公開買付けに関する指令として再度提案され、2004年4月に採択された。その経緯や内容、英国での国内法化については第2部第7章第1-3節参照。

一方、金融・証券市場分野においても、1992年末の域内市場統合に向けて多数の指令が採択され、域内の制度調和が進展した。その後、1998年6月のカーディフ欧州理事会（Cardiff European Council）において、改めて金融サービス分野の法令整備に取り組む旨が決定され、1999年5月発表のいわゆる金融サービス・アクション・プラン（Financial Service Action Plan）[360] において、単一金融サービス市場の完成に必要な一連の行動が特定されたことから、その実施に向け、再び指令の採択が積極的に行われた。これらのうち、証券取引所が開設する市場等で取引される有価証券発行者の情報開示に関わる指令には下記がある。

情報開示制度に関連するEC指令

指令	採択年月日
公的証券取引所への上場認可基準の統一に関する指令 [361]	1979年3月5日
公的証券取引所の上場認可に際し、公刊される明細書類（Listing particulars）の統一に関する指令（以下、上場明細書類に関する指令という） [362]	1980年3月17日
公的証券取引所に上場する企業の定期的情報開示に関する指令 [363]	1982年2月15日
上場企業の大規模株式の取得・処分時の情報開示に関する指令（以下、大規模株式の取得・処分の開示に関する指令という） [364]	1988年12月12日
譲渡性証券の公募に際し、公刊される目論見書の作成・精査・配布に関する指令 [365]	1989年4月17日
公的証券取引所への証券の上場とその情報開示に関する指令 [366]	2001年5月28日
証券公募等に際し、公刊される目論見書に関する指令 [367]	2003年11月4日
規制市場での取引を許可された有価証券発行者の情報に関する透明性要求指令（以下、透明性義務指令という） [368]	2004年12月15日

以下では、1970年代以降2000年までの英国会社法のM&Aに関わる規定に影響を及ぼした第一、第二、第三、第六の各会社法指令、大規模株式の取得・

---

[360] Communication from the Commission, Financial services: Implementing the Framework for Financial Market: Action Plan, COM (1999) 232, 11/05/99.

[361] Council Directive 79/279/EEC of 5 March 1979 coordinating the conditions for the admission of securities to official stock exchange listing (hereinafter referred to as Council Directive 79/279/EEC), OJ L 66, 16/3/1979, p21-32。本指令と上場明細書類に関する指令、公的証券取引所に上場する企業の定期的情報開示に関する指令の概略及び英国国内法化については第2部第6章第2節参照。

[362] Council Directive 80/390/EEC of 17 March 1980 coordinating the requirements for the drawing up, scrutiny and distribution of the listing particulars to be published for the admission of securities to official stock exchange listing, OJ L 100, 17/04/1980, p1-26.

処分の開示に関する指令及び透明性義務指令と、会社法改正の内容について概観する。

第2節　EC会社法第一指令と会社法改正

　EC会社法第一指令については、1972年ヨーロッパ共同体法を通じ、英国国内法の修正が図られた。第一指令は、国境を越えて展開される有限責任会社の、移動自由への制限撤廃に向けた調整が急務であるとの認識の下、会社が開示すべき最小限の内容やその開示方法、会社により締結された契約の効力、無効の宣言や遡及効果の制限等を定め、これらの履行手段を講ずるよう加盟各国に求めていた。中でも第一指令9条第1項は、会社の機関によってなされた行為が会社の目的範囲内にない場合であっても、法が当該機関に付与、あるいは付与

363　Council Directive 82/121/EEC of 15 February 1982 on information to be published on a regular basis by companies the shares of which have been admitted to official stock-exchange listing, OJ L 48, 20/2/1982, p26-29.

364　Council Directive 88/627/EEC of 12 December 1988 on the information to be published when a major holding in a listed company is acquired or disposed of (hereinafter referred to as Council Directive 88/627/EEC), OJ L 348, 17/12/1988, p62-65. 大規模株式の取得・処分の開示に関する指令及び透明性義務指令の概要及び英国法への影響については本章第5節参照。

365　Council Directive 89/298/EEC of 17 April 1989 coordinating the requirements for the drawing-up, scrutiny and distribution of the prospectus to be published when transferable securities are offered to the public, OJ L 124, 5/5/1989, p8-15.

366　Directive 2001/34/EC of the European Parliament and of the Council of 28 May 2001 on the admission of securities to official stock exchange listing and on information to be published on those securities, OJ L 184, 06/07/2001, p1-66. 本指令は注(361)-(364)の4指令を一本化するものである。

367　Directive 2003/71/EC of the European Parliament and of the Council of 4 November 2003 on the prospectus to be published when securities are offered to the public or admitted to trading and amending Directive 2001/34/EC (Text with EEA relevance), OJ L 345, 31/12/2003 p64-89.

368　Directive 2004/109/EC of the European Parliament and of the Council of 15 December 2004 on the harmonisation of transparency requirements in relation to information about issuers whose securities are admitted to trading on a regulated market and amending Directive 2001/34/EC (hereinafter referred to as Directive 2004/109/EC), OJ L 390, 31/12/2004, p38-57. 本指令は注(366)の証券上場と情報開示に関する指令を改正するものである。

を認めた権限を越えない限り、会社を拘束するとしていたため[369]、英国伝統のウルトラ・ヴァイルス理論の修正が不可避となり、会社法改正が行われた。

ヨーロッパ共同体法9条は、1948年会社法と一体のものとして解釈されるとする第8項の規定により、1948年法修正法としての機能を有する。ヨーロッパ共同体法9条第1項により、取締役の決定した取引は、基本定款や付属定款の制限に関わらず、会社の能力範囲にあるとの規定がなされ、会社と取引する第三者の保護を要請する第一指令の実現が図られた。これにより、ウルトラ・ヴァイルス理論の適用範囲は従前に比して大幅に縮小されたが、本改正は会社に自然人同様の権利能力を与え、当該理論を完全に廃止するものではなかった。そのため、ヨーロッパ共同体法9条第1項は1985年会社法35条として会社法に取り入れられた後、1989年会社法による改正を受けた。

1989年法108条により、会社の行為の効力は基本定款のいかなる規定によっても、会社の能力不足により問題視されないとの規定がなされる一方、会社の能力外の行為にかかる株主の差止訴訟が、会社の行為から生ずる法的権利義務の履行に関する行為を除き、可能である旨が明示された。また、会社の基本定款から生ずる権限範囲の遵守は、依然として取締役の義務であるものの、取締役による会社の能力外の行為は、株主総会特別決議によって追認され得るものとした。加えて、新たに挿入された35A条により、取締役の権限は善意の第三者との取引において会社の規約の制限を受けないが、本規定は取締役の越権行為にかかる株主の差止請求権に影響を与えないこと、35B条においては、会社と取引する相手方が会社の能力や取締役の権限にかかる調査義務に拘束されないことが明確にされた[370]。

これらにより英国のウルトラ・ヴァイルス理論は、株主保護のため対内的にはなお効力を有するが、第三者との関係において適用されないことが徹底された[371]。

---

[369] First Council Directive 68/151/EEC, Article 9 (1). 但し、加盟各国は、当該行為が会社の目的範囲を超える場合であって、第三者がこれを知り、または知り得ることを会社が立証した際には、会社が当該行為に拘束されない旨を規定し得るものとされた。EC第一指令の英国会社法への影響を詳細に分析したものとして、酒巻俊雄「イギリスのEC加盟と会社法への影響」民商法雑誌第78巻臨時増刊号末川先生追悼論集『法と権利』2号217-218頁（1978年）。

[370] Companies Act 1989, §108 (1).

[371] なお、株主の会社の能力外の行為を差し止める権利並びに株主総会特別決議による能力外行為の追認規定は2006年会社法により廃止され、株主は取締役の権限外の行為に対

第3節　EC会社法第二指令の影響

　株主及び債権者に対する最小限度の保護や、会社の設立、資本の維持や増減資にかかる規定の調整を目的とするEC会社法第二指令については、主に1980年会社法（一部1981年会社法）により国内法化が図られた。第二指令の英国での適用対象が、公募株式有限責任会社と株式資本を有する公募保証有限責任会社とされたことを受け[372]、それまで一定要件を充足する会社を私会社としてきた英国会社法は、公募会社に要件を課し、それ以外を私会社とする形に改められた[373]。これに関連し、株式資本を有する有限責任の私会社が、株式及び社債の公募や、公募売出し（offer for sale）の割当を行うことが違法である旨が明記された[374]。

　1980年法において、公募会社・私会社を問わず、取締役会（directors）が会社の持分証券[375]の割当権限を行使するに当たっては、株主総会または付属定款による授権を要し、授権に際しては最大割当可能株式数や5年を超えない授権期間を定めるものとされた[376]。株式発行権限については従来、会社法上の定めがなく、会社の付属定款に委ねられており、1948年法において模範付属定款である第1附表から既存株主への株式の割当に関する項目が削除されて以来、模範付属定款にも特段の規定が置かれなかったため、通常は業務執行権の行使

　　する差止についてのみ訴訟を行う権限を有するものとされた。Companies Act 2006, §39, Geffy Morse, et al., Palmer's Company Law: annotated guide to the Companies Act 2006, 1st ed. (hereinafter referred to as Morse, et al., 2006), 2007, p83.

[372]　Second Council Directive 77/91/EEC, Article 1 (1).

[373]　公募会社は株式有限責任会社または保証有限責任会社であって、基本定款に公募会社である旨を記載し、公募会社として登記した会社と定義された。また、第二指令6条第1項に基づき、公募会社に5万ポンドの最低資本金制度が導入された他、商号にPublic limited companyまたはplcの語を付すこと等が規定された。Companies Act 1980, §1(1), §2 (2), §78 (1), §85. 従来の私会社制度については前掲注(219)参照。

[374]　Companies Act 1980, §15.

[375]　1980年法において持分証券は、会社の関連株式、関連株式の引受権及び有価証券を関連株式に転換する権利と規定され、関連株式は配当や資本に関し、特定金額までしか分配に与る権利を有しない株式とストック・オプション制度の下に保有されている株式を除く株式とされた。Companies Act 1980, §17 (11).

[376]　Companies Act 1980, §14.

に関する一般原則に従い、取締役会に属するものとされていた[377]。

また、第二指令29条に従い、公募会社・私会社ともに株主の新株引受権（re-emption rights）が初めて法定され[378]、対価の全てを現金とする持分証券の割当を提案する会社は、株主に所有株式の額面価額に比例した割当申込を行い、当該申込期間が終了、ないしは会社が申込の受諾または拒絶の通知を受領しない限り、第三者に株式の割当を行うことができないものとされた[379]。但し、会社の取締役会が持分証券の割当権限を授権されている場合には、付属定款の定めまたは株主総会の特別決議により、本規定の適用を排し、割当を行う権限を与えられる他、特別決議により特定の株主割当を適用から除外することが可能とされた[380]。前述のとおり上場企業に対しては、証券取引所の規則により、株主割当以外の方法による新株発行に、株主総会での承認が要請されてきたが、一定条件の下に新株引受権の排除を認める本規定の導入は、証券取引所の有価証券上場規則並びに上場企業の株主割当による株式の発行に影響を与えることとなる[381]。

上記に加え、1980年法では会社が取締役等との間で長期雇用を条件に組み入れた契約や、重要資産の取引を行う契約を締結するに当たり、株主総会の事前承認を要する旨の規定が導入された[382]。これらの規定により、会社と当該企業並びにその親会社の取締役等は、会社もしくは親会社の株主総会の事前承認を得ない限り、5年を超える雇用等を条件に含む契約や、5万ポンドまたは会社の資産価値の10％を超える現金以外の資産取引契約（1,000ポンド未満の場合

---

[377] 株式の発行権限を、付属定款を以って株主総会権限とすることは実際にも稀とされる。酒巻俊雄「英連邦諸国の会社法（14）」国際商事法務5巻535頁（1977年）。

[378] Companies Act 1980, §17‐§19。第二指令29条第1項は、現金を対価とする増資について、新株引受権に基づき株主に株式の申込が行われなければならないとしていた。Second Council Directive 77/91/EEC, Article 29 (1).

[379] 私会社については基本定款または付属定款の定めにより本規定の適用から除外される。Companies Act 1980, §17 (9).

[380] Companies Act 1980, §18.

[381] The Monopolies and Mergers Commission, Underwriting services for share offers: A report on the supply in the UK of underwriting services for share offers, 1999, Cm 4168, p56. 本文献は1997年11月に、公正取引局長（the Director general of Fair Trading）が独占及び合併委員会（Monopolies and Mergers Commission）に照会した株式発行引受サービスに関する調査報告書である。報告書はhttp://www.competition-commission.org.uk/rep_pub/reports/1999/424under.htm#full から入手可能。

[382] Companies Act 1980, §47‐§48.

第3節　EC会社法第二指令の影響

を除く）の締結を禁じられた。この他、取締役に関しては、取締役及びその関係者に対する貸付の禁止[383]や、取締役が株主同様に従業員の利益を顧慮する義務等が規定された[384]。また、1980年法では1948年法210条の、少数株主を多数株主の抑圧的行為から救済する規定の拡充が図られ、少数株主が不当に権利を侵害されている場合に救済を与える裁判所の権限として改めて規定された[385]。

1981年法においては、発行された株式のプレミアムを、資本とは別の株式プレミアム勘定（the share premium account）とするよう要請する1948年法の規定に関し、所定の要件を満たす M&A の対価として発行される株式については、その適用除外とする救済規定（merger relief）が設けられた[386]。

発行株式の額面価格を超える対価は、1948年法56条により株式プレミアム勘定とすることが要請され、当該勘定を株主に無償で割り当てる株式の払込や社債償還の支払いに供することは認められていたが、株主配当には利用できないものと考えられていた。これは、1980年以前の英国会社法において、資本償還準備金（capital redemption reserve fund）及び株式プレミアム勘定の使途にか

---

[383] Companies Act 1980, §49-§53, §57, §65. 会社は、会社及び親会社の取締役に対し、貸付や貸付に関する保証、担保の提供を行うことが禁じられ、会社の関係会社についても取締役及びその関係者に対する貸付や疑似貸付（quasi-loan）、これらに付随する保証や担保の提供、債権者として信用取引を行うこと等が禁止された。なお、疑似貸付とは、債務者が債権者に返済、あるいは債務者が債権者に返済する法的責任を生じさせる条件で、債権者が債務者のために行う支払い等を指す。Companies Act 1980, §65 (2)(a).

[384] Companies Act 1980, §46.

[385] Companies Act 1980, §75. 1948年法210条は、裁判所が株主の (a) 会社の運営が一部の株主に対して抑圧的な方法で行われたとする申立を認め、且つ (b) 会社の解散は株主に不当な損害をもたらすが、それさえなければ公正且つ衡平であり、解散命令が正当化されると考える場合、以後の会社運営の制限や、他の株主ないしは会社による当該株主所有の株式の取得等、問題解決のために適当と思われる命令を行うことができるとしていたが、「抑圧的」という語が強すぎ、申立人が救済を求める全ての事例に適さない、また、申立人は (a) (b) いずれも立証を求められるが、(b) の立証は困難であり、そのような立証を裁判所が干渉する本質的な要件とする十分な理由がない等、多くの指摘がなされていた（Jenkins report, supra note 164, paras. 201-212）。本改正により上記(b)の要件が削除された他、(a) の「抑圧的な方法で」の語は「不当に（unfairly）一部の株主を害する方法で」と改められ、会社が実際に行い、あるいは申し入れた作為または不作為による詐害行為も申立事由に含められた。

[386] Companies Act 1981, §37-§38, §40-§41.

かる規定を除き、株主配当に関する特段の定めはなかったものの、「資本(capital)」からの配当を禁ずる判例法が確立されており、1948年法以降、株式プレミアム勘定を配当し得ないとされたことによる。1948年法56条が買収対価として発行される株式に及ぶことは Henry Head & Co Ltd v Ropner Holdings Ltd 事件[387]によって示されており、発行会社が新設会社であって、発行株式の対価として受領するもの以外に資産を有しない場合にも本規定が適用された。

買収される株式の公正価額が、対価として発行される株式の額面価額を超過する場合、買収企業の株式はプレミアム付で発行されることとなり、株式プレミアム勘定が発生する。そのため、2つのグループの株主がその株式をプールする場合や、グループ内組織再編を行う場合、配当不可能な準備金が発生し、買収前の子会社の配当可能利益が凍結されるという問題を生じていた[388]。

本規定の下、株式交換により90％以上の株式を得ている会社が取得株式の対価として発行する株式や、完全子会社が現金以外の資産譲受の対価として親会社ないしは兄弟会社に発行する株式のプレミアムないし最少プレミアム (the minimum premium value)[389]については、株式プレミアム勘定への組入れが免除されることとなった[390]。

第4節　EC会社法第三指令及び第六指令に基づく会社法のM&A規定の改正

公募有限責任会社の吸収合併 (merger by acquisition) や新設合併 (merger by the formation of a new company)、消滅会社の議決権株式の90％以上を所有する会社による全資産の取得 (acquisition of one company by another which holds 90% or more its shares) 等を規定する第三指令と、公募有限責任会社の吸収分割 (division by acquisition) 及び新設分割 (division by the formation of new companies)

---

[387]　[1952] Ch 124.

[388]　上田・前掲注(4)58頁注(55)、Schmitthoff, supra note 12, paras. 26-10, P. C. F. Begg, Corporate Acquisitions and Mergers: a practical guide to the legal, financial, and administrative implications, 2nd. ed. (hereinafter referred to as Begg, 2nd ed.), 1986, para. 13.07.

[389]　最少プレミアムとは、割り当てられた株式の基準価格から当該株式の額面価額を差し引いた額を指す。Companies Act 1981, §38 (3).

[390]　Companies Act 1981, §37 (2), §38 (2).

第4節　EC会社法第三指令及び第六指令に基づく会社法のM&A規定の改正

を規定する第六指令は、1987年会社（合併及び分割）規則[391]により、1985年会社法に427A条と附表15A[392]を挿入する形で履行された。

　第三指令において吸収合併は、1以上の会社が清算されることなく解散し、当該消滅会社の株主に対し、他の（存続）会社の株式（場合によっては当該株式の額面価額（額面のない場合はその算定価額）の10％以下の合併交付金）を付与することにより、他の（存続）会社に消滅会社の全資産及び負債を移転することと定義されており、新設合併は全資産及び負債が新設会社に移転される場合を指す[393]。

　一方、吸収分割は、会社が清算されることなく解散した後、当該企業の株主に譲受会社（recipient companies）の株式等を付与することにより、1以上の譲受会社に当該企業の全資産及び負債を移転することと規定され、新設分割は、資産等の譲受会社が1以上の新設会社である場合を指す[394]。

　両指令は、会社の株主及び第三者の利益を保護するため、指令が対象とする加盟各国企業の合併・分割に関し、原案（draft terms in writing）の作成やその内容、当該行為を承認する各当事会社株主総会1ヶ月以上前の原案の公表、当事会社株主総会での承認、合併・分割条件の説明及びその法的・経済的根拠を提示する詳細な報告書の作成等を要請していた[395]。

　前述のとおり、英国におけるこのようなM&Aは、1929年法153-154条の「整理及び再建」に基づき、裁判所の許可の下に行われてきたため、これを引き継ぐ1985年法425-427条に、公募会社の合併及び分割に関する特別規定427A条が挿入され、両指令の実現が図られた。新設された427A条は第三指令及び第六指令に従い、公募会社が当事会社となり、対価に株式を用いて行われる、会社の再建や2以上の会社のアマルガメーションのスキームに関する和解または整理を対象とする。427A条及び附表15Aの導入により、譲渡会社の立場からのみ当該行為を規定していた英国会社法に、譲受会社における手続きが初めて設けられ、裁判所のスキーム承認要件が拡充された。

　427A条は上記の整理または和解の提案において、会社の事業、資産及び負

---

[391] The Companies (Mergers and Divisions) Regulations 1987, SI 1987/1991.
[392] なお、附表15Aは後の1989年会社法により、15Bに番号が改められた。
[393] Third Council Directive 78/855/EEC, Article 3, Article 4.
[394] Sixth Council Directive 82/891/EEC, Article 2, Article 21.
[395] Third Council Directive 78/855/EEC, Article 5-7, Article 9, Sixth Council Directive 82/891/EEC, Article 3-5, Article 7.

債が（i）既存の他の公募会社へ移転される場合、（ii）2以上の公募会社から新設会社（公募会社であるかを問わない）に移転される場合、（iii）2以上の公募会社または新設会社（公募会社であるかを問わない）に分割・移転される場合、裁判所が425条第2項の整理または和解の承認に先立ち、既存の各譲受会社やその株主、債権者の申立または行政命令により、株主総会または債権者集会の招集を命じ得るものとした[396]。

また、附表15Aは原則として、①スキームに関係する既存の各譲受会社の株主数にして過半数、株式価値にして四分の三に相当する多数株主の同意、②両当事会社の取締役によるスキーム原案の策定、当該複写の会社登記官への送付、登記官による当該複写の受領公告、株主総会等の1ヶ月以上前の通知、③取締役会による報告書の作成、④会社から独立した専門家による報告書の作成、⑤上記文書並びに関係当事会社の過去3年間の財務諸表、取締役報告書、監査報告書、年次報告書の株主への縦覧等の各要件が充足された場合にのみ、425条第2項規定の裁判所の承認が行われるものとした[397]。

その一方で、（i）によって完全子会社の吸収合併を行うに当たり、上記②の登記官による受領公告が株主総会の1ヶ月以上前に行われ、譲受会社の議決権株式の5％以上を保有する株主がスキームの可否の決定を目的とする株主総会招集権限を有する状況において、かかる要求を行わなかった等の要件を満たす場合には、全当事会社の株主総会の招集を経ずして裁判所が和解及び整理の承認を行い得るものとされた。また、親会社が90％以上を所有する子会社の吸収合併を行う場合には、同様の条件の下に、譲受会社である親会社の株主総会が、更に（iii）により、完全子会社の吸収分割を行う場合には、子会社の株主総会が不要とされた[398]。

第5節　大規模株式の取得・処分の開示に関する指令と会社法の株式所有状況の開示規定

1988年12月に採択された大規模株式の取得・処分の開示に関する指令は、投資家へ適切な情報を提供する政策が投資家保護や信頼性の向上に資するとして、

---

[396] Companies Act 1985, §427A (1)-(3).
[397] Companies Act 1985, Schedule 15A, paras. 1-3, 6 (1).
[398] Companies Act 1985, Schedule 15A, paras. 12-14.

第5節　大規模株式の取得・処分の開示に関する指令と会社法の株式所有状況の開示規定

EC域内の証券取引所に公式に上場されている会社株式の直接的間接的な取得・処分を行った者に対し、加盟各国が情報開示を求めるよう要請したものである。同指令は、かかる取得・処分に伴い、上場会社の議決権所有割合が10％、20％、三分の一、50％、三分の二の閾値のいずれかを超過または下回った自然人及び法人に対し、当該企業と本指令に基づき指定される監督官庁等に保有する議決権の割合を7日以内に通知する旨を規定していた[399]。通知を受けた会社は情報受領後9日以内に当該事実を開示するものとされたが、この開示については、当該企業によってではなく監督官庁による提供も可能とされた[400]。

前述のように英国では、1967年会社法以降、上場企業の発行済関連株式資本の所有者に議決権所有状況の開示義務が課されており、当該規定は1981年会社法63条により、開示すべき対象を、証券取引所への上場の如何を問わず、公募会社の議決権株式における権利とし、開示基準を表す「所定率」の語を「通知すべき権利（notifiable interest）」と改めた上で、1985年会社法198条以下に引き継がれていた[401]。1976年法において所定率は株式資本の額面価額の5％以上、通知履行期限は義務発生日翌日から5日以内と規定されており、すでに指令の要求水準を上回っていたところ[402]、1989年法134条によりこの水準はそれぞれ3％、2日以内と更に引き上げられていた[403]。

---

[399] Council Directive 88/627/EEC, Article 1 (1), Article 4 (1). 加盟国は20％及び三分の一の閾値に代えて25％の基準を、三分の二の閾値については75％を適用できるものとされ、通知期限の7日間は、所有者が取得・処分を認識した時点から始まるものとされた。

[400] Council Directive 88/627/EEC, Article 10 (1).

[401] なお、1981年法63条により、当該義務は、本人の認識に基づき公募会社の関連株式資本を成す株式の権利の取得・処分を行った場合、またはかかる行為を行ったことを本人が認識した場合に発生するものと改められ、ブローカーや信託等を通じた権利の取得・処分や、家族や関係者等の権利の変動を直ちに認識できないケースへの対応がなされていた。また、1981年法77条によって、上場会社から議決権株式の所有状況に関する情報開示請求を受け、これを怠った者に対する罰則規定が強化され、1976年法27条第7項に規定されていた刑事罰に加え、会社が裁判所に当該株式の譲渡の無効や議決権行使制限等、1948年法174条により課せられる制限に従うべき旨の命令を請求し得る旨や、申立に基づき、当該制限を課された株式について、裁判所が売却を命じ得る旨等が規定されていた。Companies Act 1981, §63(1), §77(1),(2),(4).

[402] Companies Act 1985, §201 (2), §202 (1). なお、当該義務は通知すべき権利を有しなくなった場合や、権利が1％単位で変動した場合にも生ずる。Companies Act 1985, §199 (5).

[403] Companies Act 1989, §134 (2),(3).

第2部　第5章　EC指令と英国M&A法制への影響

　一方、大規模株式の取得・処分の開示に関する指令は、申告要請の確定に当たり、当該所有者に代わって他の名義で保有されている議決権や、当該所有者によって支配されている企業（undertaking）によって保有される議決権、当該所有者が議決権の共同行使により当該企業の経営に対する持続的共通政策を取るよう義務付ける契約を書面で締結している第三者の有する議決権、当該所有者もしくはその所有者が支配する企業と締結した書面による契約の下、一時的に譲渡され、第三者が所有している議決権等についても、当該所有者の保有する議決権と見なす一方、株式の専門ディーラー（professional dealer）による大規模な所有権の取得・処分については、専門ディーラーとしての資格においてなされ、会社経営への介入に使用されない限りにおいて、各国の監督官庁が上記の適用除外とすることを認めていた[404]。

　そこで、英国会社法の適用除外規定を指令と一致させるべく、1993年7月に公布された株式所有状況開示（改正）規則[405]を通じ、1985年法199条第2項の通知すべき割合を、株式に重大な利害（material interests）を有するか否かの別により2種類に区分し、重大な利害を有する者については従来どおり3％以上、重大な利害を有しない者は関連株式資本の額面価額の10％以上を所有した場合に当該義務が生ずるものとした。重大な利害は、他者に帰属する投資の管理者や、認可ユニット・トラスト等の管理者が当該職務に関して有する利害以外の利害等と定義され、当該所有者に議決権行使またはその支配権限が与えられていない等の場合に限り、適用除外が認められる旨の但書が挿入された[406]。

　その後、大規模株式の取得・処分の開示に関する指令は2001年5月の公的証券取引所への証券の上場とその情報開示に関する指令により、他の指令とともに一本化され、2004年12月に採択された透明性義務指令により改正された。透明性義務指令において開示要請の対象となる株式は、規制市場での取引を許可された議決権株式と改められ[407]、証券取引所に公式に上場している株式だけでなく、ロンドン証券取引所が開設している the Alternative Investment Market（以下、AIMという）のような、新興企業向け市場で取引される株式等もその対象とされた[408]。また、議決権株式に加え、結果的に議決権株式を

404　Council Directive 88/627/EEC, Article 7, Article 9.
405　The Disclosure of Interests in Shares (Amendment) Regulation 1993, SI 1993/1819.
406　The Disclosure of Interests in Shares (Amendment) Regulations 1993, reg. 4 (1), reg. 8.
407　Directive 2004/109/EC, Article2 (1)(c).

第5節　大規模株式の取得・処分の開示に関する指令と会社法の株式所有状況の開示規定

取得する権利を与える金融商品にも当該通知義務が適用された[409]。

透明性義務指令において、開示を要請される議決権の割合は従来の5段階から、5％、10％、15％、20％、25％、30％、50％、75％の8段階に細分化され、通知期限についても4営業日以内と水準が引上げられた[410]。また、通知すべき情報には、結果として生じた議決権の状況や基準値に到達または下回った日付の他、株主の身元が加えられ、当該通知を受領した証券発行者等による情報の開示期限は3営業日以内に短縮された[411]。

すでに本指令を超える開示を法定していた英国は、2006年総括会社法1265条以下により、金融サービス市場法第6編に本指令の目的達成に必要な透明性規則（Transparency Rules）の制定を、監督官庁に義務付ける規定等を挿入する形でこれに対応した。これに伴い、長らく会社法に置かれていた公募会社株式の所有者に対する開示義務規定は会社法から撤廃されて2000年金融サービス市場法の管轄となり[412]、監督官庁であるFSAは従来の開示規則を開示・透明性規則と改称の上、議決権保有者及び発行会社の大量保有報告にかかる規則を新設、2007年1月より適用を開始した[413]。

---

[408] 大崎貞和「上場企業の情報開示に関するEU指令の採択」資本市場クォータリー2005 Winter 2頁。1995年に開設されたAIMは株主数や会社の規模、財務及び取引実績等、数値による登録基準を持たない非上場証券市場である。AIMについてはロンドン証券取引所のホームページ（http://www.londonstockexchange.com/companies-and-advisors/aim/aim.htm, http://www.londonstockexchange.com/companies-and-advisors/aim/for-companies/companies.htm）参照。

[409] Directive 2004/109/EC, Article 13 (1).

[410] Directive 2004/109/EC, Article 9 (1), Article 12 (2). 国内法が三分の一及び三分の二の閾値を適用している場合、30％及び75％の基準値は必要とされない。Directive 2004/109/EC, Article 9 (3).

[411] Directive 2004/109/EC, Article 12 (1),(2),(6).

[412] Companies Act 2006, §1265-§1268, §1272, Schedule 15-16, FSMA, §89A-89N.

[413] FSA, Press release, FSA/PN/106/2006 27/10/2006, FSA publishes near final Transparency Directive rules and updates on Investment Entities Listing Rules review. FSAの開示・透明性規則では基本的に、従来、会社法が開示を要請していた通知義務の水準（所有割合3％及びその後1％の変動基準や発行者に対する2営業日以内の通知等）が維持されている。内容については第1部第2章第3節参照。

第6章　証券規制の展開と自主規制機関への影響

第1節　CSI設立とSARsの制定

　会社法がEC会社法指令の履行に伴い、改正される中、証券規制を司る1958年詐欺防止（投資）法は、1986年金融サービス法によって廃止されるまで、結果的に改正が行われなかった。同法については、証券の概念が明確でなく、同法の適用対象となるか否かによって類似商品の販売の自由度等に大きな不均衡があったことや[414]、証券事業者を規制する諸規定を有しながら、多くの証券事業者が適用から除外され、法的規制がなされなかったこと等が、欠陥として指摘されている。すなわち、同法は商務省から免許を取得しない者の証券取引を禁じていたが、認可証券取引所の会員や認可証券取引事業者協会の会員については免許を要しないとされ、多くの証券事業者は商務省の直接的な規制を受けず、証券取引所もまた然りであった[415]。英国の金融・証券市場は、銀行業や証券業に対する法的規制がほとんど存在しないにもかかわらず、自主規制あるいは長年の慣行や伝統により、維持・発展してきた点に特徴があり[416]、1958年詐欺防止（投資）法以外に証券事業者を規制する法が存在しない中、証券業界は完全な自主規制下に置かれていた[417]。

　1974年6月、時の貿易産業大臣（Secretary of State for Trade and Industry）の提唱により、証券市場の現行の監督体制の妥当性を確認し、再検討を行うべ

---

[414] 森田章「英国の投資営業規制の法的枠組み――1986年金融サービス法の概略」インベストメント第41巻第5号16頁（1988年）、L. C. B. Gower, Review of Investor Protection: A Discussion Document (hereinafter referred to as Gower discussion document), 1982, paras. 5.02, 5.04, 5.08.

[415] id., 3.22, Rider et al., supra note 83, para. 112.

[416] 小林襄治「金融サービス市場法の成立」証券経済研究28号83頁（2000年）（以下、小林2と表記する）。なお、英国における銀行法の制定は1979年4月の銀行法（Banking Act 1979, c37）が最初とされる。

[417] 林宏美「証券事業者」日本証券経済研究所編『図説 イギリスの証券市場〔2005年版〕』120頁（日本証券経済研究所、2005年）。

く、関係者への調査が行われた[418]。1976年10月には、英国金融機関の国内外における役割や機能を調査し、現行の金融機関の監督体制に求められる変更点の検討と勧告を行うため、Harold Wilson 氏を委員長とする委員会（the Committee to Review the Functioning of Financial Institutions、委員長の名からウィルソン委員会と呼ばれる）を創設する旨が発表され、翌年1月、同委員会が正式に発足した。また、同じ1976年10月、イングランド銀行総裁との協議後、通商産業大臣より前任者が着手した調査の結果が公表され、制定法と自主規制による既存の規制の組み合わせは、批判者が認識しているよりもかなり効果的なものであるが、改善され得る点が多々あるとして、現行システムの監督と機能改善に向けた手段を講ずる旨が決定された[419]。

この手段の一つとして、イングランド銀行による証券業界の監督強化が挙げられたことを受け、イングランド銀行は1978年3月、証券業界を監視するより広範な自主規制機関として証券産業協議会（Council for the Securities Industry、以下、CSI という）を設立した。証券産業協議会はイングランド銀行総裁により任命される会長及び副会長の他、パネルの会長やイングランド銀行副総裁、引受事業者委員会、投資信託会社協会（the Association of Investment Trust Companies）、英国保険協会、会計士団体諮問委員会（the Consultative Committee of Accountancy Bodies）、ロンドン決済銀行委員会、英国産業連盟、発行事業者協会、全国年金基金協会、証券取引所理事会、ユニット・トラスト協会（the Unit Trust Association）の代表者、更に証券取引所上場審査委員長（the Chairman of the Quotations Committee of the Stock Exchange）によって構成された。同委員会の主たる目的は、証券業界の高度な倫理基準の維持や、業界内で申し立てられた不正行為や行動規範違反の調査、既存の運営規則や機構の効率性の精査等とされていた。

これに伴い、従来、シティ作業部会が担当していたシティ・コードの修正及び改訂は、CSI の市場委員会（Markets Committee）の所轄とされ、CSI がコードに対して責任を負う立法機関となる一方、パネルはシティ・コードの運営と解釈を担う執行機関となった[420]。

この CSI が存続期間中に成した革新的な活動の一つとして、1981年12月に

---

[418] Johnston, supra note 15, p142.
[419] id., p144.
[420] id., p116-118.

第1節　CSI設立とSARsの制定

発行された株式大量取得規則（Rules Governing Substantial Acquisitions of Shares、以下、SARsという）の制定が挙げられる[421]。

　SARsは、ブローカーを市場に送り込み、市場開始数分内に市場価格を超える高い価格で企業の30％以上の株式を買い漁る一連の憂慮すべき英国公募会社株式の大量買占め（dawn raids）に対応すべく導入されたものである。1980年2月に起きたAnglo／De Beers社によるConsolidated Goldfields社（以下、CG社という）株式の買占めでは、Anglo／De Beers社のブローカーが早朝、顧客やジョバーに市場でCG社株式を大量に取得するよう連絡し、10時までに同社株式1650万株を616ペンスで取得した後、取得を停止したと言う。取引開始時のCG社の株価は前日の終値525ペンスに対し、615-617ペンスを付けていたが、ブローカーの取引停止後、株価は数分間のうちに下落、当日の終値は510ペンスとなった[422]。Anglo／De Beers社は事前に様々な名義を通じ、CG社株式の13％を取得しており、当該買占めにより更に12％を取得したが、30％を超えないため、シティ・コードの強制公開買付義務の適用対象外となっていた。

　このような申込に応ずることができるのは、事実上、機関投資家のみであり、株主間に不公平を生ずるとして、かかる速度で行われる株式の大量買占めに批判が高まった。これを受けて制定されたSARsの目的は、議決権株式等の所有割合を15％以上30％未満まで増加させる速度を制限する点に置かれていた。従って、SARsはコードが対応する正式な申込を表明した者等には適用されない[423]。

　SARsの規則1において、議決権株式ないし株式にかかる権利の取得後の所有割合が、すでに取得済みの議決権株式等と合わせ、15％以上30％未満となる者は、7日以内に5％以上の株式等を取得することが原則として禁止され、その取得割合は1985年4月に発行されたSARs第2版において10％に変更された[424]。また、規則3により、株式等を取得した結果、15％以上の議決権を取得した者、またはすでに15％以上の議決権株式等を所有しており、かかる取得により1％単位で数値が増加した者は、当該企業及び証券取引所に取得の事実

---

[421]　Schmitthoff, supra note 12, paras. 82-32 and 82-33.
[422]　The Panel on Take-overs and Mergers, Report on the Year ended 31st March, 1980, p4.
[423]　Begg, 2nd ed., supra note 388, para. 9.60-9.65, Schmitthoff, supra note 12, para. 82-33.
[424]　id., para. 82-33.

と合計所有株式数等を、取得日から12営業日以内に通知するよう求められた[425]。

第2節　有価証券上場規則の改正と証券取引所の地位の変遷

　1973年、パネルと並ぶ英国の代表的自主規制機関であるロンドン及び各地の証券取引所は合併により統合され、名称を連合王国・アイルランド証券取引所（the Stock Exchange of the United Kingdom and Ireland、以下、単に証券取引所という）と改めた[426]。これに伴い、証券取引所理事会による有価証券上場規則（Admission of Securities to Listing）が、英国・アイルランド証券取引所連合の有価証券上場規則に代わり、会社が発行する有価証券の上場や発行会社が遵守すべき事項を規定することとなった。

　上場企業は従前より、有価証券上場規則において、資金調達のため既存株主以外に株式等を発行する際に、株主総会の承認を得るよう要請されていたが、1979年4月の有価証券上場規則の改正において、当該要請が既存株主の株式所有比率に比例した株式の発行でない場合に適用されることが明示された。同時に、上場企業の主要子会社が親会社及びその他の株主の所有比率を著しく希薄化する株式の発行を行う場合にも、当該企業の株主総会の承認を要するものとされ、主要子会社はグループの連結純資産または税引前営業利益の25％以上を担う会社と規定された[427]。

　また、1976年の有価証券上場規則において、資産の取得・換金規模を規定する基準に照らし、上場会社が取引する資産の価値や当該資産に帰属する純利益等が当該企業のそれの25％以上に当たる場合には、株主総会の承認を要する旨が定められた。1979年には、買収企業及び買収対象企業それぞれの総資本（gross capital）に基づく基準が追加され、総資本は公表直前の株式資本の時価総額や流動負債以外の負債等に基づき算出されるものとされた[428]。その後、

---

[425]　SARs, Rule 1, 2 and 3 in Begg, 2nd ed., supra note 388, Appendix 7, A 7.23-A 7.24.
[426]　Pennington, supra note 283, p13、青木・前掲注（354）133頁。
[427]　Authority of The Council of the Stock Exchange, Admission of Securities to Listing, April 1979, Listing Agreement, para. 13（ⅰ）-（ⅱ）in Weinberg and Blank, 4th ed., supra note 237, p744.
[428]　id., Acquisitions and Realisations, para. 17 in Weinberg and Blank, 4th ed., supra note 237, p754.

第2節　有価証券上場規則の改正と証券取引所の地位の変遷

　1992年の有価証券上場規則において、資産の取得・換金取引規模を示すクラスにスーパークラス1の区分が新設され、上記の25％以上の取得・換金取引がこれに位置付けられた[429]。

　一方、自主規制機関として英国証券市場の運営に責任を負ってきた証券取引所を取り巻く環境は、取引カルテルの抑制と競争促進を目的とした1976年制限的取引慣行（サービス）命令[430]が、証券取引所を適用対象としたことを機に、1970年代後半から大きく変化し始めた。1978年6月、証券取引所の規則集を調査した公正取引局（the Office of Fair Trading）は、最低委託手数料の固定制度や、ブローカー及びジョバーの単一資格制度（single capacity system）[431]、取引所会員制度の閉鎖性等につき、競争制限的な取引慣行に該当すると判断、これに同意しなかった証券取引所は提訴され、制限的取引慣行審判所（Restrictive Practices Court）の審査を受けるに至った。

　1983年7月、証券取引所は最低委託手数料固定制度と会員事業者の参入障壁撤廃、取引所理事会への非会員理事の導入を1986年末までに実行することと引き換えに、審判所が取引所規則集等を同法令の適用除外とし、審査を終了させることで和解、事実上、政府の規制を受け入れることとなった。この最低委託手数料の撤廃が1986年10月の証券市場の大改革、いわゆる金融ビッグ・バンの端緒となる[432]。

---

[429] Authority of The Council of the Stock Exchange, Admission of Securities to Listing, April 1992, Section 6, Acquisitions and Realisations; Take-overs and Mergers, Chapter 1,Acquisitions and realizations, 2. Classifications of Transaction, 3. Super Class 1 Transaction in Weinberg and Blank, 5th, ed., supra note 207, paras. 8057-8061.

[430] The Restrictive Trade Practices (Services) Order 1976, SI 1976/98. 同命令は1956年限制的取引慣行法（Restrictive Trade Practices Act 1956, c. 68）に基づき発せられた。

[431] 1908年来行われていた単一資格制度の下、取引所会員である事業者は①自己勘定での取引が認められず、投資家の注文をジョバー（jobber、仲買人）に取り次ぐブローカー（broker、仲介事業者）と、②自己勘定での取引を認められているが、ブローカー以外との取引ができないジョバーに分けられ、両者の兼営が禁止されていた。G. Cooper and R. J. Cridlan, Law and Procedure of The Stock Exchange, 1971, p5、林・前掲注(417)124頁。

[432] 森田・前掲注(414)16-17頁。前田・前掲注(21)111頁、中村俊夫「英国金融サービス法について（上）」証券投資信託月報323号8-9頁（1989年）（以下、中村1と表記する）。なお、狭義のビッグ・バンは証券取引所の委託手数料の自由化、ブローカー・ジョバーの単一資格制度の廃止、コンピュータを利用した証券取引自動気配情報（Stock Exchange Automated Quotation）システム及びマーケット・メイカー制度の導入等を指すが、より広義には、1986年3月のブローカー・ジョバーへの資本参加制限の撤廃や

加えて、金融・証券市場分野において採択されたEC指令も、自主規制を中心としてきた英国の証券規制の枠組みに少なからず影響を及ぼすこととなった。米国が1930年代に連邦証券規制を確立し、公募発行される証券を規制対象としてきたのに対し、欧州の証券取引規制は伝統的に取引所規則として発展してきた経緯があり[433]、EC域内の金融・証券市場制度の調和は、証券取引所の上場基準及び開示規制の統一から始められた。前述の公的証券取引所への上場認可基準の統一に関する指令や上場明細書類に関する指令、公的証券取引所に上場する企業の定期的情報開示に関する指令は、この取組みの一環として採択されたものである。

　これらの指令において加盟各国は、証券の公的証券取引所への上場許可を決する国家機関ないし監督官庁（the competent authorities）を指定し[434]、当該官庁を通じ、上場企業に対する各指令の要請を確実に履行するよう求められた。そこで英国ではこれら指令の実現を図るべく[435]、1984年証券取引所（上場）規則[436]により証券取引所理事会（the Council of the Stock Exchange）を監督官庁に指定し、指令が要求する全権限を付与した[437]。証券取引所理事会に制定法による根拠と地位が与えられたことにより、これまで純然たるシティの自主規制であった証券取引所の上場規則は、制定法の枠組みにおける自主規制として、新たな位置付けを得ることとなった[438]。

　上場明細書類に関する指令を受け、証券取引所は1984年11月の有価証券上場規則の改正において、収益上の取引や通常の営業過程における投資取引を除く、

　　法人への取引所会員権の解放等、一連の証券制度改革を言う。反勝彦「ビッグ・バン後のシティの新しい規制体制―― TSA（英国証券業協会）業務規則案における利益相反への対応――（上）」資本市場29巻41-42頁（1988年）。
[433]　大崎貞和「EUにおけるディスクロージャー制度統一の動き――継続開示義務の統一に関する指令案を中心に――」資本市場クォータリー2003年夏1-2頁。
[434]　Council Directive 79/279/EEC, Article 9.
[435]　Rider et al., supra note 83, para. 801.
[436]　The Stock Exchange (Listing) Regulations 1984, SI 1984/716.
[437]　The Stock Exchange (Listing) Regulations 1984, reg. 4 (1).
[438]　Gowerは1983年11月に提出した「投資者保護の再検討に関する報告書」において、私的見解であるとした上で、1983年7月の証券取引所と審判所の和解と、これらEC指令の履行は、証券取引所を私的クラブから法的規制の枠組み内における認可自主規制機関へと転換する重要な一歩になると述べている。L. C. B. Gower, Review of Investor Protection, Report : Part 1 (hereinafter referred to as Gower report), January 1984, Cmnd. 9125, para. 5.06. 本報告書については次節参照。

第2節　有価証券上場規則の改正と証券取引所の地位の変遷

資産や事業等の取得や処分等において、既に上場している株式または債券の総額10％以上を発行する場合には、上場明細書類を要する旨の規則変更を行った。また、買収や合併の対価の全部または一部が、上場株式を10％以上増加させる株式により構成される場合にも、同様に上場明細書類を要するものとした[439]。これは、1948年総括会社法において、株式または社債の公募（証券取引所での取引認可申請を行う場合を除く）に当たっては目論見書[440]の発行が求められていたところ[441]、1955年11月の Union-Castle Mail Steamship 社及び Clan Line Steamers 社への株式取得申込事案において、株式等を対価とする申込の勧誘状は現金と引き換えに株式の引受を誘引するものではなく、且つ公衆に配布されるものではないため、目論見書に該当しないと判示されて以来[442]、1985年法60条規定の公募に関する例外の一つと考えられてきた、買収対価として発行される証券の申込に、新たな開示書類を要請するものである[443]。

また、1980年会社法以前から証券取引所が上場企業に要請していた、株主の新株引受権に関しては、従来と同じく、株主が他の特定の提案を承認しない限り、第一義に既存株主の所有比率に比例した申込を行うこととされたが、提案の承認は、新株引受権を適用しない権限の授権期間を５年以内とする会社法所定の期間を、発行前15ヶ月以内に縮減して、あるいは特定の発行に先立つ承認の形で、行うことが可能とされた[444]。

この株主の新株引受権については、1987年２月、上場企業や機関投資家等の代表者で構成される証券取引所主催の新株引受権グループ（Pre-emption Group）から、新株引受権ガイドライン（Pre-emption Guidelines）が発表された[445]。本ガイドラインの目的は、企業と投資家に1985年総括会社法95条の新

---

[439] Authority of the Council of The Stock Exchange, Admission of Securities to Listing, New loose leaf ed., November, 1984, Section 6, Acquisitions and Realizations; Take-overs and Mergers, Chapter 1-Acquisitions and realisations, 8. General, 8.1.

[440] 1948年法455条において目論見書は、公衆に会社株式または社債の引受けまたは購入を申し入れる目論見書、通知、勧誘状、公示その他の誘因と定義されている。

[441] Companies Act 1948, §38‑§39.

[442] *Governments Stock and Other Securities Investment Co Ltd and Others v Christopher and Others* [1956] 1 All ER 490.

[443] Begg, supra note 343, para. 9.106.

[444] Authority of the Council of the Stock Exchange, supra note 439, Section 1, Admission of Securities to Listing, Chapter 2, Basic Conditions to be fulfilled by an applicant, 15. Pre-emptive rights.

[445] 新株引受権グループは2005年に再構成され、ガイドラインも2006年５月に差し替えら

株引受権が適用されない状況に関する理解の基礎を提供することにあるとされ、英国保険協会及び全国年金基金協会の投資委員会（the Investment Committee of the ABI and the NAPF）がガイドライン適用の疑義について協議に当たるものとされた[446]。

新株引受権ガイドラインは、証券取引所が上場企業による新株引受権の不適用につき、1年ごとに株主総会特別決議に基づく承認を得るよう、要請し続けるものとし、株主割当による以外の発行株式数を、普通株式資本の5％を超えない株式数に制限する条件の下、新株引受権を1年間適用しないとする株主総会決議を承認するよう勧告している。上場企業は授権された当該権限を3年間累積することができるが、3年間に行使できる新株引受権以外の方法による株式発行権限は、発行済普通株式資本の7.5％までとされた。毎年授権される新株引受権不適用範囲を超える株式の発行については、常に株主総会特別決議による承認が要求された[447]。同ガイドラインは1986年8月に行われた既存株主の新株引受権を希薄化する証券取引所の規則改正と、これに反対する機関投資家の妥結の結果であり、国際資金の影響力と柔軟且つ迅速な資金調達を希望する企業側の圧力が、株主割当発行の弱体化につながったことを物語る[448]。

なお、証券取引所は金融ビッグ・バンに先立ち、1986年9月に、ロンドンでユーロ債や外国株式の店頭取引を行っていた国際証券規制機関（International Securities Regulatory Organization）と合併し、1985年法上の有限責任の私会社に改組の上、英国・アイルランド国際証券取引所（the International Stock Exchange of the United Kingdom and the Republic of Ireland Ltd.、引き続き、証券取引所という）と改称する一方[449]、会員事業者の対顧客監督機能を分離し、証券業協会（the Securities Association 以下、TSA と表記する場合がある）に移管した[450]。

れている。http://www.pre-emptiongroup.org.uk/principles/index.htm
[446] The Monopolies and Mergers Commission, supra note 381, p50.
[447] Pre-emption guidelines, 1.1, 1.2, 2.1, 6.1 in The Monopolies and Mergers Commission, supra note 381, Appendix 3.1.
[448] D. F. Lomax, London Markets after the Financial Services Act, 1987, p93-94.
[449] 吉川真裕「株式市場」日本証券経済研究所編『図説 イギリスの証券市場〔2005年版〕』68頁（日本証券経済研究所、2005年）。
[450] 小林1・前掲注(9)22頁、吉川・前掲注(449) 70頁。TSA は金融サービス法の指定代理機関である証券投資委員会の要請に従い、証券取引所から分離・設立された自主規制機関である。中村1・前掲注(432) 7頁。証券投資委員会については本章第4節参照。

第3節　金融サービス法の成立

　制定法による証券規制は、1980年代初頭に起きた生命保険会社販売員等による手数料の高い商品の押込販売、認可事業者の不祥事や倒産[451]、商品先物取引に代表される新たな投資商品の増加等[452]により、投資家保護の必要性が強く要請されたことから、新たな展開を迎えた。

　商務省（State for Trade）は1981年7月、今日投資家から求められている法的保護の検討や新たな立法についての助言を、サザンプトン大学のGower教授に委嘱するとともに[453]、認可証券取引事業者（業務）規則の改正に着手した。1983年4月に制定された新たな認可証券取引事業者（業務）規則[454]は、証券規制にチャイニーズ・ウォール（chinese wall）[455]を始めとする斬新な概念を導入した点において進展が見られたものの、実際的な制裁措置に欠けていた[456]。

　一方、委嘱を受けたGower教授は1981年の末に「投資者保護の再検討」と題した討議文書を[457]、1983年11月には「投資者保護の再検討に関する報告書」を提出した[458]。貿易産業省（Department of Trade and Industry）は1985年1月、本報告書の勧告をもとに「英国における金融サービス－投資者保護の新しい枠組み」と題した白書を発表し[459]、同年12月に金融サービス法案を議会に提出した。

---

[451] 1981年2月、投資顧問会社 Norton Warburg が顧客の預り金を流用した上、倒産した他、中小の投資顧問会社数社が倒産した。Lomax, supra note 448, p3-4.

[452] 中村１・前掲注(432) 9頁、中村俊夫「英国金融サービス法について（中）」証券投資信託月報325号36-37頁（1987年）。

[453] Gower report, supra note 438, para. 1.01.

[454] The Licensed Dealers (Conduct of Business) Rules 1983, SI 1983/585. 本規則により1960年認可証券取引事業者（業務）規則は廃止された。

[455] チャイニーズ・ウォールとは、ある業務に従事する者が知り得た情報を他の業務に従事する者が利用できないよう、また、各部署の意思決定が他部署の利害に関係なく行われると認められるよう行われる部署間の情報規制措置を言う。The Licensed Dealers (Conduct of Business) Rules 1983, rule 2, Rider, et al.,supra note 83, para. 614.

[456] id., p6, para. 112.

[457] Gower discussion document, supra note 414.

[458] Gower report, supra note 438.

[459] Department of Trade and Industry, Financial Services in the United Kingdom-A New Framework for Investor Protection, January 1985, Cmnd 9432.

1985年の白書は、パネルを「英国証券市場の重要な領域において機能している自主規制の優れた一例」と評価し、現状のまま継続することが望ましいとの見解を示す一方で、CSIについては、より強力な管理体制が必要であるとして、存続させる意思のない旨を示唆していた。かくして、CSIは1985年10月に活動を中止し、翌年3月末日を以って解散した[460]。

Gower教授が討議文書を発表した当初、シティの反応は冷ややかで、従来、自主規制で十分対応してきた分野の変更は不要であり、規制が全く行われなかった分野のみ行えば良いという態度であったとされる。しかし、1983年の新規則による認可事業者資格取得の厳格化や、証券取引所が政府との和解により政府の規制を受け入れ、ビッグ・バンに向かう中、その態度は大きく変化し[461]、金融サービス法案は幾多の修正を経つつ、1986年10月に成立した。

全10編212条で構成される金融サービス法は、1958年詐欺防止（投資）法の規制体系を廃し、証券取引のみならず、生命保険や投資信託、商品先物取引等の投資関連業務を含む広範な投資業務（investment business）を包括的に規制する体制を新たに導入するものであり、投資業務を行う事業者の経営の健全性を求める目的から、第1編「投資業の規制（Regulation of Investment Business）」の条文がその過半を占めている[462]。従来、詐欺防止（投資）法が規制してきた内容は、改訂の上、金融サービス法第1編第5章「業務の運営

---

[460] Geoffrey K. Morse, End of the Council for the Securities Industry, The Journal of Business Law, (May 1986) 234.

[461] ビッグ・バンと金融サービス法の関係については大別して二説あり、一方はビッグ・バンを金融サービス法制定の契機とし、他方は相互に関連はあるものの、基本的には別個の設立背景を有するとする。前者はビッグ・バンにより、利益相反の可能性が増大し、内部者取引や相場操縦等への効果的な規制が、市場の公正さと信頼性確保に不可欠であったとして、金融サービス法下の規制体制について論じている（反・前掲注(432) 40頁以下、反勝彦「ビッグ・バン後のシティの新しい規制体制—— TSA（英国証券業協会）業務規則案における利益相反への対応——（下）」資本市場30巻13頁以下（1988年））。後者はビッグ・バンが1976年制限的取引慣行（サービス）令に、金融サービス法が1970年代半ばからの政府の証券市場監督体制の検討に、それぞれ端を発していることから、別個の起源を有するとしているが、前者同様、単一資格制度の廃止や金融事業者のコングロマリット化に伴う事業者と投資者間の利害対立への監視、投資家保護の必要性等の点において、相互の関係を認めている。中村1・前掲注(432)8-9頁、Rider et al., supra note 83, para. 211.

[462] 中村俊夫「英国金融サービス法について（下）」証券投資信託月報329号21頁（1988年）（以下、中村2と表記する）。

(Conduct of Business)」に取り込まれた[463]。

一方、第4編「証券の公式上場（Official Listing of Securities）」は1984年証券取引所（上場）規則を取り込み、証券取引所に公式に上場する証券の認可を規制するものであり、第5編「非上場証券の勧誘申込（Offers of Unlisted Securities）」は1985年総括会社法の目論見書の規定と1958年詐欺防止（投資）法等を代替する[464]。これにより、上場証券と未上場証券で異なっていた規制制度は、上場証券に対する規制に基づき調整されることとなった。また、第6編「株式の取得申込（Takeover Offers）」は、1985年法428-430条の少数株主からの株式強制買取規定を改正するものとなっている[465]。

第4節　金融サービス法の規制体系

金融サービス法は、第1編第3章により認可される者または第4章により適用除外される者以外の者が、英国において投資業を営み、あるいはこれを目的とすることを禁止する[466]。同法1条第1項において、投資とは第1附表第1編に含まれる資産、権利または利益と定義されており[467]、第1附表第1編には①株式会社の株式、②社債等、③公共債、④上記の引受権等、⑤証券を表彰する証書、⑥集団投資スキームのユニット、⑦投資、通貨、金、銀等のオプション、⑧商品等の先物、⑨価値や価格変動を参考に、利益確定や損失回避等を目的として締結される契約に基づく権利、⑩長期保険契約、⑪以上の投資にかかる権利または利益が列挙されている。

一方、投資業は、第1附表第2編に含まれ、第3編によって除外されていない1以上の活動に従事する営業とされ[468]、第1附表第2編には⑫本人（principal）または代理人として行う投資の売買・引受け等、⑬他人が投資の売買・引受け等を行うための手配等、⑭他者に帰属する資産の管理、⑮売買・引受け等のメリットに関する投資家への助言、⑯集団的投資スキームの設立・運営・解散が、投資業を構成する活動として挙げられている。除外される第1

463　1958年詐欺投資(防止)法13-14条は、金融サービス法47-57条に代替された。
464　Rider, et al., supra note 83, para. 801.
465　Rider, et al., supra note 83, para.826.
466　Financial Services Act 1986, §3.
467　Financial Services Act 1986, §1 (1).
468　Financial Services Act 1986, §1 (2).

附表第3編の活動には、認可されない者が認可事業者や適用免除事業者等を介して行う自己勘定取引や、同一グループ内の法人や合弁事業の関係者を相手方とする取引、商品販売やサービスの供給に伴う取引、従業員持株制度の運営に関する会社の取引、私会社株式の売買、実質的所有者の指示のみに従う受託者や私的管理人による取引等があり、その他、認可を要する投資活動のうち、国務大臣の許可により行われる本人としての限定的な活動や、弁護士等の専門家、あるいは新聞・雑誌等の刊行物による投資の助言等については適用から除外された[469]。

金融サービス法の規制体制は主務大臣[470]と、主務大臣の命令によりその権限を委任される指定機関（designated agency）[471]、主務大臣ないし指定機関から認可を受けた認可自主規制機関（recognized self-regulating organization、以下、RSROと表記する場合がある）[472]及び認可専門家団体（recognized profession bodies、RPBと表記する）[473]の三層で構成される。

主務大臣から権限を委譲される最初の指定代理機関、証券投資委員会（Securities and Investment Board、以下、SIBという）[474]は、民間の保証有限責任会社で、認可申請にかかる手数料（application fees）やRSROやRPB、認可投資取引所や認可決済機関等、認可された機関からの定期的手数料により運営

---

[469] 森田・前掲注(414)19-20頁。

[470] なお、金融サービスは当初、貿易産業省の所管であったが、1992年6月以降、大蔵省に移管された。斉藤美彦「英国金融サービス・市場法について」金融2000年11月号3頁（全国銀行協会）、林・前掲注(417)120頁。

[471] Financial Services Act 1986, §114 (1),(3).

[472] Financial Services Act 1986, §9. 認可自主規制機関には証券業協会、先物ブローカー・ディーラー協会（the Association of Futures Brokers and Dealers）、証券事業者投資顧問協会を前身とする金融仲介マネージャー・ブローカー規制協会（the Financial Intermediaries Managers and Brokers Regulatory Association）、投資顧問規制団体（the Investment Management Regulatory Organization）、生命保険ユニット・トラスト規制機関（the Life Assurance and Unit Trust Regulatory Organization）がある。Rider et al., supra note 83, para. 307、森田・前掲注(414)20頁。なお、証券業協会と先物ブローカー・ディーラー協会は1992年に合併して証券先物委員会（Securities and Futures Authority、SFA）となり、金融仲介マネージャー・ブローカー規制協会と生命保険ユニット・トラスト規制機関は1994年の統合により個人投資委員会（Personal Investment Authority）となった。これらの自主規制機関は後に、SIBの改組によって発足した金融サービス機構に順次統合された。これについては本章第6節参照。

[473] Financial Services Act 1986, §17.

[474] Financial Services Act 1986, §114 (2).

第4節　金融サービス法の規制体系

された[475]。

　SIB は米国の連邦証券取引委員会（Securities and Exchange Commission）を範としてはいるが、米国では1934年連邦証券取引所法制定以来、証券取引委員会が規制機関として自主規制機関の監督を行ってきたのに対し[476]、SIB は、主務大臣から本法に基づく権限を委譲される点で従来とは異なるものの、シティが設立し、シティの業界関係者が大半を占める管理機関によって運営される民間の自主規制機関であり[477]、SIB は RSRO や RPB が定める規則を通じて機能する。英国の金融・証券規制は金融サービス法により、制定法に基づかない自主規制から「制定法の枠組み内の自主規制（self-regulation within a statutory framework）」へと移行し、政府規制機関による自主規制機関への監督強化が図られたが、その体系においてはなお、英国の伝統的規制方法が維持されたと言える[478]。

　SIB には自主規制機関及び専門家団体の認可やその取消を始め[479]、直接申請者の認可[480]、EC 加盟国の認可事業者の認可取消や停止[481]、証券取引所及び決済機関の認可[482]、RSRO 規則の変更権限[483]、直接認可事業者の投資業務や投資家への補償基金、顧客から預かった金銭の分別に関する規則制定権[484]、認可事業者に対する情報収集や投資業務に関する調査権[485]、刑事上の訴追権[486]等の諸権限が委譲された。

475　Financial Services Act 1986, §112-113, Rider et al., supra note 83, para. 304.
476　前田・前掲注(21)103-104頁、113-114頁。
477　中村２・前掲注(462)16頁。指定機関の理事会（Governing body）及び理事会構成員は貿易産業大臣及びイングランド銀行総裁により指名されるが、理事会構成員には指定機関の機能に関連する投資事業の経験者と、自己の勘定等で投資事業者のサービスを利用するユーザーを含むこととされ、事業者・公衆夫々の利害の間に適切なバランスを確保するような理事会構成が求められていた。Financial Services Act 1986, Schedule 7, para. 1 (2)(3).
478　Department of Trade and Industry, supra note 459, para. 5.1、前田・前掲注(21) 113頁、115-117頁。
479　Financial Services Act 1986, §7-§11, §15-§19.
480　Financial Services Act 1986, §25-§30.
481　Financial Services Act 1986, §33-§34.
482　Financial Services Act 1986, §36-§39.
483　Financial Services Act 1986, §13.
484　Financial Services Act 1986, §48, §54-§55.
485　Financial Services Act 1986, §104-§106.
486　Financial Services Act 1986, §201.

一方、投資業の認可から免除する基準の適用拡大や制限にかかる権限[487]、認可事業者以外の投資の公示（investment advertisement）[488]を禁止する規定の適用除外[489]、金融サービス審判所（the Financial Service Tribunal）の陪審員に関する権限[490]等は、国務大臣から指定機関へ委任できないものとされ[491]、非上場証券の募集の公示（advertisement offering securities）[492]についても貿易産業省の管轄下に置かれた[493]。

金融サービス法は主務大臣より諸権限を委譲される民間機関SIBを管理する方策として、委任命令による主務大臣への委譲機能の回復、貿易産業大臣及びイングランド銀行総裁による理事長及び理事会構成員の指名・解任、委任された機能の遂行にかかる主務大臣への年次報告書の提出義務を規定している[494]。また、SIBの認可申請の拒絶や取消、停止、認可事業者の事業や資産取引等の禁止等にかかる通知は、通知受領者から主務大臣に対してなされる要求に基づき、金融サービス審判所（the Financial Services Tribunal）に照会され、審査を受ける他、指定機関であるSIBと監督官庁である証券取引所理事会の作為ないし不作為は、民事事件を扱う上級審である高等法院（the High Court or the Court of Session）の司法審査に服する旨が定められている[495]。

投資業にかかる認可方法は、SIBによる直接認可[496]の他、RSROの会員となる方法による間接認可[497]の2種類がある。自主規制機関はSIBの規則と同等の投資家保護規則を定め、当該規則を遵守するための監視措置の整備を行わ

---

[487] Financial Services Act 1986, §46.
[488] 投資の公示とは、投資契約の締結またはその申込、投資の取得・処分・引受け・転換を行う権利行使を誘引する公示、ないしは直接または間接にかかる行為を誘引することが予想される情報を含む公示を指す。Financial Services Act 1986, §57 (2).
[489] Financial Services Act 1986, §58 (3).
[490] Financial Services Act 1986, §96。金融サービス審判所の陪審員は、大法官及び国務大臣によって指名されるものとされていた。
[491] Financial Services Act 1986, §114 (5).
[492] 証券募集の公示とは、証券の申込、取得、引受けを目的とする契約の締結を誘因する公示、ないしは直接または間接にかかる契約締結を誘引することが予想される情報を含む公示を言う。Financial Services Act 1986, §158 (4). この場合の証券とは、第5編「非上場証券の勧誘申込」が適用される投資を指す。Financial Services Act 1986, §158 (3).
[493] Financial Services Act 1986, §160 (7).
[494] Financial Services Act 1986, §115, §117 (1), Schedule 7, para. 1 (2).
[495] Financial Services Act 1986, §115, §96 - §98, §188.
[496] Financial Services Act 1986, §25.
[497] Financial Services Act 1986, §7.

なければ、RSRO として認可されず[498]、RSRO はそれぞれが規定する投資業に関してのみ認可を与える[499]。会計士や弁護士等の専門家は RSRO が発行する証明書（certificate）の取得によって認可を受ける[500]。

認可を免除される者には、イングランド銀行、ロイズ保険組合（the Society of Lloyd's）、イングランド銀行の指定金融機関（listed money market institutions）、指定代理人（appointed representatives）等があり[501]、投資取引所（investment exchanges）及び決済機関（clearing houses）は主務大臣ないし SIB の認可により、免除事業者となる[502]。証券取引所は1988年、本法下の認可投資取引所（recognized investment exchange）として認可を受けた。

一方、パネルは1987年5月の金融サービス（情報開示）（指定規制機関第2）命令において、その職務に関する権威に指定され[503]、シティ・コードと SARs の改訂や運営に従事することとなった[504]。

第5節　金融サービス法による証券発行規制の一元化と1985年会社法の改正

金融サービス法第4編「証券の公式上場」及び第5編「非上場証券の勧誘申込」は、先の「投資者保護の再検討に関する報告書」において、Gower 教授が改正・現代化の上、他国と同様に会社法から証券法に移行させるべきと提言していた、証券発行にかかる会社法の規定を取り込み、上場・非上場の別により、別個に規制されていた証券発行規制を一元化するものである[505]。これにより未上場証券に対しても上場証券同様の規制が行われることとなった。

498　Financial Services Act 1986, §10.
499　従って、各事業者は業務内容に応じ、投資営業の類型ごとに認可を得ることを要する。森田・前掲注(414) 21頁。
500　Financial Services Act 1986, §15.
501　Financial Services Act 1986, §35, §42 - §45.
502　Financial Services Act 1986, §36 - §39.
503　The Financial Services (Disclosure of Information) (Designated Authorities No.2) Order 1987, SI 1987/859, art. 2 (c).
504　Begg, 2nd, supra note 388, para. 15.32, Rider et al., supra note 83, para. 305.
505　Gower report, supra note 438, para. 9.01, 9.36 (a)。Gower は買収や内部者取引に関する規定についても会社法から証券法に移管すべきと提言していたが、これらの移行は実現されず、金融サービス法第6編及び第7編により1985年総括会社法及び1985年会社証券（内部者取引）法が改正されるに止まった。

従来、1948年総括会社法39条は、証券取引所に取引認可申請がなされた一般公募株式及び社債につき、証券取引所より、これら証券の発行規模や詳細、申込者の数や種類に関する提案が、会社法の目論見書法定記載事項及び付属報告書の記載事項等を定める第4附表に準拠している旨を確認する免除証書（a certificate of exemption）が与えられ、上記提案の遵守と、証券取引所の認可申請に伴い要求される詳細な情報が公表されることを条件に、会社法第4附表の要件を充足したものと見なして、1948年法38条規定の目論見書及び付属報告書作成等にかかる要件を適用しないものとしていた。かくして、上場申請した証券の発行にかかる審査や目論見書の要件等については、証券取引所がその規則に基づいて規制を行っており、1948年法39条はその後、1984年証券取引所（上場）規則に代替されていた。

会社法の目論見書規定は金融サービス法への移管に伴い、廃止され、未上場証券の募集の公示は、公募であるか否かに関わらず、金融サービス法第5編の規定に従うこととなった[506]。そのため、買収対価として発行される未上場証券についても、上場証券同様の開示と登録が要請されることとなった[507]。

一方、金融サービス法第6編「株式の取得申込」172条により、1985年総括会社法428-430条の少数株主の所有株式に対する強制買取権及び少数株主からの株式買取請求権規定が、金融サービス法第12附表の規定に置き換えられ、改正や充実が図られた。

まず、新428条第1項において、株式取得申込（takeover offers）の定義が会社法に初めて設けられ、株式取得申込は、会社の株式またはある種類の株式全てを取得する申込であって、関係する全株式（異なる種類の株式が含まれる場合には各種類の全株式）に、同一の条件が申し込まれるものと規定された。申込条件は関連する種類の全株式に対して同一のものとして扱われるが、英国以外の国の法律により、申込条件に指定される対価が除外される等の場合には、条件の変更が認められた[508]。

また、株式強制買取権を規定する429条第8項において、取得申込を行う者が申込期間中に対象株式を市場その他で取得ないし取得する契約を締結し、かかる対価の価値が申込条件の価格を超えない場合には、申込の受諾により当該

---

[506] Financial Services Act 1986, §158 - §171.
[507] Rider et al., supra note 83, para. 802.
[508] Companies Act 1985, §428 (1),(3)-(4),(8).

第5節　金融サービス法による証券発行規制の一元化と1985年会社法の改正

株式を取得したものとする旨が明示された[509]。

この他、430C条第1項において、裁判所が所有株式の強制買取に対する少数株主からの異議申立に関し、当該株式の買取権限を認めない命令に加え、申込条件とは異なる取得条件を指定する命令を行い得る旨が規定された。また、2名以上の者が共同して申込を行う場合にも、申込者の強制買取権や少数株主の買取請求権が認められ[510]、買取の対象は株式のみならず、転換社債や従業員へのストック・オプションのような株式の引受権にまで拡大された[511]。更に、(a) 申込者の名義人、(b) 親会社・子会社・兄弟会社及びその名義人、(c) 申込者が実質的に関与する会社、(d) 対象株式を取得するため申込者と契約を行った契約当事者またはその名義人であって、当該契約が204条第2項(a) 規定の株式共同所有者としての義務や制限を課す条項を含む場合には、取得申込者に準ずる者（associates）として、所有する対象株式に申込が拡張されないことや、当該人物が申込期間中に取得した対象株式が、429条第8項の条件を満たす場合には、その株式が申込に関連する株式として扱われる旨等が明示された[512]。

第6節　2000年金融サービス市場法の制定と規制体系の転換

ビッグ・バン後の金融の国際化や革新の進展、競争激化に伴い、英国金融業界では銀行による証券事業者や投資銀行の買収、大手銀行の再編、住宅金融組合の銀行への転換、流通事業者の銀行業務参入、銀行の保険業務への進出等により、従来の金融機関の分業体制が急速に崩壊し、コングロマリット化が進展した[513]。そのため、主務大臣から権限を委譲されたSIBの統治の下、業務内容により区分された5つの認可自主規制機関（RSRO）が各事業者の日常業務を規制する重層的な1986年金融サービス法の規制体系は、1990年代以降、度々その不備が指摘されることとなった。

同法の下、金融事業者は業務毎にRSROに加入し、その規制に従わなければならなかったため、投資業務の拡大に伴う金融事業者の負担増や、投資家が

---

[509] Companies Act 1985, §428 (8).
[510] Companies Act 1985, §430D.
[511] Companies Act 1985, §430F.
[512] Companies Act 1985, §430E (1)-(2),(4).
[513] 小林2・前掲注(416)83頁、斉藤・前掲注(470) 4 頁。

クレームを訴えるべき機関が不明確となる要因となった。また、同法は銀行業や保険業等を包摂しておらず、これらについては個別法に基づき、別の規制や監督機関が該当事業者を規制していたため、変貌著しい金融業界で発生した不祥事に際し、各監督機関が金融事業者の業務を部分的にしか把握できない問題が明らかとなってきた。

イングランド銀行の銀行監督権限と範囲は、1987年5月の改正銀行法[514]により拡大され、同行内部に銀行業務監督局（Board of Banking Supervision）が設置されていたが、コンピューターリース事業を営む兄弟会社 Atlantic Computers の破綻に端を発した1990年6月の British and Commonwealth Merchant Bank の破綻[515]や、1991年7月に表面化した多国籍銀行 the Bank of Credit and Commerce International のマネー・ロンダリング事件[516]、投資銀行 Barings Bank のデリバティブ取引に伴う巨額損失と1995年2月の破綻等は、銀行監督体制のあり方や銀行業務以外の業務を営む機関に対する監督能力に疑問を抱かせるものであった[517]。この他にも1990年代には、ロバート・マクスウェル氏による年金基金不正流用事件[518]や、ファンド・マネジャーによる未公開株式への不正投資事件[519]等、金融・証券不祥事が相次ぎ、金融サービスにかかる規制と監督権限を一元化し、金融監督の効率性を高めるべきとの見解が大勢となった。そこで、政府は金融・証券市場規制の抜本的見直しに着手

---

514 Banking Act 1987, c.22.

515 Patricia Jackson, Deposit Protection and Bank Failures in the United Kingdom, Bank of England, Financial Stability Review, Issue 01, Autumn 1996, 40.

516 1992年1月に破綻した the Bank of Credit and Commerce International は1972年に設立され、ロンドンを拠点に最盛期には約70ケ国約400支店を展開した大銀行であったが、ルクセンブルク国籍の会社であり、ルクセンブルク当局の監督下にあった。小林2・前掲注(416)84頁、Austin Mitchel, Prem Sikka, Patricia Arnold, Christine Cooper, and Hugh Willmott, The BCCI Cover-up, Association for Accountancy and Business Affairs, 2001, p2, p26.

517 Lords Hansard text for 21 Jul 1995 (150721-14), Banking Supervision, Hansard Volume No. 566, Column 541-557. 本貴族院議会議事録は英国議会ホームページ(http://www.parliament.the-stationery-office.co.uk/pa/ld199495/ldhansrd/vo950721/text/50721-14.htm) から入手可能。

518 本件はマックスウェル氏が、所有する企業の年金受託者理事長の地位を利用し、年金資産を企業投資に流用、流用先の破綻により、多くの従業員が年金を受領できない事態に陥った事件で、当該違法行為を看過していた監督機関の投資顧問規制団体を始め、同氏や同社の取引先である銀行・証券等の信頼失墜を招いたとされる。経済産業省『通商白書2003』34頁注21（2003年）、小林2・前掲注(416)85頁。

第6節　2000年金融サービス市場法の制定と規制体系の転換

するとともに、「制定法の枠組み内の自主規制」から「制定法に基づく規制システム」に転換する構想を発表、これを受け、2000年6月に2000年金融サービス市場法（以下、FSMAという）が成立した。

　FSMAは銀行・証券・保険を含む広範な金融サービス業務を規制対象とし、法定された単一の公的規制機関である金融サービス機構（FSA）が全金融サービス業を直接規制する体制に、1986年金融サービス法（以下、旧法という）の規制体系を変更するもので、旧法の改正法というよりは実質的な新法の意味合いを有していた。この新たな体制の構築に向け、FSMAの制定を待たずして事実上の金融監督制度改革が開始され、1997年10月、SIBの改組によりFSAが発足、翌年6月には1998年イングランド銀行法により銀行監督権限がFSAに移管された[520]。FSAは旧SIBを始め、個人投資委員会、投資顧問規制団体、証券先物委員会、イングランド銀行の検査・監督局、住宅金融組合委員会、財務省保険局、共済組合委員会、共済組合登記局の9つの規制機関を統合し、規制権限を引き継ぐとともに、専門職団体及びロイズ保険組合の監督をも担う機関となった[521]。

　FSAの規制目的は市場の信頼性、公衆の啓蒙、消費者の保護、金融犯罪の削減とされ[522]、これらの目的を達成するため、FSAには認可事業者の業務遂行にかかる一般規則（general rules）を始め、特定の種類の投資物件の価格安定や認可事業者による投資活動等への参加勧誘、マネー・ロンダリングの防止、認可事業者が保有する情報の管理等に関する特定規則（specific rules）の制定・変更・不適用にかかる権限[523]、規制業務に関する認可権限[524]、制裁金やステートメントの公表等を通じた制裁権限[525]、情報収集及び調査官による調査権限[526]、海外から参入している事業者に対する介入権限[527]、市場における

519　上田・前掲注(4)81頁、91頁注144、落合大輔＝林宏美「成立した英国金融サービス・市場法」資本市場クォータリー2000年秋8頁注6（2000年）。
520　Bank of England Act 1998, 1998 c.11, §21.
521　上田・前掲注(4)81頁、林・前掲注(417)120頁、須藤時仁「証券規制」日本証券経済研究所編『図説　イギリスの証券市場〔2005年版〕』170頁（日本証券経済研究所、2005年）。例外として自主規制に委ねられていたモーゲージ貸付業務及び損害保険仲介業務についても、2004年10月及び2005年1月からFSAの規制対象となった。
522　FSMA, §3 - §6.
523　FSMA, §138 - §148.
524　FSMA, §42（2）.
525　FSMA, §66. 認可事業者に対する懲戒措置については§205 - §211。

不正行為に対する制裁権限[528]、裁判所に違法行為の差止命令や不当利得の返還等の原状回復命令を申し立てる権限[529]、訴訟手続きを開始する権限[530]等が認められており、犯則事件に対し、実効性の高い処理を期待した体制が取られた[531]。

　SIB以上に強大な権限を持つFSAに対しては、従来と同じく、大蔵省がFSA理事長並びに理事の任免権を保持し、FSAに機能の遂行や目的達成状況に関する年次報告書の提出を義務付けただけでなく、大蔵省が任命した第三者に、FSAの機能遂行における資源の効率的活用を検証させ、年次報告書同様、書面による報告書を公開の年次総会に供するものとした[532]。また、FSAのコーポレート・ガバナンスに関しては、一般に認められた適正なコーポレート・ガバナンス原則（generally accepted principles of good corporate governance）を遵守する義務を始め、実務家や消費者と協議するための効果的措置を講ずる義務を課しており、認可事業者や認可投資取引所の代表者等を含む実務者パネル（the Practitioner Panel）及び消費者代表等から構成される消費者パネル（the Consumer Panel）の設置とパネルからの申入れの検討、申入れに同意しない場合の書面による理由の回答を求めている[533]。なお、FSMAに基づき、制定法上の権限を授権されるFSAは、保証有限責任会社形態の独立した非政府組織であり、その運営費用は主に認可事業者からの手数料で賄われている[534]。

　投資業を規制対象とした旧法に対し、FSMAは新たに導入された規制業務（regulated activities）という概念を規制の対象とする。規制業務は、業として行われる、（a）特定された種類の投資に関連する、または（b）本項の目的のために特定された種類の業務であって、何らかの種類の財産に関連して行われ

526　FSMA, §165-§177.
527　FSMA, §193-§202.
528　FSMA, §123-§127.
529　FSMA, §380-§383. また、FSAは認可事業者がFSMAの課す要件に違反もしくは市場で不正行為に関与する等したことにより、利益が発生あるいは1名以上の者が損失ないし不利な影響を被った場合、利益の帰属者または損失を受けた者に当該金額を支払うよう、事業者に直接要求することができるものとされた。FSMA, §384-§386.
530　FSMA, §401-§402.
531　上田・前掲注(4)82頁。
532　FSMA, §12, Schedule 1, paras. 2（3）, 10（2）b-11（1）.
533　FSMA, §7-§11.
534　この点についてはFSAのホームページ（http://www.fsa.gov.uk/Pages/About/Who/index.shtml）参照。

第6節 2000年金融サービス市場法の制定と規制体系の転換

る業務と定義され[535]、第2附表第1部記載の規制業務には、本人または代理人の資格により行う投資物件の取引やその取りまとめ、預金受入業務、資産ないし投資物件の管理、投資に関する助言、集団投資スキームの設立・運営・清算、他者に代わりコンピューターシステムを用いて行う投資の指示等が挙げられており、第2部には投資物件として会社の株式や、社債等の負債を生ずる証券、政府及び公共証券、投資物件の引受権を与える証券、証券を表象する証書、集団投資スキームのユニット、オプション、先物、差金契約、保険契約、ロイズ・シンジケートの引受能力や会員権、預金、土地担保融資等が列挙されている。

FSMA の規制対象の拡大に伴い、保護の対象は投資家から消費者へと拡張され、金融サービス補償制度（the Financial Services Compensation Scheme）やオンブズマン制度（the Ombudsman Scheme）等、救済制度の充実が図られた他[536]、市場の信頼性確保に向け、市場の不正行為にかかる民事制裁金制度の導入等、制裁措置が強化された[537]。

FSMA は旧法同様、認可事業者もしくは適用免除事業者以外の者が英国で規制業務を行うことを禁じており（一般的禁止）、違反者には刑事罰が科され、非認可事業者が締結した契約は執行不能とされた[538]。旧法と異なり、認可事業者として規制業務を行う許可はFSAによってのみ付与されるが、EEA諸国の規制機関により認可を受けた事業者については、英国の支店を通じたサービスの提供が認められている[539]。適用免除事業者には、イングランド銀行のように大蔵省の免除命令によって特定された者、指定代理人、認可投資取引所、認可決済機関がある[540]。この他、ロイズ保険組合は認可事業者として、ロイ

---

[535] FSMA, §22 (1).

[536] 金融サービス補償制度は、認可事業者等の支払不能時の請求を補償するために設けられた制度で、FSAにその創設と当該機能を遂行する法人の設立が義務付けられている（FSMA, §212‐§224）。オンブズマン制度は、独立性を確保された者により、紛争を迅速且つ最小限の手続きで解決するための制度で、金融サービス補償制度と同じく、FSMAとは異なる別法人によって運営される（FSMA, §225‐§234, Schedule 17）。上田・前掲注(4)82頁、落合＝林・前掲注(519)9頁。

[537] 以上につき、上田・前掲注(4)81-82頁、林・前掲注(417)120頁、須藤・前掲注(521)168-169頁。

[538] FSMA, §19, §23 (1), §26 (1).

[539] FSMA, Schedule 4, paras. 2‐3, Schedule 3, paras. 12, 15.

[540] FSMA, §38‐§39, §285. 指定代理人とは認可事業者との契約の当事者で、書面により認可事業者がその責任を引き受ける事業の全部または一部にかかる活動を行う者を

ズに引き受けられる保険契約やシンジケートの参加に関する取引の取りまとめ等の規制業務に関し、許可を受けたものとされ、大蔵省が指定する指定専門職団体のメンバーは、所定の条件の下、特定の専門的サービス業務につき、一般的禁止の適用から免除されている[541]。

旧法下の認可証券取引所であった英国・アイルランド国際証券取引所は、1995年のアイルランド証券取引所の分離独立に伴い、ロンドン証券取引所（the London Stock Exchange）と改称していたが、1999年7月、相互組合組織を脱し、公募有限責任会社に改組する方針を発表後[542]、大蔵省との間で、上場審査機能をFSAに移管することに合意した[543]。これに伴い、公式上場に関して監督官庁に授権される機能がFSAによって執行される旨がFSMAに規定され[544]、2000年4月からFSAが監督官庁として証券上場認可の任を担い、ロンドン証券取引所は、FSMA下の認可投資取引所として売買システムの提供に注力することとなった[545]。

一方、パネルは1998年人権法[546]の制定に伴い、コード及びSARsの維持・改正業務を行うコード委員会（Code Committee）を設置し、規則制定業務と裁定業務とを分離していた。これは、人権及び基本的自由の保護のための条約（いわゆるヨーロッパ人権条約）[547]が保障する権利と自由の更なる実行のために制定された1998年人権法により、公共性を有する公的機関がヨーロッパ人権条約に適合しない手段を取ることが違法とされ[548]、裁判所や裁定機能を行使する民間の裁定機関等の手続きに公正性が求められたことによる[549]。

言う。
[541]　FSMA, §315, §326-§327.
[542]　ロンドン証券取引所は2000年6月に公募有限責任会社となり、翌年7月、自らの市場に上場した。
[543]　The London Stock Exchange, Press release, 4 October 1999, New Arrangements for UK Listing Authority.
[544]　FSMA, §72 (1).
[545]　吉川・前掲注(449)72頁、小林1・前掲注(9)22頁。
[546]　Human Right Act 1998, 1998 c.42.
[547]　Convention for the Protection of Human Rights and Fundamental Freedoms。ヨーロッパ人権条約は欧州理事会により策定・調印され、1953年に発効した条約で、市民的政治的権利の保護を規定している。新村出編『広辞苑〔第5版〕』2746頁（岩波書店、1998年）、金森久雄＝荒憲治郎＝森口親司編『経済辞典〔第4版〕』1253頁（有斐閣、2002年）他。
[548]　Human Rights Act 1998, §6 (1),(3).

第6節　2000年金融サービス市場法の制定と規制体系の転換

パネルとシティ・コードはFSMAの制定に際しても、その顕著な実績により、例外的にその枠組みに組み込まれない自主規制機関として存続することが認められたが、広範な権限を有する単一規制機関FSAの創設に当たり、M&Aに関する市場での不正行為につき、FSAとパネルのいずれが制裁権限を有するかが議論となった。最終的には法に基づく単一の公的規制機関が当該権限を保持すべきとする大蔵省の案が採用され、FSAがかかる不正行為を判断し、制裁を科すこととなった[550]。FSAには市場における不正行為の判断指針となる規則の整備・公表が求められていたが、この間の議論を反映し、コードを遵守する行為は不正行為とならないとする旨を規則に含めることができるとの規定が盛り込まれた[551]。

また、FSAとパネルは2001年11月、M&Aに関する市場での不正行為に効率的に対応するため、共同で策定した運用ガイドライン（operating guidelines）を公表した。ガイドラインは、かかる場合のFSA及びパネルそれぞれの役割と協力体制を示したもので、公表に当たり、本体制の導入が買収規制の混乱を招かないよう、FSAがパネルと緊密に協働していく旨が表明された。FSAはパネルの決定に後から介入する意向はないとして、パネルから要請があった場合や、市場の不正行為に対するパネルの権限行使が不適切であると判断した場合を除き、TOB期間中は原則としてFSAが権限を行使しない旨をガイドラインに明示していた[552]。

この他、FSAは規制制定権限に関連して、パネルが刊行するシティ・コード及びSARsを是認する規則（endorsing rules）を制定できるものとされていた。かかる是認規則が有効であり、且つ、パネルの求めがあった場合、FSAは是認された規定の遵守を怠ったことを根拠に、規制業務の認可や制裁にかかる権限を行使し得るものとされ、市場における不正行為に対する罰則やFSAによる懲戒処分、差止及び原状回復等に関する権限に関しても、FSAが是認した認可事業者等に是認された規定が適用される規則であるかの如く行使できる旨が定められた[553]。

---

[549] The Takeover Panel, Report on the Year Ended March 31, 2001, p8-9.
[550] 落合＝林・前掲注(519)8頁。
[551] FSMA, §120 (1).
[552] FSA, Press release, FSA/PN/157/2001 29/11/2001, FSA and Takeover Panel outline arrangements for handling market abuse in takeover situations.
[553] FSMA, §143 (1),(3)-(4).

第7章　21世紀に採択されたEC指令と英国会社法への影響

第1節　公開買付けに関する指令の採択[554]

　2004年4月に採択された公開買付けに関する指令は、加盟各国の規制市場に上場する会社証券[555]の公開買付けに関する法令や行動基準等を調整する手段を定めたものである。公開買付に関する指令の起源は、1985年の域内市場の実施に関する白書において、EC委員会が加盟国の公開買付けに関する法を接近させる指令案の提出意向を表明したことに遡るが、EC委員会は1970年代から域内証券市場での証券取引に関する提案の作成や調整作業に着手していた。EC委員会の域内市場委員会（the Directorate for Internal Markets）がBirmingham大学のPennington教授に起草を委託していた買収及び合併に関する指令草案が1973年11月に作成されており、1977年7月には譲渡性有価証券の取引に関する欧州行動規範とこれにかかる委員会勧告が提出されている[556]。

　パネルは早くから、譲渡性証券の取引や公開買付けに関するEC委員会提案

---

[554]　EC会社法第十三指令及び公開買付けに関する指令の経緯については2002年10月の公開買付けに関する指令案（Proposal for a Directive of the European Parliament and of the Council on takeover bids, COM (2002) 534 final (hereinafter referred to as Proposal COM (2002) 534 final), OJ 045 E, 25/02/2003 p1-17）説明覚書（Explanatory Memorandum）及びEU立法概要の「域内市場におけるビジネス」中、「会社法」（http://europa.eu/legislation_summaries/internal_market/businesses/company_law/l26012a_en.htm）の項目その他を参照した。

[555]　本指令における証券とは、会社の議決権を有する譲渡性証券を指し、公衆により提供された資本の集団的投資を目的とする企業や各国中央銀行の証券等には適用されない。Directive 2004/25/EC, Article 1, Article2 (1)(e).

[556]　Commission Recommendation of 25 July 1977 concerning a European code of conduct relating to transactions in transferable securities (77/534/EEC), (hereinafter referred to as Commission Recommendation 77/534/EEC), OJ L 212, 20/08/1977 p37-40. 本行動規範の目的は、証券市場の効率的機能の促進及び公的利害の保護に関する共同体ベースの倫理行動基準を確立することにあり、本行動規範は当該分野におけるEC委員会の他の調整作業とは別個のものと位置付けられている。これは指令による法的アプローチよりも、柔軟性において優位性のある倫理的アプローチが優先されたことによる。Johnston, supra note 15, p184.

等に対する英国政府の検討作業に関与しており、エグゼクティブのメンバーは、1973年の指令草案の検討を行うEEC作業部会（EEC Working Party）で、商務省の代表者を支援していた[557]。また、パネルは1977年の譲渡性有価証券の取引に関する欧州行動規範の提出においても重要な役割を果たしており、当該規範の構成やいくつかの一般原則等にシティ・コードが反映されている[558]。

公開買付け等に関するEC会社法第十三指令の第一次提案[559]は、1989年1月の閣僚理事会に提出された後、経済社会評議会（the Economic and Social Committee）の意見及び欧州議会（the European Parliament）による修正を受け[560]、1990年9月、EC委員会で修正提案[561]が採択されていた。しかしながら、公開買付けにかかる詳細な法制調和の達成を企図した第一次提案は、その野心的な内容から各国の強い反対を招き、撤回を余儀なくされた。そこで委員会は、1996年2月、補完原則（principle of subsidiarity）[562]に照らし、大綱指令

---

[557] The Panel on Takeovers and Mergers, Report on the Year ended 31st March, 1975 and 1976, p10. この指令草案の規定は英国のシティ・コードに負うところが大きかったが、手続きの適切性に関して提起された懸念に対し、大きな進展は見られなかったという。Johnston, supra note 15, p183.

[558] id., p184-185, Committee to Review the Functioning of Financial Institutions, supra note 16, p16. 譲渡性有価証券の取引に関する欧州行動規範は、基本目標や定義、6つの一般原則及び18の補足的原則から成る。一般原則では、文言のみならず法令の精神や、すでに市場に適用されている、あるいは本規範が推奨する適正な行動原則を遵守する必要性が強調されている他、株主平等の取扱いや、上場証券発行企業の取締役及び事実上の支配権行使者等が、本規範の基本目標実現を保証するよう行動し、他の株主の権利または会社株式の公正な取引を害するいかなる行為をも回避すべき義務等が謳われている。Commission Recommendation77/534/EEC, especially General principles 1, 3 and 4.

[559] Proposal for a Thirteenth European Parliament and Council Directive on Company Law Concerning Takeover and other General bids, COM (88) 823 final (hereinafter referred to as Proposal COM (88) 823 final), OJ C64, 14/3/1989, p8-14.

[560] OJ C 298, 27/11/1989, p56-59, OJ C38, 19/2/1990, p41-49。経済社会評議会はEEC条約に基づき設置されたEUの諮問機関である。経済社会評議会については http://eesc.europa.eu/organisation/how/index_en.asp 参照。

[561] Amended proposal for a thirteenth Council Directive on company law, concerning takeover and other general bids, COM (90) 416 final (hereinafter referred to as Amended proposal COM (90) 416 final), OJ C 240, 26/9/1990, p7-30.

[562] 補完原則は、1992年12月に開催されたエジンバラサミットの閣僚理事会でECへの適用が合意されたもので、EEC条約3条b項において、共同体は本条約により授権された権限と目的の範囲で行動し、排他的権限の範囲内にない領域では、共同体に提案される施策の目的が加盟各国によって十分に達成され得ず、施策の規模または効果の点で、

第1節　公開買付けに関する指令の採択

(framework directive) 形式に改訂した第二次提案[563]を閣僚理事会及び議会に提出、共同決定手続き (co-decision procedure)[564]に基づく種々の審議や調整を経た修正第二次提案は、2001年7月の欧州議会に上程されたが、採決の結果、可否ともに同数の273票で否決となり、第十三指令案は再び暗礁に乗り上げた。

しかしながら、2000年3月に開催されたリスボン欧州理事会 (Lisbon European Council) において、公開買付けに関する指令の迅速な進展が、2005年までに域内金融サービス市場の完成を目指す金融サービス・アクション・プラン促進上の重要施策と位置付けられていたこと[565]や、欧州議会自身も本指令の重要性を認識していたこと等から、委員会は新たな指令案の提出を決定し、会社法専門家ハイレベルグループ (the High Level Group of Company Law Experts) を設置した。

同グループが2002年1月に提出した報告書[566]の勧告や、第二次提案審議の過程で欧州議会が採択していた修正条項等を勘案し、2002年10月に提出された公開買付けに関する指令案では、対象企業の90％以上の議決権付譲渡性証券の保有者等が公正価格 (fair price) により残余の株主から株式を取得する締出権 (squees-out right) や、少数株主側から所有株式の取得を求める権利 (sell-out right) 等、英国会社法の株式強制買取権及び株式買取請求権規定と同様の条項

共同体によってより良く実現され得る場合においてのみ、補完原則に従い、措置を講ずるものとされている。

[563] Proposal for a Thirteenth European Parliament and Council Directive on Company Law Concerning Takeover Bids, COM (95) 655 final (hereinafter referred to as Proposal COM (95) 655 final), OJ C162, 6/6/1996, p5-21. 大綱指令形式による第二次提案は第一次提案のような詳細な規定ではなく、一般原則といくつかの具体的要求で構成されており、共同体レベルでこれらを損なわない限りにおいて、加盟各国間の相違の維持が認められている。野田博「公開買付けをめぐる戦術的訴訟および経営者の防御手段に対するイギリスの規制について」一橋大学法学部創立50周年記念論文集刊行会編『変動期における法と国際関係』425頁（有斐閣、2001年）。

[564] 共同決定手続きはEUの立法手続きの一つで、欧州議会と閣僚理事会（現在のEU理事会 (the Council of European union)）が異なる見解を持つ場合に適用される意思決定手順である。詳細については駐日欧州委員会代表部「EU資料利用ガイド」17頁 (http://www.deljpn.ec.europa.eu/data/current/EDC-Guide.pdf) 参照。

[565] Lisbon European Council 23 and 24 March 2000, Presidency Conclusions, 21 (http://www.europarl.europa.eu/summits/lis1_en.htm).

[566] Report of the High Level Group of Company Law Experts on Issues related to Takeover bids, Brussels, 10 January 2002.

[567] Proposal COM (2002) 534 final, Article 14-15.

が設けられた567。また、第二次修正案否決要因の一つであった公開買付期間中の買収防衛策の採用については、従前どおり株主の事前承認を要するとした他、2002年6月に欧州裁判所が下した、フランス、ポルトガル、ベルギーの政府保有株式の規定に関する判決等568を受け、公開買付けにおける条件の公平性の観点から、一定の状況下では、株式に付された譲渡や議決権行使等に関する特定の制限を、法的強制力のないものあるいは無効とする規定が盛り込まれた569。

　最終的に、ブレークスルー（breakthrough）と名付けられた同規定並びに対象企業取締役会の買収防衛措置の採用に株主総会の承認を要請する義務規定については、2003年12月の欧州議会において、加盟各国がその領域内に登記上の本社を置く企業に、当該規定を適用しない権利を留保するとした修正案が採択され570、閣僚理事会もこれを了承した。かくして審議と修正に15年の歳月を

568　Commission of the European Communities v Portuguese Republic, Case C-367/98, European Court reports 2002 Page I-04731, Commission of the European Communities v France Republic, Case C-483/99, European Court reports 2002 Page I-04781, Commission of the European Communities v Kingdom of Belgium, Case C-503/99, European Court reports 2002 Page I-04809. フランス、ポルトガル、ベルギーの政府が保有する、特権の付された旧国営企業等の株式（いわゆる黄金株）の規定に関し、EC委員会が各国を相手取り提訴していた行政訴訟の判決である。対象となった株式の特権としては、一定比率の議決権を保有する際の認可や限度の設定、子会社売却等に関する拒否権等があった。欧州裁判所は、欧州企業の投資や支配権行使に関する制限は一般にEC条約の資本移動自由の原則に反するとの見解に立ち、フランス、ポルトガルの株式に関する規定はこれに抵触するとした。Proposal COM (2002) 534 final, Explanatory Memorandum, 1. General considerations, p4、池田良一「欧州裁判所におけるフランス・ポルトガルの「黄金株」のEU法抵触判決～EU会社法の調和・統一の動向を踏まえて～」国際商事法務30巻11号1495-1496頁（2002年）。

569　Proposal COM (2002)534 final, Article 9, Article 11(2)-(4). 本指令案11条において、公開買付期間中、対象企業の定款に基づく証券の譲渡制限は申込者に対して法的効力を有しないものとすることや、買収防衛措置の事前承認のため、あるいは申込者が一定以上の議決権を取得した後に開催される最初の株主総会においては、株式の譲渡や議決権行使にかかる制限、取締役の選解任に関する特権等を凍結することが提案されていた。

570　Committee on Legal Affairs and the Internal Market, Report on the proposal for a European Parliament and Council directive on takeover bids, 8 December 2003, Draft European Parliament Legislative Resolution, Amendment 21, Article 11a, p24-25. また、11条の議決権行使にかかる制限等が凍結される株主総会の開催要件は、申込者によって議決権を有する資本の75％以上が取得された場合に改められた。Amendment 20, Article 11 (4), p23.

要した公開買付けに関する指令は、2004年4月に採択され、2006年5月までに加盟各国において履行が図られることとなった。

第2節　公開買付けに関する指令に対する英国の対応

　採択された公開買付けに関する指令に対する英国の評価は、貿易産業省が指令の履行にかかる懸案についてコメントを求めるため、2005年1月に刊行した諮問文書に現れている。貿易産業省は公開買付けに関する指令の最終的合意について、EUにおける買収の障害克服に関して、期待されてきたものは達成していないが、規制に対する最低基準（minimum standards）の策定と、パネルによって確立された基本的な価値観の多くがEUレベルで適用されることについては、一歩前進であると述べている。同時に、指令が公開買付けにおける訴訟リスクを増大させ、公開買付けの遅延や株主が当該メリットを決定する機会の妨げとなり得る懸念を認め、指令の履行に当たっては、採択された指令の意義と、国内の買収規制体制に対するリスクの観点から、受入可能な法的枠組みの提示を検討するとしていた[571]。これは、指令の履行に伴い、新たに英国に導入される公開買付規制の法的枠組みにおいても、パネルによって築き上げられた規制の利点、すなわち、意思決定における柔軟性や迅速性・確実性、規制の独立性及び自主性、原則に基づく規制、規則や規制の枠組みの開発におけるシティの主要な利害関係者の参画、市場参加者間の合意に基づく規制アプローチ等を維持する意向を示したものである[572]。

　英国政府が示した公開買付け指令の国内法化に伴う現体制への影響並びに戦術的訴訟（tactical litigation）[573]の増加に対する懸念は、1989年にEC会社法第十三指令案が提示されて以来、英国が表明し続けてきたものである。英国では上院のEU特別委員会（the House of Lords Select Committee on the European Union）や下院の欧州常任委員会（the House of Commons European Standing

---

[571] The Department of Trade and Industry, A Consultative Document, Company law implementation of the European Directive on Takeover bids, January 2005, Foreword by the Secretary of State, p1, Section 1：Introduction, para. 1.7, p3.
[572] id., Section 1：Introduction, paras.. 1.11-1.12, p3-4.
[573] 戦術的訴訟とは公開買付けを阻害、遅延させる訴訟を指す。The Takeovers Directive (Interim Implementation) Regulations 2006, Explanatory Memorandum to The Takeovers Directive (Interim Implementation) Regulations 2006, 4.3, p2.

Committee C) において、公開買付けに関する指令に対する調査や議論が重ねられてきた。委員会の主要な検討課題には、指令の最低基準アプローチがEUの公開買付規制の効率性を増進させる範囲や、指令が取り組むべき公開買付けの実質的障害の程度等が含まれていたが、これらと同様に重要なテーマとして、国内の買収規制体制の法制化が戦術的訴訟の増加につながる恐れについて検討が行われてきた[574]。

第一次指令案は、すでに保有しているものを合わせ、公的証券取引所に上場する企業の33.3%以上の議決権証券を取得しようとする者に、当該企業の全証券を取得する義務を課すとともに[575]、加盟各国に対し、指令に明示された機能を果たす監督機関の指定を求めていた[576]。監督機関は指令の執行に必要なあらゆる権限を有するものとされ、その権能には強制公開買付け義務からの免除や、指令の要求に照らして不完全な申込文書の発行禁止、不適切な申込文書の修正や申込文書公表の義務付け、対象企業取締役会が既存の業務に関連しない取引を株主総会の承認を得ずして行うことや公開買付期間の変更、申込の撤回、申込期間の見直し、申込者の共同行為者等による競合的買付けの実施等に関する承認等が含まれていた[577]。指定された監督機関はその権限の全部または一部を他の団体（association）や民間機関に委任することができるが、加盟各国は委員会にこれらの指定や権限委譲について報告し、全部門の機能を特定すべきものとされていた[578]。

欧州では一般に、指令案の法的強制力を有する監督機関設立の要求は、英国において、パネルもしくは同等の機関に指令の手続き規則を実行する法的権限を与え、これらの規則を法定することと解されていた。パネルに直接的な制定

---

[574] id., 4.3, p2.

[575] Proposal COM (88) 823 final, Article 4 (1). なお、公開買付けを義務付ける議決権の割合は、第二次提案以降、加盟各国の法により定義されるものとされた。Proposal Proposal COM (95) 655 final, Article 3 (2). また、公開買付け（takeover or other general bid or bid）の定義は第一次提案には設けられておらず、1990年の改正案で、議決権を有する会社の譲渡性証券等の所有者に対し、現金や他の譲渡性証券を対価として、全てまたは一部の当該証券を取得するためになされる申込と規定された。Amended proposal COM (90) 416 final, Article 2.

[576] Proposal COM (88) 823 final, Article 6 (1).

[577] id., Article 6 (1)-(2), Article 4 (3), Article 8 (1)b, Article 12 (2), Article 13 (1) e and f, Article 15 (5), Article 20 (3).

[578] id., Article 6 (1)-(2).

第2節　公開買付けに関する指令に対する英国の対応

法上の根拠を付与することは、国際的M&Aの増加を受け、世界的な証券市場の規制枠組みを発展させる上で、論理的且つ必然的な帰結であった。

しかしながら英国では、貿易産業省を筆頭に英国マーチャント・バンク証券業協会（the British Merchant Banking and Securities Houses Association）や弁護士会が、EC会社法第十三指令案の実施に対し、現状維持以上の要求をすべきでないとして、パネルに制定法上の根拠を与えることに強く反対した。反対の理由は、法制化に伴うパネルの対応の迅速性・柔軟性等の喪失、競合的公開買付けにおける戦術的訴訟の増加にあるとされ、実際に英国政府は、パネルをSIBの下に配置し、制定法上の承認を与える野党の会社法改正案を1989年3月に退けている[579]。

先に見たとおり、パネルは市場の変化や株式取得申込にかかる問題点に即応すべく、頻度高くコードを改正するとともに、年間数百件に上る案件に対し、金融市場に要求される迅速性や解釈の柔軟性をもって助言を与え[580]、裁定を下してきたが、指令の手続き上の要求を遵守することにより、パネルの弾力性ある対応が損なわれることが懸念されていた[581]。

一方、戦術的訴訟は買収規制機関に対するものと当事者を対象とするものに大別され、パネルに対する訴訟の事例としては1987年のDatafin事件や1988年のGuiness事件[582]がある。コードは当初より、対象企業の取締役会が株主総会の承認なしに株式取得申込を妨げるような買収防衛措置を取ることを禁じているが、訴訟についても1976年のDunford & Elliott社対Johnson & Firth Brown社事件以降、同様の行為と認識されており[583]、Consolidated Gold

---

[579] Robert Falkner, Non-Statutory Takeover Panel: advantage or anachronism?, International Financial Law Review, Vol. 9, February 1990, p16.

[580] パネルの正式な判断はPanel Statementの形で公表されるが、当事者は事前に電話等を通じ、パネルにコードの解釈につき見解を求めることができ、パネルの結論に対する予見可能性が担保されている。竹野・前掲注（339）960頁。

[581] Falkner, supra note 579, p16.

[582] R v Panel on Take-overs and Mergers, ex parte Guinness plc [1989] 1 All ER 509.

[583] Panel on Take-overs and Mergers, Panel Statement, 1976/13, 23/12/1976 Dunford & Elliot Limited, Detailed reasons why offer by Johnson & Firth Brown permitted to proceed. 本事案は、買収対象企業であるDunford & Elliot社が、Johnson & Firth Brown社の株式取得申込の差止と秘密情報の使用禁止命令を求めて提訴、控訴院裁判所がこれを認めた一審の決定を棄却したものである。同判決においてDenning記録長官は、差止命令の申立について、買付け（bid）の妨げを意図した行為である以上、コードの一般原則に反すると思われると指摘した上で、仮処分が認められれば、買付けは長

Fields 社が1989年に提起した差止仮処分命令の申立[584]は、パネルによってコードの一般原則に反する行為と裁定されていた。

Datafin 事件において確立された判例法上の原則——パネルの裁定は司法審査の対象となるが、パネルの行為が条理の原則等に反しない限り、司法による介入は行われない——は Guiness 事件においても踏襲され、同事件では、企業買収の性質や全体の利益に鑑み、事後的な司法審査が中心となる方向性が示されていた[585]。英国における戦術的訴訟は、英国の裁判所が従前より裁判手続き

く妨げられることになるだろうと述べている。なお、パネルは本訴訟がコードに反するかについて、最終的な裁定を行わなかったが、翌年1月に声明を発表し、対象企業の取締役会が申込等に関連して法的手続きを検討した場合、コードに抵触する恐れがあるとして、パネルへの事前相談を求めた。Panel on Take-overs and Mergers, Panel Statement, 1977/01, 18/01/1977, Legal Proceedings in Relation to Takeover Offers, Offeree boards are advised to consult if legal proceedings are contemplated. また、同時期に行われた Herbert Morris に対する Babcock & Wilcox の株式取得申込において、Herbert Morris 取締役は、当該申込の実施が米国反トラスト法違反につながるとして、米国連邦裁判所に差止訴訟を提起している。Weinberg and Blank, 4th ed., supra note 237, para. 2480, para. 1556, note 97.

[584] Panel on Take-overs and Mergers, Panel Statement, 1989/07, 09/05/1989 Consolidated Gold Fields Plc, Legal action deemed to be frustrating unless approved by shareholders. 本事案は株主総会の承認のない当該裁判手続きの継続がコード違反に当たるか、その場合、いかなる救済措置が講じられるべきかをパネルが裁定したものである。1988年10月、Consolidated Gold Fields 社（以下、Consgold という）の発行済株式資本の28.9%を有する Minorco が、Consgold 株式の取得申込文書を投函したところ、Consgold とその完全子会社、Consgold が49%を所有する関連会社並びにその子会社が、Consgold の株主総会の承認なしに、米国のニューヨーク南地区の連邦地方裁判所に、当該買収の米国反トラスト法及び証券法違反を申し立て、関連会社が差止仮処分命令を得たため、Consgold の54.8%の議決権株式を取得し、1989年4月に確定を宣言した Minorco の申込は完全に確定しない事態となっていた。パネルは、訴訟は申込の利点の検討を妨げる戦略的武器になり得ると述べ、かかる行為を行うか否かの決定権は株主にあるとした。Consgold とその子会社の訴訟手続きはコードの一般原則違反と結論付けられ、期日までに Consgold 取締役会が株主総会の承認を得られない場合には、同社及び完全子会社の訴訟手続きを取り下げるべき旨と、同社の株主総会招集のため申込の確定期日延長が命じられたが、関連会社の訴訟は Consgold の支持や支配に基づくものではないとして、一般原則の適用外とされた。

[585] supra note 582. 同事件において Donaldson 記録長官は、買収進行中は時間的尺度が短く、市場並びに取引関係者がパネルの裁定に頼る必要があることから、裁判所の介入は通常不可能か、あるいは公の利益に反すると述べる一方、パネルの裁定に過ちがあった場合に、その繰り返しを避けるべく行われる回顧的な事後審理には同様の難点はないとした。

第2節　公開買付けに関する指令に対する英国の対応

の濫用に当たるような戦術的訴訟に対して確固たる姿勢で臨んでいることや、損害を受けた当事者が制定法上の根拠を有しないパネルに直接、法的救済を求めることはできず、司法審査等の一般法上の救済に依存せざるを得ないこと等から、米国やオーストラリア等と比べて少ないとされるが[586]、パネルに制定法上の根拠を与える立法やこれに伴う地位の変化により、戦術的訴訟が誘発され、判例法上の原則の廃止ないしは解釈変更等につながる恐れが指摘されていた[587]。

公開買付けの監督を担う機関については、1989年の第一次指令案提唱当時から、民間団体についても、監督機関に指定し得るものとされていた。加えて第二次指令案では、指令が柔軟に適用されるよう、指令の一般原則を損なわない限り、加盟各国が監督機関の合理的決定に基づき、当該機関が本指令に従って作成した規則の特例を認め得る旨を定めることができるとの規定が設けられた。また、損害を受けた当事者が監督機関によって運営される審判手続きまたは賠償請求権を通じ、適切な救済を享受できることを前提に、本指令が加盟国における裁判所の訴訟審理の却下や、かかる訴訟が公開買付けの結果に影響を与えるか否かを決定する権限に影響を与えない旨が明記された[588]。

それでもなお、英国における反対論は根強く、パネルは1996年3月の年次報告書において、指令案の法的履行要請により、必然的にコードが法律尊重主義的に解釈されるリスクを伴い、裁判所の干渉や買収当事者間の戦術的訴訟を招く恐れがあると述べている。また、買収プロセスへの介入が、スピードや柔軟性等の点でパネルの機能に影響を及ぼし、TOBコストの増加や期間中に起こる混乱を増加させるとして、引き続き反対する意向を表明していた[589]。また、提案された公開買付け指令案を検討した英国上院のEC特別委員会（Select Committee on European Communities）も、1996年7月の第13報告書において、英国の効果的且つ効率的な買収規制システムは、実質的に明確に特定し得る利

---

[586] Nicole E Calleja, The New Takeovers Panel — A Better Way?, Takeovers Panel and CCH Australia Limited and Centre for Corporate Law and Securities Regulation, Faculty of Law, The University of Melbourne, 2002, p44-45.

[587] The Select Committee on European Communities, Thirteenth Report, 9 July, 1996 (HL Paper 100, 1996), Minutes of Evidence, Memorandum from the Financial Law Panel, p106-113、野田・前掲注（563）427頁。

[588] Proposal COM (95) 655 final, Article 4(4),(5). 但し、特例は監督官庁が指令第5条の原則を遵守することを条件とする。

[589] The Takeover Panel, Report on the Year ended 31 March 1996, p12.

点のない限り、危険にさらされるべきでないと結論付け[590]、特別委員会の分科会において、提案された指令案を厳しく検討していた[591]。

これに対し、EC委員会側は上院EC特別委員会において、提案された指令に準拠するための立法は必要であるが、英国に求められるものは既存の英国の措置、すなわち、パネルとコードを指令に対応するよう指定する、極めて簡素で短い立法のみであると応じた[592]。また、指令の存在や国内法化が従来存在しなかった法的不確実性を生じさせるとの懸念を検討した英国の金融法パネル（the Financial Law Panel）も1996年4月の覚書において、指令が英国における買収の実施に実質的な影響を与える可能性はほとんど考えられず、妨害的訴訟の可能性も限定されているとの結論を提示した[593]。

英国は1999年6月の域内市場閣僚会議（Internal Market Council Ministers Meeting）において、加盟各国に公開買付けにおける当事者の訴訟能力を規制する余地を与える追加的文言を指令案に含めることで政治的合意に達したことを受け、公式に指令案を支持するところとなったが[594]、前述のとおり、この修正第二次提案は2001年7月に否決された。最終的に英国の懸念は、2002年10月に改めて提案された指令案において、本指令が加盟各国の裁判所の訴訟審理の却下等に関する権限のみならず、加盟各国の監督機関の責任や当事者間の訴訟に関する法的地位を決定する権限に関しても影響を与えない旨が加えられることによって対処され、加盟国は公開買付けにおける計画的訴訟の回避に向け、訴訟の範囲や訴訟提起の条件等を自由に決定できることとなった[595]。これにより、戦術的訴訟に対する英国判例法上の原則を維持し、制定法に基づく

590　The Select Committee on European Communities, supra note 587, p31-32, para.91.
591　The Select Committee on European Communities, Seventeenth Report, A. General Policy Questions, 1. Takeover Bids-Amended Draft Directive（12335/97）。本議事録は英国議会ホームページ（http://www.publications.parliament.uk/pa/ld199899/ldselect/ldeucom/94/9403.htm）から入手可能。
592　1996年5月1日に開催された上院欧州共同体特別委員会におけるEC委員会第15総局長Binns氏の発言による。The Select Committee on European Communities, supra note 587, Minutes of Evidence, Examination of Witnesses, p6, para. 29.
593　id., Minutes of Evidence, Memorandum from the Financial Law Panel, p106, para. 2, p112, para. 49。金融法パネルは1992年にイングランド銀行が設立した、金融市場や法律、会計の専門家により構成される独立機関である。id., p14, para. 34, note 1.
594　Neil Harvey and Alex Harle, The Takeover Directive - a Current Perspective, International Company and Commercial Law Review, Issue 7, 2000, 240, 246.
595　Proposal COM（2002）534 final, Article 4（6）.

TOB規制の導入に伴う訴訟増加余地を最少化する環境が醸成された。

第3節　公開買付けに関する指令の履行に伴う英国会社法改正と買収規制への影響

　公開買付けに関する指令の採択に伴い、パネルは2006年総括会社法において買収全般を規制する法的機関に位置付けられることとなった[596]。規制市場で取引される会社の支配権取得を目的に行われる、議決権付譲渡性証券所有者への公的な取得申込のみを公開買付けと位置付け、民間団体についても規制機関に指定し得るとした指令に即し、パネルを非制定法上の地位に置き続けることも可能であったが、一貫性の観点から、英国政府はパネルの全権限に法的根拠を与える旨を決した[597]。パネルへの法的権限の付与は、まず2006年5月に発効した公開買付け指令（暫定実施）規則により、指令の履行に必要な部分に限定して行われ[598]、2007年4月の2006年法第28部の施行を以って完了[599]、公開買付けの規制監督機関に指定されたパネルは、2006年5月、公開買付け指令に呼応した改正コードを発表した[600]。これにより英国は、前身時代を含め40年以上に亘る買収への自主規制の伝統を転換し、制定法に基づく買収規制が行われるに至った。

　2006年法において、パネルは規則に基づき、特殊な事案や状況に応じて、規則の適用を免除または変更する権限を与えられ[601]、パネルの重要な特徴である対応の柔軟性維持が図られた。また、規則の解釈や適用等にかかるパネルの裁定に法的拘束力があることが示されただけでなく、パネルの規則に基づく要

---

[596] Companies Act 2006, §942-§943.

[597] Morse, et al., 2006, supra note 371, p696-p697.

[598] The Takeovers Directive (Interim Implementation) Regulations 2006, SI 2006/1183. 同規則は会社法改正予定のずれ込みにより、1972年ヨーロッパ共同体法2条に基づき発せられたもので、指令の実施に必要とされる範囲に限り適用される。

[599] 2006年会社法第28部は、2007年4月の2007年2006年会社法（第二開始）命令（The Companies Act 2006 (Commencement No. 2, Consequential Amendments, Transitional Provisions and Savings) Order 2007), SI 2007/1093）によって施行され、これに伴い2006年公開買付け指令（暫定実施）規則は廃止された。

[600] The City Code on Takeovers and Mergers, 8th ed., in loose-leaf format, 20 May 2006 (hereinafter referred to as Code). なお、本改正によりSARsが廃止されている。Code, Instruction.

[601] Companies Act 2006, §944 (1)(d).

請や開示要請に従わなかった場合には、法律上の義務違反に対する訴権が生じない旨が明示され、買収当事者間の戦略的訴訟の低減に向けた措置が講じられた[602]。加えて、パネルや関係者は悪意または1998年人権法の規定[603]に照らして違法である場合を除き、その職務の遂行によって生ずる損害賠償責任から除外される旨が定められ[604]、パネルの裁定に付随する潜在的な法的責任リスクの低減が図られた。

　また、英国は、指令が加盟各国に適用の選択を委ねた2つの規定——一定条件の下に証券の譲渡や議決権行使に関する定款または契約上の制限を凍結する規定[605]並びに買収防衛措置の採用に関する対象企業取締役会の義務規定——のうち、前者については義務化しない旨を決定したため、指令に従い[606]、個々の企業が当該規定を選択し得る権利が966条以下に規定された。すなわち、(1)規制市場において議決権証券の取引が許可されており、(2) 会社の定款に指令11条に言及された制約が設けられていない、あるいは制約は設けられているが、所定の時期及び状況において適用されない旨が規定されており、且つその他、定款に指令11条と矛盾する規定を含まない会社が、(3) 大臣やその代理人等に当該企業における特別な権利を与える株式を所有されておらず、当該権利が法律の制定により、大臣等によって行使可能でない場合には、株主総会の特別決議により当該選択を行い、また更なる特別決議を以って当該選択を解除するこ

---

[602] Companies Act 2006, §945, §956 (1).
[603] 1998年人権法6条第1項において、国家機関はヨーロッパ人権条約に規定される権利及び基本的自由に抵触する行動を取ることが違法とされており、パネルは2006年法961条の下、同法に従うこととなった。
[604] Companies Act 2006, §961.
[605] 公開買付けに関する指令11条 (breakthrough) は、対象企業の定款や、対象企業とその証券保有者または同指令採択後に証券保有者間で締結された契約上の合意に規定されている証券の譲渡制限を、公開買付けの申込期間中、申込者に対して適用しないものとすることや、指令9条規定の買収防衛措置を承認する株主総会において、議決権行使に関する制限は効力を持たず、また多議決権株式は一議決権のみ行使すべきこと、更に公開買付けにより申込者が75％以上の議決権を有する資本を取得した場合には、上記の証券譲渡や議決権に関する制限あるいは取締役会構成員の指名・解任に関する定款上の株主の特別な権利を適用しないものとし、申込者が定款変更や取締役の指名・解任のために招集し、買付け終了後に開催される最初の株主総会において、多議決権株式は一議決権のみ行使すべきこと等を規定している。Directive 2004/25/EC, Article11 (2)-(4).
[606] 選択的措置を定めた指令12条第2項において、選択権を行使した加盟各国は、領土内に登記上の本社を置く会社に逆の、すなわち、上記規定が適用される選択肢を与えるよう求められていた。Directive 2004/25/EC, Article 12 (2).

とが可能とされた[607]。

　これにより、当該選択を行った企業に公開買付けがなされ、2004年4月21日以降に対象企業の証券保有者間で締結された契約、または会社とその証券保有者で締結された契約に、(a) 申込期間中の申込者等に対する会社株式の譲渡、(b) 申込者が会社の全議決権株式の価値にして75％以上を所有した時点での申込期間中の他者への会社株式の譲渡、(c) 結果的に公開買付けを阻害する行為の採否を決する株主総会での議決権、(d) 申込期間終了後に開催される最初の株主総会、及び申込者が全議決権株式の価値にして75％以上を所有した時点で開催される株主総会での議決権に関し、制約が置かれている場合には、当該契約は無効とされる[608]。また、かかる決議を行った企業は決議後15日以内にパネル等に対し、その旨を通知すべきものとされた[609]。

第4節　越境合併に関する指令の採択と英国会社法改正

　2005年10月に採択された有限責任会社の越境合併に関する指令は、単一市場の完成等を視野に、異なる加盟国の法によって統治される企業の越境合併（cross-border merger）を促進すべく、策定されたものである。本指令は2006年9月のEEA共同委員会（the EEA Joint Committee）の決定[610]により、EEA諸国にも適用される。

　本指令の前身であるEC会社法第十指令案は1984年12月に委員会提案が採択され[611]、欧州議会の法務委員会等で検討がなされたが、会社の意思決定機関への従業員参加（employee participation）問題[612]が障害となって議会の意見は

607　Companies Act 2006, §966 (1)-(5).
608　Companies Act 2006, §968 (1)-(3).
609　Companies Act 2006, §970 (1),(2). 当該企業の議決権証券が英国以外のEEA諸国の規制市場で取引を許可されている等の場合には、当該国の公開買付規制機関に対しても通知すべき旨が定められている。
610　Decision of the EEA Joint Committee, No.127/2006 of 22 September 2006 amending Annex XXII (Company law) to the EEA Agreement, OJ L 333, 30/11/2006, p59.
611　Proposal for A Tenth Directive of concerning Cross-Border Mergers of Public Limited Companies, OJ C 23, 25/1/1985, p11.
612　加盟国のうち、ドイツやオーストリア、オランダ、スウェーデン等は法的に、あるいは契約上、従業員またはその代表者に会社の意思決定機関に関与する権利を与える制度を有していたため、かかる制度を有しない加盟国との間で、合併によって生ずる会社従業員の経営参加制度が大きな争点となった。The Companies (Cross-Border Mergers)

提出されず、15年に亘る膠着状態が続いた。2001年10月、30年余りの審議を経て、欧州会社法に関するEU理事会規則及び従業員の経営参加に関して欧州会社法を補完するEU理事会指令で構成された欧州会社法が採択されたことを機に[613]、欧州委員会は第二次指令案作成作業を再開、2003年11月に新たな提案を行っていた[614]。

越境合併に関する指令は、異なる加盟国で設立された、資本を有する2以上の有限責任会社の吸収合併や新設合併、90％以上の株式を所有する親会社による子会社の吸収合併を取り扱う[615]。異なる加盟国で設立された会社の合併については、先に採択された欧州会社法がSE設立方法の一つとして規定していたが、欧州会社法は公募有限責任会社のみを合併当事会社とするため[616]、越境合併に関する指令の採択は、かかる対象が公募会社以外にも拡大されたことを意味する。

本指令の合併手続き──合併原案（common draft terms）の作成及び公示、各合併当事会社（merging companies）の経営機関（the management or administrative organ）による報告書並びに専門家による報告書の作成と関係者

　　　Regulations 2007, Explanatory Memorandum to the Companies (Cross-Border Mergers) Regulations 2007, 7.6, p3, Proposal for a Directive of the European Parliament and of the Council on cross border mergers of companies with share capital, COM (2003) 703 final (hereinafter referred to as Proposal COM (2003) 703 final), Explanatory Memorandum, 2. Historical context, p2-3.

[613]　Council Regulation (EC) No 2157/2001 of 8 October 2001 on the Statute for a European company (SE) (hereinafter referred to as Council Regulation (EC) No 2157/2001), OJ L 294, 10/11/2001, p1-21, Council Directive 2001/86/EC of 8 October 2001 supplementing the Statute for a European company with regard to the involvement of employees, OJ L 294, 10/11/2001, p22-32)。なお、委員会は1970年6月に欧州会社法規則案（Proposal for a Council Regulation embodying a Statute for the European Company, COM (70) 600 final, OJ C 124, 10/10/1970, p1）を提出している。上田廣美「ヨーロッパ会社法と従業員参加に関する最新動向〜ニース合意による新法案〜〔上〕」国際商事法務29巻第5号528頁（2001年）。

[614]　Proposal COM (2003) 703 final. なお、第十指令の第一次提案は2001年12月に正式に撤回されている。以上の経緯については、id., Explanatory Memorandum, 2. Historical context, p2-3.

[615]　Directive 2005/56/EC, Article 1, Article 2, Article 15.

[616]　Council Regulation (EC) No 2157/2001, Article 2 (1). 欧州会社法が対象とする加盟各国の公募有限責任会社は、同規則の添付書類（Annex I）に列挙されており、英国では公募株式有限責任会社及び株式資本を有する公募保証有限責任会社がこれに該当する。

第4節　越境合併に関する指令の採択と英国会社法改正

への開示、各当事会社株主総会での承認等[617]——は、基本的にEC会社法第三指令に準ずるが、各社の越境合併手続きや合併の適法性を審査する監督機関の指定や、当該機関に合併前手続きが適切に完了した旨の証明書の発行を求める点等において、第三指令と異なる[618]。とりわけ監督機関は、合併原案と同じ条件で合併が承認され、従業員の経営参加[619]に関する手続が本指令の規定に即して決定されたことを保証するものとされているが、これは本指令において、合併当事会社の中に平均従業員数500名超の、従業員経営参加制度を有する会社があり、存続ないしは新設会社の準拠法がこれを規定していない場合には、欧州会社法の関連規定に従い、存続会社等における従業員の経営参加や、かかる権利を定める過程への従業員の関与が調整される旨が定められたことによる[620]。

そのため、2007年10月に制定された2007年会社（越境合併）規則[621]では、裁判所が監督機関に指定され、英国の合併当事会社（UK merging company）は、裁判所に越境合併前手続きが適切且つ正式に完了した旨を証する命令を申請するものとされた[622]。また、指令の越境合併の適法性審査に関して裁判所

617　Directive 2005/56/EC, Article 5-9.
618　Directive 2005/56/EC, Article 10-11. 第三指令は16条において、加盟各国の法が合併の適法性に関する予防的検査（preventive supervision）等について規定していない場合、合併を承認する株主総会の議事録や合併契約書は公正証書（due legal form）により作成・認証される旨と、公証人や公正証書を認証する監督官庁が、その存在や法的行為の有効性等を認証しなければならない旨を定めるのみで、適法性の審査を行う監督機関の設置については規定していなかった。なお、due legal formの訳語は山口幸四郎『EC会社法指令』155頁（同文館出版、1984年）による。
619　越境合併指令における従業員参加（employee participation）は、従業員の経営参加に関して欧州会社法を補足するEU理事会指令2条k項と同義とされ、従業員代表が会社の監督機関あるいは経営機関のメンバーの一部を選出・指名する権利、またはかかる機関の一部または全部のメンバーを推薦・反対する権利を通じ、会社の運営に影響を与えること言う。
620　Directive 2005/56/EC, Article 11（1）, Article 16（3）.
621　The Companies（Cross-Border Mergers）Regulations 2007, SI 2007/2974.
622　The Companies（Cross-Border Mergers）Regulations 2007, reg. 6（1）. なお、本規則において合併当事会社とは、吸収合併における譲渡会社（transferor company）及び既存の譲受会社（transferee company）、新設合併における譲渡会社を指し、譲受会社は越境合併により資産及び負債が譲渡される英国企業並びにEEA加盟国の企業を言う。また、英国企業（UK company）とは、株式資本を有しない保証有限責任会社及び清算過程にある会社を除く、2006年総括会社法の範囲内の会社を意味する。The Companies（Cross-Border Mergers）Regulations 2007, reg. 3.

は、譲受会社（the transferee company）が英国企業で、合併前手続き完了命令が英国の各合併当事会社に出された等の場合には、全合併当事会社共同の申請に基づき、越境合併の完了を承認する命令を為し得る旨が規定された[623]。

また、英国では従業員の経営参加制度が法的に定められていないことから、同規則は英国の譲受会社が、平均500名超の従業員と当該制度を有する企業や、従業員代表が取締役に占める割合の高い英国企業、会社の経営機関や監督機関等のメンバーに従業員代表がいる会社との合併を選択した場合に適用する規定を43条に亘って定め、本指令に対応した[624]。

一般に、英国企業は企業再編手法として合併よりも買収手続きを用いており、国内においても合併は稀であるため、越境合併に対する需要は不明で、本規則の事業への影響も最小限に止まると考えられている[625]。しかしながら、本指令は公開買付けに関する指令や欧州会社法とともに、欧州企業が企業再編を選択する上での幅広いメカニズムの一部であり、現行法が英国企業とEEA加盟国企業との越境合併の法的枠組みを提供していないことから、英国企業がEEA加盟国での企業再編機会を模索する基盤を提供し、かかる場合の法的・行政的障害を取り除くものと位置付けられている[626]。

---

[623] The Companies (Cross-Border Mergers) Regulations 2007, reg. 16 (1).

[624] The Companies (Cross-Border Mergers) Regulations 2007, reg. 22 - reg. 64. かかる場合、合併当事会社は従業員の経営参加に関し、英国譲受会社が従業員参加の標準ルール（standard rules of employee participation）に従うか、従業員代表によって構成される特別交渉組織（Special Negotiation Body、以下、SNBという）と従業員の経営参加契約に関する交渉を行うかの選択肢を有する。前者が選択された場合、英国譲受会社の従業員代表は一定数の同社取締役の選任、指名、反対等を行う権利を有する。また、SNB及び合併当事会社間で合意した場合や、SNBとの交渉期限までに合意が成立せず、合併当事会社が適用を受け入れ、SNBが交渉終結決議を行わなかった場合にも、標準ルールが適用される。

[625] The Companies (Cross-Border Mergers) Regulations 2007, Explanatory Memorandum to the Companies (Cross-Border Mergers) Regulations 2007, p2, 7.2, p4, 8.1.

[626] id., p2, 7.1, 7.3.

第8章　英国の会社支配権の移転にかかる株主保護の系譜とその意義

第1節　1929年法にM&A規定が設けられる以前のM&Aと株主保護

　英国初の統一会社法である1862年会社法に、M&Aにかかる特段の法的手段は備えられていなかった。英国会社法におけるM&A規定の起源は、会社や事業の売却等に伴う既存株主や債権者の権利の変容に当たり、裁判所に管轄権を与え、譲渡会社関係者の権利保護を図るとともに、当該行為の法的拘束力を認めてその確実な履行を可能としたところにある。

　会社法にM&Aに関する規定が整備される以前のM&Aの法的効力は、会社の行為の法的有効性を基本定款の目的事項に基づいて審査する判例理論によって判断されていた。これは、公示を通じた利害関係者保護を前提に、衡平法上のパートナーシップに法人格や株主有限責任制度を認めた英国会社法において、公示文書である基本定款に記載された会社の目的事項が、会社の能力と資金使途を規定するものとなり、これを逸脱した会社の行為が能力外の行為として、違法且つ無効とされたことによる。

　そのため、当時の英国企業が会社や事業の全部または一部の譲渡や譲受を有効に行うには、予め、基本定款にこれに関連すると思しき行為やその対象、対価等につき、詳細な規定を置いておく必要があり、譲受に関してはその余に方法がなかった。一方、譲渡についてはこの他に、1862年法161条による方法があったが、これは会社の任意清算において、財産や事業売却等の対価として他社株式等を受領し、株主に分配する清算人の特殊な権限に基づくもので、反対株主に対し、差止請求権や所有株式の買取請求権を認めていた。

　しかしながら、会社や事業譲渡の対価として譲受会社株式を受領するアマルガメーションに関しては、1867年のBagshaw事件に示されたように、例え、それが基本定款の目的事項に基づく正式なものであっても、反対株主に譲受会社株式を受領し、当該企業の株主となることを強要し得ず、組織的拘束力を以ってアマルガメーションを実施することは認められなかった。また、1908年のBisgood事件控訴院判決においては、対価として株式等を明示した基本定款

に基づく事業等の売却であっても、株主の法的責任限度額を引き上げる結果をもたらすスキームは、違法且つ能力外の行為と判断され、反対株主に1862年法161条同様、スキームの差止請求権が認められた。これは英国会社法が、会社の基本定款及び付属定款を会社と株主並びに株主相互の契約として当事者を拘束する旨を従前の法より継受し、会社の目的や株主の法的責任範囲の変更を原則として認めなかったことに由来する。

株式につき、全額払込制度を採用していない英国会社法において[627]、譲渡対価として交付される株式が完全払込済株式でない場合には、受領者に新たな未払込株金の払込義務が課せられる。従って、アマルガメーションにおける譲受会社株式の受領には、譲渡会社において株主が引き受けていた責任限度額が引上げられるリスクを伴っていた。同判決は、任意清算する会社のアマルガメーションにおいて反対株主に認められていた救済措置を、継続事業体によるアマルガメーションにも適用することにより、これに対処したものである。

以上から明らかなように、M&Aに関する規定が会社法に導入される以前のM&Aにおける株主保護は、主として判例法——ウルトラ・ヴァイルス理論に基づく裁判所の判断——によって担われており、1862年会社法161条に基づくアマルガメーションに関しては、株式買取請求権及び差止請求権が用意されていた。ウルトラ・ヴァイルス理論の判断基準は公示文書である基本定款の目的事項にあることから、同理論による株主保護は公示による株主保護と位置付けることができる。

これらの法的効果は、裁判所の無効宣言ないしは差止命令を通じ、当該M&Aの執行全体に及ぶ場合と、株式買取請求による反対株主の個別的救済に止まる場合とがあるが、いずれも、株主が入社に際して会社と交わした当初の契約である規約に反する行為、もしくはその変更に対する救済と言え、英国会社法が引き継いだ契約理論的性質の跡を強く窺わせる。中でも株式買取請求権は、新たな契約への移行提案に対する個々の株主の決定権と、当初契約から派生した動産の財産的価値の公正な回収機会を保障するものと捉えられ、後の会社支配権の移転における英国の株主保護のあり方や法的の理念に通じるものとして注目される。

---

[627] 現行法においても株式有限責任会社の株式については分割払込が認められている。但し、公募会社が株式の割当を行うに当たっては、少なくとも額面価格の四分の一以上とプレミアム金額の払込が求められている。Companies Act 2006, §3(2), §581, §586(1).

第1節　1929年法にM&A規定が設けられる以前のM&Aと株主保護

　他方で、多数株主またはこれに支持された取締役と反対株主との利害調整は、M&A契約承認後の法廷において事後的に行われることから、M&Aの成否に不確実性をもたらすものとなっていた。しかも、清算されない会社に整理のスキームが提案された場合、裁判所には会社に対する訴訟を制限する権限がないとされていたことから、基本定款の規定に基づく継続事業体のM&Aは、161条による以上の不安定要因を抱えていた。

　しかしながら、継続事業体のM&Aにかかる制定法上の規定がない中、例え、会社や多くの利害関係者の利益に適うものであっても、一部の株主の反対により、定款自治に基づく会社や事業の譲渡に法的効力や実施が認められないということになれば、英国企業が既存株主の権利の変容を伴う事業売却等を成す途は、任意清算を行うより他なくなる。また、ウルトラ・ヴァイルス理論によって会社の行為が無効と判断された場合には、取引の相手方は契約の履行を強制できないため、一方の当事会社にかかる事態が生じれば、M&Aの実現は不可能となり、取引の安定性は著しく損なわれる。20世紀初頭の国際競争力の激化に伴い、企業結合による産業の合理化や経営規模の拡大が要請された折から、英国においてかかる事態に適切に対処し、M&Aを確実に行い得る規制の整備が求められたことは想像に難くない。

　一方、会社や事業を取得する譲受会社に関しては、何らかの対価の支払いによりかかる財産を取得することから、当該取得並びにこれに派生する行為が会社の能力範囲内にある、会社資金の充当を許される行為であるか等を基準に適法性が判断された。19世紀半ばの英国において、他社の事業や会社もしくは他社株式を取得する行為は、確かに通常の目的範囲内にはない特殊な取引と見なされてはいたが、会社の設立証書や基本定款の目的事項に当該能力が授権されている場合には、法的有効性が認められた。また、1867年のBarned's Banking事件判決において、1862年法の下に設立された会社が他社株式を取得し、他社の株主となり得る旨が明らかとされたことにより、株式所有を通じた企業結合のみならず、事業売却やアマルガメーションに伴う株式の保有についても許容されるところとなった。

　しかしながら、会社が譲渡会社の個々の株主から株式を譲り受ける方法を通じ、当該企業の完全な支配権を取得するには、かかる申込に応じない株主から所有株式を買い取り、譲渡会社を完全子会社化し得る方法が必要となる。1929年総括会社法以前の英国企業は付属定款に、株主から株式を取得する方法やその対象、支払われる対価を決定する上で必要な手続き等を規定することにより、

その実現を試みてきた。

　ところが、付属定款の変更に対しては、判例法によって多数株主に「会社全体の利益のために誠実に（bona fide for the benefit of the company as a whole）」議決権を行使すべき旨の制約が課され[628]、かかる場合にのみ、当該変更に法的効力と株主への拘束力が認められた。20世紀初頭の裁判例は、明確な事業上の理由によって正当化し得る場合には、株主から株式を取得する付属定款の変更を会社の最善の利益となるものと認め、その有効性を支持する一方、会社の全株式を所有しない限り、追加資本や経営努力を投ずる用意のない多数株主が少数株主の締出しを望む場合には、付属定款の変更差止を命じていた。この誠実な議決権行使義務は、多数決議に基づくパートナーシップの構成員の除名に関する判例法上の制約に由来するものとされるが、20世紀に至ってなお、資本多数決に基づく会社からの締出しから少数株主を保護する機能を果たしていた。他方で多数株主にとっては、完全な支配権の下に推進される効率的経営から生ずる利益が会社の利益と認められない中、有益なスキームを阻む濫用的少数株主から株式を取得する上での障害となっていた。

第2節　1929年法における M&A 規定の意義と限界

　かかる状況を背景に、まずは1907年会社法において、1900年会社法24条により株主との和解及び整理にも適用されることとなった1870年ジョイント・ストック・カンパニー・アレンジメント法の、清算過程にある会社の和解や整理に関係者を拘束し得る旨の規定の範囲が、清算過程にない会社にまで拡大され、平時のM&Aに際しても、株主や債権者の多数の承認と裁判所の承認の下、当該利害関係者全員の権利を変更することが可能とされた。続く1928年法においては、権利義務を含む事業や資産の包括的譲渡、譲受会社株式や社債等の割当、清算を経ない譲渡会社の解散等を許可する幅広い裁量権を裁判所に付与し、かかるスキームの承認プロセスに裁判所を関与せしめることにより、株式を譲渡対価とし、清算を前置しないM&Aを組織的に実施し得る規定が譲渡会社の立場から整備された。

　この点において、1929年総括会社法153条及び154条の規定は、継続事業体による会社や事業等の売却等に伴い、英国会社法上の会社の基礎とも言うべき会

---

[628]　*Allen v. Gold Reefs of West Africa* [1900] 1 Ch 671.

第2節 1929年法におけるM&A規定の意義と限界

社の規約に定められた株主の権利を変更するに当たり、裁判所への管轄権の付与を通じ、不当な権利の変容から株主を保護するとともに、当該スキームに全株主への法的拘束力を認め、M&Aの確実な履行を促進する措置と言うことができる。また、1862年161条や基本定款によるM&Aでは、株主間の利害対立を事後的に調整せざるを得なかったのに対し、これらの規定では、かかる調整が譲渡会社のM&A決定プロセスにおいて図られることとなり、反対株主を保護する時点が、事後から決定過程に移行したことがわかる。

一方、少数株主からの株式取得に関しては、経営効率化に向けた産業界の完全子会社化のニーズに理解を示したグリーン委員会の勧告を受け、1928年会社法において、関連株式価値にして90％超の譲渡会社株主の賛同を条件に、譲受会社が残余の株主から株式を取得し得る旨が規定され、会社株式の譲渡を通じたM&Aにおいても、支配権を完全なものと為し得る法的基盤が整備された。

本規定は、90％を超える同種の株式所有者による受諾を以って、株式取得スキームの公正性と少数株主からの株式強制買取の正当性を量るだけでなく、反対株主の異議につき、裁判所に買取禁止を命じ得る権限を与える等、多数株主による不当な株式の剥奪から少数株主を保護する措置を講じており、支配株主のみならず、少数株主の権利にも配慮する等、バランスの取れた規制整備に努めている。その一方、締め出される少数株主にとって本規定は、特別多数決に基づく強制的な少数株主と会社との契約解除を意味する。

この点において1929年法のM&A規定はいずれも、資本多数決等を以ってM&Aに反対する株主の権利の変更を許容し、M&Aの完全な履行を可能にしたものと言え、M&Aの有用性に対するコンセンサスの下、英国会社法の契約理論的性質を、会社全体の利益の観点から修正したものと位置付けることができる。

これらM&A規定の整備により、整理のスキームを活用するM&Aに関しては、公示文書である基本定款の目的事項を基準にM&Aの法的有効性を判断し、会社の規約からの逸脱や不当な権利変更から譲渡会社株主を保護する従来のあり方が、裁判所に管轄権を付与し、その関与の下、会社の意思決定過程において株主保護を図る方向へと進展した。しかしながら、市場内外での株式取引を通じた会社支配権の獲得に関しては、会社の行為が存在しないため、会社の意思決定機会を捉えた利害調整が不可能なことや、私的契約の自由を尊重し、法による干渉の回避を旨とする英国法の基本スタンス、短期間に環境や事態が変化する株式取引の性質等の故に、開示規制以外に制定法を以って積極的

な株主保護を図ることは困難であった。事実、第二次世界大戦後の株価下落等に伴い、株式取得申込がM&Aの中心的手法となるに至っても、申込プロセスにおける制定法上の株主保護は、依然として開示を中心とするものに止まっていた。

　1929年法155条に関しては、1948年総括会社法において、少数株主に対する譲受会社の株式強制買取権に加え、少数株主から所有株式の買取を請求し得る権利が規定され、株式取得の申込を行った譲受会社が絶対的な支配権を確保した後、全株式の取得に及ばない場合にも、取り残された少数株主が自らの意思により、当該企業を退出する機会が確保された。加えて、強制買取権が認められる多数要件に関し、当事者である譲受会社及びその関係者の所有株式が取得株式数から除外される旨が明示される等、規制の強化を通じ、株主保護が推進された。

　しかしながら、これらはあくまで支配権の移転が確定的となった後の株主保護方策であり、取引過程ないし事前の株主保護は、1958年詐欺防止（投資）法や1960年認可証券取引事業者（業務）規則による最小限度の申込要件や文書内容に関する規制、1967年会社法によって導入された実質株主の株式所有状況の開示規定等、開示に関するものが中心であった。しかも、これらは会社法改正委員会の勧告後も速やかな改正が行われず、実質株主の株式所有状況の開示については勧告から5年後に反映されたものの、1958年詐欺防止（投資）法等に至っては、1986年金融サービス法によって代替されるまで、実質的な改正が行われなかった。かかる制定法に、1960年代の英国の買収活動にしばしば見受けられた、買収者や対象会社取締役会等の不適切な行動への迅速な対応は望むべくもなかった。

　かかる状況の下、支配権獲得を企図して議決権株式を取得する者やこれに競合する者、あるいは対象会社取締役会の不適切な行為は、機関投資家が上場企業の株主として台頭する中、株主間の株式売却機会及び条件の平等性を著しく阻害する要因となっていた。加えて、M&Aの当事者間ないし当該取引に利害関係を有する金融事業者間の対立は、ロンドン金融街シティが維持してきた共通の基盤を揺るがしかねない事態へと発展していた。これらに対する批判は、買収において保護されるべき利益や保護主体に関する深刻な疑念を提起し、支配権の移転にかかる行為規制を求める声となっていった。

第3節　企業買収にかかる自主規制の発展と株主保護における意義

　かくして、イングランド銀行のイニシアティブにより、各金融事業者の代表等から成るシティ作業部会が発足し、1959年にシティ・ノートが公表された。シティ・ノートは1963年の改訂を経て1968年にシティ・コードとなり、これを管理運営し、M&Aを監督する自主規制機関としてパネルが誕生した。

　シティ・ノートの主眼は当初、自由な証券市場と株式の売却・保有に関する株主の決定権双方を、保護する点に置かれ、これらの実現に向け、株主に適時適切な情報を提供し、当該証券にかかる市場の投機的な動きを防止する多くの手続きが勧告されていた。ノートにおいて株式の取得申込は、対象企業の全株式資本もしくは関係する種類株式全てを対象に行うことが原則とされ、株主が申込を検討するに足る適切な期間に加え、申込確定後も一定の応募可能期間を設けることが求められた。また、1963年の改正では、支配権獲得の意向を示し、市場内外での株式売買を通じ、事実上の支配権を獲得した者に対し、態度を明らかにしていない全ての株主に市場取引価格を考慮した公正価格で正式な申込を行うべき旨が勧告された。但し、本勧告はこの段階では義務化されておらず、TOBと市場での株式取得を平行して行うことも許容されていた。

　ノートは一定の評価を受けたものの、その規定に従わず、支配権を獲得した者が競合する申込者に多大な損害を与えた事案や、株主から授権株式資本の増加承認を受ける際の説明に反し、発行された株式が、友好的申込者への支配権の移転に使用されたケース等が少なからず発生したため、M&Aにかかるルールの強化に加え、その運営・監視を担う実効性ある体制を求める声が高まった。

　これを受け、ノートの勧告的な内容は1968年のシティ・コードにおいて申込の当事者及び関係者に対する要求となり、コードを運営する機関としてパネルが発足した。コードは市場内外での投資や証券取引、M&A活動に制約を課す場合のあることを示し、申込者に対しては、対象会社の全株主に対する平等の取扱いや情報提供、誠実な支配権の行使等を要請、申込の確定は50%を超える議決権を獲得した場合にのみ認められることとなった。また、対象企業の取締役会に対しては、株主の同意なしに申込を阻害するような防衛措置を行うことを禁じ、株式の発行やオプションの付与、重要な資産の処分や取得等に当たっては、株主総会の事前の承認を求めた。

パネルはコードの効率的な運用を促進するため、M&Aに関する助言や事後的な裁定のみならず、事案に付随する課題に積極的に対応する機関と位置付けられ、規制・監視活動を行う常設の事務局が設けられた。迅速性を要求するM&Aの性質に鑑み、急を要する問題は夜間や週末を徹して対処され、臨時の会合や電話等を通じて助言や裁定が行われた。翌年には早くもコードの改正が行われ、新たに追加された原則により、パネルが個々のケースの特殊性や状況を勘案し、柔軟に規則の解釈や適用を行い得る基盤が整えられる一方、コードの適用除外を求める者にはパネルとの事前協議や同意が要請された。また、コード違反に対する制裁措置の導入や、関連当事者が異議申立等を行う審査委員会の設置等、パネルの機能の実効性と信頼性を高める積極的な施策が機動的に実施された。自主規制機関であるパネルの採り得る制裁措置は、譴責を始め、シティの各種団体への処分要請や商務省への報告等に限られたが、これら団体の支援と制裁は、コード違反者のM&A分野における活動を事実上、困難にし、コードの遵守を促進する機能を果たした。

　他方でTOB規制の厳格化は、1970年代にかけて、市場での現金による株式取得を通じ、事実上の支配権を獲得した後、残余の株主に、より安価な有価証券等の対価の受領を強要する買収手法を生む結果を招いた。そのため、シティ・ノート以来、コードに掲げられてきた市場自由の原則は、対象企業の株主に対する平等の取扱いとの考量において調整されるところとなり、1971年に最高価格ルールが、1972年には最初の強制公開買付制度が導入され、1974年に今日に至るシティ・コードの体系が確立された。

　これらの規定により、英国における強制公開買付制度は、会社の議決権株式の30％以上を支配権のメルクマールとし、共同行為者の取得分を含め、市場内外の如何あるいは発行済株式か新株かを問わず、かかる支配権を獲得した者、ないしは30％以上50％未満の議決権所有者が12ヶ月以内に1％以上の議決権を増加させた場合に、1年以内に当該株式に対して支払われた最高の価格で、全ての議決権株式の保有者に株式取得申込を行う強制公開買付け義務を課すものとなった。これは、支配権移転過程において株主平等の取扱いが要請されたことに加え、部分的買付け等を通じた実質的支配権の獲得を選好する申込者の支配権行使に、会社や少数株主からの利益収奪への疑念が生ずることによる。一方、強制公開買付け義務に関しては、1976年コードにおいて、現在のホワイトウォッシュ制度に当たる手続きや強制公開買付規制の適用が免除されるケースが例示される等、強制公開買付規制と有益な支配権取引促進の両立に向けた運

第3節　企業買収にかかる自主規制の発展と株主保護における意義

用上の工夫が図られた。

　かかる自主規制は、株主保護においてどのような役割を果たしたか？。まず、従来、株式取得申込者に裁量のあった申込確定の決定権は、コードが申込の成立要件を議決権株式の50％超と規定したことにより、対象会社株主の過半の賛同を以って決定されるところとなり、株主の手に移行した。次に、会社支配権の移転に際し、対象企業の全ての議決権株式保有者に最高価格による申込が等しく適用され、確定宣言後も一定期間、受諾していない株主が応募について再考し得る機会が設けられたことにより、大株主であるか、事情に精通した投資家であるか、あるいは申込の受諾時期がいつか等に関わりなく、全ての株主が熟慮の上、同一条件の下に会社の退出を決定し得る機会と期間が保障された。また、かかる決定を可能とすべく、株主が申込の利点を判断するに必要な情報が、適時適切且つ平等に提供される環境が整備された。加えて、対象会社取締役に対する買収防衛措置の禁忌は、例え、それが付属定款に定められた取締役の権限範囲内の行為であったとしても、誠実な株式取得申込、すなわち、株主が株式の売却・保有を決する機会の阻害につながるとの認識に立ち、かかる機会を保護するとともに、株式取得申込における意思決定権者としての株主の位置付けを明確にしている。

　他方で、1970年代半ばに導入されたホワイトウォッシュ制度は、対象会社の新株発行による支配権の移転につき、発行会社株主の事前承認を以って強制公開買付け義務を免除する仕組みと捉えることができ、対象会社株主に予め、支配権移転に伴う退出機会の必要性を確認するとともに、支配株式を取得する者の経済的負担を軽減する意義を有していたと考えられる。また、強制公開買付け義務の適用免除の例示からも、強制買付制度が有用な支配権取引を抑制する恐れに対する配慮の跡が窺われる。

　このようにコードは、株式取得を通じた支配権取引の有用性を前提としつつ、英国会社法がその過程において少数株主に提供していなかった適切な救済の実現を試みるものであり、その基軸は、会社支配権の移転における全ての対象株主の株式売却機会と条件の公平性及び平等性の確保に置かれていた。コードは個々のM&Aの商業的経済的な有利・不利への関与を目的とせず、直接的な当事者間の利害調整を意図するものではないが、M&A関係者にコードの精神並びに規則を遵守せしめる帰結として、その妥当な調整を図る効果を有するものとなった。

　一般に、制定法上の根拠を有しない自主規制の利点は、規制コストの低減や、

弾力的且つ柔軟な運用により、政府のそれよりも高い水準の規制を可能にする点にあり、その意義は、規制の必要があるにもかかわらず、法的規制が存在しない領域において自立的に規制を行い、法の欠陥を埋める点にあるとされる[629]。制定法に基づかない自主規制の多くが、単一の機関により、その構成員の活動等を管理する目的で作成されるのに対し、コードは、TOBに関わる財務アドバイザーや投資銀行、証券取引所、投資家等、異なる利害関係を有するシティの金融関連団体の代表者等によって自発的に策定され、その構成団体から派遣されるメンバーにより運営される点に特徴がある[630]。かかる構成はTOBの展開の速さに対する共通の理解や各分野における高度な専門知識、問題解決や検討におけるアプローチの多様性等を以って、環境の変化に即したコードの迅速な改正や、パネルの柔軟且つ適切な裁定等に寄与したと考えられる。

制定法に基づかない規制体制に対しては、自主規制機関が行う制裁の効果や自らの利害のために行動する恐れ等につき、疑問が呈された時期もあった[631]。しかしながら、1986年金融サービス法によりパネルを支持する団体が同法の下に置かれ、パネルもまた、同法18条の下にSIBや証券取引所等から情報を受領し得る機関に指定されたこと等により、パネルによる制裁の実効性や権限が強化された[632]。また、1987年のDatafin事件判決においてパネルとコードが一定の評価を得たことも、かかる懸念の払拭につながったと考えられる。

かくして、この時期のシティ・コードは、制定法の裏付を持たない純然たる自主規制ではあったが、1960年代以降の英国に、株式取得申込の実施にかかる秩序ある枠組みを構築し、その渦中にある対象会社株主の株式売却・保有にかかる自立的な決定権を保護するものとして、制定法の不備を補う意義を有していた。

---

[629] 前田・前掲注(21)95頁、97-98頁、Barry Alexander K. Rider, Self-regulation: The British Approach to Policing Conduct in the Securities Business, with Paticular Reference to the Role of the City Panel on Take-overs and Mergers in the Regulation of Insider Trading, Jounal of Comparative Corporate Law and Securities Regulation, Vol. 1, (1978) 319, 338.

[630] これらの点から、パネルによる規制は、自主規制というよりも非制定法上の規制と記述した方がよいとの指摘もなされている。Alexander of Weeder, Q. C., Takeovers: The Regulatory Scene, The Journal of Business Law, (1990) 210.

[631] Rider, supra note 629, 339-340.

[632] Alexander of Weeder, Q. C.,supra note 630, 212.

第3節　企業買収にかかる自主規制の発展と株主保護における意義

　M&Aにかかる事柄につき、株主の権利保護を図る自主規制の姿勢は、コードのみならず、証券取引所の規則にも現れていた。英国・アイルランド証券取引所連合により、1966年に公表された有価証券上場規則は、それまで各証券取引所が個別に定めていた上場企業への要請を統一するものであったが、その一部を成す上場契約において、上場会社が資金調達のため、株主割当以外の方法により株式や有価証券等を新たに発行する場合には、既存株主の事前承認が求められていた。また、同規則は上場企業による重要な資産の取得や処分に関して、株主への迅速且つ詳細な情報提供を求めていたが、この要請は、上記各証券取引所の統合によって1973年に発足した連合王国・アイルランド証券取引所の上場規則において、取引資産の価値や帰属する純利益等が当事会社のそれ等の25％以上に相当する場合に、株主の事前承認を求める規定となって、上場企業の株主に会社の重要資産等の取引に関する意思決定機会を保障するものとなった。

　前述のとおり、英国企業の取締役の権限範囲は付属定款によって規定されており、会社法の模範付属定款において、取締役は株主総会に権限が帰属する旨が定められた事項を除き、会社の能力範囲内にある一切の業務執行権限を有するものとされていた[633]。従って、これを採用した会社においては、取締役の権限行使が会社の目的を逸脱していない限り、原則として株主がこれに干渉することはできなかった。

　また、株式の発行及び割当に関する権限は、1948年会社法の模範付属定款から、株主が新株引受権を有する旨の規定が削除されて以来、個々の会社が付属定款に特段の定めを置かない限り、他の業務執行権限同様、その裁量が取締役の手に委ねられていた。そのため、株主割当によらない株式の発行・割当を株主総会の事前承認事項とした証券取引所の要請は、現金を対価とする場合に限られてはいたものの、第二次世界大戦後の英国会社法において自由化されていた取締役の新株発行・割当権限を、株主に留保し、会社所有割合の希釈化から株主を保護する意義を有していた。

　更に、現金を対価としない株式の発行のうち、大規模なものについては、重要な資産等の取得に関する上場規則がこれに対応した。証券取引所は上場企業の大規模な取引が事業の性質のみならず、既存株主の議決権支配や所有権の変動に与える影響の重大性に鑑み、当該企業の株主が会社の方針を評価し得るよ

---

[633] Companies Act 1948, First Schedule, Table A, 80.

う、これらの事前承認を要請したものと思料される。

第4節 1980年代以降の英国会社法における株主保護への取組み

　会社の所有者たる株主の決定権に重きを置く自主規制の姿勢は、1973年の英国のEC加盟を機に、1980年代の英国会社法においても採用されるところとなり、会社法における株主保護措置は転機を迎えた。1960年代から1970年代にかけての会社法は、実質株主及び取締役への株式所有状況の開示義務や、会社が株式所有状況を調査し得る権限及びその開示規定の展開等に見られるとおり、株式取得申込の隆盛を意識しつつも、依然として制定来の公示に基づく株主保護方針を貫いていた。しかしながら、会社の株主及び第三者の利益保護措置に関する加盟各国間の調整を図るEC会社法指令の履行過程において、英国会社法の株主保護のスタンスも修正を受けることとなり、1980年法において株主の新株引受権が法定されるとともに、株主による取締役への持分証券の割当権限の授権が会社法に規定された。

　株主の新株引受権の法定は、金銭出資による資本の増加に際して、会社に対する資本参加割合の縮減から株主を保護する原則の確保が必要と判断したEC会社法第二指令を反映したもので、これにより、原則として会社の付属定款に委ねられ、上場企業に関しては証券取引所の規定によって保護されていた株主の新株引受権が、初めて株主の権利として法認され、その排除についても株主総会決議や付属定款の規定等、株主の決定に基づくことが明示された。また、取締役会による持分証券の割当権限の行使に、株主総会または付属定款による授権を要する旨が規定されたことにより、会社内部の機関権限の分配を専ら会社と株主の契約に委ねてきた英国会社法の立場は、株式の発行・割当に関して転換するところとなり、かかる権限の所在が明らかにされた。これらは単に株主の会社所有割合の維持並びに変更にかかる株主の権利保護のみならず、企業統治における株主の地位の強化を図ったものと評価できる。

　株主保護のため、その利害に関する事柄に株主総会の事前承認を要請する会社法の新たなスタンスは、新株の発行・割当の他、会社が取締役または親会社の取締役に5年以上の雇用を保障する規定や、取締役またはその関係者を一方の当事者として重要資産の処分ないし取得を行う契約の締結にも反映され[634]、1844年の会社登記法以来、会社の規約や役員の詳細、目論見書や年次決算等の

244

第4節　1980年代以降の英国会社法における株主保護への取組み

公示や記録保持義務、公衆によるその検閲を株主保護の中心としてきた英国法に、裁判所への管轄権の付与に続く、新たな株主保護手段が加わることとなった。前述のとおり公示等を通じた固定的保護措置は、株主間あるいは株主と取締役の間に起こる利害対立を事後的に調整せざるを得ない側面を有するが、株主の事前承認を求める保護策は、予め株主の意向を図り、以って会社の意思決定とすることから、利害対立の発生そのものを抑制する効果が期待される。

加えて1987年には、公募有限責任会社の合併及び会社分割に関する法制調和等を図るEC会社法第三指令及び第六指令を受け、従来のM&A規定に上乗せする形で、会社法に公募会社の合併や会社分割に関する規定が設けられた。前述のとおり、英国企業は1928年法によって導入されたM&A規定に基づき、整理のスキームの一類型として裁判所の関与の下に合併や会社分割を行うことが可能となっていたが、同規定は合併や会社分割における消滅会社の立場からこれを規定したものであって、存続会社における手続き等には言及しておらず、これらについては存続会社の規約に委ねられていた。また、整理によって実施し得る組織再編の形態は英国会社法に定義されておらず、アマルガメーションや再建の承認に際して、裁判所が採り得る措置が列挙されるに止まっていた。

EC会社法指令は、吸収合併及び新設合併、吸収分割及び新設分割の定義を通じ、かかる法制を有しない加盟国にその導入を促すとともに、合併や会社分割に関わるあらゆる利害関係者に必要な情報を提供するため、合併及び会社分割の原案や当事会社の登記等に関する公示規定を設けていた。また、株主の利益保護に関しては、合併や会社分割の株式交換比率の公正性を担保すべく、取締役会や独立鑑定人の報告書を要請した他、各当事会社の株主総会特別決議による承認を求めていた。

これを受け、1987年会社（合併及び分割）規則により、英国会社法に合併及び会社分割の定義や種類を始め、取締役の原案策定から株主総会による承認、効力発生に至る一連の手続きが規定され、原案や専門家により作成された合併・分割条件等に関する報告書の公示等が求められた。本規定の対象となる公募会社はこれらを遵守した上で、整理のスキームに関する裁判所の承認を得ることとされた他、消滅会社のみならず、存続会社においても、原則として合併及び会社分割にかかる株主総会の承認が必要である旨が明示された。これにより、公募会社の合併や分割において、会社法上、任意とされてきた譲受会社側

634　Companies Act 1985, §319-§322.

の手続きの透明性と株主の意思決定機会が確保されるとともに、合併及び会社分割の条件に関する当事会社株主の保護が強化された。

　その後、英国は2004年に採択されたEUの公開買付けに関する指令の国内法化に当たり、40年に亘って英国企業のM&Aを自主的に規律し、監督を司ってきたパネルを会社法上に位置付け、制定法の枠組みにその規制体制を取り込む選択を行った。自主規制機関に制定法上の根拠と地位を与えて指令を履行する方法は、先の1984年証券取引所（上場）規則において、証券取引所を公的証券取引所への上場許可を司る監督官庁に指定した際に採用されていたが、同様の方法によりパネルとコードが会社法上に位置付けられたことは、M&Aにかかる包括的な規制体制が、証券法の下にではなく、会社法によって担われることを示すものであった。

第3部
わが国のM&A法制の沿革

概　　説

　わが国商法の祖とされる1884年（明治17年）の商法草案（以下、ロエスレル草案という）[1]及び1893年（明治26年）より一部施行された明治23年商法（以下、旧商法という）[2]に、M&Aを直接的に規制する条文は存在しなかった。商法上、初めて合併規定が設けられたのは、1899年（明治32年）3月に公布された商法（以下、明治32年商法という）においてである[3]。明治32年商法第二編第二章「合名會社」の第五節及び第四章「株式會社」第七節の「解散」において、会社の解散事由として「會社ノ合併」が新たに加えられ、同節中に合併に関する規定が設けられた他、合資会社・株式合資会社に関しても合名会社の規定の準用により、これらが適用された[4]。

　商法の合併規定に先立つものとしては、銀行のみを適用の対象とするものではあるが、1896年（明治29年）4月に銀行合併法及び銀行合併施行細則が公布されており[5]、また、成立には至らなかったものの、翌年3月に「商事會社合併竝組織變更法案」が議会に提出され、衆議院の委員会で審議・可決されている[6]。

---

[1] ロエスレル草案は1881年（明治14年）の太政官法制部の命により、法律顧問ヘルマン・ロエスレル氏が起草したもので、倒産や商事裁判手続き等を含む全4編1133条から成る。三枝一雄「明治商法発達史試論（一）」法律論叢第43巻第4・5号136頁（1970年）（以下、三枝1と表記する）、草案の内容については、司法省訳『ロエスレル氏起稿商法草案』上・下巻（以下、ロエスレル草案という）（司法省、1884年）。

[2] 明治23年法律第32號。

[3] 明治32年法律第48號。旧商法等の修正案を起草審議するため、内閣に設置された法典調査会商法委員會の第二十回商法委員會において、起草委員の田部芳委員より、合名会社の解散事由として会社の合併が新たに規定された旨の説明がなされている。法務大臣官房司法法制調査部監修『法典調査會商法委員會議事要録（日本近代立法資料叢書19）』102頁（1985年、商事法務研究会）（以下、法典調査會商法委員會議事要録と表記する）。法典調査会については、志田鉀太郎『日本商法典の編纂と其改正〔復刻版〕』51-52頁註26及び27、72-78頁（新青出版、1995年）、三枝一雄「明治商法発達史試論（二）」法律論叢第43巻第6号47-48頁（1970年）（以下、三枝2と表記する）参照。

[4] 合名会社の合併については明治32年商法74条及び77条-82条、株式会社については同221条第1項及び222条-223条参照、合資会社及び株式合資会社については105条、236条にそれぞれ準用規定が置かれている。

[5] 明治29年法律第85號、明治29年大蔵省令第9號。

明治32年商法に導入された合併制度は、合名会社に関して8条、株式会社については5条の条文から成る非常に簡素なものであったが、1938年（昭和13年）の改正により、合併無効の訴えや株式会社の合併手続きに関する規定が整備され、充実が図られた。また、同じ1938年改正において、営業譲渡や営業全部の譲受に関する規定が設けられた。

　合併や営業譲渡は英国同様、わが国においても実践が法定に先んじて行われ、その要請に基づいて規制整備がなされたものであった。会社による株式の取得や保有についても、商法上はその有効性が明らかでなかったが、判例によってその可能性が認められ、株式取得による企業結合の途が開かれた。その一方で、これら第二次世界大戦以前のM&A法制には株主保護に関する特段の措置は設けられておらず、その決定に株主総会特別決議が必要とされるに止まっていた。また、株式発行権限は株主総会に置かれていたが、株主の新株引受権については必ずしも明定されていなかった。

　第二次世界大戦後の商法の抜本的な改正に伴い、M&Aに関する規定も大きく影響を受けた。1950年（昭和25年）改正において、米国の州会社法を範に、合併及び営業譲渡等に反対する株主の株式買取請求権が導入された他、授権資本の範囲内で取締役会が株式の発行を決定し得る旨が規定された。株式の発行については、1955年（昭和30年）改正により、定款または取締役会の決議によってのみ株主に新株引受権を付与し得る旨が規定されたことから、発行・割当権限とも原則として取締役会に帰属するところとなった。

　平成に入り、バブル経済崩壊後の不況が長引く中、商法の組織再編制度は、企業グループ内の組織再編や事業の集中と選択を推進するM&Aへのニーズの高まりを受け、めまぐるしく改正が行われた。1997年（平成9年）に合併手続きの合理化や簡素化にかかる改正が行われたことに引き続き、1999年（平成11年）には親子会社関係の円滑な創設を促進する株式交換及び株式移転制度が、翌年には権利義務を含めた事業の包括譲渡を可能にする会社分割制度が新設され、2005年（平成17年）の会社法制定時には、組織再編行為における対価の柔軟化や簡易組織再編範囲の拡大、略式組織再編行為等にかかる規制整備が行われた。また、これらに伴い、株式買取請求権の付与対象が拡大され、2005年会社法において株式の買取価格や反対株主の範囲等に関する改正がなされた。

　一方、一定規模の有価証券報告書提出会社株式の取得に関する規制は、1971

6　第十回帝國議会衆議院議事速記録第27號（官報號外明治30年3月18日501頁）。

概　説

年（昭和46年）、証券取引法に公開買付けの届出制度が導入されたことに始まる。本制度は有価証券市場外において不特定多数の者に対し、有価証券報告書提出会社の一定の株券等を取得する場合に、予め届出を義務付ける制度であったが、1990年（平成2年）の株券等の大量保有状況に関する開示制度の導入に伴い、大幅な見直しが行われ、市場外での株券等の買付けを原則として公開買付けによらしめる強制公開買付制度に改正された。

　今世紀に入り、公開買付規制の対象範囲は頻繁に見直しが行われ、当初は適用除外範囲を拡大する改正が行われていたところ、2005年（平成17年）を境に適用対象を広げる方向に転じ、翌年には買付け後の所有割合が三分の二以上となる買付けに株式全部の買付け義務が課されるに至った。大量保有報告制度に関しても同年、機関投資家に認められていた特例報告制度が改正され、株券等の保有割合の迅速な開示が促進されることとなった。また、証券取引法の金融商品取引法への移行に際し、これらに関する罰則が強化され、2008年（平成20年）には課徴金制度が設けられた。

　第3部では、これらわが国のM&A法制と支配権の移転にかかる株主保護措置の展開を辿るとともに、その特徴や背景について考察する。第1章では商法に合併規定が整備される以前から昭和13年改正までのM&Aの実際や制度導入の経緯、合併の法的性質に関する議論等について紹介する。第2章では第二次世界大戦以降、今日までのM&A法制の変遷に関し、株主保護の観点から、商法及び会社法については反対株主の株式買取請求権と取締役会の新株発行権限、証券取引法及び金融商品取引法については公開買付制度と大量保有報告制度の展開を概観する。第3章では以上の史的展開を踏まえ、日本のM&A法制及びM&Aにかかる株主保護措置の特徴や背景、課題について分析を行う。

第1章 商法における M&A 法制の系譜と展開

第1節 銀行合併法制定以前の銀行合併の概況

わが国における企業の合併は、銀行合併法や明治32年商法において合併が法認される以前から、すでに行われていた。銀行の合併は1889年(明治22年)頃まで大蔵大臣の命令によって許可されており、銀行合併法制定以前に15件の国立銀行の吸収合併が行われたと言う[7]。

国立銀行は1872年(明治5年)に公布された国立銀行条例[8]に基づく株式会社組織の民間銀行で、政府から資本金の十分の六に当たる金札引換公債証書を政府紙幣で購入し、この公債を抵当として大蔵省に預け入れることにより、同額の銀行紙幣の発行を許可される特典を有する一方で、資本金の十分の四を引換準備として正金(金貨)で積み立てることを要した[9]。1876年(明治9年)の改正国立銀行条例により、国立銀行紙幣の引換準備が正貨から通貨に、その額が資本金の十分の四から十分の二に変更され、紙幣発行制限が資本金の十分の六から十分の八へと引き上げられたことを受け[10]、それまで5行を数えるのみ

---

[7] 第9回帝国議会貴族院明治29年3月19日本会議における添田壽一政府委員発言(日本銀行調査局編『帝国議会議事速記録中金融資料(上巻)』日本金融史資料明治大正編第14巻1193頁(大蔵省印刷局、1960年)(以下、帝国議会議事速記録中金融資料と表記する))、明治財政史編纂會『明治財政史』13巻260頁以下「國立銀行創立時期資本金高及發行紙幣高表」、605頁以下「國立銀行始終一覧表」(丸善、1905年)参照。

[8] 国立銀行条例(明治5年法律第349號、以下、明治5年国立銀行条例という)は、政府が発行した不換紙幣の整理及び金融の疎通を図るため、米国のナショナル・バンク制度に倣い、制定されたものである。福島正夫『日本資本主義の発達と私法』28頁(東京大学出版会、1988年)。国立銀行については5条第1節に株式制度(國立銀行元金ノ株高ハ百圓宛ヲ以テ一株トナシ其者ノ望ニヨリテ何株ニテモ之ヲ所持スヘシ)、同条第3節に株の自由譲渡性(此株高ハ全ク株主ノ所有物ナレハ頭取取締役ノ承認ヲ得銀行ノ元帳ニ引合セシ上ニテ譲渡ヲナスコト勝手タル可シ)、18条第12節に株主の有限責任(銀行ノ株主等ハ縦令其銀行ニ何様ノ損失アリトモ其株高ヲ損失スル外ハ別ニ其分散ノ賦當ハ受ケサル可シ)等が規定されており、三枝氏はこれらの点から国立銀行条例をわが国で初めて株式会社組織を法認したものと述べておられる。三枝1・前掲注(1)99-103頁。

[9] 明治5年国立銀行条例6条第2-5節、第14-15節。

[10] 明治9年太政官布告第106號(以下、明治9年国立銀行条例という)18条、20条。

であった国立銀行の数は1880年（明治13年）末には153行に急増した。政府及び銀行による紙幣の発行は通貨の膨張ひいては物価上昇要因となって農商工業を刺激し、経済界が活況を呈したため、国立銀行の営業は活発となった。前述のとおり、国立銀行の発行可能紙幣高は資本金の高に比例するため[11]、資本不足を感じた銀行の資本増強は条例改正以降1881年（明治14年）末までの間に609万円に達し、営業の便宜を図って他店と合併するものも現れたと言う[12]。

　この間に行われた5件の国立銀行の合併に関し、明治財政史「國立銀行創立時期資本金高及發行紙幣高表」及び「國立銀行始終一覧表」から知り得る事実は下記のとおりである[13]。

合併当事銀行 （☆は存続会社）	合併前の資本金高 （単位：円）	合併時期	1882年（明治15年） 6月末時点の資本金現高（単位：円）
☆東京第三十國立銀行 八街第百四十三國立銀行	250,000 100,000	1880年（明治13年） 3月	350,000 -
☆半田第百三十六國立銀行 東京第百十八國立銀行	70,000 100,000	1880年（明治13年） 11月	170,000 -
☆鶴岡第六十七國立銀行 山形第百四十國立銀行	150,000 100,000	1881年（明治14年） 1月	250,000 -
☆大阪第三十二國立銀行 大庭第百三十一國立銀行 銚子第百四十二國立銀行	250,000 60,000 50,000	1881年（明治14年） 7月 同11月	360,000

　このうち、鶴岡第六十七國立銀行（以下、第六十七國立銀行という）と山形第

---

[11] 明治5年国立銀行条例6条第6節において、元金高（資本金）の増減に応じ、公債証書並びに紙幣引換準備の正金もその割合に従って増減する旨が規定されている。

[12] 明治財政史編纂會・前掲注(7)13巻147頁、440-441頁。153行の創立時資本金高の合計は3772万円余りであったから、609万円の増資によりその総資本金高が16％増加したことになる。

[13] 「國立銀行創立時期資本金高及發行紙幣高表」は各国立銀行の創立時点及び1882年（明治15年）6月末時点の資本金現高及び発行紙幣現高、これらの増減とその時期を記したもので、合併は資本金の増減ないしは現高不記載の事由として記載されている。明治9年国立銀行条例40条及び42条は、国立銀行の資本金の増減について69条規定の会社の格段の決議に加え、大蔵省紙幣寮紙幣頭の承認を要するものとしていた。国立銀行条例69条の内容については次節の銀行合併法19条の関連条文・類似条文の項を参照。
「國立銀行始終一覧表」は1898年（明治31年）12月に営業満期を迎えた全国立銀行の処分結果を記したもので、創立時、営業最終時、私立銀行に転化して営業を継続した銀行についてはその時点の資本金、開業免許の下付及び国立銀行として営業を終了した年月等が記載されている。

第1節　銀行合併法制定以前の銀行合併の概況

　百四十國立銀行（以下、第百四十國立銀行という）の合併では、1880年（明治13年）4月の合併調印後、両行の株主総会に諮り、8月21日付で大蔵卿に合併願を提出する手続きが取られている。同行は合併許可が速やかに下りなかったため、11月13日付で再度「合併の儀再願」を提出、翌月、大蔵省より合併条件や株主勘定、損失償却の見込等を申し出るべき旨の通達を受け、12月4日付で「合併出願ニ付上申書」を提出し、これに回答、同月15日に大蔵卿より認可を得、合併が成立した[14]。

　第六十七國立銀行の株式は1879年（明治12年）10月の増資の際、額面25円から50円に変更されており、合併直前の発行済株式総数は3,000株、一方、第百四十國立銀行の額面金額は50円、発行済株式総数は2,000株で、発行紙幣高は資本金の6割に当たる64,000円であった[15]。第六十七國立銀行は増資後、小樽港へ支店を設置するため、再度資本金の増額を希望していたが、第百四十國立銀行に抵当の公債があることから、合併営業の協議を行う方針に転換し、合併調印に至ったと言う[16]。

　両行の合併条件は①第百四十國立銀行の名称の廃止、②第百四十國立銀行の資本金10万円を第六十七國立銀行の資本金に加えて25万円とする、③第百四十國立銀行本店を第六十七國立銀行の支店とする、④第百四十國立銀行の発行紙幣の交換、預け金、貸付金等、同行の権利義務全てを第六十七國立銀行に引き継ぐ等であった[17]。

　　なお、「國立銀行創立時期資本金高及發行紙幣高表」に大阪第三十二國立銀行と大庭第百三十一國立銀行の合併記録はなく、大阪第三十二國立銀行にその記載があり、且つ、大庭第百三十一國立銀行の創立時資本金高は5万円と記されているが、「國立銀行始終一覧表」には大阪第三十二國立銀行と大庭第百三十一國立銀行の合併及び大庭第百三十一國立銀行の創立時資本金高につき6万円と記載されている。これらの不整合については両資料の作成時期並びに「國立銀行創立時期資本金高及發行紙幣高表」における大庭第百三十一國立銀行の発行紙幣現高（4万8千円）を勘案し、「國立銀行始終一覧表」の記述を採用した。

14　荘内銀行百年史編集室編『創業百年史』82-84頁（1981年、荘内銀行）。
15　荘内銀行百年史編集室編・前掲注(14)79-80頁、129頁。なお、「國立銀行創立時期資本金高及び紙幣高表」には第百四十國立銀行の発行紙幣高が94,000円と記載されているが、これについては資本金高を勘案し、荘内銀行の創業百年史の記述を採用した。また、発行済株式総数は創業百年史の資本金や株式の額面金額、株主勘定のデータから逆算した。
16　荘内銀行百年史編集室編・前掲注(14)82頁。
17　荘内銀行百年史編集室編・前掲注(14)82-83頁。

1880年6月末時点の株主勘定において、第六十七國立銀行の一株当たり純資産は50.085円、これに対し、第百四十國立銀行のそれは49.146円であったため、12月4日付の「合併出願ニ付上申書」は、第百四十國立銀行の株主が第六十七國立銀行の株主と同じ権利を持つため、その差額に当たる一株当たり0.939円を払い込ませ、一括払込できない場合には利益配当から差し引くとしている[18]。

以上から、本合併において、第百四十國立銀行が発行紙幣や預金等の債権債務を清算せず、第六十七國立銀行に承継させて消滅したこと、存続会社である第六十七國立銀行の株式を対価としつつ、現金によって合併比率の調整を図っていた状況が窺えるが、この合併比率の調整は、消滅会社側の株主が差額の払込を行う点において後の合併交付金とは異なっている。

この他、国立銀行の合併手続きに関しては、会社の資産を評価し、その価額を以って合併した後、株券を更に改めて発行する手続きにより行われたとの資料がある[19]。

第2節　銀行合併法

1896年（明治29年）に公布された銀行合併法は同一の法律によって設立された銀行営業の各株式会社の合併を定めた22条から成る法律である。当時、銀行には国立銀行の他、私立銀行、貯蓄銀行等の別があり、それぞれ別個の条例に基づき規律されていた[20]。私立銀行は国立銀行条例に拠らず、銀行類似の金融業を営む会社であったが、1876年（明治9年）8月に改正された国立銀行条例において国立銀行の営業継続期限が20年とされ、1883年（明治16年）の改正により、国立銀行が営業期限後、紙幣発行権を有する国立銀行としてではなく、私立銀行の資格を以って営業を継続し得る旨が定められたため[21]、1896年（明治29年）以降の私立銀行には、営業満期に伴い、国立銀行から転化した銀行が

18　荘内銀行百年史編集室編・前掲注(14)83頁。
19　第9回帝国議会衆議院明治29年3月17日本会議における小坂善之助特別委員長報告（帝国議会議事速記録中金融資料・前掲注(7)1187-1188頁）参照。
20　銀行条例（明治23年法律第72號）、貯蓄銀行条例（明治23年法律第73號）他。なお、銀行条例及び貯蓄銀行条例は旧商法の施行延期に伴い、制定より3年後の1893年（明治26年）7月に施行された。明治財政史編纂會『明治財政史』12巻491-495頁、貯蓄銀行条例1条、福島・前掲注(8)99-101頁、139頁。
21　明治9年国立銀行条例12条、明治16年太政官布告第14號12条。

第 2 節　銀行合併法

含まれる。貯蓄銀行は公衆から少額の貯金を預かり、複利の方法を以って預金事業を専業に営む銀行である。国立銀行及び貯蓄銀行は株式会社組織によることが義務付けられていたが[22]、私立銀行については合名・合資・株式の各会社形態及び各人による銀行設立と営業が認められていた[23]。従って、同一の法律によって設立された銀行営業の各株式会社とは、株式会社形態により設立された同種の銀行を意味する。

銀行合併法案の提出趣旨は、1896年3月に開催された第9回帝国議会衆議院及び貴族院の本会議において、次のように説明されている。銀行制度の信用は資本の充実及び銀行経営の確実性にあるところ、わが国の金融機関はこれらの点において満足な状況とは言えず、この欠点を防ぐには既存の銀行が合同し、過当競争を避け、資力を充実する便宜を与える必要がある。また、すでに小銀行が合併により規模を拡大する傾向が見られる他、営業期限満了に伴う国立銀行の処分に際し、合併を望む銀行もあるが、旧商法に合併規定がなく、商法の通常の手続きにより会社の解散や新設を行うと非常に手数がかかるため、合併を躊躇する銀行もある。かかる状況から、簡便法を制定し、これを奨励するというものである[24]。前述のとおり銀行の合併は、1889年（明治22年）頃まで大蔵大臣の命令により許可されていたが、旧商法の一部施行以降、許可されなくなっていた[25]。

銀行合併法案の起草者や参照条文は必ずしも明らかではないが、銀行の主務省は大蔵省であり、同法案の審議を付託された貴衆両院の特別委員会において、質問に答弁した政府委員は大蔵省参事官の添田壽一氏である[26]。銀行合併法

22　国立銀行については前掲注(8)参照、貯蓄銀行条例2条。
23　銀行条例施行細則（明治26年大蔵省令第7號）第1章、第2章。
24　帝国議会議事速記録中金融資料・前掲注(7)1185-1186頁、1191頁。
25　帝国議会議事速記録中金融資料・前掲注(7)1193頁。
26　添田壽一氏（1864年生 -1929年没、法学博士）は明治大正期の経済官僚であり、実業家、経済学者でもある。1884年に東京大学を卒業後、大蔵省主税局に入省、同年非職となり欧州（英国ケンブリッジ大学及びドイツハイデルベルク大学）に留学した後、大蔵省に復職した。1890年に大蔵省参事官就任、1893年監査局長心得、大蔵書記官兼参事官・官房第三課長、1897年監督局長と銀行行政に携わり、国立銀行処分等に関与、1898年に大蔵次官に就任したが、同年退職、その後は台湾の中央銀行である台湾銀行や日本興業銀行の設立に参画し、台湾銀行初代頭取（1899-1901年）や日本興業銀行総裁（1902-1913年）を務めた他、1925年には勅撰貴族院議員となった。岳淵生「添田壽一を論ず」実業之日本社編『当代の実業家人物の解剖』251-257頁（実業之日本社、1903年）、国史大辞典編集委員会編『国史大辞典』第8巻611頁（吉川弘文館、1987年）他。

は、4条の株主総会等における合併決議の方法、5条の合併当事会社株主の要求に基づく他方の当事会社の書類開示義務、6条の裁判所による業務及び財産状況の検査、22条の罰則規定等が、直接、旧商法第一編第六章第三節「株式會社」の規定に依拠している他、19条及び20条は改正国立銀行条例に、21条は民事訴訟法[27]の規定に基づいている。添田委員は貴族院の特別委員会において、「本案ハ銀行會社ヲシテ解散鎖店[28]新設ノ手續ヲ省略セシムル法律ニ過キス」と述べた上で、7条の合併決議の届出に関し、旧商法234条の株式会社の解散決議の届出が参照された旨を明らかにしている他、合併において減資が行われた場合の債権者保護に関し、旧商法の規定の適用に言及しており、合併に伴う資本の増減に関し、旧商法の規定が意識されていたことを窺わせている[29]。

　これらを手掛かりに銀行合併法の条文を検討すると、その多くは旧商法の株式会社の設立や解散規定に類似の条文があり、類例のない条文は1条の合併方法、17条の存続会社もしくは新設会社による消滅会社の権利義務の承継及び18条の国立銀行の合併方法のみである。1条及び18条は、これまで会社の解散や新設を通じて行われてきた合併を法認するとともに、その方法を明示したものと捉えられ、17条は、合併によって小銀行を大銀行化する大蔵当局の政策を具体化した銀行合併法の[30]、合併促進上の法技術であると同時に本旨であったと考えられる。

　なお、同法に合併対価に関する規定はないが、先に見たように、本法制定以前の国立銀行の合併において、合併後の存続銀行の資本金高は合併前の存続銀行と消滅銀行の資本金を合算した額となっていること、第六十七國立銀行の合併において、合併が増資と同列に検討されていた点、小銀行の資力充実のため、銀行の合同を図らんとした大蔵省の方針等からは、資本合同のため、存続銀行

27　明治23年法律第29號。
28　明治5年国立銀行条例は19条第1節において、銀行鎖店の手続きとして、三分の二以上の株主の説（協議）による分散または鎖店を規定していた。
29　帝国議会議事速記録中金融資料・前掲注(7)1192-1193頁。添田委員は合併時の資本の増減に関する質疑に対し、商法の規定に従い、合併の上、資本を増減または合併前に各社が資本を増減した後、合併することができるとした上で、これらが銀行合併法案2条の、株主総会において決議される合併に関する事項に含まれるとの答弁を行っている他、債権者の不利益に関する質問に対し、法案11条及び12条の債権者保護規定に加え、減資する場合には旧商法208条の適用が可能であるとの見解を示している。
30　金融研究會編『我国に於ける銀行合同の大勢』12頁（金融研究會、1934年）、福島・前掲注(8)154頁。

第 2 節　銀行合併法

もしくは新設銀行の株式の発行が行われ、消滅銀行株主の収容を生じた帰結として、次第に株式が合併対価と位置付けられるようになったものと思料される。当時の合併においては発行される株式には、英国会社法のアマルガメーションに見られるような、資産譲渡に対する「対価」の概念は感じられず、複数の会社資産・負債・資本を合一し、権利義務を承継することに重きが置かれていた様子が窺われる。

　一方、銀行合併法の債権者保護方法については、1882年に公布されたイタリア商法の内容との同一性が指摘されているが[31]、旧商法207条及び208条の減資における債権者保護規定との類似性も認められ、債権者への通知に合併当事会社の財産目録及び貸借対照表の添付を義務付ける点のみ、旧商法207条の債権者保護規定と異なっている。この点については確かに、1882年イタリア商法の合併規定との類似性が認められるが、銀行合併法はその冒頭で吸収合併と新設合併の2種類の合併方法を明示するとともに、具体的な合併手続きを定めている等、合併公告や債権者保護のみを規定するイタリア商法にない特徴も備えており、その影響の有無や程度は必ずしも明らかでないように思われる。

31　柴田和史「合併法理の再構成（一）」法学協会雑誌104巻12号50頁注（3）(1987年)。なお、1908年（明治41年）11月の法曹記事に紹介されている1882年イタリア商法の会社合併に関する債権者保護規定の内容は次のとおりである。
　194条　合併決議した各会社は96条規定の公告を行うことを要する。公告中には101条規定の通知を記載する（中略）他、会社はその財産目録を一様の方法に従って公告することを要し、合併により消滅する会社はその債務を消滅する方法を知らせる陳述を公告に附記する。
　195条　合併は前条第1項の公告後3ヶ月経過した後でなければ効力を有しない。但し、会社の全債務を支払い、総債務の金額を供託、または総債権者が同意した場合にはこの限りではない（中略）。合併する会社の債権者は前期の期間内に異議を述べることができる。異議が取消または裁判により棄却され、または控訴の申立がない場合でなければ、合併の実行を停止する。
　196条　前条の期間内に異議のない場合は合併を実行することができる。合併後存立する会社または合併によって生じた会社は消滅会社の権利義務を継承する。
　なお、1882年イタリア商法96条は社員の変更・退社、商号・本店・目的の変更、増減資、期限前の解散や合併等につき、社員の決議や登記、公告を要請する規定、101条は減資に関し、利害関係人に公告の日から3ヶ月以内に異議を申し立て得るべき旨の明示の告知を要請するとともに、公告後3ヶ月経過しない間はこれを実行できない旨を定めた規定である。「會社ノ合併ニ關スル伊太利商法ノ規定及其説明」法曹記事第18巻第11号83-85頁（法曹会、1908年）。

第3部　第1章　商法における M&A 法制の系譜と展開

条文番号	銀行合併法条文	条文番号	関連条文・類似条文[32]
1条	同一ノ法律ニ依リテ設立シタル銀行営業ノ各株式會社ハ左ノ方法ニ依リ合併スルコトヲ得 第一　會社其資産及負債ノ全部ヲ以テ他ノ會社ニ合併スルコト 第二　二箇以上ノ會社合併シテ更ニ一ノ会社ヲ設立スルコト		（該当条文なし）
2条	前條第一ノ方法ニ依リ合併セントスル會社ハ各其株主総會ニ於テ合併ニ關スル事項ヲ決議シ決議シ地方長官ヲ經由シテ主務省ノ認可ヲ受クヘシ 前項ノ株主総會ノ招集ハ少クトモ會ノ日ノ三十日前ニ之ヲ爲スヘシ	旧商法211条 同234条	會社定款ノ變更ノ登記ヲ受ケタルトキハ地方長官ヲ經由シテ主務省ニ變更ヲ届出ツルコトヲ要ス 會社ノ破産ノ場合ヲ除ク外決議後七日内ニ解散ノ原由、年月日及ヒ清算人ノ氏名、住所ノ登記ヲ受ケ之ヲ裁判所ニ届出テ又何レノ場合ニ於テモ之ヲ各株主ニ通知シ且地方長官ヲ經由シテ主務省ニ届出ツルコトヲ要ス
3条	第一條第二ノ方法ニ依リ合併セントスル會社ハ各其ノ株主総會ノ決議ヲ取リタル後各會社ノ聯合総會ヲ開キ合併ノ決議ヲ爲シ更ニ設立スヘキ會社ノ定款ヲ議定シ各會社取締役ノ連署ヲ以テ地方長官ヲ經由シテ主務省ノ認可ヲ受クヘシ 聯合株主総會ニ於テハ更ニ設立スヘキ會社ノ取締役及監査役ヲ選定ス 前條第二項ノ規程ハ本條ノ株主総會ニモ亦之ヲ適用ス	旧商法163条 同165条 同166条	總株式ノ申込アリタル後ハ發起人ハ創業總會ヲ開ク可シ其總會ニ於テハ少ナクトモ總申込人ノ半数ニシテ總株数ノ半数以上當ル申込人ノ承認ヲ經テ定款ヲ確定ス 其他創業總會ニ於テハ取締役及ヒ監査役ヲ選定ス 創業總會ノ終リシ後發起人ハ地方長官ヲ經由シテ主務省ニ會社設立ノ免許ヲ請ヒ其申請書ニハ左ノ書類ヲ添ヘ可シ 第一　目論見書及ヒ定款 第二　株式申込証第三　發起ノ認可証
4条	株主総會及聯合株主総會ノ決議方法ハ商法第二百三條ノ規程ニ依ル 聯合株主総會ニ於ケル株主ノ議決ハ一株毎ニ一箇タル但シ各會社ノ定款ニ於テ議決權ノ制限ヲ設ケタルトキハ其制限ハ十一株以上ヲ有スル株主ノ議決權ニ對シテノミ之ヲ適用シ且各定款ノ制限同シカラサルトキハ其株主各會社ノ株式ノ金額相同シカラサルトキハ其最少額ノ株式金額ヲ標準トシテ其他ヲ改算シ議決權ノ数毎株持主株ノ總金額ニ於テ端数ヲ生スルトキハ之ヲ數入セス	旧商法203条 同204条	定款ノ變更及ヒ任意ノ解散ニ付テノ決議ヲ爲スニハ第百六十四條ニ定メタル決議ノ方法ニ依ル第百五十二條ノ規定ハ株式會社ニモ亦之ヲ適用ス 株主ノ議決權ハ一株毎ニ一箇タルヲ通例トス然レトモ十一株以上ヲ有スル株主ノ議決權ハ定款ヲ以テ其制限ヲ立ツルコトヲ得
5条	株主総會ノ招集アリタルトキハ各會社ハ合併スヘキ他ノ會社ノ株主ノ求ニ應シ商法第二百二十二條ニ掲ケタル書類ノ展閲ヲ許ス義務アリ	旧商法222条	會社ハ其本店及ヒ各支店ニ株主名簿、目論見書、定款、設立免許書、總會ノ決議書、毎事業年度ノ計算書、財産目録、貸借對照表、事業報告書、利息又ハ配當金ノ分配案及ヒ抵當若クハ不動産買ノ債權者ノ名簿ヲ備置キ通常ノ取引時間巾株主及ヒ會社ノ債權者ノ求ニ應シ展閲ヲ許ス義務アリ

[32] 関連条文は銀行合併法に参照された他の法律の条文を指す。類似条文には銀行合併法の条文と類似性があると筆者が判断した他の法律の条文を挙げており、■により関連条文と区別して表示している。

第2節　銀行合併法

条文番号	銀行合併法条文	条文番号	関連条文・類似条文
6条	株主總會ノ招集アリタルトキハ各會社營業所ノ裁判所ハ合併スヘキ一方ノ會社ノ總株金ノ少クトモ五分ノ一ニ當ル株主ノ申立ニ因リテ一人又ハ數人ノ官吏ニ他ノ一方ノ會社ノ業務ノ實況及財産ノ現況ノ檢査ヲ命スルコトヲ得　商法第二百廿五條及第二百廿六條ノ規程ハ本條ノ檢査ニモ亦之ヲ適用ス	旧商法224条　同225条　同226条	總株金ノ少ナクトモ五分ノ一ニ當ル株主ノ申立ニ因リテ會社營業所ノ裁判所ハ一人又ハ數人ノ官吏ニ會社ノ業務ノ實況及ヒ財産ノ現況ノ檢査ヲ命スルコトヲ得　檢査官吏ハ會社ノ金匱、財産現在高、帳簿及ヒ總テノ書類ヲ檢査シ取締役及ヒ其他ノ役員ニ説明ヲ求ムル權利アリ　檢査官吏ノ檢査ノ顛末及其面前ニ於テ爲シタル供述ヲ調書ニ記載シ之ヲ授命裁判所ニ差出スコトヲ要ス調書ノ謄本ハ裁判所ヨリ之會社ニ付與シ又株主及ヒ其他ノ者ヨリ手數料ヲ納ムルトキハ其求ニ應シテ之ヲ付與シ又株主及ヒ其他ノ者ヨリ手數料ヲ納ムルトキハ其求メニ應シテ之ヲ付與ス
7条	聯合株主總會若クハ第二條ノ株主總會ニ於テ合併ノ決議ヲ爲シタルトキハ取締役ヨリ之ヲ裁判所ニ屆出ヘシ	旧商法234条	（銀行合併法2条の項参照）
8条	主務省及裁判所ハ合併ノ實況ヲ監視スル權アリ	旧商法235条	裁判所ハ解散及ヒ清算ノ實況ヲ監視スル權アリ
9条	聯合株主總會若クハ第二種ノ株主總會ニ於テ合併ノ決議ヲ爲シタルトキハ合併ニ因リ消滅スヘキ會社ハ既ニ始メタル取引ヲ完納シ又ハ現ニ存在スル會社義務ヲ履行スル外其業務ヲ止メ且少クトモ三回之ヲ公告スヘシ取締役之ニ拘ラスシテ營業ヲ續行スルトキハ此カ爲メ其全財産ヲ以テ自己ニ責任ヲ負フ	旧商法231条	會社解散ノ場合ニ於テハ既ニ始メタル取引ヲ完結シ又ハ現ニ存在スル會社義務ヲ履行スル外其業務ヲ止ム取締役之ニ拘ハラスシテ營業ヲ續行スルトキハ此カ爲メ其全財産ヲ以テ自己ニ責任ヲ負フ
10条	合併セントスル會社ハ公告ヲナシテ聯合株主總會若クハ第二條ノ株主總會ノ日前一ケ月ヲ超ヘサル期間株式ノ譲渡ヲ停止スルコトヲ得　第一條第二ノ方法ニ依リ合併セントスル場合ニ於テハ聯合株主總會ニ於テ合併ノ決議ヲナシタル日ヨリ第十四條ニ依リ登記ヲ受ル迄ノ間ニナシタル株式ノ譲渡ハ無效ナリ	旧商法180条　同183条	登記前ニ爲シタル株式ノ譲渡ハ無效タリ　會社ハ株主名簿及ヒ計算ノ閉鎖ヲ爲メ公告ヲ爲シテ事業年度毎ニ一ケ月ヲ踰エサル期間株券ノ譲渡ヲ停止スルコトヲ得
11条	合併ノ認可アリタルトキハ取締役ハ合併ノ旨ヲ總テノ債權者ニ通知シ且合併ニ對シ異議アル者ハ或ル期間内ニ會社ニ申出ヘキ旨ヲ催告スルコトヲ要ス但シ其期間ハ三十日ヲ下ルコトヲ得ス　前項ノ通知ニハ合併セントスル各會社ノ財産目録及貸借對照表ヲ添付スヘシ	旧商法207条	會社資本ヲ減セントスルトキハ會社ハ其減少ノ旨ヲ總テノ債權者ニ通知シ且異議アル者ハ三十日内ニ申出ツ可キ旨ヲ催告スルコトヲ要ス
12条	前條ニ揭ケタル期間内ニ異議ノ申出アラサルトキハ異議ナキモノト看做ス期間内ニ異議ヲ申出タル債權者アルトキハ會社ハ直ニ其債務ヲ辨償シ若クハ之ニ擔保ヲ供シテ其異議ヲ排除クコトヲ要ス	旧商法208条	前條ニ揭ケタル期間内ニ異議ノ申出アラサルトキハ異議ナキモノト看做ス異議ノ申出アリタルトキハ會社ハ其債務ヲ辨償シ又ハ之ニ擔保ヲ供シテ異議ヲ取除キタル後ニ非サレハ資本ヲ減スルコトヲ得ス
13条	會社ハ第十一條ノ期間ヲ經過シ且有效ニ申出タル債權者ノ異議ヲ取除キ又訴訟中ノ債務額ハ之ヲ辨償シ若クハ供託シタル後ニ非サレハ合併ヲ決行スルコトヲ得ス但總テノ債權者ニ於テ異議ナキコトヲ明示シタルトキハ該期限内ト雖合併ヲ決行スルコトヲ得		

第 3 部　第 1 章　商法における M&A 法制の系譜と展開

条文番号	銀行合併法条文	条文番号	関連条文・類似条文
14条	合併ヲ決行シタルトキハ十四日内ニ登記ヲ受ケ同時ニ之ヲ株主ニ通知シ且地方長官ヲ經由シテ主務省ニ届出ヘシ 登記及公告スヘキ事項ハ左ノ如シ 第一　合併後存留スル會社ニ在テハ合併認可及合併決行ノ年月日 一　既ニ登記ヲ受ケタル事項ニ變更ヲ生シタルモノ 二　合併ニ因リ消滅シタル會社ノ社名 第二　合併ニ因リ更ニ設立セル會社ニ在テハ商法第百六十八條第二項（第八號ヲ除ク）ニ揭ケタル事項ノ外仍ホ左ノ二項 一　合併認可及合併決行ノ年月日 二　合併ニ因リ消滅シタル會社ノ社名	旧商法168条 同211条	會社ハ前條ニ揭ケタル金額拂込ノ後十四日内ニ目論目書、定款、株式申込簿及ヒ設立免許書ヲ添ヘテ登記ヲ受ク可シ 登記及ヒ公告スヘキ事項ハ左ノ如シ 第一　株式會社ナルコト 第二　會社ノ目的 第三　會社ノ社名及ヒ營業所 第四　資本ノ總額、株式ノ總數及ヒ一株ノ金額 第五　各株式ニ付キ拂込シタル金額 第六　取締役ノ氏名、住所 第七　在立時期ヲ定メタルトキハ其時期 第八　設立免許ノ年月日 第九　開業ノ年月日裁判所ハ會社ヨリ差出シタル書類ヲ登記簿ニ添ヘテ保在ス （銀行合併法 2 条の項参照）
15条	會社支店アルトキハ其所在ニ於テモ亦登記ヲ受クヘシ	旧商法169条	會社支店ヲ設ケタルトキハ其所在地ニ於テ亦登記ヲ受ク可シ
16条	第十四條ノ期間内ニ登記ヲ受ケサルトキハ此カ爲メ會社又ハ第三者ニ生セシメタル損害ニ付取締役ハ其全財産ヲ以テ自己ニ責任ヲ負フ	旧商法238条	取締役會ノ招集又ハ登記ノ届出ヲ爲ササリシトキハ此カ爲メ會社又ハ第三者ニ生セシメタル損害ニ付キ其全財産ヲ以テ自己ニ責任ヲ負フ
17条	合併後存留シ若クハ合併ニ因リ更ニ設立セル會社ハ合併ニ因リ消滅シタル會社ノ權利義務ヲ承繼ス		（該当条文なし）
18条	國立銀行ハ第一條第二ノ方法ニ依リ合併スルコトヲ得		（該当条文なし）
19条	第二條第一項ノ決議方法ハ國立銀行ニ在テハ國立銀行條例第六十九條ノ規程ニ依ル	国立銀行条例69条	凡ソ社中評決スヘキ事件アリテ其議案ヲ出シ其銀行株主臨席ノ總員（本人代人ヲ論セス）四分ノ三以上ノ同意ヲ以テ一旦其大體ヲ決議シ随テ其旨趣ヲ詳述シテ之ヲ社員ニ報告シ爾後十四日以外一箇月以内ノ時日ニ於テ更ニ執行スル所ノ總會ニ於テ其臨席シタル株主總員ノ同意セル發言投票ノ多數ヲ以テ其事件ヲ確定スルモノ之ヲ格段決議ト稱スヘシ
20条	合併ニ因リ消滅シタル國立銀行ニ於テ發行シタル紙幣ハ合併後存留スル國立銀行ニ於テ自己ノ發行シタル紙幣ト倶ニ國立銀行條例第百十二條ノ方法ニ依リ其營業年限内ニ悉皆消却スヘシ	国立銀行条例112条	此國立銀行條例ハ政府ノ都合ニ依リ要用ナルコトアレハ何時ニテモ之ヲ増補シ又ハ之ヲ更正シ又或ハ之ヲ廃止スルコトアルヘシ 但右増補其他ノ節ハ直ニ其由ヲ世上ニ公告スヘシ
21条	合併ノ認可アリタルトキハ合併ニ因リ消滅スヘキ會社ノ訴訟ハ合併後存留シ若クハ合併ニ因リ更ニ設立セル會社ニ於テ訴訟手續ヲ受繼クマテ之ヲ中斷ス民事訴訟法第一編第三章第五節當事者ノ死亡ニ因レル訴訟手續ノ中斷ニ關スル規程ハ前項ノ場合ニモ亦之ヲ準用ス	民事訴訟法178条	原告若クハ被告ノ死亡シタル場合ニ於テハ承繼人ガ訴訟手續ヲ受繼クマテ之ヲ中斷ス 受繼ヲ遲滯シタルトキハ裁判所ハ申立ニ因リ受繼及ヒ本案辯論ノ爲メ其承繼人ヲ呼出ス 承繼人期日ニ出頭セサルトキハ申立ニ因リ相手方ノ主張シタルモノヲ自白シタルモノト看做シ且裁判所ハ闕席判決ヲ以テ承繼人ノ訴訟手續ヲ受繼キタリト言渡ス又本案ノ辯論ハ故障期間ノ滿了後始メテ之ヲ爲シ其期間内ニ故障ヲ申立テタルトキハ其完結後始メテ之ヲ爲ス

第3節　一般商事会社の合併に関する法律制定の建議と商事會社合併竝組織變更法案の上程

条文番号	銀行合併法条文	条文番号	関連条文・類似条文
22条	取締役第十四條ノ登記ヲ受クルコトヲ怠タルトキハ商法第二百五十六條ノ例ニ依リ第十一條ノ通知及催告ヲ爲スコトヲ怠リタルトキハ商法第二百五十九條ノ例ニ依テ處分ス	旧商法256条 同259条	業務擔當ノ任アル社員又ハ取締役ハ左ノ場合ニ於テハ五圓以上五十圓以下ノ過料ニ處セラル 第一　本章ニ定メタル登記ヲ受クルコトヲ怠リタルトキ 第二　登記前ニ事業ニ着手シタルトキ株式會社ノ清算人ハ左ノ場合ニ於テハ十圓以上百圓以下ノ過料ニ處セシル 第一　第二百四十三條ニ定メタル公告ヲ爲スコトヲ怠リタルトキ 第二　第二百五十三條ノ規定ニ反シ破産手續キノ開始ヲ爲スコトヲ怠リタルトキ

　銀行合併法は明治32年商法に合併規定が設けられたことにより、1900年（明治33年）1月に公布された銀行合併法廃止法律[33]を以って廃止された。銀行合併法に基づき合併した銀行の数は36行とされ、うち国立銀行は、高知第三十七國立銀行による高知第百二十七國立銀行の吸収合併1件のみであった[34]。

第3節　一般商事会社の合併に関する法律制定の建議と商事會社合併竝組織變更法案の上程

　政府は旧商法の一部実施後、民商法の修正に着手すべく、1893年（明治26年）3月、内閣に法典調査会を設置した。民法修正案の起草審議が先行したため、商法修正原案が議事に上ったのは1896年（明治29年）5月のことで、翌年12月に議了した商法修正案は第11回帝国議会において貴族院に提出されたが、1898年（明治31年）1月に衆議院が解散したため、政府は同年5月開催の第12回帝国議会に改めて修正案を提出した。しかしながら、再び衆議院が解散し、審議未了となったため、政府は同年11月に招集された第13回帝国議会に三度修正案を提出、両議会を通過した法案は1899年（明治32年）3月に公布され、6月にようやく施行された[35]。
　この間、一般商事会社の合併法制を要望する世論は、銀行合併法の制定を受

---

[33]　明治33年法律第6號。
[34]　明治財政史編纂會・前掲注(7)13巻605頁以下「國立銀行始終一覧表」。なお、明治29年から32年までの合併による消滅銀行数は国立銀行1、普通銀行27、貯蓄銀行3とされる。金融研究會編・前掲注(30)附録「銀行合同に關する各種參考資料」四（2）各種銀行数累年異動表。
[35]　以上の明治32年商法成立過程について、志田・前掲注(3)72頁註26、86-88頁、三枝2・前掲注(3)47-50頁。

け、日増しに高まっていた[36]。東京商業會議所は1896年9月及び翌年6月の二度に亘り、大蔵・農商務・逓信の三大臣に宛て、商事会社の合併法制定を建議している[37]。また、大阪商業會議所も1896年10月、「商事會社合併及ヒ組織変更法制定ニ關スル意見書並請願書」を提出[38]、その発議による「商事會社合併並組織變更法案」は、同年12月に開会された第10回帝国議会に提出された。この法案は翌年3月の委員会において可決されたものの会期末を迎え、議了されるに至らなかったが、両院において、大阪府堺商業會議所及び石川縣金澤商業會議所が提出した意見書に基づく「商事會社合併ニ關スル法規制定請願」が審議・可決されたこと等は[39]、一般商事会社にかかる合併法制の必要性や合併規定を欠く旧商法の欠陥に対する認識が、民間の一部に止まらず、全国的に、また立法府においても、浸透していたことを物語る[40]。

東京商業會議所は、営業上の必要もしくはその他の事情により合併を企図する会社は少なくないが、現行法に会社の合併に関する規定がなく、一旦会社を

---

36 福島氏は銀行合併法の制定が一般会社合併法の要求を刺激したと指摘する。福島・前掲注(8)155頁。

37 明治29年9月14日付「會社合併ニ關スル法律制定ノ建議」東京商業會議所月報第50号16頁(1895年)、明治30年6月28日付「商事會社合併法制定ノ義ニ付建議」同第59号10-11頁(1896年)。東京商業會議所は、外国貿易の振興と商工業者の世論集約・形成のため、明治11年3月、渋沢栄一を会頭に東京商法會議所として設立された、今日の東京商工会議所の祖である。

38 大阪商工会議所編『大阪商工会議所百年史』(資料編)7頁(1979年)。大阪商業會議所は明治11年9月に大阪商法會議所として設立された現在の大阪商工会議所の祖で、明治29年11月発行の大阪商業會議所月報第47号7頁によると、同所は株式会社及び合資会社の商事会社について、2社以上の会社の合併を認める法律の制定等を要望していた。

39 商事會社合併ニ關スル法規制定ノ請願は、貴族院においては1897年(明治30年)3月1日に、衆議院では同月24日に可決されている。貴族院の意見書には、両商業會議所の請願内容として、商法が合併を認めていないため、2、3の会社の営業や財産を合併するには、形式上、一方が他方の事業や財産を買収する手続きを取らざるを得ず、煩雑な手数と無益の費用は決して少なくないとして、同種の会社については営業の異同を問わず、合併し得る規定を設けるよう希望している旨が紹介されている。また、同年2月24日の衆議院本会議の請願委員長報告では、商法に合併規定がない状況において一方が解散や清算の、他方は増資の手続き等を行わなければならず、運輸や鉄道、海運等の事業を営む会社にとって事業の中断ないしは妨げとなっているとの説明がなされている。第十回帝國議会貴族院議事速記録第13号(官報号外明治30年3月2日101頁)、第十回帝國議会衆議院議事速記録第13号(官報号外明治30年2月25日179頁)、同第32号(官報号外明治30年3月25日659-660頁)。

40 梅謙次郎『商法修正要領』151-152頁(和仏法律学校、1900年)。

第3節　一般商事会社の合併に関する法律制定の建議と商事會社合併並組織變更法案の上程

解散し、旧商法の規定に従って清算その他の手続きを行い、第三者に対する関係を終了させた後に合併せざるを得ないため、合併の必要性や利益を認めていても決行を躊躇している実情を訴え、これを国家経済上の大患であると断じている。建議書は、会社の合併を阻止する必要はなく、経済上、寧ろ喜ぶべき場合が多いところ、法律に規定がないが故にこれと同一の結果を生じており、実業の発達を阻害しているとして、商法への規定の追加あるいは単行法の制定により、会社合併に関する法律を制定するよう強く要望している。また、翌年の建議書は銀行合併法に言及し、その必要性を世論が是認し、政府が制定した以上は、一般商事会社に対しても合併法を設ける必要性のあることは論を待たないとして、速やかな合併法の制定を重ねて訴えている。

日清戦争後、わが国の企業にも集中合同の萌芽が見え始め、中でもそれは鉄道会社に多く見られたと言うが[41]、1896年9月の東京商業會議所の建議書が「鐵道會社ノ如キニ至テハ單ニ當該會社ノ不便ヲ感スルニ止マラス運輸交通ノ杜絶ニ因テ生スル公私ノ損害ハ殆ント測ルヘカラサル者アリ」と指摘したように、旧商法に則った解散・清算手続きは、合併達成上の大きな障害となっていた。

かかる状況の下、1897年（明治30年）3月に衆議院に上程された商事會社合併並組織變更法案は総則、合併、組織變更、罰則の4章及び附則の全28条から成り、總則において、商事会社の合併及び組織変更を認めるとともに、官許を要する事業を営む会社については当該官庁の許可をその前提に置いていた[42]。同法案において合併は合名、合資、株式等、同種の会社間において可能とされ、合併承認にかかる規定は合併方法毎ではなく会社の種類毎に設けられた。この他、同法案には裁判所の関与の撤廃、会社債権者に対する対抗要件の追加、国立銀行に関する規定の削除等の諸点において異同はあるが、基本的には銀行合併法をより簡易にしつつ、その内容を踏襲する形を採っている。

41　福島・前掲注(8)147頁。
42　第十回帝國議会衆議院議事速記録第27號（官報號外明治30年3月18日501-503頁）、商事會社合併並組織變更法案1-2条。

第3部　第1章　商法における M&A 法制の系譜と展開

章	条文番号	商事會社合併竝組織變更法案条文	条文番号	銀行合併法条文
第1章 總則	1条	商事會社ハ此ノ法律ニ依リ合併シ又ハ其ノ組織ヲ變更スルコトヲ得	1条	同一ノ法律ニ依リテ設立シタル銀行營業ノ各株式會社ハ左ノ方法ニ依リ合併スルコトヲ得 第一　會社其資産及負債ノ全部ヲ以テ他ノ會社ニ合併スルコト 第二　二箇以上ノ會社合併シテ更ニ一ノ会社ヲ設立スルコト
	2条	商法第六十八條ニ依リ官廳ノ許可ヲ受クヘキ事業ヲ營ム會社ニ在テハ當該官廳ノ許可ヲ受クルニ非サレハ合併シ又ハ其ノ組織ヲ變更スルコトヲ得ス		
第2章 合併	3条	會社ノ合併ハ左ノ方法ノ一ヲ擇フコトヲ要ス 第一　一ノ會社ヲ消滅セシメテ他ノ會社ニ合併スルコト 第二　二箇以上ノ會社合併シテ更ニ一ノ會社ヲ設立スルコト		
	4条	合併セムトスル會社ハ同種ノモノタルコトヲ要ス 國立銀行其ノ他法律ニ依リ特別ノ保護ヲ受クル會社ニ在テハ同一ノ法律ニ依リテ設立シタルモノノ外合併スルコトヲ得ス		
第2章 合併	5条	合併セムトスル合名會社ハ其ノ總社員ノ承諾ヲ得ルコトヲ要ス	2条	前條第一ノ方法ニ依リ合併セントスル會社ハ各其株主總會ニ於テ合併ニ關スル事項ノ決議シ決議ヲ地方長官ヲ經由シテ主務省ノ認可ヲ受クヘシ 前項ノ株主總會ノ招集ハ少クトモ會日ノ三十日前ニ之ヲ爲スヘシ
	6条	合併セムトスル合資會社ハ商法第百五十一條第一項及第百五十二條ニ依リ各其ノ社員總會ニ於テ合併ニ關スル事項ノ決議ヲ爲スヘシ		
	7条	合併セムトスル株式會社ハ商法第二百三條ニ依リ各其ノ株主總會ニ於テ合併ニ關スル事項ノ決議ヲ爲シ各會社ノ取締役連署ヲ以テ地方長官ヲ經由シテ主務省ニ其ノ認可ヲ請フヘシ	4条	株主總會及聯合株主總會ノ決議方法ハ商法第二百三條ノ規程ニ依ル 聯合株主總會ニ於ケル株主ノ議決ハ一株毎ニ一箇ヲトス各會社ノ定款ニ於テ議決權ノ制限ヲ設ケタルトキハ其制限ハ十一株以上ヲ有スル株主ノ議決權ニ對シテノミ之ヲ適用シ且各定款ノ制限同シカラサルトキハ株主各會社ノ株式ノ金額相同シカラサルトキハ其最少額ノ株式金額ヲ標準トシテ其他ノ改算シ議決ノ數ヲ定メ毎株持主ノ株ノ總金額ニ於テ端數ヲ生ストキハ之ヲ算入セス
	8条	前條ノ株主總會ハ少クトモ其ノ會日ヨリ十四日以前ニ議案ヲ配布シテ之ヲ招集スヘシ		
	9条	合併セムトスル各株式會社ハ公告シテ第七條ノ株主總會前一箇月ヲ踰エサル期間株式ノ譲渡ヲ停止スルコトヲ得 株式會社合併ノ日ヨリ其ノ登記ヲ受クルマテハ株式ノ譲渡ヲ爲スコトヲ得ス	10条	合併セントスル會社ハ公告ヲナシテ聯合株主總會若クハ第二號主總會ノ日前一ケ月ヲ超ヘサル期間株式ノ譲渡ヲ停止スルコトヲ得 第一條第二ノ方法ニ依リ合併セントスル場合ニ在テハ聯合株主總會ニテ合併ノ決議ヲナシタル日ヨリ第十四條ニ依リ登記ヲ受クル迄ノ間ニナシタル株式ノ譲渡ハ無效タリ
	10条	株式會社カ第三條第二號ノ方法ニ依リテ合併ヲ爲シタル場合ニ於テ主務省ノ認可ヲ受ケタルトキハ合併シタル各會社ノ取締役ハ遲滯ナク連署ヲ以テ新會社ノ株主總會ヲ招集シ取締役及監査役ノ選任ヲ爲サシムヘシ	3条	第一條第二ノ方法ニ依リ合併セントスル會社ハ各其ノ株主總會ノ議ヲ取リタル後各會社ノ聯合總會ヲ開キ合併ノ決議ヲ爲シ更ニ設立スヘキ會社ノ定款ヲ議定シ各會社取締役ノ連署ヲ以テ地方長官ヲ經由シテ主務省ノ認可ヲ受クヘシ 聯合株主總會ニ於テハ更ニ設立スヘキ會社ノ取締役及監査役ヲ選定ス 前條第二項ノ規程ハ本條ノ株主總會ニモ亦之ヲ適用ス

第3節　一般商事会社の合併に関する法律制定の建議と商事會社合併竝組織變更法案の上程

章	条文番号	商事會社合併竝組織變更法案条文	条文番号	銀行合併法条文
	11条	會社カ合併シタルトキハ遲滯ナク其ノ合併ノ當時ニ於ケル各會社ノ財産目録及貸借對照表ヲ作ルコトヲ要ス	11条	合併ノ認可アリタルトキハ取締役ハ合併ノ總テノ債權者ニ通知シ且合併ニ對シ異議アル者ハ或ル期間內ニ會社ニ申出ヘキ旨ヲ催告スルコトヲ要ス但シ其期間ハ三十日ヲ下ルコトヲ得ス 前項ノ通知ニハ合併セントスル各會社ノ財産目録及貸借對照表ヲ添付スヘシ
	12条	會社カ合併シタルトキハ其ノ翌日ヨリ七日以內ニ合併ノ旨ヲ公告シ且總テノ債權者ニ通知シテ合併ニ對シ異議アル者ハ一定ノ期間ニ之ヲ會社ニ申出ツヘキ旨ヲ催告スルコトヲ要ス此ノ期間ハ三十日ヲ下ルコトヲ得ス		
	13条	前條ノ期間ニ異議ノ申出アラサルトキハ異議ナキモノト看做ス 期間ニ異議ヲ申出タル債權者アリタルトキハ會社ニ直ニ其ノ債務ヲ辨濟シ若ハ相當ナル擔保ヲ供シテ其ノ異議ヲ除去スルコトヲ要ス	12条	前條ニ揭ケタル期間內ニ異議ノ申出アラサルトキハ異議ナキモノト看做ス期間內ニ異議ヲ申出タル債權者アルトキハ會社ハ直ニ其債務ヲ辨償シ若クハ之ニ擔保ヲ供シテ其異議ヲ取除クコトヲ要ス
	14条	第十二條ノ期間ヲ經過シタルトキハ其ノ滿期日ノ翌日ヨリ十四日內ニ債權者ノ異議ヲ除去シ爭アルモノハ其ノ債務額ニ相當スル金額ヲ供託シ又ハ擔保ヲ供シテ合併ノ登記ヲ受クルヘシ 登記及公告スヘキ事項ハ左ノ如シ 第一　合併後存留スル會社ニ在テハ 　一　合併ノ年月日 　二　既ニ登記ヲ受ケタル事項ニ變更ヲ生シタル事項 　三　合併ニ因リ消滅シタル會社ノ社名 第二　合併ニ因リ更ニ設立セル會社ニ在テハ商法第七十九條（第五號ヲ除ク）第百三十八條（第七十九條第五號ヲ除ク）又ハ第百六十八條第二項（第八號第九號ヲ除ク）ニ揭ケタル事項ノ外 　一　合併ノ年月日 　二　合併ニ因リ消滅シタル會社ノ社名 第三　合併ニ因リ消滅シタル會社ニ在テハ 　一　合併ニ因リ消滅シタルコト及其ノ年月日 　二　合併後存留スル會社又ハ合併ニ因リ更ニ設立セル會社ノ社名 株式會社ニ在テハ合併登記後直ニ地方長官ヲ經由シテ主務省ニ届出ツヘシ	13条	會社ハ第十一條ノ期間ヲ經過シ且有效ニ申出タル債權者ノ異議ヲ取除シ又訴訟中ノ債務額ハ之ヲ辨償シ若クハ供託シタル後ニ非サレハ合併ヲ決行スルコトヲ得ス但總テノ債權者ニ於テ異議ナキコトヲ明示シタルキハ該期限內ト雖合併ヲ決行スルコトヲ得
			14条	合併ヲ決行シタルトキハ十四日內ニ登記ヲ受ケ同時ニ之ヲ株主ニ通知シ且地方長官ヲ經由シテ主務省ニ届出ヘシ 登記及公告スヘキ事項ハ左ノ如シ 第一　合併後存留スル會社ニ在テハ合併認可及合併決行ノ年月日 　一　既ニ登記ヲ受ケタル事項ニ變更ヲ生シタルモノ 　二　合併ニ因リ消滅シタル會社ノ社名 第二　合併ニ因リ更ニ設立セル會社ニ在テハ商法第百六十八條第二項（第八號ヲ除ク）ニ揭ケタル事項ノ外仍ホ左ノ二項 　一　合併認可及合併決行ノ年月日 　二　合併ニ因リ消滅シタル會社ノ社名
	15条	合併シタル各會社ノ支店アルトキハ其ノ支店所在地ニ於テモ亦前條ノ登記ヲ受クヘシ	15条	會社支店アルトキハ其所在ニ於テモ亦登記ヲ受クヘシ
	16条	會社カ第十二條ノ公告ヲ爲ササシテ合併ノ登記ヲ受ケタルトキハ其ノ合併ヲ以テ會社ノ債權者ニ對抗スルコトヲ得ス 會社カ知レタル債權者ニ第十二條ノ催告ヲ爲ササシテ合併ノ登記ヲ受ケタルトキハ其ノ合併ヲ以テ催告ヲ受ケサリシ債權者ニ對抗スルコトヲ得ス 會社カ第十三條第二項ノ規定ニ違反シテ合併ノ登記ヲ受ケタルトキハ其ノ合併ヲ以テ異議ヲ述ヘタル債權者ニ對抗スルコトヲ得ス		（類似条文なし）

第3部　第1章　商法におけるM&A法制の系譜と展開

章	条文番号	商事會社合併並組織變更法案条文	条文番号	銀行合併法条文
	17条	第十二條乃至第十五條ノ規定ニ違反シタル各會社ノ業務擔當社員又ハ取締役ハ之カ爲ニ生シタル會社又ハ第三者ノ損害ニ付各連帶シテ其ノ責ニ任ス	16条	第十四條ノ期間内ニ登記ヲ受ケサルトキハ此カ爲メ會社ハ第三者ニ生セシメタル損害ニ付取締役ハ其全財産ヲ以テ自己ニ責任ヲ負フ
	18条	合併ニ因リ消滅シタル會社ノ總テノ權利義務ハ合併後存留シ若ハ合併ニ因リ更ニ設立セル會社ニ移轉ス	17条	合併後存留シ若クハ合併ニ因リ更ニ設立セル會社ハ合併ニ因リ消滅シタル會社ノ權利義務ヲ承繼ス
第3章 組織變更	19-24条	（組織變更に関する規定につき省略）		（該当条文なし）
第4章 罰則	25条	業務擔當社員又ハ取締役カ本法ニ定メタル登記ヲ怠リタルトキハ商法第二百五十六條ノ例ニ依リ又第十六條及第二十四條（第十六條ノ準用）ノ場合ニ於テハ商法第二百五十八條ノ例ニ依リテ處分ス	22条	取締役第十四條ノ登記ヲ受クルコトヲ怠タルトキハ商法第二百五十六條ノ例ニ依リ第十一條ノ通知及催告ヲ爲スコトヲ怠リタルトキハ商法第二百五十六條ノ例ニ依テ處分ス
附則	26条	合併に関する登録料の徴収（省略）		（該当条文なし）
	27条	本法の施行日（省略）		
	28条	本法施行に伴う銀行合併法の廃止（省略）		

　本法案の起草者は明示されていないが、同法案を審議した1897年3月22日の商事會社合併並組織變更法案委員会に出席した政府委員は、法典調査会委員でもあった司法次官の横田國臣氏と、法典調査会で民商法修正案の起草委員を務めた梅謙次郎氏の2名であり[43]、答弁は専ら梅委員が行っている。同法案は、梅委員の発議による文言の修正や明確化、横田委員提案の一部附則の削除等を承認の上、委員会で可決されている[44]。

---

[43]　志田・前掲注(3)73-77頁註27。横田國臣氏（1850年生-1923年没）は明治大正期の司法官で、1876年に司法省に入省後、民法・治罪法草案編纂に従事、1886年から渡欧し、1891年の帰国後は司法省参事官、翌年司法省民刑局長、1895年には司法次官を務めた。1897年に検事総長就任後、司法大臣との対立により懲戒免職となったが、翌年特旨によりこれを免じられ、1904年に再び検事総長となり、1906年からは15年余に亘り大審院長を務めた。一方、梅謙次郎氏（1860年生-1910年没、法学博士）は明治時代の民商法学者で、東京外国語学校にてフランス語を修めた後、司法省法学校に入学し、1884年に卒業、翌年よりリヨン大学に留学し、「和解論」を提出して法学博士の学位を得、リヨン市から金銀混成賞牌を受与された。その後、ベルリン大学に留学し、1890年に帰朝、帝国大学法科大学教授に任ぜられ、これを本務としたが、法典調査会委員の他、法制局長官や文部省総務長官等を歴任、また、1899年には和仏法律学校（現法政大学）校長に就任し、法学普及のため私学経営に注力した。1906年韓国統監であった伊藤博文に招聘され、韓国法律顧問に就任し、法律編纂に携わるも、現地で病没した。国史大辞典・前掲注(26)第2巻163-164頁、14巻368-369頁他。

[44]　衆議院事務局『第十回帝國議会衆議院委員會會議録及両院協議會議事録』1033-1039頁（商事會社合併並組織変更法案（前川槙造君外二名提出）委員會々議録）（1897年）。

本法案が上程された第10回帝国議会では、商法修正草案が未だ起草されておらず、その冒頭において旧商法の施行延期期日を1898年（明治31年）6月末日まで更に延長する法案が可決されていた[45]。本法案の上程並びに委員会審議の時期は、明治32年商法原案議了の9ヶ月前に当たり、旧商法修正案の帝国議会提出に先立ち、本委員会審議が行われていたことになる。

第4節　商法における合併規定の系譜——銀行合併法、商事會社合併竝組織變更法案及びイタリア商法の影響

　一方、法典調査会商法委員会の旧商法修正原案作成過程においては、1896年（明治29年）7月から9月にかけて合名会社の合併規定が、12月には株式会社の合併が審議・検討された[46]。合名会社の解散規定が検討された7月31日の第20回の商法委員会において、起草委員の田部氏は、商法修正案65条第1項第4号に新たに規定された会社の合併について、「此場合ハ外國ニモ立法例極メテ少ナシ唯葡萄牙、伊太利ノ二國アルノミ乍併我國ニモ之ト類似ノ規定アリ即法律第八十五號ヲ以テ發布セラレタル銀行合併法是ナリ」と述べた上で、合併が修正案に盛り込まれた理由として、銀行に限らず、合併の必要性が極めて高い旨を説明している。同氏は、合併規定がなければ、会社は従前の会社財産を集め、会社を新設する手続きと同一の繁を採らざるを得ないため、便宜な方法を置くこととしたと述べており、この説明からも旧商法に合併規定がない状況下において、既存の会社の解散あるいは会社の新設等を通じ、合併が行われていた当時の様子を窺い知ることができる[47]。

　先に述べたように、商法修正案の議了には1年半以上を要し、且つ、度重なる衆議院の解散により、修正案は帝国議会提出の度に整理された。原案審議終了後の1897年（明治30年）2月24日に配布された法典調査会商法決議案、同年12月の第11回帝国議会に提出された商法修正案、1898年（明治31年）5月の第12回帝国議会商法修正案、翌年1月の第13回帝国議会商法修正案における合併規定の内容を比較すると、第11回帝国議会商法修正案については76条の債権者

45　法典ノ施行延期ニ関スル法律（明治29年法律第94號）、第十回帝國議会貴族議院議事速記録第1號（官報號外明治29年12月27日4-6頁）、第十回帝國議会衆議院議事速記録第1號（官報號外明治29年12月27日3-4頁）。

46　法典調査會商法委員會議事要録・前掲注(3)102-107頁、112頁、257-259頁。

47　法典調査會商法委員會議事要録・前掲注(3)102-103頁。

の異議に関し、従来、弁済等の必要性を規定するに止まっていたところを合併不可とした点、78条の合併登記期限の明示、209条として、株式会社の合併に関し、株式譲渡を一時停止し得る旨の規定を新たに設けた点等につき、修正の跡が見られる[48]。第12回帝国議会商法修正案については、1898年4月29日に提出された商法整理案に基づき、債権者保護の観点から78条に合併決議後、2週間以内に財産目録及び貸借対照表を作成する義務が導入された[49]。この第12回帝国議会に提出された商法修正案と第13回帝国議会商法修正案の内容は基本的に同一で[50]、これが最終的な明治32年商法の条文となった。

	条数の変遷	法典調査会商法決議案 (1897年2月)	第11回帝国議会商法修正案 (1897年12月)	第12回帝国議会商法修正案 (1898年5月)
合名会社	63→71→74条	會社ハ左ノ事由ニ因リテ解散ス 一　在立時期ノ滿了其他定款ニ定メタル解散事由ノ發生 二　會社ノ目的タル事業ノ成功又ハ其成功ノ不能 三　總社員ノ同意 四　會社ノ合併 五　社員カ一人ト爲リタルコト 六　會社ノ破産 七　裁判所ノ命令		
	64→73→76条	會社ノ解散ハ破産ノ場合ヲ除ク外一週間内ニ本店及ヒ支店ノ所在地ニ於テ其登記ヲ爲スコトヲ要ス		會社カ解散シタルトキハ合併及ヒ破産ノ場合ヲ除ク外二週間内ニ本店及ヒ支店ノ所在地ニ於テ其登記ヲ爲スコトヲ要ス
	65→74→77条	會社ノ合併ハ總社員ノ同意ヲ以テ之ヲ爲スコトヲ得		
	66→75→78条	會社カ合併ノ決議ヲ爲シタルトキハ決議ノ日ヨリ一週間内ニ其債權者ニ對シ異議アラハ一定ノ期間内ニ之ヲ述フヘキ旨ヲ公告シ且知レタル債權者ニハ各別ニ之ヲ催告スルコトヲ要ス 前項ノ期間ハ二个月ヲ下ルコトヲ得ス		會社カ合併ノ決議ヲ爲シタルトキハ其決議ノ日ヨリ二週間内ニ財産目録及ヒ貸借對照表ヲ作ルコトヲ要ス 會社ハ前項ノ期間内ニ其債權者ニ對シ異議アラハ一定ノ期間内ニ之ヲ述フヘキ旨ヲ公告シ且知レタル債權者ニハ各別ニ之ヲ催告スルコトヲ要ス但其期間ハ二个月ヲ下ルコトヲ得ス

48　法務大臣官房司法法制調査部監修『法典調査會商法決議案（日本近代立法資料叢書20）』2頁以下（商事法務研究会、1985年）、原田眞義編『舊法典佛獨法商法対照』44-49頁、117-120頁（1898年、八坂新助）。この他、文言の修正として、総社員の「一致」が「同意」に（第11回帝国議会商法修正案74条）、合併後「存留」する会社が「存續」する会社に（同78及び79条）、変更された。

49　法務大臣官房司法法制調査部監修『法典調査會民法 商法 修正案 整理案（日本近代立法資料叢書14）』69頁以下（商事法務研究会、1988年）、同『法典調査會商法整理會議事要録（日本近代立法資料叢書20）』8頁以下（商事法務研究会、1985年）。

50　第十二回帝國議会貴族院議事速記録附録商法修正案（官報號外明治31年5月24日1頁以下）、第十三回帝國議会貴族院議事速記録附録商法修正案（官報號外明治32年1月20日1頁以下）。

第4節　商法における合併規定の系譜

	67→76→79条	債権者カ前條第二項ノ期間内ニ會社ノ合併ニ對シテ異議ヲ述ヘサリシトキハ之ヲ承認シタルモノト看做ス	
		債権者カ異議ヲ述ヘタルトキハ會社ハ之ニ辨濟ヲ爲シ、其辨濟ノ目的物ヲ供託シ又ハ之ニ相當ノ擔保ヲ供スルコトヲ要ス	債権者カ異議ヲ述ヘタルトキハ會社ハ之ニ辨濟ヲ爲シ又ハ相當ノ擔保ヲ供スルニ非サレハ合併ヲ爲スコトヲ得ス
		前項ノ規定ニ反シテ合併ヲ爲シタルトキハ之ヲ以テ異議ヲ述ヘタル債権者ニ對抗スルコトヲ得ス	
	68→77→80条	會社カ第七十八條第二項ニ定メタル公告ヲ爲サスシテ合併ヲ爲シタルトキハ其合併ハ之ヲ以テ其債権者ニ對抗スルコトヲ得ス會社カ知レタル債権者ニ催告ヲ爲サスシテ合併ヲ爲シタルトキハ其合併ハ之ヲ以テ其催告ヲ受ケサリシ債権者ニ對抗スルコトヲ得ス	
	69→78→81条	會社カ合併ヲ爲シタルトキハ合併後存留スル會社ニ付テハ變更ノ登記ヲ爲シ、合併ニ因リテ消滅シタル會社ニ付テハ解散ノ登記ヲ爲シ、合併ニ因リテ設立シタル會社ニ付テハ第四十二條第一項ニ定メタル登記ヲ爲スコトヲ要ス	會社カ合併ヲ爲シタルトキハ二週間内ニ本店及ヒ支店ノ所在地ニ於テ合併存續スル會社ニ付テハ變更ノ登記ヲ爲シ、合併ニ因リテ消滅シタル會社ニ付テハ解散ノ登記ヲ爲シ、合併ニ因リテ設立シタル會社ニ付テハ第五十一條第一項ニ定メタル登記ヲ爲スコトヲ要ス
	70→79→82条	合併後存續スル會社又ハ合併ニ因リテ設立シタル會社ハ合併ニ因リテ消滅シタル會社ノ權利義務ヲ承繼ス	
	74→82→86条	會社カ解散シタルトキハ第六十三條第四號及ヒ第六號ノ場合ヲ除ク外清算ハ總員共同ニテ又ハ其選任シタル者ニ於テ之ヲ爲ス	合併及ヒ破産ノ場合ヲ除ク外後十五條ノ規定ニ從ヒテ清算ヲ爲スコトヲ要ス但定款又ハ總社員ノ同意ヲ以テ會社財産ノ處分方法ヲ定メタルトキハ此限ニ在ラス	前條ノ規定ニ依リテ會社財産ノ處分方法ヲ定メサリシトキハ合併及ヒ破産ノ場合ヲ除ク外後十三條ノ規定ニ從ヒテ清算ヲ爲スコトヲ要ス
株式会社	187→207→221条	會社ハ左ノ事由ニ因リテ解散ス 一　第七十四條第一號、第二號、第四號、第六號及ヒ第七號ニ揭ケタル事由 二　株主總會ノ決議 三　株主カ七人未滿ニ減シタルコト	
	188→208→222条	前條第二號及ヒ合併ノ決議ハ第二百九條ノ規定ニ從フニ非サレハ之ヲ爲スコトヲ得ス	
	(無→)209→223条	(類似条文なし)	會社カ合併ヲ爲サント欲スルトキハ其旨ヲ公告シテ株主總會ノ會日前一个月ヲ超エサル期間及ヒ開會中記名株ノ讓渡ヲ停止スルコトヲ得 株主總會ニ於テ合併ノ決議ヲ爲シタルトキハ其決議ノ日ヨリ第八十一條ノ規定ニ從ヒ本店ノ所在地ニ於テ登記ヲ爲スマテハ其記名株ノ讓渡ヲ爲スコトヲ得ス
	189→210→224条	會社カ解散シタルトキハ破産ノ場合ヲ除ク外取締役ハ遲滯ナク株主ニ對シテ其通知ヲ發シ且無記名式ノ株券ヲ發行シタル場合ニ於テハ之ヲ公告スルコトヲ要ス	
	190→211→225条	第七十六條及ヒ第七十八條乃至第八十二條ノ規定ハ株式會社ニ之ヲ準用ス	
	191→212→226条	會社カ解散シタルトキハ合併及ヒ破産ノ場合ヲ除ク外取締役其清算人ト爲ル但定款ニ別段ノ定アルトキ又ハ株主總會ニ於テ他人ヲ選任シタルトキハ此限ニ在ラス	

　以上の合併規定案の變遷を見るに大幅な修正はないものの、最終的な商法修正案に至る過程において追加された合併決議に伴う財産目録等の作成義務や株式讓渡の一時停止規定、合併登記を2週間以内とした点等は、銀行合併法や商事會社合併並組織變更法案と共通している[51]。これらは商法修正原案等の参

271

第3部　第1章　商法における M&A 法制の系譜と展開

照条文に挙げられてはいないが、上記はわが国商法の合併規定の系譜に、銀行合併法及び商事會社合併竝組織變更法案を位置付けるべき旨を示唆する一つの証左と考えられる。

一方、商法委員会において田部起草委員が、合名会社の解散事由に合併を規定している立法例としてイタリア及びポルトガルに言及した主旨は、当時、株式会社のみならず、合名会社についても合併を認め、これを解散事由としていた、数少ない外国の立法例として、両国を紹介するところにあったと思料され、両国の商法が合名会社の解散規定を他の種類の会社の解散規定と共通に定めた上で、合名会社に固有の規定を別途規定する形態を採っていたことから、以下に続く議事要録の合併関連規定の参照条文においても、両商法の条文が掲げられ、参照されたと考えられる[52]。

合併についてはわが国においても実践が法制化に先行して行われ、その実務等を踏まえて作成された銀行合併法や商事會社合併竝組織變更法案を経て、明治32年商法による合併法認に至っている。商法に合併制度を導入するに当たり、諸外国の法令が参照されたことは言を俟たないが、立法までの経緯や規定内容の変遷等を勘案すれば、明治32年商法に先駆けて合併を規定した銀行合併法及び商事會社合併竝組織變更法案は、わが国の M&A 法制史上、大きな意義を有するものとして、ともに評価されてよいと考える。

かくしてわが国商法に初めて設けられた合併制度は、消滅会社の清算手続きを経ない解散と、存続会社もしくは新設会社による当該会社の権利義務の包括承継を法認するところとなった。本規定が導入される以前に行われていた事実上の合併は、既存の会社の解散と定款変更もしくは新会社の創設によって実践されており、合名会社の解散や定款変更には総社員の同意、株式会社の場合には株主総会の特別決議が必要とされていたことから[53]、合併の承認にはこれと同等の決議が求められた。また、合併は実際上の必要、とりわけ、社員または株主の便宜を図るべく制度化されたものであったから、債権者の権利を害さ

51　銀行合併法10-11条及び14条、商事會社合併竝組織變更法案9条、11条、14条。

52　志田鉀太郎『志田氏商法要議』巻之弐223-224頁（和佛法律学校、1902年）。また、志田氏は、合名会社の解散事由として合併を認めている国として、イタリア・ポルトガルに加え、アルゼンチンを挙げている。また、毛戸勝元氏は1909年の會社合併論において、各種の会社に通じて合併に関する規定を設けているものとして、イタリア・ポルトガル商法の他、ルーマニア商法160条、195条以下を挙げている。毛戸勝元「會社合併論」京都法學會雑誌第4巻第7号23頁（1909年）。

53　明治32年商法58条、74条第1項3号、209条、221条第1項2号、222条。

ぬよう債権者保護規定が置かれる一方で[54]、反対株主に対する保護措置は特に設けられず、合併対価や合併契約の要否についても明示の定めが設けられなかった。明治32年商法の合併規定は、1911年（明治44年）の改正商法（以下、明治44年改正法という）において異種会社間の合併の許容が明文化され、223条が削除された点等を除いて[55]、大幅な修正はなされず、合併手続き等に関する規定の充実は1938年（昭和13年）の商法改正を待つこととなった。

第5節　わが国における合併法理の検討と合併制度創設の過程から見た合併の法的性質

　前述のとおり、わが国商法における合併規定は、合併法制に対する官民挙げてのニーズや会社の解散・新設等を通じた実践を反映し、法定されたものであったが故に、法理上の検討は決して十分なものとは言えなかった。法典調査会の起草委員補助であった志田氏は後に記した「商法要義」において、合併の観念及び法理上の性質に関する当時の学説は往々にして分かれ、帰一するところがなかったと述べている[56]。

　明治32年商法の合併規定は銀行合併法や商事會社合併竝組織變更法案と異なり、吸収・新設の合併の種類を規定しなかったが、これについて学説は合併を①2社の会社がそのいずれかに吸収される場合に限定するもの、②2社以上の会社がそのうちの1社に吸収される場合を含むもの、③社数や吸収合併に限定せず、新設合併についても合併と認めるもの等に分かれた。また、法理上も、(a) 合併を契約とするもの、(b) 合併は契約という単純なものではなく、消滅会社については解散、存続会社については定款変更、新設会社の場合は会社の設立であり、種種の複雑な行為を包括し、合併決議から実行に終わる一連の事実を指すとするもの等に分かれ、更に (a) に関しては当事者を会社とする

---

[54] 丸山長渡『改正商法〔明治32年〕要義　上巻（日本立法資料全集別巻358）』123頁（信山社出版、2005年）。

[55] 1911年の商法中改正法律（明治44年法律第73號）により、新設された44条ノ3において「会社ハ合併ヲ為スコトヲ得」との規定がなされ、従来、学説により見解が分かれていた異種会社間の合併の可否に対する立法的解決が図られた他、新設合併時の新設会社設立関連行為が各当事会社において選任された者により行われる旨が規定された。また、明治43年の第26回帝国議会において提案されていた明治32年商法223条の削除が行われた。三枝一雄『明治商法の成立と変遷』160頁、178-179頁（三省堂、1992年）。

[56] 志田・前掲注(52)巻之弍225頁以下。

もの、会社の社員とするもの、双方を折衷するもの等、多岐に亘ったと言う。

　民商法修正案の起草委員であった梅氏は、その著述「商法修正要領」において、明治32年商法の解散の原因に会社の合併を加えたことは当然としながらも、新たに設けた合併規定が日本の実際に適するか否かは予め知ることができないため、時として多少不便を感ずるかもしれないとした上で、「此等ノ點ハ十分研究シタル上改正ヲ加フヘキ時期到来スルトキハ改正ヲ加ヘサルヘカラスト雖モ兎ニ角此規定ニ依リテ會社ノ合併ヲ爲スコトヲ得ルカ故ニ從來ニ比シテ大ニ便利ナリト信ス」と述べている[57]。また、志田氏は合併の法理上の性質に関する起草者の意図について、「本法ノ起草者ハ之ヲ學説ニ一任シタルコト爭フヘカラス」と記しており[58]、明治32年商法の起草者が法理の検討よりも、実業界のニーズに応えるべく、合併の法制化を最優先に考えていたこと、また、実際の合併に幅広く柔軟に適合させるべく、簡易な規定に止めた可能性をも窺わせている。

　合併の法的性質に関しては、大正時代に、今日までの通説である人格合一説が唱えられ、その後、これに批判的な態度を取る現物出資説が現れ、両説の対立が続いた。人格合一説は合併を「二社以上の会社が合して一つの会社となる団体法または組織法上の特殊の契約」と説明するもので、現物出資説は「他会社の営業全部の現物出資をもってする資本の増加（吸収合併の場合）または会社設立（新設合併の場合）と他会社の解散」と解し、会社の全財産を現物出資の目的とする[59]。

　現物出資説は人格合一説について、合併の法的説明になり得ず、比喩的説明の域を出ないと批判するのに対し、人格合一説は現物出資説では、現物出資の主体である解散会社が存続し続けることも可能であるにもかかわらず、清算手続きを経ず、当然に解散し、解散会社の株主が存続会社ないしは新設会社の株主となる点や、消滅会社の権利義務が個別的移転ではなく、包括承継される点

[57]　梅・前掲注(40)152頁。
[58]　志田・前掲注(52)巻之弐227頁。
[59]　上柳克郎「合併」『会社法・手形法論集』276頁以下（1980年、有斐閣）、鈴木竹雄＝竹内昭夫『会社法〔新版〕』476-478頁（有斐閣、1987年）、人格合一説につき、松本丞治『日本會社法論』80頁以下（嚴松堂、1929年）、現物出資説を提唱したものとして、大隅健一郎「会社合併の本質」『会社法の諸問題〔新版〕』377頁以下（有信堂高文社、1983年）、初出、大隅健一郎編『竹田先生古稀記念　商法の諸問題』（有斐閣、1952年）、竹田省「會社合併について」『商法の理論と解釈』221頁以下（有斐閣、1959年）、初出、民商法雑誌12巻第5号（1940年）。

第5節　わが国における合併法理の検討と合併制度創設の過程から見た合併の法的性質

を説明できないとする。これらの批判に対し、現物出資説は会社が全財産を出資し、解散すると同時に、取得した株式を清算手続きによって株主に分配する代わりに、法律政策上、清算手続きの省略を認め、直ちに解散会社株主を存続ないし新設会社株主足らしめるにすぎないと応ずる。また、従来の現物出資説を会社現物出資説とし、消滅会社の社員がその地位を存続会社または新設会社に現物出資すると構成した社員（株主）現物出資説も提唱されたが[60]、やはり解散会社の財産及び権利義務が存続会社等に包括的に移転し、消滅する点に疑問を残している[61]。

いずれの学説も合併実務の問題に関する結論はほとんど変わらず、解釈論上の実益は少ないため[62]、合併の本質に関する議論は両説が対峙したまま今日に至っている。先に見たように、わが国における初期の企業合併は、解散会社の清算に伴い株主に分配される財産の出資を以ってする既存の会社の増資ないしは新会社の設立と言うべきもので、その目的は資本や財産の合一による組織基盤の強化・拡充にあった。日本の合併制度はこの実践に対し、行政政策上、清算によって消滅する解散会社の財産及び権利義務の存続会社等への包括移転と、清算手続きの省略を認めたものと言えるが、このように考えると、後世、唱えられた人格合一説と現物出資説は、合併の目的あるいは実践それぞれの観点から、合併の本質を捉えたものと解される[63]。

---

[60]　服部栄三「会社合併の基本的性質」『株式の本質と会社の能力』209頁以下（有斐閣、1964年）。

[61]　上柳・前掲注(59)279-283頁、鈴木＝竹内・前掲注(59)476-477頁。

[62]　鈴木＝竹内・前掲注(59)478頁注3。

[63]　なお、現物出資に関する規定自体はロエスレル草案の段階から存在し、ロエスレル氏は草案81条において、合名会社の共有資本が資金または有価物件と労力を集合して造成されるとした上で、社員が差し入れる資本の内容につき、貨幣や土地・家屋・商品・発明・専売特権等の権利を移転し得る有価の物件、営業や一身の労力・知識・労役等の連結した物件及び権利を挙げていた。また、株式会社についても191条の設立総会の議事にかかる規定において、社員が現金以外の物件を会社に差し入れ、株式その他の報酬を受ける場合に、当該物件の価額を議決する旨を定めていた。ロエスレル草案・前掲注(1)378-381頁、608-611頁。

　この草案の内容は旧商法74条及び164条において条文化され、合名会社は金銭以外に「有價物又ハ労力」を、株式会社については「有價物」を出資することが認められていた。明治32年商法において旧商法74条の内容は削除されたものの、明治32年商法50条及び51条において、合名会社の定款に社員の出資の種類及び価格または評価の基準が記載され、出資の種類及び財産を目的とする出資の価格が登記されることとなった他、株式会社の場合には122条により、金銭以外の財産を出資の目的とする者の氏名、財産の種類、価格、

第6節　商法における営業譲渡概念の萌芽

　一方、2005年会社法において事業と文言が改められた営業の譲渡及び営業全部の譲受にかかる規定は、1938年（昭和13年）の商法改正時に設けられたとされるが[64]、営業の概念及びこれを譲渡し得ること等については、ロエスレル草案においてすでに認められていた。ロエスレル草案第一編「商ヒ一般ノ事」第三巻の「商業屋號」は、後に「商號」として規定された項目であるが、草案27条は家督相続あるいは契約により商業を譲り受ける場合には屋号の継続を認める一方で、28条では営業を伴わない屋号の販売譲渡を認めない旨を規定していた。また、29条は営業及び屋号を販売譲渡する際、別段の約定がない場合には、他人との関係（債権債務等）及び負債、得意先を併せて附従するものと見なすとして、屋号譲受時の公告にこれを明示しない場合には、他人に対して効力を有しない旨を定めていた。

　ロエスレル氏は29条の解説において、営業を構成する物件を、地所や家屋、店舗、機械器具、製品等の有形物、貸付や負債、得意先、営業権、免許等の無形物、商業帳簿のような本来有形物ではあるが無形物に等しいものに分類し、売却・取得の対象を営業全体もしくは一部とするかは当事者の自由であるとした上で、一部の売却であれば当事者が物件を明確に指定し得るであろうが、営業全体にかかるものについては逐一明瞭に枚挙することは困難であり、往々にして錯誤を生じがちであるため、後者については見なし規定により、一定の推測を掲載したと述べている[65]。

　上記草案28条及び29条は、旧商法第一編「商ノ通則」第3章「商號」の28条において、「商業屋號」を「商號」に、「他人トノ關係及ヒ負債并ニ得意先」を「取引ノ仕殘、債務、得意先及ヒ商業帳簿」に修正の上、規定され、商号及び営業が他の一般の物件同様、契約により売買ないしは譲渡の対象となることが明らかにされていたが、1896年（明治29年）の旧商法の一部施行範囲に第3章

　　　付与された株式数を定款に記載すること等が定められた。
　　　しかしながら、合併法制の検討過程において、これらの規定への言及や、現物出資と合併との関係性を窺わせる議論はなされておらず、有価物の出資を通じた会社の合一という概念も見当たらない。商法上、現物出資という言葉が用いられるようになったのは、1938年の商法中改正法律（一例として168条他）からである。
64　江頭憲治郎『株式会社法〔第2版〕』748頁（有斐閣、2008年）。
65　ロエスレル草案・前掲注(1)157頁以下。

第6節　商法における営業譲渡概念の萌芽

が含まれなかったため、本規定は未施行のまま置かれていた。ところが、第12回帝国議会の会期中、急遽、衆議院が解散し、1898年（明治31年）6月末とされていた商法施行延期期日が延長されなかったため、旧商法の商号にかかる規定は同年7月から施行されるところとなった。

明治32年商法において旧商法28条の、営業を伴わない商号の譲渡を禁ずる文言は削除されたが、明治32年商法22条は、商号とともに営業を譲渡した場合、原則として譲渡人が同一市町村内で20年間同一の営業を為すこと等を禁じ、続く23条は営業のみを譲渡した場合にもこれを準用する旨を規定していた。但し、本規定は商号の譲渡に付随して、営業譲渡の概念とその可能性を示唆するに止まり[66]、営業譲渡の実施に関する手続き等は定められなかった。

しかしながら、これらが明治32年商法の総則に規定されたことから、商人である会社についても営業譲渡が可能であると解釈し得るところとなり、とりわけ合名会社については85条において、解散する会社の財産処分方法が、定款または総社員の同意を以って定め得るとされたことにより、その一環として営業譲渡を決定した場合には、現務の終了や債権の取立、債務の弁済や社員への財産分配等、狭義の清算を行うには及ばないとされた[67]。この点につき、明治32年商法の起草委員であった梅氏は欧州諸国における実例として、既存あるいは新設の会社が、他社の全財産を譲り受けるとともに当該他社の負債の償却を約束する例を挙げ、従来、退社を希望する社員が多い場合には一旦会社を解散し、従来の会社と同一または類似の営業を行う新会社を設立するケースが稀ではなく、当該企業の財産を譲り受け、営業の継続を図ることが便利であったため、上記のような契約の締結が多かったと説明している。その上で、旧商法ではこれを認めず、解散する会社は常に会社財産を売却し、債権者に弁済した上で、退社する社員に残余財産の分配をせざるを得ず、不便極まりなかったため、かかる手続きを要しないこととしたと述べている[68]。

---

[66] 志田鉀太郎氏は営業の概念につき、「独逸語ノ Geschäft ニ該当スルモノニシテ商人ノ事業ノ全体ヲ包括的ニ指示シ、店舗、貨物、商業帳簿等ノ有形物ノミナラス其事業ニ因リテ生シタル債権、債務及ヒ得意先ト証スルモノニシテ独逸語ノ Kunden ニ対スル事實上ノ關係ヲモ包含ス」と述べ、営業の譲渡については営業を構成する全事項の譲渡を要しないとした上で、営業譲渡契約に特約のない場合には、これら全事項が当然に譲受人に移転するとの見解を示している。志田・前掲注(52)巻之壹137-138頁。

[67] 志田・前掲注(52)巻之壹276-277頁、282-290頁。なお、合資会社についても105条により本規定が準用されている。

[68] 梅・前掲注(40)163-164頁。

このように明治32年商法85条は合名会社の解散に当たり、会社財産の処分方法に制限を設けない一方で、債権者保護の必要性に配慮し、解散の日から2週間以内に財産目録及び貸借対照表を作成するよう要請し、会社財産処分前の財務状況を明示させるとともに、合併における債権者保護規定を準用している。これにより、会社財産の処分方法を決定した合名会社には解散の日から2週間以内の債権者への公告及び催告、財産処分に異議ある債権者に対する弁済等の義務が課され、これらの手続きを経ない会社財産の処分は当該債権者に対抗し得ないものとされた[69]。

一方、本条は株式会社の解散には準用されなかったため、株式会社の解散過程における営業譲渡は、清算における会社財産換価の一環として清算人の職務の範疇に置かれ[70]、株主の関与は法文上、清算人の選解任や清算事務終了の決算報告書承認を通じた間接的なものに止まるところとなった。

以上より、明治32年商法第二編「會社」において、営業譲渡にかかる明文の規定は設けられなかったものの、少なくとも合名会社については85条において総社員の同意による営業譲渡が含意され、合併同様の債権者保護が要請されていたことがわかる。しかしながら、明治32年商法に会社の営業譲渡にかかる明文の規定が設けられなかったことは、営業譲渡の適法性や、株式会社における営業譲渡の決定機関につき、疑問の余地を残すものとなった[71]。

株式会社の解散に際しての営業譲渡の適法性は、1913年（大正2年）の株主総会決議無効確認請求事件の大審院判決[72]において示された。本件は東京鉄道㈱の株主が、会社の解散と営業全部を売却する仮契約を承認した株主総会決議の無効確認を求めた事案で、当該株主は前年5月に東京控訴院が言い渡した判決の棄却を求めて大審院に上告していた。

東京鉄道㈱は1890年（明治23年）の軌道条例[73]に基づき、同年8月1日に内

69　明治32年商法85条第1項後段及び第2項。

70　明治32年商法234条において準用される91条により、清算人の職務は現務の終了、債権の取立及び債務の弁済、残余財産の分配とされ、清算人は当該職務の遂行に必要な一切の裁判上または裁判外の行為を行う権限を有するものとされた。志田・前掲注(52)巻之弐308頁。

71　株式会社の営業全部の譲渡は合併類似の効果を有するが、決定機関を含め、営業譲渡自体が法定されていなかったため、代表取締役の一存によっても可能と解し得る余地があった。田中耕太郎『改正商法及有限會社法概説』184頁以下（有斐閣、1939）。

72　株主總會決議無効確認請求ノ件大審院第一民事部判決大正2年6月28日（大審院民事判決録19輯530頁）。

務大臣が発した特許命令により鉄道事業を営む株式会社であったが、1911年（明治44年）7月24日開催の株主総会において、同年7月末日限りでの解散と、7月5日に同社社長が東京市長との間で締結した同社の営業全部の売却を約定した仮契約を承認した。本仮契約は、同社解散に先立つ東京市会と同社株主総会による契約の承認、監督官庁の許可を効力発生条件としていたが、上告人は会社の存続期間中のみならず、解散後においても営業全部を売却する契約の締結及び承認は商法上、無効であると主張していた。

株主総会決議に対する訴訟制度は明治32年商法に初めて設けられ、163条において株主は、株主総会招集手続きまたは決議方法が法令定款に反する場合、裁判所に決議の無効宣告を請求し得るものとされていたが、これは株主総会決議の内容が法令または定款に違背し、無効である場合に適用されるものではなかった。本件では、総会決議の無効を主張する株主の訴権の有無が、一般原則によって解決されるとの判示がなされ、上告人が判決による株主総会決議の無効の確定に権利上の利益を有する点から、上告論旨が審案された。

本件において、大審院は、解散決議と同時に営業及び営業用財産を換価する目的で行われた本決議は、会社の存続期間中の営業全部の譲渡に当たらないとした原判決を支持するとともに、株式会社は合名会社等と異なり、解散時の財産処分方法を定款または株主総会決議によって決定できず、解散するに当たっては合併及び破産による場合を除き、清算手続きの履践が必要と述べた上で、株式会社が任意解散に際し、清算手続きとして営業及び営業財産を一括して換価することを制限する商法上の規定はなく、清算行為における換価方法として、営業及び営業用財産を一括して売却することは、法律上、無効ではないとして、会社の存続中であっても株主総会において解散とともに営業全部の譲渡を決議することを認め、上告を棄却した。

本判決は株式会社の解散において、清算手続きの一環としての営業譲渡を認めただけでなく、会社存続中の当該株主総会決議の法的有効性を認めたことから、会社が株主総会決議を以って存続中に営業譲渡を為し得るとする解釈上の基礎を提供するものとなった[74]。

営業譲渡に関しては、旧商法の時点から契約による売買取引であることが明確に意識され、また、会社解散時の活用が想定されていた点に、会社の任意清

73　明治23年法律第71號。
74　当該課題に対する立法的解決については本章第10節参照。

算過程において清算人に事業売却を認めた英国の1862年会社法162条と共通する法的発想が感じられる。他方で、営業を一種の物件と見なし、契約による譲渡を認める営業譲渡の概念は、明治32年商法に導入された合併のそれとは異なっており、この点において、会社財産や事業売却の対価として株式を認めたところからアマルガメーションが派生した英国法との相違、すなわち、両国における合併概念の出自の相違が窺われる。

第7節　持分及び株式の譲渡と新株発行にかかる規制

　旧商法において、合名会社の社員が第三者を入社させ、あるいは第三者に自己の地位を代替させるには、総社員の同意が必要とされていたが、持分を他者に譲渡する場合の要件については規定されておらず、譲渡が会社及び第三者に対して効力を有しない旨が定められるのみであった[75]。一方、株式会社の株式については会社の設立登記以降、譲渡することが認められ、会社に対する効力発生要件として、取得者の氏名を株券及び株主名簿に記載することが求められていたが、株主譲渡の要件については特に定められていなかった。また、株式会社が株券金額の増加ないしは新株発行により、増資を行うことも認められていたが、新株発行増資等にかかる具体的な規定は設けられていなかった[76]。

　明治32年商法において、合名会社への第三者の入社等につき、総社員の承諾を求める規定が削除される一方、持分の譲渡に関し、他の社員の承諾を要する旨の改正が行われた[77]。株式会社の株式の譲渡については、定款に別段の定めのない場合は会社の承諾なしに譲渡することが可能と規定されたが、定款を以って譲渡自体を禁止し得るかについて疑義を残すところとなり、この点については後の改正を待つこととなった[78]。一方、株式会社の資本に関しては、株金全額払込の後でなければ増資できない旨が新たに規定され、新株発行を会社の一部の新設と見る立場から、取締役に対しては初回払込後の遅滞ない株主総

---

[75] 旧商法98-99条。

[76] 旧商法180-181条、206条。

[77] 明治32年商法59条。なお、明治32年商法54条において、定款または商法に定めのない合名会社の内部関係事項については民法の規定を準用する旨が定められたため、入社に関する事項は定款もしくは民法の規定に委ねられたと考えられる。

[78] 明治32年商法149条、田中・前掲注(71)152頁。本条項は1938年の商法改正により「株式ハ他人ニ譲渡スルコトヲ得但シ定款ヲ以テ其ノ譲渡ノ制限ヲ定ムルコトヲ妨ゲズ」と改められた。

会の招集と、当該総会における新株募集事項の報告が、監査役に対しては新株総数の引受け及び各新株の第1回払込の有無、現物出資の場合には出資財産に対する発行株式数の正当性についての調査・報告が求められることとなった[79]。

第8節　会社による他社株式の所有

ところで、旧商法及び明治32年商法は、会社の発起人や社員あるいは株主の資格に関し、特段の規定や制限を設けていなかったため、会社の持分や株式を他の会社が所有し、社員ないし株主となり得るかに関しては議論が分かれていた。明治44年改正法は、明文を以って会社が他の会社の無限責任社員となり得ない旨を明らかにしたが[80]、有限責任社員あるいは株主となり得るかについては、司法の判断に委ねられるところとなった。

1913年（大正2年）に大審院より判決が言い渡された株金払込請求事件は、会社が株式会社設立の発起人となり得るかが判示された事案である[81]。本件は、㈱総房中央銀行の破産管財人が㈱夷隅銀行に株金の払込等を求めて提起したものであるが、上告人の㈱夷隅銀行は、会社は株式会社設立の発起人になり得ないにもかかわらず、㈱総房中央銀行の定款上、株式会社及び合資会社形態の銀行数行が発起人に含まれているとして、同社の定款は無効であり、会社設立もまた無効であると主張していた。これに対し、二審の東京控訴院は、明治32年商法119条において発起人の数に規定はあるが、発起人の資格については何らの制限も置かれておらず、会社も自然人同様、株式会社の発起人となり得ると述べ、㈱夷隅銀行が譲受により㈱総房中央銀行の株主としての資格を有しているとして、本件株金払込義務がある旨を判示していた。

これに対し、大審院は、発起人となっている銀行は銀行条例による目的及び業務の範囲内において法人としての資格を有するものであり、会社の業務執行者がその目的の範囲外において行った行為は、越権行為であって会社の行為とは言えないと述べ、株式会社の発起は銀行である会社の目的の範囲外にあることは明らかで、発起人としての行為は無効であるから、かかる定款が無効であ

---

[79] 明治32年商法210条、213-214条、丸山・前掲注(54)308-310頁、313頁。
[80] 明治44年改正法44条ノ2。
[81] 株金拂込請求ノ件大審院第二民事部判決大正2年2月5日（大審院民事判決録19輯27頁）。

ることは言を俟たないとした。大審院は従来是認されてきた、会社は定款に規定される目的の範囲に含まれる事項についてのみ、権利能力を有するとの法意を改めて確認した上で、原院が判断に当たり、上告人の定款の目的範囲内に銀行設立発起行為を包含するかを確定せず、商法が発起人の資格について制限を置いていないことを理由に、株式会社が発起人となり得るとの解釈を相当としたことにつき、理由不備の裁判であるとして、一部を除き、原判決を破棄し、審議を東京控訴院に差し戻すよう命じた。その一方で、大審院は銀行による株式会社の設立発起と、営利のためにする他社株式の取得は同一には論じられないとも述べており、銀行においても営利を目的とする場合には、定款の目的範囲内の行為として、他社株式の取得が許容される可能性を示唆した。

　本判決は会社が他社の有限責任社員もしくは株主となる権利能力の有無を、定款の目的に基づいて判断する基準を示すとともに、会社が他の株式会社設立における発起人、あるいは株式取得によって株主になり得ることを承認したものである。

　わが国の裁判所は英国のそれとは異なり、早くから、会社の法人としての権利能力は定款上の目的の範囲によって制限されると雖も、定款に定められた会社の目的たる事業はその記載事項より推理演繹し得る事項に及ぶとの見解を示していた[82]。明治30年代の判例においては、銀行が行った荷為替や手形支払の保証を銀行の一般業務の目的の範囲外とするような、会社の営業として為す行為と、その営業のために為す行為を混同したものも見受けられたが[83]、明治末期にはこれが改められ、会社の定款に具体的な記載がなくとも、目的事項に含まれると認められる事項は会社の目的の一部を構成すると判示された。ま

82　松本・前掲注(59)40-43頁。

83　強制執行異議ノ件大審院第二民事部判決明治37年5月10日（大審院民事判決録10輯638頁）、約束手形金請求ノ件大審院第一民事部判決明治40年2月12日（大審院民事部判決録13輯99頁）。強制執行異議ノ件は、㈱鴨東銀行の取締役が行った荷為替の保証に関する同行の責任等が争われたもので、同行の取締役は定款の営業科目に債務保証が掲げられていなかったにもかかわらず、会社の目的をより広範な銀行営業と登記していた。大審院は誤った登記がなされたと雖も営業科目は依然、定款規定の内容であり、取締役が定款に反して行った荷為替の保証につき、同行は責任を有しないとして原判決を支持し、上告を棄却した。また、約束手形金請求ノ件は、銀行取引を営業とする㈱豊玉銀行の定款の目的の範囲内に手形の支払保証が含まれるかが争われた裁判で、大審院は原判決が定款上、手形の支払保証を除外していないことを理由に、一般銀行営業者の目的範囲内にあると判断したことを違法とし、原判決を破棄し、東京控訴院に審議を差し戻すよう命じた。

た、会社の目的達成に必要な事項についても、その目的の範囲内において会社業務の性質を有するとして[84]、会社が目的たる事業の遂行に必要な行為を為す能力を有することが確認され、その目的に反しない限り、営業のためにいかなる行為をも為し得ると考えられるようになっていた[85]。

銀行による銀行の発起設立行為に対し、当該銀行の定款の目的範囲に照らして検証を求めた本判決に対しては、従来に比して厳格な態度を示したものとの批判もあるが[86]、会社が他社の発起人あるいは株主となり得ることを認めた点において、株式取得を通じた企業結合に途を開いた判決と評価される。

第9節　明治32年商法におけるM&A法制整備の意義

明治32年商法の一般商事会社にかかるM&A法制の整備は、わが国の企業経営や市場構造、ひいては資本主義の発展にどのような意義を有するものであったか？。

1880年代後半の近代企業の勃興を起点とし、20世紀初頭にかけ産業資本の確立期を迎えたわが国の資本主義は、1894年の日清戦争後の恐慌を契機に資本及び企業の集中が進み、独占資本への転化が始まったとされる[87]。合併ないし買収による全産業的な経営規模の拡大は1904年の日露戦争後、旺盛となったと

---

[84] 約束手形金請求ノ件大審院第二民事部判決大正元年12月25日（大審院民事判決録18輯1078頁）。本件は㈱榮城銀行定款の目的の範囲内に、営業種目に掲げられていない手形債務の保証が含まれるかが争われた事案である。大審院は会社の定款は簡潔を旨とし、大綱を掲げ、細目に亘らないのが常であるから、会社の目的たる事業の性質範囲を定めるに当たっては、定款に記載された文言の本来的意義を基準に決定する必要があるとした上で、定款の記載により推理演繹される事項については具体的な記載がなくとも目的事項に包含されると認めただけでなく、会社の目的達成に必要な事項についても会社業務の性質を有すると判示した。本判決において与信行為に属する手形債務の保証は、一種の与信行為であり、金融の融通を目的とする貸付を業務とする銀行業に含まれるとされ、同行の上告は棄却された。

[85] 松本・前掲注(59)42-43頁。

[86] 松本・前掲注(59)46-47頁註13。

[87] 高嶋雅明「第四編　近代・現代　第三章　近代産業の発達と金融・貿易」宮本又次編『日本経済史（基礎経済体系5）』185頁（青林書院新社、1977年）、安岡重明「第四編　近代・現代　第五章　大企業と財閥の形成」宮本又次編『日本経済史（基礎経済体系5）』225頁以下（青林書院新社、1977年）（以下、安岡1と表記する）、大島清『日本恐慌史論（上）』263-264頁（東京大学出版会、1952年）。

されるが[88]、その先駆は綿糸紡績業や銀行業における合併等を通じた寡占化の進展に看取される[89]。また、明治末期以降、改組や株式所有を通じた財閥コンツェルン[90]の形成が進み、財閥系大企業が様々な産業分野で主導的な地位を占め始めたことも、わが国の資本主義が独占段階に入った一つの証左と考えられているが、これらの転化において明治32年商法に整備されたM&A法制が果たした役割は決して小さくはなかった。

綿糸紡績業は、1882年（明治15年）に誕生した大阪紡績会社の成功とこれに追随する多くの紡績企業によって早くから隆盛し、工業化が進展した産業の一つであったが、紡績資本確立後、1897年から1903年末までの間に23件もの合併・買収が行われ[91]、鐘淵・摂津・大阪合同・三重・大阪・尼崎・東京瓦斯・富士の八大紡績会社の独占体制へと移行していった。

この時期のM&Aは、恐慌ないし不況により経営破綻した中小紡績会社の吸収が中心で、工場新設に比して極めて安価に設備拡大が行い得たことや、取引単位の拡大による流通・金融コストの低減がその主因であった[92]。これらのM&A等により、1899年に79社を数えた大日本綿糸紡績同業連合会加盟の紡績会社数は、1903年下期に40社にまで減少[93]、他方で1904年上期時点の八大紡績会社の精紡機錘数は1898年の2.3倍に増加し、全国錘数の52%を占めるに至った[94]。

その後も綿糸紡績業界では、好不況を問わず、経営規模の拡大や同一製品市

---

88 高橋亀吉『明治大正産業発達史』571-572頁（改造社、1929年）（以下、高橋1と表記する）。

89 安岡1・前掲注(87)225頁以下、高村直助『日本紡績業史序説（下）』79頁以下（1971年、塙書房）。

90 安岡氏は財閥を「家族または同族によって出資された親会社（持株会社）が中核となり、親会社が支配している諸企業（子会社）に多種の産業を経営させている企業集団であって、大規模な子会社がそれぞれの産業部門において寡占的地位を占めるもの」と定義しており、本社を持株会社とし、傘下の諸企業を株式会社とするコンツェルン形態を、財閥の根本に置く。安岡重明編著『日本財閥経営史 三井財閥』8頁、10頁（日本経済新聞社、1982年）（以下、安岡2と表記する）。

91 楫西光速編『繊維 上（現代日本産業発達史XI）』274-275頁（現代日本産業発達史研究會、1964年）（以下、現代日本産業発達史XIと表記する）。

92 高村・前掲注(89)103-107頁。

93 大島・前掲注(87)265頁。なお、大日本綿糸紡績同業連合会は1902年に大日本紡績連合会と改称している。

94 高村・前掲注(89)101-102頁。

第9節　明治32年商法におけるM&A法制整備の意義

場における競争緩和等を目的としたM&Aが相次ぎ、1906年（明治39年）の富士紡績による東京瓦斯紡績の合併、1914年（大正3年）の大阪紡績と三重紡績の合併による東洋紡績の設立を経て、八大紡績会社は「六大紡」に集約された[95]。

1903年までに行われた23件のM&Aのうち合併は13件、買収は10件と見られるが、これらの買収の中心は会社の持分や株式を取得するものではなく、紡績工場や機械設備等を取得する資産買収であった。1898年（明治31年）の平野紡績による野田紡績の買収では、1万錘超の紡績機械を擁していた野田紡績が解散し、平野紡績に譲渡したとされ[96]、1899年（明治32年）及び翌年の鐘淵紡績による摂州紡績及び柴島紡績、淡路紡績の買収は、開業直後に不況に直面し、支払不能となったこれらの企業の紡績機械や綿花代金を差し押えた三井物産が、鐘淵紡績にこれらを売却したものである[97]。また、1903年（明治36年）の福嶋紡績による福山紡績の買収では、4月に開催された両社の臨時株主総会において、福嶋紡績が現金20万円と同社株式4,200株を対価に、福山紡績の土地建物や機械・什器、工場や寄宿舎の用具等、金銭及び債権以外の全財産を取得する売買仮契約案が可決されている[98]。以上から綿糸紡績業界においては、効率的な事業資産の取得や経営規模拡大に主眼を置いた活発なM&Aが、独占体制確立の大きな原動力となっていたと思料される。

一方、銀行業界は、収益性の高い事業との認識や政府の銀行新設に対する寛

---

[95] 高村・前掲注(89)179-182頁。1904年から1913年までの綿糸紡績業界のM&A件数は30件を数えた。現代日本産業発達史XI・前掲注(91)274-275頁。

[96] 絹川太一『本邦綿絲紡績史』4巻100頁（日本綿業倶楽部、1939年）。

[97] 松井幹雄「日本紡績業における生産システムの形成――国際比較の視点を考慮して――」東京大学ものづくり経営研究センターディスカッションペーパー No. 31　11頁（2005年）。このうち1898年10月に設立された柴島紡績は、22万円余の負債を抱えて破綻した摂州紡績の株主と同社に18万8千円超の債権を有していた三井物産が、摂州紡績の機械類を買い取らせるために設立した会社で、1899年10月、三井銀行の支援を受け、業容を拡大していた鐘淵紡績に39万円弱で買収された。三井物産は柴島紡績株式の半数を引き受けていたが、この買収により20万円を受領したとされる。三井文庫「三井事業史　資料編　四上」明治31年第二十二回（3月29日）三井商店理事会議事録170-171頁（三井文庫編、1971年）、高村・前掲注(89)60頁。

[98] 絹川太一『本邦綿絲紡績史』5巻106-109頁（日本綿業倶楽部、1939年）。当時、福嶋紡績も小紡績で業績も余り芳しくなかったため、全額現金による買収ができず、新株を発行・交付したと言う。福山紡績は福嶋紡績の25円払込株式を12円と評価して受け取ったとされており、ここから買収総額は25万400円と試算される。

容な態度等から小規模銀行の濫立を招き、1901年（明治34年）には全銀行数が2,385行に達していたが、小銀行増加による競争激化や金融基盤の不安定化等の弊害に対し、政府が方針転換の必要性を認め、1896年に銀行合併法を制定したことは既述のとおりである。以来、政府は銀行に対し、継続的な合同勧奨方針を採っていたが[99]、銀行業界に明確な企業集中傾向が現れたのは1901年の金融恐慌以降のことで、その後40年に亘り、銀行の合同・集中が続いた。

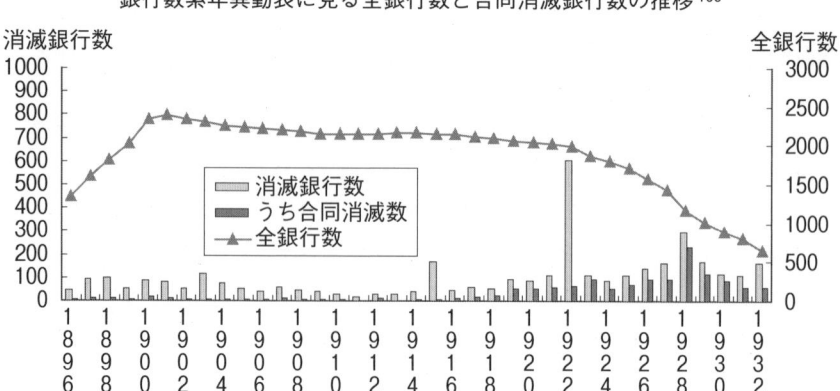

銀行数累年異動表に見る全銀行数と合同消滅銀行数の推移[100]

銀行の合同形式は吸収合併を中心としていたが、1907年（明治40年）に新設合併が、翌年には解散銀行から資産及び負債を譲り受ける買収が初めて行われた。上記の合同消滅銀行数は、これらの吸収・新設合併及び買収によって消滅した銀行の数を表しており、この他、合同数に数えられてはいないが、企業間の株式持合を通じた事実上の合同も行われたと言う[101]。

明治期における銀行消滅事由の大半は解散や破産、転廃業であり、合併や買収に伴う消滅銀行数は消滅銀行全体の11％程度であったが、これは乱設された

---

[99] 1897年8月の田尻大蔵次官による既設銀行の合同を勧奨する演説以降、1911年10月、1924年7月、1927年9月と断続的に、大蔵次官から各地方長官に対し、銀行合同促進に関する通牒が出されている。金融研究會編・前掲注(30)199頁以下。

[100] 金融研究會編・前掲注(30)附録「銀行合同に關する各種參考資料」四(2)各種銀行數累年異動表。なお、銀行數累年異動表は、1904年までは大蔵省銀行營業報告、1905-1914年については大蔵省銀行擔保附社債信託業報告、1915-1932年は大蔵省銀行局年報に基づき、作成されている。

[101] 金融研究會編・前掲注(30)161頁以下、同附録「銀行合同に關する各種參考資料」三 合同參加銀行調90頁以下。なお、同資料において新設合併は新立合併と表記されている。

第9節　明治32年商法における M&A 法制整備の意義

　小銀行が恐慌に臨んで経営に行き詰まる一方、合同・集中に対する理解が不十分であったこと等が原因と考えられている[102]。しかしながら、1911年（明治44年）の大蔵次官の通牒等により、人口10万人以上の市街地において資本金100万円未満の普通銀行の設立を許可しない方針が明らかにされる等、大銀行化及び銀行集中の政策が強く促進された結果[103]、大正期には消滅銀行に占める合同消滅銀行数の割合が31％を超え、大正中期以降、合同がその大半を占めることも珍しくなくなった。

　大正中期の銀行合同は、第一次世界大戦による諸産業の勃興に伴い、業務繁忙となった比較的大規模な銀行による規模及び業務の拡張を基調とする点に特徴があり、大正後期以降の合同の急増は、1920年の大戦好況期終了後の恐慌及び経済不況の深刻化に伴い、銀行業務の整理縮小、とりわけ、休業銀行の再建や整理、地方銀行の合同が促進されたこと等による。そのため、合同銀行の数は1927年（昭和2年）の金融恐慌と銀行法の発布に臨んで飛躍的に増加し、米国株式市場の破綻を契機とする1929年の世界的不況に至って、高水準に推移した[104]。また、銀行の体力低下を反映し、昭和期に入り、買収件数が吸収合併件数を上回る等、合同形式の構成比にも変化が見られた[105]。

　政府及び日銀当局は1927年の金融恐慌に際し、休業銀行の欠損に積立金、払込及び未払込資本金、重役私財等を充て、不足の場合には預金切捨等を以ってこれを一掃した上で、有力銀行等に合併する等し、休業銀行の再起を図る方針を採っていたが、休業銀行の整理は容易には進まず、会社整理に関する法制度の不備や、合併・清算・取締役の責任あるいは株式の払込等に関する商法の規定改正の必要性が痛感されるところとなった[106]。

102　金融研究會編・前掲注(30)17-19頁。
103　大島・前掲注(87)269-272頁、金融研究會編・前掲注(30)201頁以下、224頁以下。新設銀行の資本金は1901年（明治34年）以降、会社組織によるものは50万円以上とされていたことから、水準の引上げが図られていたことがわかる。なお、銀行の資本金額は1928年1月に施行された銀行法（昭和2年法律第21號）において、100万円以上（東京・大阪に本支店を有する銀行は200万円）に法定された。金融研究會編・前掲注(30)215-220頁。
104　金融研究會編・前掲注(30)41-42頁、60頁以下、81頁以下。
105　金融研究會編・前掲注(30)附録「銀行合同に關する各種参考資料」三　合同参加銀行調90頁以下及び附録追加によれば、1928年（昭和3年）の買収による合同件数は65件と初めて吸収合併の59件、新設合併の26件を上回り、同資料が捕捉している1935年9月まで、基本的にこの状況が続いている。
106　三枝・前掲注(55)205-214頁。

この銀行業界の企業集中過程において、三菱・三井・住友・安田等の財閥系諸銀行の台頭が鮮明となり[107]、1903年(明治36年)には3%に満たなかった前三行の全国普通銀行の払込資本金に占める割合は、1926年(昭和元年)には9.4%に達した。また、三菱・三井・住友・第一・安田の5大銀行の全国普通銀行預金総額に占める割合は、1926年の23.7%から6年後には40.4%と躍進、少数巨大銀行への預金集中傾向が鮮明となった。

全国普通銀行の払込資本金に占める三菱・三井・住友銀行の割合[108]

	1903年	1914年	1926年
振込資本金の割合	2.77%	7.10%	9.43%

全国普通銀行の預金総額に占める5大銀行の割合[109]

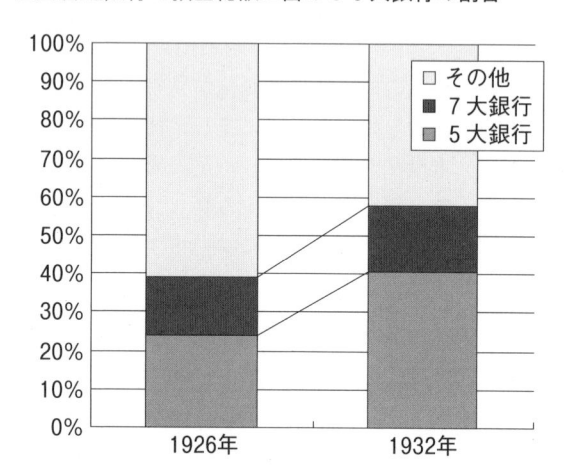

一方、これら銀行を擁する財閥は、明治末期から大正期にかけ、諸企業に投資していた一族共有の資本金等を統合して持株会社を設立するとともに、直営

---

107 安岡1・前掲注(87)229頁。
108 高橋亀吉『日本財閥の解剖』9頁(中央公論社、1930年)(以下、高橋2と表記する)。
109 金融研究會編・前掲注(30)126-127頁より著者作成。1926年の全国普通銀行預金総額は917万8802円、1932年は831万9118円である。なお、7大銀行とは川崎第百・山口・三十四・鴻池・愛知・明治・名古屋の諸銀行を指す。

第9節　明治32年商法におけるM&A法制整備の意義

事業を株式会社化し、持株会社が当該企業の株式を所有して、資本や人事等を通じ、子会社を支配するコンツェルン体制を整備した[110]。この背景には、1880年代後半から官営事業の払下げや買収等を通じ、本格的な事業の多角化に乗り出していた各財閥が、工業化の進展に伴う企業規模の拡大により、傘下の諸事業に独立性を与えつつ、これを統轄する必要性に迫られた事情があり、株式会社化した子会社株式の所有による有限責任下での支配や、子会社の資金調達の容易化、専門的経営者による各子会社の機動的経営の有用性等が指摘されている[111]。

　三井財閥は1898年（明治31年）に三井11家が三井銀行・三井物産・三井鉱山・三井呉服店の4つの合名会社の社員となる体制を採っていたが、1909年（明治42年）に三井鉱山合名会社の商号を三井合名会社（以下、三井という）と改めてこれを持株会社とし、三井鉱山を同社鉱山部とした。三井は2年後、鉱山部を株式会社として独立させ、株式会社化した三井銀行及び三井物産、三井銀行倉庫事業から独立した東神倉庫とともに、全株式を所有し、三井関係者が重役を占める直系会社とした。直系会社のうち、三井銀行は三井設立に伴い、所有していた他社株式の大半を三井に移管ないし処分したが、その余の直系会社は第一次世界大戦後半期から戦後にかけて、資本の蓄積や獲得利潤を元に自身が持株会社化し、恐慌や不況を逆手に取って一層の企業集中を行い、三井財閥の産業支配網を拡充していった[112]。

---

[110] 安岡1・前掲注(87)231頁。
[111] 安岡2・前掲注(90)127頁以下、200-201頁。官営事業の払下げは1880年代半ばから本格化し、三井・三菱をはじめとする政商が財閥となる方向性が形成された。作道洋太郎「第四編　近代・現代　第二章　経済近代化の起点」宮本又次編『基礎経済体系5　日本経済史』175-178頁（青林書院新社、1977年）。また、この時期の買収案件としては、岩崎久彌等、郵便汽船三菱会社社員による第百十九國立銀行株式の取得（1885年）や、三井が返済不能の貸金の抵当等として取得した鉱区の統合による神岡鉱山の成立（1886年）等がある。郵便汽船三菱会社社員による第百十九國立銀行株式の取得は、第百四十九國立銀行と共同で設立した子会社の借入金15万円を保証していた第百十九國立銀行が、子会社の経営破綻により経営危機に陥ったため、懇請を受けた債権者の郵便汽船三菱会社が第百十九國立銀行を継承するため、両行を合併させた上で、その株主から社員に株式を譲り受けたものである。三菱銀行史編纂委員会編『三菱銀行史』45-49頁（三菱銀行史編纂委員会、1954年）。
[112] 安岡2・前掲注(90)147-148頁、183-184頁、221頁以下、249頁以下。なお、三井呉服店については1904年（明治37年）の株式会社化に際し、三井家同族による出資が行われず、分離・独立されている。三井財閥各社の株式所有高の推移を見ると、1914年（大正3年）7月時点の三井のそれは6578万円であったが、1920年（大正9年）1月には2億

1912年(明治45年)には三井家に引き続き、安田家の同族組織であった保善社が合名会社に、1921年(大正10年)には住友総本店が合資会社に改組された他、1918年前後から三菱合資会社が造船・鉱山・営業・銀行等の各事業部を分社化した[113]。各財閥は直営事業の後身である直系会社自体の持株会社化や、直系会社設立後に取得あるいは新規参入した傍系会社の拡充等を通じてその規模を拡大し、1928年(昭和3年)末には四大財閥の持株会社が自己資本の3.2倍に上る会社資本を支配するまでになった。

各財閥が支配する会社の払込資本総額と財閥本社の投下資本の割合[114]

単位:千円	払込資本総計(A)	財閥自己資本による所有(B)	A ÷ B
三井	849,136	261,671	3.25
三菱	592,943	165,545	3.58
住友	187,513	127,788	1.47
安田	386,664	74,747	5.17
合計/平均	2,016,256	629,751	3.20

財閥は持株会社及び財閥家族が直系会社の全株式を、傍系会社については一定割合の株式を所有する他、直系会社も傍系会社等の株式に投資する重畳的な株式所有構造を基本としており、三井財閥では直系会社の東神倉庫、傍系会社の小野田セメント製造及び鐘淵紡績が三井と直系会社三井物産の、傍系会社の北海道炭鉱汽船と日本製鋼所は三井と直系三井鉱山の、基隆炭鉱や松島炭鉱、北海道硫黄等については三井物産と三井炭鉱の共同投資先であった[115]。また、

4084万円に、三井物産は1914年4月末の338万円から1922年(大正11年)10月末に2270万円、三井鉱山も同期間に129万円から2169万円へと急増している。同222頁、224頁、243頁、249頁。
113 安岡1・前掲注(87)231頁以下、安岡2・前掲注(90)193-194頁、202頁以下。なお、三菱合資会社は1893年(明治26年)に発足している。
114 高橋2・前掲注(108)46-47頁。払込資本総計(A)は各財閥の直系及び傍系親会社とその支配的子会社、並びに準支配的子会社の払込資本の合計値を指し、財閥自己資本による所有(B)は財閥が直系及び傍系の親会社に直接投資している金額を示している。なお、A÷Bの平均値は加重平均にて試算した。
115 1920年(大正9年)1月及び1922年(大正11年)11月末時点の三井、三井物産、三井鉱山の株式所有状況に基づく。安岡2・前掲注(90)224頁、243頁、249頁。

第9節　明治32年商法における M&A 法制整備の意義

安田財閥直系会社の安田銀行における保善社の持株比率は25％に過ぎなかったが、安田一族が15％、傘下の関係銀行が27％を所有しており、財閥全体として安田銀行の三分の二以上の持分を有していた[116]。1928年末の四大財閥持株会社の直系会社株式所有割合は平均7割で、これに対し、傍系会社へのそれは2割であった[117]。

前述のとおり財閥直系会社は、新規事業への進出やリスク分散のための事業多角化等により発展した事業部が分社されたものであるが、コンツェルン形成後の財閥持株会社並びに直系会社における他社株式の取得も、基本的には既存事業における諸企業との関係強化や商圏・商材・マーケットシェア・事業領域等の拡大、新興産業への進出等の目的に出たもので、必ずしも当初から他社の支配権の獲得や支配力の強化を意図したものではなかった。三井財閥の場合、従来、他社株式を所有しても商売上の関係に止める方針で臨んでいたところ、1910年代後半頃から材料供給、製品販売等に利害を持ち、三井物産もしくは三井から重役を派遣する方が得策との考えに傾き、株式投資も増加したと言う[118]。

以上のように、20世紀に入り、各産業において M&A の活用や既存事業の拡張が盛んとなったこと等を受け、一事業の資本単位は著しく膨大し、資本の集積が進んだ。大正中期以降、全企業の払込資本総額に占める大企業の資本金の割合は急増し、1924年には社数にして1.83％に過ぎない払込資本金500万円以上の会社が、日本の会社の払込資本総額の62.20％を占めるまでになり、少数大資本への経営の集中が進行した[119]。

---

[116] 1933年（昭和8年）6月末現在の比率と考えられる。金融研究會編・前掲注(30)168頁以下。
[117] 高橋2・前掲注(108)36・40頁より1928年末時点の四大財閥持株会社の直系会社及び傍系会社に対する所有比率の加重平均値を試算した数値による。
[118] 安岡2・前掲注(90)242頁。
[119] 高橋1・前掲注(88)571-576頁。

会社払込資本金別社数及び払込資本の割合[120]

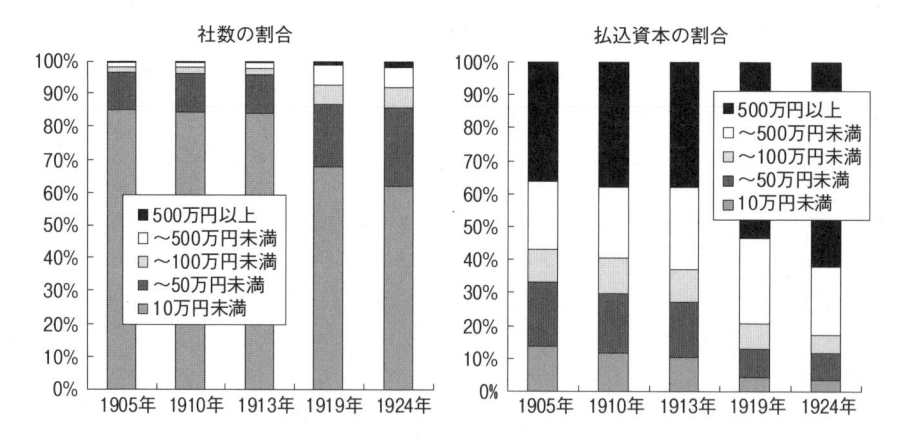

社数の割合 / 払込資本の割合

凡例:
- 500万円以上
- ～500万円未満
- ～100万円未満
- ～50万円未満
- 10万円未満

年: 1905年、1910年、1913年、1919年、1924年

第10節　1938年の商法改正による M&A 規定の拡充

　前述のとおり、会社の営業譲渡等にかかる規定の新設と合併規定の大幅な拡充は、1940年（昭和15年）1月より施行された1938年（昭和13年）の商法中改正法律[121]（以下、昭和13年改正法という）によって行われた。1911年（明治44年）の改正が会社法制の不備・欠陥を補正する応急の改正であったのに対し、本改正は、商法第一編及び第二編全編に及ぶのみならず、第四編の削除及び旧第五編の繰上げ、条数の移動等を伴う大規模なものであった。改正の中心は第二編の会社、中でも株式会社に関する規定の改正にあったが、これは1920年に始まった第一次世界大戦後の恐慌や1927年の金融恐慌、1930年の昭和恐慌に臨んで明らかとなった法制度の不備、とりわけ、金融恐慌時の休業銀行整理の過程で痛感された会社整理や合併、清算、減資、株式の払込等に関する商法の規定改正の必要性や、昭和恐慌において政府の産業合理化政策の下に促進された企業合同等[122]にかかる法制度整備への対応が求められたことによる[123]。

　本改正は政府主導というよりはむしろ民間、すなわち実業界の要求に応じて起こったもので、財界における改正活動の中心は、1928年4月に東京商工會議所に設置された商事關係法規改正準備委員會にあった。同委員會は全国民間経

120　高橋1・前掲注(88)575頁より筆者作成。なお、払込資本金10万円未満の企業の社数自体は1905年の7,651社から1924年の20,901社へと増えている。
121　昭和13年法律第72號。

第10節　1938年の商法改正によるM&A規定の拡充

済団体等に商法改正に関する意見や発問書への回答を求めた他、1929年12月の司法次官の諮問に対し、會議所自身の希望を「商法改正ニ關スル意見」として答申した。その後も同委員會は審議を重ね、建議を公表する等、精力的な活動を続け、法制審議会が1931年7月に取りまとめた商法改正要綱、ひいては本改正に多大な影響を与えたとされる[124]。

従前の商法は営業譲渡に関し、商号とともに営業を譲渡した場合の譲渡人の営業禁止区域にかかる定めを総則に置くのみであったが、昭和13年改正法は24条第1項において商号の譲渡を、営業を伴う場合もしくは営業を廃止する場合に限定した。また、商号を続用する営業譲受人の責任や登記等を通じた公示に関する規定等を新設し[125]、営業譲渡当事者の責任範囲の明確化や、債権者及び第三者の保護強化を図った。

株式会社については、営業の全部または一部の譲渡や、営業全部の賃貸及び経営の委任、他人と営業上の損益全部を共通にする契約等の締結・変更・解約、他社の営業全部の譲受等を行うに当たり、343条所定の株主総会決議（いわゆる特別決議）[126]を要する旨が新たに規定された[127]。これは、旧法の解釈におい

---

[122] 昭和恐慌に際し、政府が産業合理化の重点に掲げた企業の統制方針の下、企業資本及び借入金の整理、人員整理や賃金引下げ等による経費節減、過剰設備による過当競争の調整を目的とした事業の合同・協定・カルテルが促進され、銀行・紡績・鉄鋼・電力・電鉄・興業・小売等の様々な業種で企業合同が行われた他、1930-1931年の間に成立したカルテルは41に上った。高橋亀吉『大正昭和財界変動史（中巻）』1211頁以下（東洋経済新報社、1955年）、井上洋一郎「第四編　近代・現代　第六章　両大戦間の日本経済」宮本又次編『日本経済史（基礎経済体系5）』253-254頁（青林書院新社、1977年）。

[123] 第七十回帝國議會貴族院議事速記録第6號（官報號外昭和12年2月19日43頁以下）、第七十三回帝國議會貴族院議事速記録第4號（官報號外昭和13年1月26日25頁以下）、三枝・前掲注(55)208-216頁、274-280頁。

[124] 以上の沿革につき、三枝・前掲注(55)217頁以下、田中・前掲注(71)1頁以下。

[125] 昭和13年改正法26条において、商号を続用する営業譲受人は、譲渡人の営業によって生じた債務の弁済責任を負うものとされ、譲受人がこの責任を負わないためには営業譲渡後遅滞なく、その旨の登記、あるいは第三者に通知を行うことが必要とされた。この他、商号を続用しない譲受人であっても譲渡人の債務を引き受ける旨の広告をした場合には、債権者は譲受人に弁済請求を為し得るものとされ、譲受人がかかる譲渡人の債務について責任を負った場合、譲渡人は営業譲渡または当該広告後2年以内に請求がなされた債権者に対し、責任を負う旨が規定された。昭和13年改正法28条、29条。

[126] 昭和13年改正法343条において株主総会の特別決議は、総株主の半数以上にして資本の半額以上に当たる株主が株主総会に出席し、その議決権の過半数を以ってする旨が規定されている。

[127] 昭和13年改正法245条。

て株式会社が営業全部の譲渡を為し得るかについて疑義があり、会社の清算中は可能であるが、存続中は不可能とする通説に対し、存続中もこれを為し得ると解される判例が出されていたため[128]、立法によってその適法性が明らかにされたものである。また、株式会社は営業全部の譲渡によって解散するものとして、営業全部の譲渡が会社の解散事由に加えられ、その重要性から株主総会特別決議が要請された[129]。一方、他社の営業全部の譲受についても、株式ではなく金銭を与える点に合併との相違があるが、事実上、同様の効果を有するものとして、合併と同じく特別決議が求められた[130]。これら規定の新設は、日本においてカルテルやトラストを含めた企業集中現象が浸透し、会社に重大な影響を与える事項として、法典上の手当てが必要となった状況を示すものと言える。この他、合名会社に関しては、会社の清算人が営業の全部または一部を譲渡する場合、社員の過半数の決議を要する旨が定められた[131]。

一方、合併規定の改正においては、解散中の会社の合併の許容や合併効力発生時期の明確化[132]、合併無効の訴え等に関する規定が設けられた他、株式会社の合併に関し、合併契約書の作成を始めとする手続規定が整備された。

昭和13年改正法において初めて設けられた合併無効に関する規定は、合併の無効が訴えによってのみ主張されることを明示した上で、訴訟の提起者を清算人、破産管財人、合併を承認しない債権者の他、合名会社の場合には社員、株式会社の場合には株主、取締役、監査役に限定するものであった。また、訴訟の提起は合併の日より6ヶ月以内とし、無効原因の瑕疵が補完され、あるいは会社の事情を斟酌し、合併を無効とすることが不適当と認められる場合には、裁判所が当該請求を棄却し得るものとした[133]。合併無効判決が確定した場合、その効力は第三者に及ぶが、合併後の存続会社または新設会社と社員、第三者

---

128 前掲注(72)及びその本文参照。
129 三菱合資会社法制審議會議事調査委員會編『商法改正要綱　第二編　會社』314-317頁（1931年）（以下、商法改正要綱と表記する）、昭和13年改正法404条第1項3号。
130 商法改正要綱・前掲注(129)321-322頁。
131 昭和13年改正法127条。なお、合資会社に関しても147条により本規定が準用される。
132 昭和13年改正法98条第2項において、解散後の会社であっても存立中は、既存の存続会社との合併が認められた他、102条において会社合併の効力は、存続会社もしくは新設会社の本店所在地における登記を以って生ずる旨が明らかにされた。両規定は合名会社の合併に関する規定であるが、416条により株式会社の合併においても準用されている。
133 昭和13年改正法104条、105条第1項、107条、415条、416条。

第10節　1938年の商法改正による M&A 規定の拡充

間に生じた権利義務関係には影響を及ぼさず、合併後に存続会社または新設会社が負った債務は、合併を行った会社が連帯して弁済する他、合併後の取得財産についても合併当事会社の共有物とする等の定めが置かれた[134]。

債権者が合併に異議を述べた場合、従前の規定では、会社は弁済等を行わない限り合併できないものとされ、弁済等や、債権者に対する公告並びに催告を行わずして合併した場合には、当該債権者に対して対抗し得ない旨が規定されていたため、債権者に対する会社の対応如何によっては、合併の効力が相手によって異なるかのような曖昧さを生じていた。合併無効の訴えにかかる規定の新設は、会社の合併が基本的には資力を豊富にし、事業の確定を期する点において、国家経済上、歓迎すべき事柄との見解に立ち、積極的に合併の成立を図る趣旨に出たもので、債権債務者のみならず、広く一般社会に影響を及ぼす合併の性質に鑑み、法的安定性を高めるべく、合併無効の訴訟提起者や影響範囲等の限定を図るものであった[135]。

また、株式会社の合併に関しては、合名会社には求められなかった合併契約書の作成やその記載内容、合併における端株の処理方法、株主総会での合併報告や創立総会等に関する規定が新設された[136]。本改正により、合併に関し、存続会社ないし新設会社が発行すべき株式の種類や数、払込金額、株主に対する当該株式の割当や合併交付金の金額に関する事項等を記載した契約書の作成、株主総会招集通知並びに公告を通じた開示、株主総会特別決議による承認、手続き完了後の株主総会報告や創立総会の開催等、株式会社が行うべき具体的な手続きが法定され、現行法に連なる合併手続きの原型が整えられた。同時に、合併において存続会社ないし新設会社が発行した株式が、消滅会社の株主に割り当てられる旨が規定され、合併対価としての株式の位置付けが明確にされた。

この他、昭和13年改正法においては、株式会社の増資制限が緩和される一方、第三者への新株引受権付与にかかる規制が設けられた。増資制限の緩和は、東

---

[134] 昭和13年改正法109-111条、416条。

[135] 商法改正要綱・前掲注(129)112-116頁、119-124頁、553-556頁（1931年）、三枝・前掲注(55)298-299頁。なお、商法改正要綱においては従来の規定に代えて、会社債権者の四分の一を超える異議があった場合に合併不可能されていた。

[136] 株式会社の合併契約書の作成及び株主総会の承認等については昭和13年改正法408条、合併契約書記載内容については同409-410条、合併における端株の処理方法及び合併報告総会等については412-413条、合併無効の訴えについては415条。なお、合併による端株は、合併により株式併合があった場合の併合に適せざる株式と表現されている。

京商工會議所の「商法改正ニ關スル意見」において要望されていた内容の一つで[137]、本改正により未払込株式のある株式会社の増資を認めていなかった旧210条が削除された。一方、会社成立後2年以内の増資決議または資本金の倍増において、現物出資や財産の譲受を伴う場合には、検査役を選任し、その報告書を株主総会に提出することが求められた[138]。これは当該規制緩和により、小資本の株式会社を設立した上で、短期間のうちに増資あるいは大資本化し、設立に関する厳重な規定を逃れようとする企てを阻止するべく、弊害が起こりがちな現物出資等による増資に対して規制を加えたものである[139]。

また、昭和13年改正法348条第1項4号において、新株引受権を特定の第三者に付与するに当たっては、資本増加の決議として株主総会特別決議が要請され、決議の際、新株引受権の付与対象と権利内容の決定が求められた他、349条により、将来の資本増加において新株引受権の付与を約束する場合にも、株主総会特別決議を経ることとされた。この背景には元来、新株引受権にかかる株主平等が自明のこととされ、法文上、何らの規定も設けられてこなかったところ、実際には特定第三者への新株引受権付与が行われてきた実情がある。本改正により、第三者への新株引受権の付与が法認されるとともに、かかる場合に生ずる株主の権利の縮退等に鑑み、上記の規定が設けられた。また、当時、同種の事業を協調して経営する企業が、相互の関係を密にすべく株式持合を行うに当たっては、将来の増資に際して、新株を引き受ける旨の契約を行う場合が多かったところ、当該契約が現株主の新株引受権を制限するのみならず、営業譲渡と同様の意味を持ち、更には将来の合併の前提となり得る重大な意義を有する点に鑑み、これに関しても取締役の一存ではなく、株主総会の特別決議を以って決することとされた[140]。

更に改正法は従前より認めていた、定款による11株以上の株式を有する株主の議決権制限を、株主名簿に株式譲受が記載されて6ヶ月を経ていない株主に

---

[137] 東京商工會議所『商事關係法規改正希望事項集録（其三）附録　商法改正ニ關スル意見』10-11頁（東京商工會議所商事關係法規改正準備委員會、1930年）。なお、本意見においては合併関連規定についても、合併成立時期を合併登記日とすることや併合に適しない株式の処分方法、合併によって存続会社が自己株式を所有することとなった場合の規制緩和等につき、改正要望が出されている。同5-7頁。

[138] 昭和13年改正法353条。

[139] 商法改正要綱・前掲注(129)397頁以下。

[140] 商法改正要綱・前掲注(129)402-410頁、三枝・前掲注(55)308頁。

第10節　1938年の商法改正によるM&A規定の拡充

ついても許容することとした[141]。これは往々にして行われる会社の乗っ取り等に際し、急遽、株式を買収し、株主総会で急ごしらえの議決権を行使し、野望を達しようとする企てを防止するためと説明されており、株式取得による企業買収や常習的な株主総会荒しが行われていた当時の状況を示唆するものとして注目される[142]。

この他、昭和13年改正法では旧法163条の株主総会決議の無効宣告を求める制度が、株主総会決議取消の訴えと改められ、従来、総会招集手続きまたは決議方法の法令定款違反と規定されていた決議取消事由に、決議方法の著しい不公正が加えられた。また、これとは別に、決議内容の法令定款違反を理由とする株主総会決議無効確認訴訟制度が新たに設けられた[143]。

---

[141] 昭和13年改正法241条。
[142] 商法改正要綱・前掲注(129)306-307頁、三枝・前掲注(55)304頁。
[143] 昭和13年改正法247条、252条、田中・前掲注(71)186-187頁。

第2章　第二次世界大戦後のM&A法制の展開

第1節　商法における株式買取請求権の導入とその進展

　第二次世界大戦後に行われた1950年（昭和25年）の商法改正においては、授権資本及び無額面株式制度の導入や株主の地位の強化、取締役会制度の採用や株主総会の権限縮小等による会社の機関構成の変更等を中心に、全面的な改訂がなされた。その背景には、商法改正準備調査会の授権資本制度等の採用に関する検討を踏まえ[144]、法務庁が1948年11月に「商法の一部を改正する法律案要綱」を立案していたところ、同年8月、連合国最高司令官総司令部（General Headquarters Supreme Commander for the Allied Powers、以下、GHQという）に対して行われた「集中排除計画の諸問題に関する勧告（Recommendation with Reference to Certain Aspects of the Deconcentration Program）」に、商法再改正が記載されていたことを受け、当該勧告の実施を担当するGHQ経済科学局反トラスト・カルテル課が11月より法務庁との協議を開始し、会社構造の民主化と外国からの資本投入の容易化を目的に、株主の地位の強化を中心とする協議が進められた経緯がある[145]。

　株主の地位の強化が取り上げられた理由については、財閥解体や集中排除その他によって株式の大衆化が推進され、理事者に対し、分散した個々の株主の地位を強化する必要が生じたことや、従来、財閥は系列銀行からの借入により資金を調達してきたが、今後は公募増資が重要になることが予想され、株主の地位の強化等が外国からの投資を促進すると考えられたこと等が指摘されてい

---

[144] 昭和23年法律第148号による改正後の商法（以下、1948年改正法という）において、株式発行に関し、株金全額払込制度が採用された一方で（1948年改正法171条）、定款の絶対的記載事項であった資本総額の変更を伴う株式の発行には、依然として株主総会特別決議による定款変更が必要とされ（同166条第1項3号、342条、343条）、機動的な資金調達が困難となっていたことから、授権資本制度及び無額面株式制度の研究が行われていた。中東正文編著『商法改正〔昭和25年26年〕GHQ／SCAP文書（日本立法資料全集91）』解7-8頁（信山社出版、2003年）。

[145] 中東・前掲注(144)解7頁以下。

る。当時の商法は米国法に比べ、理事者と株主との力の均衡、特に理事者及びこれを支持する多数株主と少数株主との力の均衡を図る上において、少数株主保護を重視する程度が少なかったことから、株主総会における株主の発言権や個人株主による監督権、配当や株式投資の回収に関する財産上の権利等の各側面において、株主の地位の強化が図られた[146]。

　反対株主の株式買取請求権は、会社構造民主化に関する協議項目の一つであった「少数株主の権利及び救済」の一環として、株主代表訴訟や株主による取締役の違法行為差止請求権、合併無効等に関する出訴期間の撤廃、少数株主権行使要件の緩和等とともに検討されたことが明らかとなっているが、資本多数決の修正手段—多数株主と少数株主の（株主間の）利害調整方法—と捉えられる株式買取請求権が、取締役に対する株主の権利強化策とともに検討された理由は必ずしも明確ではない[147]。反トラスト・カルテル課との協議において取り上げられた内容で、同様の機能を有するものに、累積投票制度や株主の会社解散判決請求権があるが、前者は「議決権」に関する事項として、後者は株式買取請求権同様、「少数株主の権利及び救済」にかかる内容として検討されている[148]。

---

[146] 矢澤惇「株主の地位の強化」法曹會編『株式會社法改正の諸問題』99-100頁（法曹會、1949年）、中東・前掲注(144)解18頁。

[147] Lester N. Salwin, Memo for File, Subject : Revision of Commercial Code : Shareholders' Rights and Remedies, April 9,1949, GHQ/SCAP Records, ESS (E) 06769 (E5-E10)（中東・前掲注(144)所収、資51-52頁)、中東・前掲注(144)解67-74頁。なお、法制審議会の委員であった石井氏はアメリカ株式会社法の特色の一つとして、各株主が会社の定款を通して契約するという契約的理論による会社法観を挙げ、米国法における株主の個別的監督権や株式買取請求権はその思想の現れであり、理論的に当然のこととして先行するものと分析されている。石井照久「取締役制度改正の方向」法曹會編『株式會社法改正の諸問題』69-70頁（法曹會、1949年）。

[148] Salwin, supra note 147, 3. Proposed Revisions, d, Kurt Streiner, Revision of the Commercial Code, Appendix A, 1, A, Ad 1 Cumulative Voting, June 27, 1949, GHQ/SCAP Records, LS10304 (C3-C6)（いずれも中東・前掲注(144)所収、資53頁、資130頁）、中東・前掲注(144)解59-64頁。なお、累積投票制度は昭和25年法律第167号による改正後の商法（以下、1950年改正法という）256条ノ3及び256条ノ4により導入され、株主は2人以上の取締役を選任する株主総会の招集に当たり、書面を以って累積投票によることを請求し得るものとされた。累積投票制度は定款による排除が可能とされたが、発行済株式総数の四分の一以上に当たる株式を所有する株主の請求があった場合には、なお、累積投票によることとされた。また、会社解散判決請求権は1950年改正法406条ノ2により、発行済株式総数の十分の一以上の株式を有する少数株主に認められ、会社

第1節　商法における株式買取請求権の導入とその進展

　株式買取請求権に関しては、1949年8月13日に法制審議会に諮問された「商法の一部を改正する法律案要綱」の概説において、(営業譲渡等の承認にかかる株主総会特別) 決議の結果、株価が高騰した場合には何人も (株式の) 買取を請求しないであろうから、実際には無理な、あるいは不合理な決議の強行により株価が下落した場合に、もしこの決議が行われなかったら保有し得たであろう価格で持株の買取を請求する途を開き、反対株主を保護することが本旨との説明がなされている。また、法制審議会商法部会幹事であった矢澤氏は、株式の大衆化に伴い、大衆株主が投資株主の性格を有し、企業経営よりも自己の投資に対する利益配当や元本の回収を重視している現状を指摘した上で、株式買取請求権について、合併や営業譲渡等による株主の財産上の権利の減少を防止する意味において、また、多数株主がこれらの基礎的変更を為すことを慎重ならしめ、実質的に株主総会における少数株主の発言権を強化する効果を有するものとして、注目すべきとしている[149]。

　しかしながら、株式買取請求権に対しては、株式買取価格の評価が困難である点や、他の株主や債権者の利益を害するもので、濫用の恐れがある等として、経済界を中心に反対の声が強く、学界からも権利を認める理論的根拠や法的思想に欠ける等の批判がなされた[150]。

　最終的に株主の株式買取請求権は、1950年改正において、①営業の全部または重要な一部の譲渡、②営業全部の賃貸や経営の委任、他人と営業上の損益全部を共通にする契約その他これに準ずる契約の締結・変更・解約、③他社の営業全部の譲受、④合併、にかかる株主総会決議に先立ち、会社に反対の意思を書面で通知し、且つ反対票を投じた株主が、会社に決議日から20日以内に書面を以って所有株式の買取を請求した場合に付与される旨が規定され、当該株式は「決議ナカリセバ其ノ有スベカリシ公正ナル価格」を以って買い取られるこ

　　業務の執行上、著しい難局に逢着し、会社に回復し難い損害を生じ、またはその恐れがある場合や、会社財産の管理または処分が著しく失当で会社の存立を危殆ならしむときであって、解散以外に打開方法がない場合に、当該請求を行うことが可能とされた。
149　岡咲恕一「商法の一部を改正する法律案要綱概説」法曹會編『株式會社法改正の諸問題』8頁 (法曹會、1949年)、矢澤・前掲注(146)107-108頁。
150　経済団体連合会商法改正委員会昭和24年10月15日付「商法改正ニ関スル意見」、東京商工会議所商事法規委員会昭和25年2月28日付「商法に関する意見」(いずれも鈴木竹雄＝石井照久『商法とともに歩む』所収、622頁以下 (商事法務研究会、1977年))、松本烝治「会社法改正要綱批判」法律時報第22巻3号5頁 (1950年)。

ととなった[151]。

　株式買取請求権に対しては導入後も経済界から規定削除の要望が出され、学会からも理論的な存在意義や機能、弊害等に関する批判がなされる等、しばらくの間、否定的な反応が続いたが[152]、1966年（昭和41年）の商法改正時に、株主総会特別決議により定款を変更し、株式に譲渡制限を設けることが可能とされた際、当該決議に反対した株主に対しても株式買取請求権が認められることとなった[153]。株式買取請求権が付与される範囲は、1999年以降、相次いだ企業組織再編制度の充実や種類株式の内容の拡充等に伴い、株式交換や株式移転、会社分割決議に反対した株主や、一定の行為により損害を受ける恐れがある種類株主にまで拡張された[154]。

　加えて株式買取請求権規定は、2005年（平成17年）会社法に移行した際、買取価格や反対株主の範囲、手続き等につき、改正を受けた[155]。買取価格の文言は組織再編によって生ずるシナジーの公正な分配までを保障する趣旨から、従前の「決議ナカリセバ其ノ有ベカリシ公正ナル価格」から「公正な価格」へと変更された。また、株主総会決議に関して所定の手続きにより反対した株主のみならず、議決権を行使できない株主にも買取請求権が認められた。その一方で、買取請求権を行使した株主は、会社の承諾のない限り当該請求を撤回できないものとされ、承認決議の日から20日以内とされていた権利行使期間は、効力発生日の20日前から前日までに変更された。また、消滅株式会社等の所定の新株予約権の新株予約権者についても買取請求権が認められた[156]。

　株式買取請求権が商法に定着するに連れ、本制度に対しては、反対株主の投下資本の回収や会社からの退出機会の保障のみならず、多数株主あるいは経営者の決定を牽制し、組織再編条件の公正性を促進する機能に着目した評価がなされるようになった[157]。この点は2005年会社法の下で更に強められ、株式買

---

[151] 1950年改正法245条ノ2、245条ノ3、408条ノ2。

[152] この点については、神田秀樹「資本多数決と株主間の利害調整（一）」法学協会雑誌98巻6号52-55頁注4（1981年）に多数の文献と当時の経済界及び学会の見解が簡潔且つ網羅的に紹介されている。

[153] 昭和41年法律第83号による改正後の商法（以下、1966年改正法という）348条、349条。

[154] 会社法移行前の商法355条、371条、374条ノ3、374条ノ31、会社法（平成17年法律第86号、以下、2005年会社法という）116条第1項3号他。

[155] 2005年会社法469条、785条、797条、806条。

[156] 2005年会社法787条、808条。

[157] 神田秀樹「合併と株主間の利害調整の基準――アメリカ法」江頭憲治郎編『鴻常夫先生

取請求権はあるべき組織再編条件を想定し、それから逸脱して再編が行われた際に反対株主に救済を与える機能、すなわち、裁判所による企業再編条件の事後的審査の性格を併せ持つと説かれるまでになった[158]。

第2節　取締役会への権限委譲と新株発行等にかかる規定の展開

　この他、1950年の商法改正では取締役会が会社の機関として法定され、株主総会中心主義の修正と取締役会への大幅な権限委譲が行われた。従来、会社の全能且つ最高の意思決定機関と位置付けられてきた株主総会は、本法または定款に定められた事項に限り決議すべきものとされ、業務執行にかかる事項は取締役会の決議事項とされた[159]。また、取締役の解任に株主総会特別決議が必要とされる一方、取締役の職務遂行に不正行為や法令・定款違反等があるにもかかわらず、当該決議が否決された場合には、少数株主に取締役の解任請求権が認められることとなった[160]。同時に、それまで株主総会及び監査役の監督と、少数株主権や各種の会社法上の訴権の行使等による自治的解決に委ねられてきた株主保護は、株主の議決権や代表訴訟等[161]に代表される米国式の個別的救済方法に基づく自衛へと転換された[162]。

　また、授権資本制度の採用に伴い、新株発行権限が原則として取締役会に帰属する旨が規定され、発行可能株式総数が発行済株式総数の4倍以内と定められる一方、株式の著しく不公正な発行等により不利益を被る株主に対しては、

　　還暦記念　八十年代商事法の諸相』355頁（有斐閣、1985年）、木俣由美「株式買取請求権の現代的意義と少数株主保護（一）」法学論叢141巻4号31-32頁（1997年）。

[158]　藤田友敬「新会社法における株式買取請求権制度」黒沼悦郎、藤田友敬編『江頭憲治郎先生還暦記念　企業法の理論（上巻）』276頁、310頁（商事法務、2007年）。

[159]　1950年改正法230条ノ2、260条。

[160]　1950年改正法257条第2項、第3項。取締役の解任請求権については、6ヶ月前より発行済株式総数の百分の三以上を所有する株主が、30日以内に裁判所に請求を行うことが要件とされた。

[161]　1950年改正法267条。従来、取締役への訴訟提起には株主総会決議を要したが、1950年改正により、6ヶ月前より引き続き株式を有する株主は会社に対し、書面を以って取締役の責任を追及する訴訟の提起を請求することが可能とされた。

[162]　矢沢惇「会社法改正案の比較法的考察（一）」法律時報第22巻第3号67頁、69頁（1950年）。

株式発行差止請求権が認められた[163]。株主の新株引受権の有無や制限等は定款の絶対的記載事項とされ、授権株式総数増加時の増加株式についても、定款を以って株主に新株引受権を付与またはこれを制限、あるいは排除し、もしくは特定の第三者に付与する旨を定めることが必要とされた[164]。株主の新株引受権は後の1955年（昭和30年）の商法改正によって原則的に否定され、定款または取締役会の株式発行決議を以って例外的に株主に付与できるものに変更されていたところ、1990年（平成2年）改正により、株式に譲渡制限を付した会社の株主については、原則として当該権利を有する旨が定められた[165]。一方、1955年改正において、株主以外の第三者に新株引受権を与える場合には、理由を開示した上で、引受権の目的たる株式の種類や株式数、最低発行価額等につき、株主総会特別決議による承認を得るものと定められていたところ、1966年（昭和41年）改正により当該規定が、株主以外の者に特に有利な発行価額を以って新株を発行する場合に、株主総会特別決議を要するとの有利発行規制に改められた[166]。かくして、株式譲渡制限のない会社は定款に特段の定めがなく、有利発行に当たらない限り、取締役会の決定を以って最大で発行済株式総数の3倍に当たる新株を発行することが可能となった。かかる新株発行の適否は、発行の主たる目的によってこれを審査する判例理論――主要目的理論――の下に判断され、経営上の動機が会社支配権に影響を与える不当な目的に優越すると認められた場合には、株主の株式発行差止請求が棄却され、取締役会の措置が許容された[167]。

---

[163] 1950年改正法166条第1項3号、280条ノ2、280条ノ10、347条第1項。

[164] 1950年改正法166条第1項5号、347条第2項。従前の商法は株主の新株引受権を明定しておらず、新株引受権の付与につき、定款に定めのない場合は資本増加にかかる株主総会特別決議によることとしていたが（昭和13年改正法348条第4項）、実際上は増資決議において株主の新株引受権が慣行的に認められていた。法務庁調査意見第一局「株式会社法改正の根本方針について」（昭和23年10月7日）（鈴木＝石井・前掲注(150)所収、612頁）、矢沢惇「会社法改正案の比較法的考察（三）」法律時報第22巻第7号78-79頁（1950年）。

[165] 昭和30年法律第28号による改正後の商法（以下、1955年改正法という）280条ノ2第1項5号、平成2年法律第64号による改正後の商法280条ノ5ノ2第1項、江頭・前掲注(64)660頁。

[166] 1955年改正法及び1966年改正法280条ノ2第2項。

[167] 江頭・前掲注(64)691-693頁、布井千博監修、拙著『価値創造をささえる企業買収防衛ルールの考え方』103-104頁（中央経済社、2005年）。上記の規制整備の後、2004年末までに提起された上場会社に関する新株発行差止仮処分請求事件のうち、株主の請求

第2節　取締役会への権限委譲と新株発行等にかかる規定の展開

　新株引受権については、会社の取締役及び使用人に付与するストック・オプションや、投資家に発行される新株引受権と社債を分離譲渡できない新株予約権付社債としての活用が認められていたところ、付与対象の拡充を求める実業界の要望等を受け、2001年（平成13年）の商法改正において、付与対象を取締役や使用人等に限定せず、権利自体を付与し得る新株予約権制度が導入され、合わせて新株予約権に関する株主の差止請求権が規定された。新株予約権の発行は株式の場合と同様に、特に有利な条件等での発行がなされない限り、取締役会決議によって行うことが可能とされ、2005年（平成17年）改正時には新株予約権の無償割当制度が整備された。これにより、敵対的企業買収が顕在化していない平時の買収防衛措置として新株予約権を活用する上場企業が次第に増加し、2009年7月末時点でこれらの防衛策を導入した企業の数は567社に上った[168]。

　かかる状況を背景に、株式会社が財務や事業の方針の決定を支配する者の在り方につき、基本方針を定めている場合には、事業報告にその内容を記載すべき旨が会社法施行規則に規定された。開示される内容には、上記の基本方針や基本方針の実現に資する取組み、不適切な者によりかかる決定が支配されることを防止する取組み等があり、当該取組みが基本方針に沿うものであり、株主共同の利益を損なうものでなく、会社役員の地位の維持を目的としていないかに関する取締役（取締役会設置会社においては取締役会）の判断やその理由等についても記載が求められた[169]。更に、有価証券報告書においても同様の記載が義務付けられた他、2009年（平成21年）には第三者割当増資に関する特記事項として、有価証券届出書や有価証券報告書に、割当予定先や発行条件、大規模な場合にはその旨や理由、その必要性等を記載することが義務化された[170]。

　　が認容された事案は忠実屋・いなげや新株発行差止仮処分事件東京地裁決定平成元年7月25日（判例時報1317号28頁）、ネミック・ラムダ新株発行差止仮処分命令申立事件東京地裁決定平成10年6月11日（資料版商事法務173号193頁）の2件であった。
[168]　平成13年法律第79号による改正後の商法280条ノ19-280条ノ39、2005年会社法108条第1項、277-279条、藤本周＝茂木美樹＝谷野耕司＝佐々木真吾「敵対的買収防衛策の導入状況──2009年6月総会を踏まえて──」旬刊商事法務1877号12頁（2009年）。
[169]　2006年会社法施行規則（平成18年法務省令第12号）127条。なお、同条文は平成21年法務省令第7号により、改正の上、同規則118条第3項に移管されている。
[170]　平成20年内閣府令第47号による改正後の企業内容等の開示に関する内閣府令第三号様式記載上の注意（12）、第二号様式記載上の注意（32）、平成21年内閣府令第73号による改正後の企業内容等の開示に関する内閣府令第二号様式記載上の注意（23-2）以下。

第3節　証券取引法における公開買付届出制度の導入

　わが国の公開買付制度は、1971年（昭和46年）の証券取引法改正の際に初めて設けられた。これは、制度導入前の日本に公開買付けの実例はなかったものの、将来的な資本自由化の進展に伴う外資による公開買付けに備え[171]、投資者保護のみならず産業政策の観点から、実践に先んじて規制整備が図られたものである。証券取引法は制定以来、投資者保護の一環として、公衆に対して証券の募集・売出しを行う発行会社に、業績や財産の状況等を政府に事前に届け出る義務を課し、これらを公衆縦覧に供する情報開示制度を置いているが、公開買付制度は流通市場における投資者保護の見地から、その諾否判断に必要な情報を開示せしめるディスクロージャー制度として、証券取引法に導入された[172]。

　かくしてわが国の公開買付制度は、諸外国の法令や実務を参考に、株主の合理的判断を可能にする開示制度の確立や株主間の公平・平等な取扱い、取引の安全性の確保、証券市場の公正な価格形成機能の維持等を目的に、「有価証券の公開買付けに関する届出」として証券取引法に新設された[173]。公開買付けは、不特定且つ多数の者に対する株券等の有価証券市場外における買付けの申込みまたは売付けの申込みの勧誘と定義され、対象となる株券等は有価証券報告書提出会社が発行する株券や転換社債券、新株引受権証書等と定められた。

　　大規模な第三者割当増資とは、発行済議決権株式総数の25％以上、または当該割当により50％を超える議決権数を所有する支配株主が生ずる場合を言う。
[171]　大蔵省証券局企業財務第二課編『改正証券取引法解説』206-207頁（税務研究会出版局、1971年）。当時は外資に関する法律（昭和25年法律第163号）により、外国の投資家が日本企業の株式を一投資家当たり所有割合7％、全体で25％（一部の制限業種については15％）を超えて所有する場合には主務大臣の認可が必要とされていた。松川隆志「有価証券の公開買付けの届出制度」旬刊商事法務研究556号4頁（1971年）。なお、外資に関する法律は1980年に廃止され、外国為替及び外国貿易管理法に統合された。外資に関する法律については、総務省統計研修所編『第59回日本統計年鑑』第15章貿易・国際収支・国際協力（総務省統計局、2009年）の解説を参照した。なお、同年鑑は http://www.stat.go.jp/data/nenkan/index.htm から閲覧可能。
[172]　鈴木竹雄＝河本一郎『証券取引法〔新版〕』（法律学全集53-Ⅰ）11頁以下、172-173頁（有斐閣、1984年）。
[173]　森本滋「公開買付規制にかかる立法論的課題——強制公開買付制度を中心に——」旬刊商事法務1736号6頁（2005年）。

第 3 節　証券取引法における公開買付届出制度の導入

　日本の制度は公開買付けにより株券等の買付けをしようとする者に買付要領を始め、買付者の概要や株券等の所有状況、買付けにかかる株券等の発行会社（以下、対象会社という）の状況等を記載した公開買付届出書の提出を義務付け、10日の待機期間を経て届出の効力が発生し、公告がなされるまで、買付けを禁じる事前届出制度を採っていたが、これは導入時に外資対策等の観点から制度化が図られたことや日本に実例がなかったこと、機動的に実効性ある裁判所の差止命令の発動を求めることが困難な実情等から、大蔵大臣が事前に届出書の記載内容を審査することが、投資家保護上、必要と考えられたことによる[174]。

　届出を要しない取引は、公開買付の届出をしようとする者（以下、公開買付届出義務者等と表記する）とその特別関係者が買付け後に所有する株券等の割合が対象会社の発行済株式総数の10%未満である場合や、株式または転換社債の消却のために行う公開買付けと規定された。特別関係者は、公開買付届出義務者が法人その他の団体である場合にはその役員及び親族、個人である場合にはその親族及び雇用主並びに当該義務者が役員となっている法人等及びその役員とされた他、株式の所有その他により、公開買付届出義務者及び上記の関係者が実質的に支配し得る法人等や、義務者を支配し得る個人及び法人等、義務者の兄弟会社及びこれらの役員等についても該当者とされ、公開買付届出義務者と共同して対象会社の株主として議決権その他の権利を行使すると認められる者も特別関係者に含まれた[175]。

　公開買付けに関する開示制度として、公開買付届出書の公衆縦覧を始め、公開買付の届出をした者（以下、公開買付者という）による対象会社及び証券取引所への届出書の写しの送付や公告義務等が設けられ、対象会社への写しの送付は届出の効力発生前に行うものとされた。対象会社やその役員は、公開買付けに関する意見を表示することができるが、義務ではなく、表示する場合にはあらかじめ大蔵大臣にその内容を提出することが求められた[176]。

---

[174]　昭和46年法律第4号による改正後の証券取引法（以下、1971年証券取引法という）27条の2第1-2項、27条の3第2項、27条の4第1項、昭和46年政令第150号による改正後の証券取引法施行令（以下、1971年証券取引法施行令等と表記する）6条、8条、松川・前掲注(171) 5頁、鈴木＝河本・前掲注(172)173-174頁。

[175]　1971年証券取引法施行令8条第1項イ-ト。実質的な支配関係とは、発行済株式総数または出資金額の50%超を所有する関係、ないしは10%を超える株式等を所有し、且つ取締役または代表取締役等の過半数に影響を及ぼし得る関係を指す。有価証券の公開買付けの届出に関する省令（昭和46年大蔵省令第38号）4条。

[176]　1971年証券取引法27条の3第1-2項、27条の6、27条の7第1-2項。

買付行為に対する実体的規制として、公開買付期間は公告を行った日から20日以上30日以内と定められ、公開買付者及びその関係者は届出の効力発生日から公開買付期間が終了するまでの間、公開買付け以外の方法で対象株券を買い付けることが禁じられた。この別途買付けの禁止は株主に対する情報開示面での制度の簡明さと、株主を平等に取り扱う制度の趣旨に基づき、規定されたものである。買付けの条件は均一とされ、買付価格の引き下げは認められず、引き上げた場合にはその価格により全ての申込株券等の買付けを義務付ける最高価格ルールが採用された。買付けは応募株券等の全部の買付けを原則とするが、申込株券等が買付け予定数に達しない場合には全部の買付けを行わない、もしくは買付予定数を超える場合には超えた部分の全部または一部の買付けを行わないとの条件を付すこと等が認められ、後者の部分買付けを行う場合には、買付けの申込みに対する承諾または売付けの申込みをした者（以下、申込者という）の公平を図る観点から、按分比例による買付けが求められた。なお、申込者に関しては公告が行われた日から10日間、契約の解除または申込みの撤回が認められる一方、公開買付者については対象会社の事業内容に関する重要事項に関し、買付けの目的の達成に重大な支障となる変更のある場合を除き、契約解除等が認められないものとされた[177]。

第4節　1990年及び1994年の公開買付制度の改正

　1971年（昭和46年）の規制導入以降、公開買付制度の利用は3件に止まっていたが、1990年（平成2年）に株券等の大量保有状況に関する開示制度、いわゆる5％ルールが証券取引法に導入された際、国際的な法制調和を図るべく公開買付制度の全面的な見直しが行われた[178]。

　本改正により、一定の買付けのみを規制対象としていた公開買付制度は、原則として市場外での株券等の買付け等を公開買付けによらしめ、適用除外となる買付け等を限定列挙する強制公開買付制度に改められた。これは改正前の公

---

[177]　1971年証券取引法27条の4第2-3項、同施行令13条1-8号、松川・前掲注(171)7-8頁、鈴木＝河本・前掲注(172)182-185頁。

[178]　内藤純一「株式公開買付制度の改正」旬刊商事法務1208号3-4頁（1990年）、森本・前掲注(173)6頁。3件の活用例は1972年の米国ペンディックス社による自動車機器㈱の、1975年の沖縄電力による沖縄配電㈱及び中央配電㈱、1990年のオリックス㈱によるオリックス市岡㈱の公開買付けであった。

第4節　1990年及び1994年の公開買付制度の改正

開買付けの定義の解釈にかかる疑義や、少数の者から大量の株券を取得し、支配権を獲得する買付けが規制の対象外となる問題点を解消するとともに、不透明で一般株主に不公正と見られがちな市場外取引をあらかじめ開示し、広く一般に申込みを行わせることにより、全ての株主に平等に株券等の売付機会を保証することが必要と考えられたことによる。適用から除外される買付けには、証券業協会の規則に従い、店頭売買有価証券の売買を店頭売買によって行う取引や、著しく少数の者から行う株券等の買付け（以下、特定買付けという）であって買付け後の株券等所有割合が三分の一を超えないもの、買付者が特別関係者から行う株券等の買付け等その他政令で定める株券等の買付け等が新たに規定された。政令で定める株券等の買付け等には、発行済株式の50％超を自己の名義で所有する会社による被支配会社株式の特定買付けが含まれるが、これはすでに支配権を取得している会社が子会社株式を買い増す場合には、支配権への影響を考慮する必要がないと考えられたことによる。また、従来、適用除外の基準とされていた買付者の買付け後の株券等所有割合が、特別関係者と合わせて10％未満である場合から5％を超えない場合に引き下げられた。以上の改正により、株主総会特別決議を阻止し、一定の支配権を行使し得る三分の一超の株券等所有割合を会社支配権のメルクマールとし、新たにこれを取得する場合に原則として公開買付け義務を課す、三分の一ルールが確立された[179]。

[179] 平成2年法律第43号による改正後の証券取引法（以下、1990年証券取引法という）27条の2第1項、平成2年政令第317号による改正後の証券取引法施行令（以下、1990年証券取引法施行令等と表記する）7条第1－5項、内藤・前掲注(178) 5頁、橘光伸「公開買付制度に係る政省令の解説〔上〕」旬刊商事法務1238号61-63頁（1991年）、堀口亘「最新証券取引法」162頁以下。著しく少数の者から行う株券等の買付けは、有価証券市場外で60日間に10名以下の者から行う場合と規定された。また、特別関係者の規定が形式基準と実質基準に区分され、前者については公開買付者と株式の所有関係、親族関係その他政令で定める特別の関係にある者、後者については公開買付者と共同して対象会社の株券等を取得もしくは譲渡することや、株主としての議決権その他の権利行使、買付け後の対象会社株券等の譲渡や譲受に合意している者と定められた。形式基準のうち政令で定める特別の関係にある者は、買付者が個人の場合には親族、20％以上の株式や出資を所有する（以下、特別資本関係という）法人及びその役員、買付者が法人等の場合にはその役員、特別資本関係を有する法人及びその役員、買付者に対して特別資本関係を有する個人及び法人並びにその役員とされた他、個人とその被支配法人または法人等とその被支配法人等が、合わせて他の法人等の発行済株式総数等の20％以上を所有する場合には、その個人または法人は当該他の法人に対して特別資本関係を有するものと見なされ、また、50％超を所有する場合には、当該他の法人がその個人または法人の被支配法人として、上記が適用される旨等が規定された。1990年証券取引法27条の2第

事前届出制度を採用していた公開買付けは、公告後、公開買付届出書を提出することにより、直ちに株券等の買付けを行い得る制度に改正され、20日以上30日以内と定められていた買付期間は20日以上60日以内に延長された。また、公告後10日間しか認められていなかった申込者の撤回権が、全期間に亘って認められた[180]。

　一方、買付行為に対する制度の中立性を保つため、株主に明らかに不利となる場合を除いて、公開買付者による買付け条件の変更が原則自由とされた。かかる変更に対しては公告と訂正届出書の提出が要請され、株主の熟慮期間を確保するため、訂正届出書の提出後、10日間は公開買付けの終了ができない旨が規定された。また、従来、対象会社に重要な変更が生じた場合であって、条件があらかじめ付されている場合にのみ認められていた公開買付者の買付け撤回事由が拡張され、買付者自身の倒産等、重要な事情の変化による撤回が認められた[181]。

　この他、対象会社の意見表明についても事前届出制度が廃止され、対象会社またはその役員が意見の表明を行った場合には意見表明報告書を提出し、当該報告書を公衆縦覧に供する形に切り替えられた他、株主保護を徹底すべく、民事の損害賠償責任規定が設けられた[182]。

　その後、公開買付制度は自己株式の取得規制を緩和する商法改正に関連して、1994年（平成6年）に従来の規定を「発行者である会社以外の者による株券等の公開買付け」とし、新たに「発行者である会社による上場株券等の公開買付け」の節を設ける改正が行われた[183]。

　　　7項、同施行令9条第1-5項。

[180]　1990年証券取引法27条の2第2項、27条の3第1-3項、27条の12、同施行令8条第1項、27条の25第1項、同施行令14条の5、堀口・前掲注(179)159頁以下。なお、1990年証券取引法において、従前の申込者の語が応募株主に改められた。

[181]　1990年証券取引法27条の6、27条の8、27条の11第1項。変更が認められない条件変更として、買付価格や買付予定数の引下げ等が挙げられている。

[182]　1990年証券取引法27条の10、27条の16-21。従来は有価証券の募集・売出しに準じた罰則（1971年証券取引法198条、200条、205条）が科されるのみであったが、本改正により法令に反する公開買付けを行った場合、もしくは公開買付公告や届出書等に不実記載があった場合等の損害賠償責任や損害額の算定方法、消滅時効等が定められた。河本一郎＝大武泰南『金融商品取引法読本』124頁（有斐閣、2008年）。

[183]　平成6年法律第70号による改正後の証券取引法（以下、1994年証券取引法という）27条の22の2-27条の22の4。

第5節　株券等の大量保有状況の開示にかかる制度の導入

　前述のとおり、1990年（平成2年）の公開買付制度の改正は、証券取引法に株券等の大量保有状況に関する開示制度が新設されたことを機に行われた。大量保有報告制度は、流通市場における投資者保護の一環として、株式取得による株価の乱高下やこれに伴う投資者の不測の損害等を防止すべく、欧米諸国の規制を参考に導入されたものであるが、その背景には1980年代後半に盛んに行われた上場会社株式の買い集めがあった。本制度は、上場企業等が発行する対象有価証券の保有割合が発行済株式総数等の5％を超える大量保有者に、保有者となった日から5営業日以内に大量保有報告書を提出する義務を課すとともに、その後の変動についても同様の報告を求めることにより、投資者に大量の株券等の取得や保有、処分に関する情報を迅速に開示する体制を確保するものである[184]。

　対象となる有価証券は、証券取引所や店頭市場で取引される株券、新株引受権証書、転換社債券及び新株引受権付社債券等のうち、議決権を有するものないしは議決権株式に転換する権利を付与されているものとされ、大量保有者には自己または他人の名義により株券等を所有する者の他、当該株券等の議決権行使や投資に関する権限を有する者が含まれる等、実質的な株券等の所有者が規制の対象とされた。株券等の保有割合は、これら大量保有者が保有する株券等の数のみならず、共同保有者の保有分を加算して計算するものと定められ、潜在株式も株式に換算して保有株券等の総数に算入される。共同保有者は、大量保有者と共同して株券等の取得、譲渡、または議決権その他の権利行使に合意している保有者を言い、株式の所有を通じた支配関係や親族関係、その他特別の関係にある者は合意の有無にかかわらず、共同保有者と見なされる旨が規定された[185]。

---

[184] 1990年証券取引法27条の23第1項、27条の25、河本＝大武・前掲注(182)164頁、堀口・前掲注(179)207頁以下。

[185] 1990年証券取引法27条の23第1-5項、同施行令14条の4第1項、株券等の大量保有の状況の開示に関する省令（平成2年大蔵省令第36号、以下、1990年大量保有状況の開示に関する省令という）1条。見なし規定による共同保有者には配偶者、会社の発行済株式総数または出資総額の50％を超える株式等を所有する支配株主、被支配会社の兄弟会社等があり、夫婦もしくは支配株主及びその被支配会社が、合わせて他の会社の発行済株式総数の50％超の株式等を所有している場合には、その夫婦は支配株主と、当該他の

大量保有報告書に記載される事項には、株券等の保有割合や取得資金に関する事項、保有目的等があり、保有割合が１％以上増減した場合や報告書の記載事項に重要な変更があった場合には、変更報告書の提出が必要とされた。大量保有者は保有割合が５％以下となった変更報告書を提出するまで、継続して当該義務を負い、提出された大量報告書並びに変更報告書は受理された日から５年間、公衆の縦覧に供される[186]。

一方、機関投資家による株券等の取得については、企業の経営権の取得等を目的としない場合が多いと考えられたことから、別途、特例報告制度が設けられた。これにより、証券会社や銀行、信託会社等が保有する株券等であって、発行者の事業活動の支配を保有の目的としないものや、国や地方公共団体等が保有する株券等にかかる大量保有報告書は、株券等保有割合が初めて５％を超えた基準日の翌月15日までに提出するものとされた。変更報告書についても、基本的に当該保有者が届出をした三月毎の月の末日を基準日とし、保有割合が１％以上変動した場合には当該基準日の翌月15日までに提出することとされた[187]。

大量保有報告書の未提出者や虚偽記載のある報告書を提出した者に対しては、１年以下の懲役または100万円以下の罰金が科される他、公益または投資者保護のため、必要且つ適当と認められる場合には、大蔵大臣が大量保有報告書の提出者またはその共同保有者、対象株券等の発行者等に、参考となるべき報告や資料の提出を命じ得るものとされ、職員に報告書提出者等の帳簿書類等を検査させることも可能とされた[188]。

会社は被支配会社と見なされ、それぞれ上記規定の適用対象とされた。1990年証券取引法施行令14条の７。

[186] 1990年証券取引法27条の23第１項、27条の25第１項、27条の28第１項。なお、公衆への縦覧は大蔵省によるものの他、証券取引所及び証券業協会を通じても行われる。同27条の28第２項。

[187] 1990年証券取引法27条の26第1-3項。但し、特例報告制度を利用し得る証券会社等の株券等保有割合が10％を超える場合や、証券会社等に証券会社等でない共同保有者が存在し、その保有割合が１％を超える場合には、特例制度を利用できない。また、大量報告書及び変更報告書にかかる基準日の属する月の後の月末において、株券等保有割合が先に記載された割合より2.5％以上変動したような場合には、当該末日の属する月の翌月15日までに変更報告書を提出することが求められた。1990年大量保有状況の開示に関する省令12-13条、16-17条。

[188] 1990年証券取引法198条3-4号、27条の30第1-2項。

第6節　2003年以降の公開買付制度及び大量保有報告制度の進展

　1997年（平成9年）以降、商法において組織再編制度の整備が相次ぐ中、公開買付制度の画一性や硬直性に批判が高まったことを受け、事業再編の迅速化や手続き簡素化の観点から、強制公開買付規制の適用除外範囲の拡大が図られた[189]。2003年（平成15年）の証券取引法施行令の改正では、強制公開買付けの適用範囲から、担保権の実行や公開買付者の兄弟・祖父母会社からの特定買付け、グループ全体で三分の一超を保有する場合の特定買付け等が除外された他、翌年には社債等、エクイティ以外の証券の発行により継続開示義務を負う会社や、営業の全部または一部の譲受による株券等の買付けが規制対象から除外された[190]。

　この適用除外範囲の見直しは、2005年（平成17年）1月に開始された㈱フジテレビジョン（現在の㈱フジ・メディア・ホールディングス）による㈱ニッポン放送（以下、N社という）株式の公開買付期間中に、N社の5.4％を保有していた㈱ライブドアが子会社を通じ、東京証券取引所の立会外取引制度を利用してN社株式29.6％を買付けた事件を機に、規制緩和の方向から規制強化へと転じた。2005年には取引所有価証券市場内取引の立会外取引の一部に強制公開買付規制が適用された他、翌年には3ヶ月以内の市場内外の取引により、買付け後の株券等所有割合が三分の一を超える急速な買付けや、他者の公開買付期間中の競合的買付けについても強制公開買付規制の対象となり、買付け後の所有割合が三分の二以上となる場合には株券全部の買付け義務等が課されることとなった。適用範囲の拡大は、株主に平等に売却機会を与える公開買付規制の形骸化を防止し、脱法的な態様の取引に対処すべく、規制対象となる取引を明確化する趣旨に出たもので、全部買付け義務の一部導入は、上場廃止等に至るような公開買付けの局面において、手残り株を抱える零細な株主が著しく不安定な地位に置かれる事態に鑑み、行われたものである。更に2008年（平成20年）には公開買付けの対象となる株券等に、特定取引所金融商品市場にのみ上場し

189　森本・前掲注(173) 6頁。
190　平成15年政令第116号による改正後の証券取引法施行令7条第5項2-5号、平成16年法律第97号による改正後の証券取引法27条の2第1項、平成16年政令第354号による改正後の証券取引法同施行令7条第5項6号。

ている特定上場有価証券が加えられた[191]。

　また、2006年（平成18年）の改正では、投資者や株主に十分な情報、とりわけ株主に対し、応募の是非等を判断するための情報を提供する観点から、従来、任意とされていた公開買付けにかかる株券等の発行者（以下、対象者という）による意見表明が義務化された。対象者は公開買付公告が行われた日から10営業日以内に、当該買付けに対する意見の内容や根拠、マネジメント・バイアウト（以下、MBOと表記する）の場合であって、対象者として利益相反を回避する措置を講じている場合にはその具体的な内容、買収防衛策を導入・発動する予定の有無や内容等を記載した意見表明報告書を提出することが求められる一方、公開買付者に質問を行う権利等が認められた。対する買付者には、意見表明報告書の送付を受けた日から5営業日以内に、質問に対する回答や回答に至った経緯、回答不要とした場合にはその理由を記載した対質問回答報告書を提出する義務が課せられ、両報告書とも公衆の縦覧に供されることとなった[192]。この他、MBOに関し、買付け等の価格の算定に当たり参考とした第三者による評価書や、意見書その他これらに類するものがある場合には、その写しを公開買付届出書に添付する旨が規定された[193]。

　一方、大量保有報告制度に関しては、長らく、改正が行われなかったが、機関投資家に認められていた特例報告制度を利用して株式の取得を秘匿し、突如、経営に働きかけを行う事例等が現れたことから、2006年に特例報告制度の改正を中心に、大量保有報告制度の見直しが行われた[194]。

---

[191]　平成17年法律第76号による改正後の証券取引法27条の2第1項3号、平成18年法律第65号による改正後の証券取引法（以下、2006年証券取引法という）27条の2第1項4-5号、27条の13第4項、平成18年政令第377号による改正後の証券取引法施行令（以下、2006年証券取引法施行令等と表記する）7条第2-6項、14条の2の2、平成20年法律第65号による改正後の金融商品取引法（以下、2008年金融商品取引法という）27条の2第1項、谷口義幸「証券取引法の一部改正の概要──平成17年法律第76号の解説──」旬刊商事法務1739号59頁（2005年）、大来志郎「公開買付制度・大量保有報告制度」旬刊商事法務1774号38頁以下（2006年）。特定取引所金融商品市場とは金融商品取引所が開設する、いわゆるプロ向け市場を指し、会員等が特定投資家等以外の者の委託を受けて有価証券の買付けを行うことが禁止されている市場を言う。2008年金融商品取引法117条の2。

[192]　2006年証券取引法27条の10第1-2項、第11項、第13項、27条の14、同施行令13条の2、平成18年内閣府令第86号による改正後の発行者以外の者による株券等の公開買付けの開示に関する内閣府令（以下、2006年発行者以外の者による公開買付けの開示に関する内閣府令という）25条、第4号様式記載上の注意(3),(6)-(7)、第8号様式記載上の注意(3)。

[193]　2006年発行者以外の者による公開買付けの開示に関する内閣府令13条第1項8号。

第6節 2003年以降の公開買付制度及び大量保有報告制度の進展

　2006年改正により、特例報告制度の報告頻度と期限が、3ヶ月毎・15日以内から2週間毎・5営業日以内に変更された他、特例制度の適用条件とされていた保有目的にかかる文言が、当該株券等の発行者である会社の事業活動を支配することを目的としないものから、当該株券等の発行者の事業活動に重大な変更を加え、または重大な影響を及ぼす行為等（以下、重要提案行為という）を行うことを保有の目的としないものに改められ、発行者またはその子会社の株主総会や役員に対して行われる重要提案行為として、代表取締役及び重要な使用人等の選解任、重大な役員構成の変更、M&A、配当や資本金の増減に関する方針の変更等が規定された。また、従来、株券等を10％超を保有していた機関投資家が、株券等の売却により10％を下回った場合の変更報告書は、特例制度によることが認められていたが、短期に大量の株券等が譲渡された場合の株主や投資者への影響の大きさに鑑み、かかる取引にも5営業日以内の報告義務が課されることとなった[195]。

　これら公開買付制度や大量保有報告制度に関する罰則は、2006年の証券取引法の改正において罰則全般が強化されたことに伴い、引き上げられ、従来、5年以下の懲役もしくは500万円以下の罰金またはその併科とされていた公開買付開始公告や公開買付届出書等の虚偽記載者に対する罰則は、10年以下の懲役もしくは1000万円以下の罰金またはその併科に、公開買付届出書の未提出者や意見表明報告書等の虚偽記載者、大量保有報告書の未提出者や虚偽記載者等に対する罰則は、3年以下の懲役もしくは300万円以下の罰金またはその併科から5年以下の懲役もしくは500万円以下の罰金またはその併科に、それぞれ改正された。また、対質問回答報告書の未提出者についても意見表明報告書未提出者と同様に、1年以下の懲役もしくは100万円以下の罰金またはその併科に処す旨が規定された[196]。

　更に2008年改正の際、両制度に課徴金制度が設けられ、公開買付開始公告や届出書等の虚偽記載者に対しては買付総額の25％の課徴金が、大量報告書や変更報告書の未提出者等に対しては、提出期限翌日の発行者の時価総額の十万分の一に当たる課徴金が課されることとなった[197]。

194　河本＝大武・前掲注(182)165頁、大来・前掲注(191)42頁。
195　2006年証券取引法27条の26第1-3項、同施行令14条の8の2第1項、大来・前掲注(191)43頁。
196　2006年証券取引法197条第1項2-3号、197条の2　4-6号、200条10号他。
197　2008年金融商品取引法172条の5、172条の6、172条の7、172条の8。

第3章　日本のM&A法制及び支配権の移転にかかる株主保護措置の特徴と背景

第1節　M&A法制の構成

　日本のM&A法制は、証券取引所の自主規制等により補完される部分はあるものの、基本的に会社法と金融商品取引法によって担われている。会社法のM&Aに関する規定は先に見たとおり、1899年（明治32年）の現行商法制定時に、会社の解散事由として合併が法定されたことに端を発している。近年、創設された株式交換や株式移転、会社分割等の制度も、合併制度に倣い、類似の構成を採っており、これらにかかる株主保護についても、組織再編契約書の事前開示制度や株主総会特別決議による承認、組織再編行為あるいは株主総会等の決議に対する無効の訴え、反対株主の株式買取請求権等、合併同様の措置が講じられている。2005年会社法において事業に用語変更された営業の譲渡等に関しても、1938年（昭和13年）の商法改正時に合併類似の効果を果たすものと認められ、株主総会特別決議による承認が要請された他、1950年（昭和25年）の商法改正時に株式買取請求権が認められている。

　一方、金融商品取引法の公開買付制度は、有価証券市場外で不特定多数の者に対し、一定規模の有価証券報告書提出会社株券等の買付けを行う場合の事前届出制度として、1971年（昭和46年）に導入されたものであるが、そもそも金融商品取引法が会社法と別個に存在する理由は、米国に倣って証券取引法を制定した点にあるとされる。米国では州の会社法に対し、連邦が証券取引に着目して全米一律に適用される証券法を制定し、事実上、会社法を一部規制しているが、連邦と州の二元構造問題を有しない日本では、本来、証券取引法を作る必要はなかったと言う[198]。

　第二次世界大戦以前の日本において、証券取引を規制する法律には、取引所法や有価証券割賦販売業法、有価証券業取締法、有価証券引受業法等があったが、これらは取引所や証券業者等を監督し、流通市場での取引を規制するに過

---

[198] 岩原紳作＝ディビッド・A・スナイダー＝乗越秀夫＝石綿学＝川端久雄「敵対的TOB時代を迎えた日本の買収法制の現状と課題——金融商品取引法の要点〔座談会〕」マール2007年1月号19頁〔岩原発言〕。

ぎなかった[199]。有価証券は一部の者の投機対象となることが多かったとされるが、その理由としては一般大衆の証券知識の低さに加え、自己の自由な判断と責任において有価証券を選択・保有するために必要な、証券発行者の内容を公正に熟知する機会に恵まれなかったことや、有価証券取引所等の取引機構が投機を助長し、あるいは価格等につき、極端な統制を可能ならしめた結果、公正且つ円滑な有価証券取引が実現されなかった点等が挙げられている[200]。

戦後、GHQから証券取引所の再開許可が得られない中、大蔵省は米国の1933年証券法や1934年証券取引所法を範に、前述の証券関係法規を包摂する証券取引法を作成したが、1947年（昭和22年）3月に公布されたその法律は、証券取引委員会に関する規定を除いて施行されず、翌年、全面改正されて、改めて証券取引法として施行された[201]。かかる状況の下、国民経済の適切な運営と投資者保護を目的に制定された証券取引法には[202]、有価証券の募集や売出を行う会社に直近3事業年度の業績や財産の状況等を事前に政府に届け出る義務を課し、これら書類を公衆縦覧に供する等の、株式等の発行に関する届出制度と情報開示を通じた投資者保護措置が取り入れられた。投資者保護の内容は、事実の不知及び不公正取引によって被る損害からの保護とされ、後に証券会社等の不適切な投資勧誘によって被る損害からの保護がこれに加えられた[203]。

かくして、企業内容等の開示や証券取引に関係する事業者への規制等を通じ、投資者保護を図る証券取引法のスタンスが確立された訳であるが、その証券取引法に公開買付制度が設けられた理論的必然性は必ずしも明らかでなかったように思われる。これについては、規制導入以前の日本に公開買付けの実例がな

---

[199] 明治26年法律第5號、大正7年法律第29號、昭和13年法律第32號、昭和13年法律第54號、鈴木＝河本・前掲注(172)26-29頁。

[200] 第九十二回帝國議會貴族院議事速記録第12號（官報號外昭和22年3月7日95頁）。

[201] 昭和22年法律第22號、昭和23年法律第25號。

[202] なお、わが国の通説は、証券取引法の目的を投資者保護としてきたが、証券取引に関する産業経済的な取締りと個々の経済主体間の私的利益調整を目的とする見解や、証券市場の機能や効率性、公正性、資本市場の健全性の確保等を目的に掲げる説も唱えられていた。松尾直彦「金融商品取引法制の制定過程における主要論点と今後の課題〔Ⅲ・完〕」旬刊商事法務1825号29-30頁（2008年）。

[203] 証券取引審議会昭和51年5月11日報告「株主構成の変化と資本市場のあり方について」大蔵省証券局年報編集委員会編『第14回大蔵省証券局年報　昭和51年版』55-56頁（1976年、金融財政事情研究会）、金融審議会金融分科会第一部会報告「外国会社等の我が国における開示書類にかかる制度上の整備・改善について―外国会社等による「英文開示」」3頁（2004年）。

い中、将来の資本の自由化に伴う外資の公開買付けに備えて規制整備を行う必要性から、流通市場における投資者保護のための企業内容開示制度の一環として、証券取引法において規制措置を講ずるべきと結論付けられた点に負うところが大きいと考えられる[204]。

しかしながら証券取引法に導入された公開買付届出制度は、株主の適切な判断に必要な情報の開示や証券市場の公正な価格形成機能の維持のみならず、株主の熟慮期間の確保や応募株主間の公平性、取引の安全性の確保を当初から掲げ[205]、開示制度のみならず取引方法を規制するものであった。従って、前述のスタンスに立つ証券取引法にあって、株主保護や株主平等の待遇の保証を趣旨とする公開買付制度は、投資者保護の域を超えて会社関係者である個々の経済主体間の利害調整を図る点において、もとより異質性を内包していたと言える[206]。

この異質性は、1990年（平成2年）の改正時に、全ての株主に平等な株券等の売付け機会を保証するため、英国のTOB制度等を参考に、従来の制度が強制公開買付制度に改められたことにより鮮明となり、取引規制の強化に連れ、より大きくなった。他方で証券取引法ないし金融商品取引法本来の趣旨からは、会社支配権の取得に関して生ずる買付者と対象会社の株主、あるいはその取締役との私的利害の調整は、規制の範囲外にあることから[207]、公開買付けに関しては金融商品取引法、敵対的な公開買付けに対する対象会社の防衛措置や公開買付け後に行われる少数株主の締出し等の問題は会社法と、支配株式の取得

---

[204] 大蔵省証券局企業財務第二課編・前掲注(171)206-207頁、鈴木＝河本・前掲注(172)172頁。
[205] 松川・前掲注(171)4-5頁。
[206] なお、証券取引法に会社関係者である経済主体間の利害の調整と見るべき規制が含まれていることは1950年代からすでに指摘されていた。江頭憲治郎『会社法制の将来展望』5-6頁（早稲田大学21世紀COE《企業法制と法創造》総合研究所、2008年）。企業を対象とする特別法を、個々の関係主体間の経済的利益の調整を目的とするものと、経済全体の必要に基づいて企業関係の規制を目的とするものに区分する立場から、証券取引法を前者に分類したものとして、鈴木竹雄「證券取引法と株式會社法」田中耕太郎編『株式会社法講座』第1巻353-354頁（1955年）。
[207] 市場の機能を保護し、促進する証券取引法の趣旨から、支配権の取得等によって生じる利害対立の調整を、証券取引法の規制範囲外のものと主張したものとして、神田秀樹監修『注解証券取引法』264-265頁（有斐閣、1997年）。また、金融商品取引法の目的を、金融商品等の価格に投資情報を迅速に反映させることとして、それと無関係な会社の実体的・手続的規制を行い得ない旨を指摘したものとして、江頭・前掲注(206)6頁。

に纏わる株主保護の問題にそれぞれが別個に対応せざるを得ない状況となっている。

英国M&A法制も会社法と金融サービス市場法下のFSA規則によって担われている点において、わが国と類似の構成を採っているように見えるが、英国法は支配権の移転にかかる手続きのみならず、関係者の利害調整手段や株主保護措置についても会社法の下に規制しており、FSAのM&Aに関する規制は、会社の大規模なM&A取引を予め株主に開示し、事前承認を要請する規定や、議決権所有状況の開示に限られる。この点から、英国M&A法制の構成は、わが国のそれとは意を異にするものと考えられる。

第2節　株主を保護する時点及び手法

会社法のM&Aにかかる株主保護は、株主総会決議や組織再編行為の有効性を争う訴権、株式買取請求権等の事後的措置を中心としており、これに先立つ保護手段は、組織再編契約や対価の相当性に関する事項を記載した書面の事前開示、株主総会特別決議による組織再編契約の承認に限られる。これは、商法に組織再編や営業譲渡等の制度を創設するに当たり、当該行為の法定が優先され、以後もM&Aにおける株主個々の利益保護や公正性確保にかかる措置の必要性が必ずしも十分に認識されてこなかったことに起因するものと思われる。

1899年（明治32年）の合併制度の導入に際しては、一般商事会社に合併を認めることに重きが置かれ、銀行合併法に規定されていた株主の申立に基づく他方の会社への裁判所の検査や、裁判所の合併監視権限等は継受されず、合併契約書の作成や事前開示、反対株主への措置等に関する規定も設けられなかった。英国のM&Aが財産の取得ないしは処分から派生した取引上の行為であるのに対し、わが国の合併は他社との資本や資産の融合とも言うべきもので、制度化に当たっては既存の会社の増資や新会社設立と類似の構成が採られた。会社の定款変更や解散ないしは新設に準じて設けられた合併規定において、合名会社の場合には総社員の同意が要件とされたこともあるが、合併に対しては、元々、株主のために行われるものとの認識があり[208]、多数決による意思決定は理論上当然であって、会社の方針に不服な少数株主は株式譲渡により会社か

208　前掲注(54)及びその本文参照。

第2節　株主を保護する時点及び手法

ら離脱すればよいとされた[209]。故に合併制度の法認に当たっては、債権者保護が重視され、これについては当初より規制整備が図られた。かくして、合併における反対株主の保護は、株主権行使にかかる一般的な株主間の利害調整手段、すなわち、株主総会決議の有効性を争う訴権[210]に委ねられ、合併条件や手続きの公正性を確保し、株主保護を図る特段の措置は発展しなかった。

　1938年（昭和13年）改正において設けられた合併契約書等に関する手続き規定に関しても、すでに実務において行われていた慣行を明文化したに過ぎず、合併無効に関する訴訟制度も株主保護のためではなく、可能な限り合併の成立を図るべく、債権者による訴えを制限すべく導入されたものである。商法のM&A規定において、当該行為の成立が重視され、これに反対する株主の保護が顧みられなかったことは、第二次世界大戦後、米国の州会社法に倣って株式買取請求権が導入された際、必要な営業譲渡や合併が不可能になる恐れや会社荒し的株主に濫用される懸念から、反対意見が多く示された点からも窺える[211]。

　一方、金融商品取引法の公開買付規制は、有価証券報告書提出会社の支配権移転過程において株主保護を担うものと言えるが、1990年（平成2年）の強制公開買付規制導入の際、英国等の制度が参照されたものの、公開買付期間中、その取引を監督し、取引の性質や状況に即して適切な助言を与えるパネルのような専門の常設機関は設置されず、その実効性は行政機関によって執行される罰則の強化と多様化によって図られてきた。そのため、度重なる法改正によって公開買付規制が複雑化する中、当事者が取引の適法性を判断するに当たっては、より一層の慎重さが要求されているだけでなく、法の執行を担保する制度の不備が指摘されている[212]。金融庁は公開買付制度にかかる法令解釈の明確化を図るため、2009年（平成21年）以来、「株券等の公開買付けに関するQ&A」を公表し、対応の透明性や予測可能性の向上に努めているが、これらは法令の一般的解釈を示すに止まっており、個別事案に対する法令適用の有無に答え、適正な取引を積極的に促進する体制が構築されるまでには至っていない。

209　木俣・前掲注(157)31頁。
210　第1章第6節参照。
211　その一例として、松本・前掲注(150)5頁。
212　井上広＝石塚洋之＝眞武慶彦「強制公開買付けの概要および基本概念の整理」旬刊商事法務1840号84頁（2008年）、藤縄憲一「検証・日本の企業買収ルール──ライツプラン

第3部　第3章　日本の M&A 法制及び支配権の移転にかかる株主保護措置の特徴と背景

第3節　株式等の発行を通じた会社支配権の移転

　議決権株式及び新株予約権の発行・割当は、既存株主の会社支配権に影響を与える側面を有するが、公開会社の取締役会には株主の事前の承認を得ることなく、株式等の発行・割当を行うことが認められている。これは1950年（昭和25年）、1955年（昭和30年）及び1966年（昭和41年）の商法改正等を経て、株式に譲渡制限のない会社の株式等の発行・割当権限が、基本的に取締役会に帰属したこと等に起因している。加えて、1950年改正において授権資本の範囲が発行済株式総数の4倍に設定されたことから、公開会社の取締役会は有利発行等に該当しない限り、その決定に基づき、会社の支配関係に影響を与える規模の株式を発行し、特定の第三者に割り当てることが可能となっている。

　株式等の発行に関しては、株主が不利益を被る恐れに備え、株主に発行差止請求権が認められており、会社支配権に争いのある状況下で行われた新株等の発行差止にかかる従来の訴訟においては、発行の主たる目的に基づき、その適否を判断する主要目的理論の下、その公正性が審査されてきた。裁判例においては、株主構成の変更を主たる目的とする新株等の発行が不公正発行に当たる旨が判示される一方で、資金調達等の経営上の目的がかかる目的に優越すると認められた場合には発行が許容され、不公正発行として発行が差し止められたケースは少数に止まっていた。

　これに対しては2005年（平成17年）のニッポン放送事件[213]以降の司法判断において、かかる行為を敵対的買収への対抗措置と認めた上で、一定の状況や条件の下に、取締役会の決定に基づく防衛策の採用余地を認める旨の判示がなされる一方[214]、防衛措置に関する株主の意思を重視する姿勢もまた示されて

　　　型防衛策の導入は正しかったか──」旬刊商事法務1818号18頁（2007年）。
[213] 　ニッポン放送事件は2005年3月に、当時の㈱ライブドアが、㈱ニッポン放送の㈱フジテレビジョンに対する新株予約権の発行差止仮処分を求めて提起した事案で、一連の決定には、東京地裁決定平成17年3月11日（金融・商事判例1213号2頁）、東京地裁決定3月16日（同21頁）、東京高裁決定3月23日（金融・商事判例1214号6頁）等がある。
[214] 　拙著・前掲注(167)28-33頁、藤縄・前掲注(212)19-20頁。ニッポン放送事件において裁判所は、資本多数決によって株主に選任される取締役に、株主構成の変更を主要な目的とする新株等の発行を許容することは、機関権限の分配を定めた法意に反するとして、かかる新株等の発行は認められないとの原則を述べた上で、敵対的買収者が真摯に合理的な経営を目指すものではなく、その支配権取得が会社に回復し難い損害をもた

322

第3節　株式等の発行を通じた会社支配権の移転

おり、2007年（平成19年）のブルドックソース事件では、ブルドックソース㈱が株主総会に付議した差別的な取得・行使条件付新株予約権の無償割当の適法性が、最高裁判所により認められた[215]。

本決定において最高裁判所は、特定の株主による経営支配権の取得に伴い、企業価値が毀損され、会社の利益ひいては株主の共同の利益が害される場合には、これを防止するための取扱いが衡平の理念に反し、相当性を欠くものでない限り、株主平等原則の趣旨に反するものではなく、法令等に違反しないと述べるとともに、会社の対応措置が事前に決定され、明示されていなかったとしても、現経営陣やこれを支持する特定の株主の経営支配権の維持を目的とするものでない限り、著しく不公正な方法によるものとは言えないとした。また、株主共同の利益が害されるか否かについては、会社の利益の帰属主体である株主自身によって判断されるべきものとして、当該判断の正当性を失わせる重大な瑕疵が存在しない限り、その判断が尊重されるべきと判示した。

わが国の判例理論が、株主構成の変更を主たる目的とする新株等の発行を著しく不公正なものとしてきた所以は、株主の持株比率の維持が当然に要請されるものではなく、また、株式の発行等を決定した取締役に地位の保全目的等が

らすような特段の事情を会社が立証した場合には、かかる新株等の発行が正当なものとして許容され得るとの見解を示し、原則の例外となるケースとして、グリーンメイラーによる買収を含む4つの類型を例示した。

なお、このニッポン放送事件以来、取締役会決議に基づき導入された敵対的買収対抗措置としての新株予約権の不公正発行等にかかる東京地裁及び東京高裁の判断が、機関権限分配秩序論に依拠していると指摘するものとして、岩倉正和、佐々木秀「ブルドックソースによる敵対的買収に対する対抗措置〔中・その1〕」旬刊商事法務1819号24頁、31-32頁注49。但し、従来の機関権限分配秩序説は、会社支配権に関する会社内部の意思決定権は株主にあるとして、株主の意思決定とは無関係な支配権の移転を阻止する取締役の権限行使を否定するもので、企業経営上の合理性があったとしても、支配権の争いに影響を与える新株の発行を不公正なものとする点で、主要目的理論とは結論を異にする。森本滋「新株の発行と株主の地位」法学論叢104巻2号16-17頁（1978年）、川濱昇「株式会社の支配争奪と取締役の行動の規制（三・完）」民商法雑誌95巻4号9頁以下（1987年）他。

[215] ブルドックソース株主総会決議禁止等仮処分命令申立却下決定に対する抗告事件最高裁決定平成19年8月7日（旬刊商事法務1809号16頁）。本件はスティール・パートナーズ・ジャパン・ストラテジック・ファンド（オフショア）、エル・ピー（以下、SPJSFという）が子会社を通じて行った公開買付けへの対抗措置として、ブルドックソース㈱が株主総会に付議した差別的な取得・行使条件付新株予約権の無償割当等につき、SPJSFが差止仮処分命令を求めて申立を行ったものである。

なかったとしても、取締役等の選解任を通じて経営に参画する株主の権利の侵害を不利益と認め、発行の目的や状況等によっては、当該発行を制約する必要があると判断した点にあると思料される。しかしながら、公開会社であっても発行株式の払込金額が引受人に特に有利な金額で発行される場合には、株主総会決議を要する旨が規定されている点をも考え合わせると、株主の承認を経ること無く、支配権の移転を可能とする大規模な新株等の発行を公開会社の取締役会に許容している現行制度は、既存株式の経済的価値、すなわち、株主の財産的価値の保護にのみ力点を置いた不均衡なものと捉えられる。

第4部

英国M&A法制における株主保護のあり方と日本法への示唆

概　説

　序論で述べたように、わが国のM&A法制は公開買付けの強圧性低減を始め、会社支配権の移転プロセスにおける公正及び利害調整の促進、支配権移転の是非を決する株主の権限の明確化等、支配権移転時の株主保護に関し、解決すべき多くの課題を抱えている。これらの課題は直接には、日本のM&A法制が会社法制と証券市場法制に分かれて規定され、M&Aにかかる株主保護が事後的措置に多くを依存しており、公開会社の取締役会に株式等の発行・割当権限が広く認められていること等に起因するが、第三部を通じ、これらが少なからず、日本のM&A法制の史的経緯に根差すものであることが明らかとなった。

　すなわち、わが国のM&A法制は、民間における実践や要請に基づき、制度化が図られたものであったが、初期のM&A法制においては当該行為の法認や成立に重きが置かれ、個々の株主を保護する必要性は必ずしも十分に認識されていなかった。また、第二次世界大戦後、外国法に倣い、M&A法制に株主保護措置を取り入れていく過程では、M&Aに用いられる各手段を、会社支配権を移転せしめる行為として包括的に捉え、株主保護のあり方を見据えた上で、整合的な施策が講じられるに至らなかった。

　一方、第一部及び第二部で見たように、英国のM&A法制は19世紀半ばより、会社支配権の移転に伴う関係者間の利害調整手段を様々に発展させ、今日、M&Aの事前から事後に至るまでの重畳的な株主保護措置を備えている。以下では、英国のM&A法制及び会社支配権の移転にかかる株主保護措置からその特徴、目的、法的理念、効果等を分析し、包括的なM&A法制の構築と一貫性ある株主保護措置の整備に向け、わが国が英国法から学ぶべき点や各施策の適用可能性、その際の留意点等について検討を行う。

第1章　英国M&A法制における株主保護措置の意義

第1節　英国M&A法制における株主保護措置の特徴

今日の英国M&A法制における主な株主保護ないし利害調整手段を、M&Aの手法別にまとめると次のようになる。

M&Aの手法・関連行為		根拠条文	株主保護・利害調整手段	時点	主な保護対象
英国に登記上の本社を置く上場企業等のM&A全般		2006年会社法942-947・952-955条	➢ M&Aに関するパネルの規則制定権、監督・監視権限等	常時	対象会社株主・申込者・競合的申込者・規制市場
整理及び再建・合併及び会社分割	整理	2006年会社法	➢ 株主総会決議（75%超の株式価値要件あり）による整理の承認	支配権移転の決定過程	譲渡会社の株主
		同895-899条	➢ 整理に対する裁判所の許可		
	アマルガメーション・再建を含む整理	同900-901条	➢ 株主総会決議（75%超の株式価値要件あり）による、アマルガメーション・再建を含む整理の承認		
			➢ アマルガメーション・再建を含む整理に対する裁判所の許可及び多様な命令権限		譲渡会社の少数株主
	合併・会社分割を含む公募会社のアマルガメーション・再建に関する整理	同902-941条	➢ 株主総会決議（75%超の株式価値要件あり）による、合併・会社分割を含むアマルガメーション・再建に関する整理の承認		各当事（公募）会社の株主
			➢ スキーム原案や専門家の報告書等の作成・開示義務		
			➢ 合併・会社分割を含むアマルガメーション・再建に関する整理に対する裁判所の許可及び多様な命令権限		各当事（公募）会社の少数株主
取得・産処分の	上場企業の重要な資産等の取得または処分	上場規則第10章1・2・5・6	➢ 株主総会による会社の重要な資産（総資産等の25%以上相当）の取得または処分等の承認	事前	上場企業の株主・投資者・規制市場
株式取得申込（TOBを含む）		シティ・コード規則9	➢ 支配権取得を企図する申込者に、一定期間、全申込対象株式に最高価格で現金による申込を義務付ける強制公開買付制度	支配権移転過程	対象株主
		同規則21	➢ 株主による対象会社取締役会の買収防衛策の事前承認		
		同規則3	➢ 対象会社取締役会等による、適格且つ利害関係のない第三者による助言の取得と株主への提供		
		同規則8	➢ 申込者や対象会社等による申込期間中の関連証券取引の開示		
		同規則20	➢ 対象株主及び競合的申込者に平等に情報を提供する義務		対象株主・競合的申込者

第 4 部　第 1 章　英国 M&A 法制における株主保護措置の意義

M&A の手法・関連行為		根拠条文	株主保護・利害調整手段	時点	主な保護対象
完全子会社化	株式取得申込者の株式強制買取	2006年会社法979-982条	➢ 株式価値にして90％超（申込者の取得株式を除く）の対象株主の申込受諾を要件とする株式取得申込者の株式強制買取権 ➢ 株式強制買取に対する株主の異議申立権 ➢ 株式強制買取権に対する裁判所の認否及び条件変更権限	支配権移転過程	対象少数株主
	少数株主の株式買取請求	同983-985条	➢ 対象会社株主から申込者に対する株式買取請求権 ➢ 株式買取請求に関する株主及び申込者の条件変更申立権限 ➢ 裁判所の株式買取請求条件変更権限		
発行する私会社を除く）株式の割当・発行（1種類の株式のみ	取締役への株式割当権限の授権	2006年会社法549-551条	➢ 付属定款の規定[1]または株主総会決議による取締役への株式割当権限の授権	事前	株主
	株主の新株引受権	同567-573条	➢ 株主の新株引受権及び付属定款の規定または株主総会特別決議による新株引受権不適用の承認		
	ホワイトウォッシュ制度	シティ・コード規則9・附表1	➢ 過半の独立株主の承認による、株式発行等に伴う強制公開買付け義務の免除		
その他	授権された権限をその目的に即して行使する取締役の義務	2006年会社法171・178条	➢ 授権目的に即し、会社の利益のために誠実に権限を行使する取締役の義務	事前	株主
			➢ 取締役の権限外の行為に対する差止請求権		
			➢ 取締役の一般的義務違反に対するコモン・ロー及び衡平法の原則の適用	事後	
	付属定款変更にかかる株主総会決議	同21条	➢ 株主総会特別決議による付属定款の変更の承認	決議過程	株主
		判例法	➢ 付属定款変更に関する多数株主の誠実な議決権行使義務	決議後	
			➢ 少数株主の株主総会決議無効訴権		少数株主
	不当な利益侵害に対する株主保護	2006年会社法994-999条	➢ 株主の利益を不当に侵害する方法で会社が運営されている場合または会社の作為・不作為が利益を害する場合の株主の訴権	事後	
	M&A に関して譲渡会社取締役に支払われる退任補償等	同218-219条	➢ 株主総会決議による取締役への退任補償等の承認	事前	譲渡会社の株主
	公募会社による株式所有状況の調査及び株主からの調査要請	同793-819条	➢ 公募会社が自ら株式所有状況を調査し得る権利 ➢ 株主から会社に上記調査を要請する権利 ➢ 調査内容の開示義務	常時	公募会社の取締役及び株主
	規制市場で取引される株式等の議決権所有状況の開示	開示透明性規則第5章1-3	➢ 上場企業等の実質株主及び取締役に対する議決権所有状況の開示義務	常時	上場企業等の株主・規制市場

1　なお、付属定款の規定の変更には株主総会特別決議を要する。Companies Act 2006, §21(1).

第1節　英国M&A法制における株主保護措置の特徴

　英国のM&A法制における株主保護措置の特徴としては、①措置の大半が会社法に基づくこと、②株主が支配権の帰趨を決定する過程もしくは決定前に行われる措置を中心とすること、③会社や事業の支配権を譲渡する対象会社の株主もしくは少数株主を主な保護対象とすること、④いずれのM&Aの手法においても、対象会社株主が平等に意思決定を行う機会が確保されていること等が挙げられる。

　①については、英国会社法において株主の既存の権利の変容が会社の基礎的変更と位置付けられ、M&Aに付随する権利の変更もこれに準じて扱われてきたこと、また、多数株主の権利行使が尊重されてきた英国において、M&Aや完全な支配権の取得に際し、多数株主の支配権の濫用から少数株主を保護する必要から会社法にその利害調整手段が規定されて以来、その利害関係に影響を与える事柄に関しても、会社法において扱われるに至ったこと等がその理由と考えられる。

　前述のとおり、英国会社法において会社の規約は会社と株主の契約とされ、会社の根本を成す基礎と位置付けられてきた。会社所有権を表象する議決権株式はその契約から派生した動産であり、その取得や処分、権利の変容は契約の締結、終了、変更を意味していた。従って、他社株式との交換を含め、既存株式の権利を変更する行為に株主を法的に拘束する整理のスキームは会社の基礎を変更する事項として扱われ、その承認には株主総会普通決議を超える要件が課されてきた。

　また、英国判例法において、議決権はかかる動産の付帯物として、原則として株主が自己の利益のため、自由に行使することが認められていたため、少数株主の利害は多数株主の権利行使の如何に左右されてきた。英国法は伝統的に、会社の最高統治機関である株主総会における多数株主の判断を尊重し、会社内部の事項に干渉しない立場を採ってきたが、M&Aに際し、少数株主を多数株主の権利行使による不当な権利の変容や会社からの締出し等から保護する必要性において、1928年以来、その利害調整手段を会社法に明定する方向に転換した。かかる利害関係は当該権利の源泉たる会社所有権の所在や帰趨に影響を受けることから、会社支配の状況やその移転に纏わる株主保護についても必然的に会社法が担うこととなったものと思料される[2]。

2　また、元来、英国会社法が公示を通じた投資家及び債権者等の保護を目的としていたことも、株式所有状況の開示等が会社法に規定された理由の一つと考えられる。

②については、会社支配権の移転にかかる株主保護の系譜からも明らかなように、従来、M&Aに関する株主間ないし株主－取締役間の利害関係は、他の場合と同様に、公示や固定的規制に基づく一般的な株主保護策によって事後的調整が図られてきたところ、1928年会社法によるM&A規定の導入を機に、整理のスキームに関しては利害調整の時点がその決定プロセスへと前進した。株式取得を通じたM&Aに関しても、1960年代以降、シティの自主規制に基づくM&A監督体制の確立により、株主が申込の諾否を決定する過程で保護が図られるようになった。また、1970年代の証券取引所の自主規制において、会社法上、会社の付属定款に委ねられてきた機関権限の分配に対し、会社支配に関わる一定事項の決定権を株主に留保し、その事前承認に基づき取締役に当該権限を授権する株主保護手段が採用され、その後、会社法においても同様の措置が講じられた。その結果、支配権の帰趨を決する過程や事前の措置を中心とする株主保護体制が整備された。

　しかしながら、これは必ずしも当初から英国法がM&Aにおける株主保護を重視していたことを意味するものではない。第二次世界大戦後にM&A取引を律する規制体制が自主的に成立した背景には、制定法による株主保護では支配株主の不当な取扱いから少数株主を保護するには不十分との認識があった。この点において今日のM&Aにかかる株主保護の体系は、規制ありきの姿勢から構築されたものではなく、実践を通じて必要と認められた最小限度の手段の集積と捉えることができる。

　その証左としてこれらの保護措置は、③に挙げたように権利の変容を受ける対象会社の株主の保護を中心としている。支配権を取得する企業側の株主保護については、EC会社法指令の国内法化に伴い導入された公募会社の合併及び会社分割に関する規定と、コードの情報開示規定[3]に見られる程度で、その余については基本的に当該企業の規約に委ねられている。従って、私会社が支配権等を獲得する場合の当該企業の株主保護手段は、付属定款に反する取締役の行為や株主総会決議にかかる瑕疵、あるいは資本多数決の濫用等に対する訴権

3　一例として、現行コードの規則3.2は、申込会社が既存の議決権株式を倍以上増加させる逆さ買収を行う場合、あるいは申込会社と対象会社の間に重要な株式持合関係がある等、取締役が利害衝突に直面する場合には、申込を行う企業の取締役会に、申込にかかる適格且つ独立したアドバイザーからの助言を取得し、株主へ提供するよう求めている。The City Code on Takeovers and Mergers, 8th ed., in loose-leaf format, 20 May 2006. Rule 3.2.

や、これを回避するための付属定款変更等に限られる。
　一方、1980年代以降、会社法においても株主の決定権を強化する株主保護措置が採用された結果、対象会社株主の会社支配権の移転にかかる意思決定機会は、整理のスキームや株式取得申込のみならず、株式等の発行・割当を通じた支配権の移転に際しても保障されるところとなり、④が確立された。加えて上場企業の場合には、上場規則において会社の総資産等の25％以上に当たる重要な資産等の取得や処分に対して、株主の事前承認が要請されてきたことから、どのような方法により会社の所有権や重要資産等が移転されようとも、株主にその是非を決定する機会が保障されている。

第2節　支配権の移転にかかる株主保護措置の目的と効果

　以上の株主保護措置の目的としては、対象会社株主が自らの意思に基づき、会社支配権の帰趨を決する権利の保護や、支配権の移転における株主の会社退出機会並びに株主平等の取扱いの確保を指摘することができる。
　特徴④からも明らかなように、英国M&A法制における株主保護の第一義的な目的は、会社支配権の移転やこれに纏わる既存の権利の変容に際し、対象株主が状況等に左右されることなく、熟慮の上、決定を為し得る機会の確保にある。しかしながら、株主が決定を行う際、適切な会社退出機会が提供されていなければ、投資の継続にかかる意思決定に歪みが生ずる。また、一部の株主に対してのみ退出機会や有利な条件が提供される場合には、対象株主間に不公平が生ずるばかりでなく、かかる機会等を提示した買収者の将来の不当な権利行使が疑われ、会社に残存した場合の不利益が懸念される。従って、会社支配権の移転にかかる株主の自由な決定を保護するに当たっては、平等な会社退出機会の確保が不可欠であり、これらは表裏一体のものと捉えることができる。
　今日、コードに掲げられた6大原則のうち、市場の機能を歪めるような虚偽市場の形成の禁止や対象会社の事業活動の確保を除く4つの原則が、株式取得申込者及び対象会社取締役会に対する対象株主平等の取扱いや、判断に必要な時間や情報、対価や機会の確保に関する要請等である点からも、英国法が保護の主眼を支配権の移転にかかる対象株主の決定権に置き、これを可能にする環境の整備に努めていることは明らかである。買収や現金投下の対価として株式の発行・引受けがなされる場合に生ずる強制公開買付け義務を、過半の独立株主の承認等を以って免除するホワイトウォッシュ制度や、株主の事前承認を得

第4部　第1章　英国M&A法制における株主保護措置の意義

ない対象会社取締役会による買収防衛策の禁止等も、支配権の帰趨にかかる株主の意志決定機会を保護する姿勢を裏付けている。また、株式取得申込に関しては、申込の確定が宣言された後も一定期間、対象株主が申込に応募し得る期間が設けられている他、会社法上、残余の株主から申込者に株式の買取を請求し得る権利が規定されており、株主が熟慮の上で申込の諾否を決することを可能にしている。

かかる意思決定機会への希求は、英国会社法に受け継がれてきた会社法観、すなわち、会社と株主及び株主間の関係を契約と見なす契約理論的性質に由来するものと思料され、契約自由の原則の下、M&Aに伴う会社との契約内容の変更やその是非を株主自らの意思で決定する機会、あるいは少数株主が支配株主の変更に伴う利益や不利益を勘案し、自己の契約の継続・終結を決定し得る機会が、保護法益と位置付けられたことは、むしろ必然的帰結であったと考えられる。このようにM&Aに際して会社からの平等な退出機会の提供に重きを置く英国法の株主保護の姿勢は、少数株主の締出しの是非に論点が集中し、退出機会の必要性が論じられることの少ないわが国とは対照的である。

これら株主の意思決定機会は、株主総会を通じて行われる場合は無論のこと、株式取得申込による場合にも、コードの株主平等の取扱い原則の下、全ての対象株式所有者に申込がなされることから、全対象株主に等しく保障される。また、多数株主の支持を得た整理のスキームは、裁判所の承認を以って全対象株主への法的拘束力が認められ、株式取得申込に関しても、コードの規則により過去1年間に対象株式に支払われた最高価格による申込が要請されていることから、支配権移転の対価に関しても株主間の平等性が保障されている。更に、株式取得申込後に申込者が残余の株主から株式を取得すべく、強制買取権を行使する場合には、原則として申込と同じ条件で株式が取得されることから、支配権移転における株主平等の取扱いの効果は、全ての対象株式所有者に対する平等な支配権プレミアムの分配にまで及ぶ。

また、支配権の移転にかかる株主の意思決定においては、機会や条件の平等性だけでなく、株主自らの意思に基づく決定を可能にする環境の整備、すなわち強圧性の排除や、手続き並びに条件の公正性が重要であるが、英国M&A法制はその過程に裁判所やパネルを関与せしめてこれに対処している。

整理のスキームの場合には、裁判所の承認が当該整理に法的拘束力を認める要件とされており、裁判所はスキームの承認に先立ち、審問を行い、書面の不備や不実記載、法定要件を満たす承認の有無等の手続き面のみならず、スキー

ムの合理性や各利害関係者に対する公正性を審査する。多数株主にスキームを支持する誘引があり、他の株主にその旨が開示されなかった場合、その承認は無効とされ[4]、手続きや内容に瑕疵あるスキームに対しては、是正や差止が命じられる。従って、かかる裁判所の関与は整理のスキームの成立を目指す提案者に公正な手続を行わせ、合理的な条件を提示させる原動力となる。

一方、株式取得申込の場合には、コードによって全ての対象株式所有者に対する申込が要請されている他、数度に亘り株主の退出機会を設けることにより、強圧性の低減が図られている。加えて、コードの規則に反する不適切な行為に対しては、パネルの是正ないし行為差止指示等を通じ、全対象株主の平等な取扱いを実現させる措置が強力に推進されており、株主により株式取得価格が異なっていた事案では、申込者に対し、最高価格で株式が取得されなかった株主への差額の支払いが遡及的に求められている[5]。

このように英国M&A法制は、支配権の移転における対象株主保護の課題、すなわち、支配権の移転にかかる株主の意思決定機会の確保や、機会や対価にかかる株主平等の取扱い、手続きや対価の公正性等に対処しているが、これらは株主が状況に左右されることなく、M&Aの是非を判断し得る環境の整備を図るものである。株主の意思決定プロセスにおける裁判所やパネルの関与も、株主自らの意思に基づく決定権を保護するためのものであって、その商業的なメリット等に関する判断はあくまで株主に委ねられている。従って、裁判所やパネルによる監督は、支配権の取得を企図する者等に不適切な行為があった場合に、その是正や差止を命ずるものであって、M&Aの条件等に自ら干渉するものではない。

第3節　英国M&A法制の理念

英国M&A法制は以上のように重畳的な株主保護手段を講ずる一方、多様

---

[4] Geoffrey K. Morse, et al., Palmer's Company Law, 25th ed., 1992, para. 12.068.
[5] Guiness社が1986年に行ったDistillers社へのTOBに関し、1989年7月に下されたパネルの裁定では、同社のTOBに株主平等の取扱いに違反する行為があったとして、その共同行為者がDistillers株式の取得時に支払った最高価格とTOB価格との差額を、最高価格で株式が取得されなかった前Distillers株主に支払うよう求めている。Panel on Take-overs and Mergers, Panel Statement, 1989/13, 14/07/1989, The Distillers Company Plc, Sanction imposed on Guinness that it must compensate certain Distillers shareholders.

第4部　第1章　英国M&A法制における株主保護措置の意義

な形態のM&Aを可能にし、少数株主から強制的に株式を取得して支配権を完全なものと為し得る措置を備えている。これは英国法が、完全に支配権が移転されるまでの一連のプロセスをM&Aと捉えた上で、かかる支配の下に行われる経営資源の効率的活用の有用性と、整理のスキームや株式取得申込に反対する株主の不利益とを考量し、対象の株主の特別多数による賛同と裁判所の審査や承認等を条件に、株主間の利害調整を図ったことを示している。

　整理のスキームについては、通常の株主総会決議とは異なり、株式価値において75％以上の賛成が要件とされている他[6]、アマルガメーションに関する整理に関しては、裁判所に反対株主に対する措置や、アマルガメーションの完全な実施に必要な様々な命令を行う裁量権が認められている。前述のとおり、瑕疵ある整理のスキームに対しては裁判所から差止が命じられる一方、承認されたスキームには全対象株主に対する法的拘束力が付与されるため、反対株主もこれに拘束される。

　株式強制買取権の行使を通じた少数株主からの株式取得に関しては、会社法上、全ての対象株式所有者に対する株式取得申込が前置されており、コードの要請に基づき、十分な情報と時間が提供された申込において、90％超の株主が当該申込を受諾することが要件とされているだけでなく、申込者がすでに取得していた株式はその計算から除外される。裁判所は、かかる状況の下に申込者と無関係な圧倒的多数の株主が申込に応じた事実を、申込内容の適切性や対価の公正性の証左とし、これを充足した場合には原則として申込者が残存する株主から株式を買い取ることを認め、異議申立を行った株主に申込の不公正さを立証する責任を課している[7]。

　これらは、英国法が完全な支配権の移転に関する多数株主と少数株主の利害調整において、株主総会の特別決議を上回る対象株主の承諾を要件とした上で、会社支配権の移転にかかる多数株主の決定を尊重し、資本多数決原理の貫徹を図ったものと捉えることができる。

　また、英国M&A法制は、M&Aの是非にかかる対象株主の意思決定の場を確保するのみならず、支配権の獲得を目指す申込者や競合的申込者、対象会社取締役等がそれぞれ同等の立場で、その帰趨を株主に問い得る環境の醸成を通じ、株主の意思決定機会をより豊かに、有益ならしめる機能を併せ持つ。コー

---

[6] Company Act 2006, §284, §899 (1).
[7] 前掲第2部注(206)及びその本文参照。

第4節　支配株主による不適切な富の移転に対する株主保護措置の効果

ドの、歓迎されざる申込者に対しても平等に情報を開示するよう要請する規定や、申込の対象となる可能性を示唆された会社が、当該可能性を公表した企業に一定期間内に明確な意思表示を行うよう、パネルに期限の設定を要求し得る制度からも、真摯で有益な支配権取引を支持する英国M&A法制の姿勢が窺われる。

先に述べたように英国のM&A法制は、支配権の移転にかかる株主の決定権や全ての対象株式所有者に対する平等の取扱いを第一義の目的としており、会社や他の株主からの不適切な富の移転の防止や、企業価値の向上を重視して設計されたものではない[8]。しかしながら、その根底には私的利益の追求が国家資源の最善の活用につながるとの哲学があり、対象株主に不公正な取扱いのない限り、経済的発展に資する支配権取引が許容されるべきとの理念がある。英国M&A法制はかかる理念の下、公平な競争条件の下に支配権取引が行われる環境と支配権を完全なものと為し得る法的基盤の整備を通じ、支配権の移転を促進するとともに、対象株主に不当なM&Aが強要されない監督体制の構築と、株主が公正な条件の下、平等に退出し得る機会の確保により、支配株主による少数株主からの不当な富の収奪を未然に防ぐよう努めているものと思料される。また、残存する少数株主に対しては、株主の利益を不当に侵害する会社の運営や行為に対する訴権を認め、裁判所の命令の下、以後の会社運営に対する規制や、申立行為あるいは定款変更の差止、当該少数株主からの株式の取得等の救済を通じ、保護を図っている[9]。

これらの点から、英国M&A法制は支配株主による会社からの富の移転を防止すべく設計されてはいないものの、M&Aを促進する秩序ある枠組みの提供と、支配株主による他の株主からの不当な富の収奪を防ぐ措置を通じ、企業価値ひいては社会的な富の創出に寄与せんとするものと捉えることができる。

第4節　支配株主による不適切な富の移転に対する株主保護措置の効果

支配株主による会社や少数株主からの不適切な富の移転の防止は、M&A法制の重要なテーマの一つであるが、支配株主が会社から得る私的利益は、裁判

---

[8] 北村雅史「イギリスの企業結合形成過程に関する規制」旬刊商事法務1832号17頁（2008年）。
[9] Companies Act 2006, §994-999.

等においてその価値を立証し得ない場合にのみ、支配株主が独占し得るという性質上、その存在や大きさ、更にはかかる富の移転に対する法的規制の実効性の実証には非常な困難を伴う。これに対し、近時の実証研究は、支配株式の取引に支払われた一株当たりの価格と支配権移転後の株価との差額を支配株主の私的利得と仮定し、その価値の推定を試みている。これは、前者がその分割所有権から得られるキャッシュ・フローと会社の支配的地位に起因する私的利益を、後者が支配株主以外の株主が新たな経営陣の下で期待し得るキャッシュ・フローのみを反映するとの解釈に基づくもので[10]、支配権移転後の株価の下落は、支配株主への利益移転に対する市場の懸念を示すとされる。

1990年から2000年までの間に39ヶ国で行われた393件の上場企業等の支配ブロック株式のプレミアム[11]を分析したDyckとZingalesによれば、英国で行われた41取引の支配ブロックプレミアムの平均値は1%、中央値では0%で、39ヶ国の平均値14%、中央値11%と比べ、非常に低い水準にあった。これは、市場が新たな支配株主と少数株主の利益にほとんど差がないと考えており、富の収奪を懸念していない状況を示唆しているが、その一因としては、コードの強制公開買付制度により、当該取引後1年以内に会社支配権の移転が行われる場合には、全対象株式所有者に同等の対価による申込が行われるとの予測が反映されていることが考えられる。

同研究が検証した支配株主の私的利益は証券市場の評価に基づいて測定されたものであり、実際の私的利益とは異なる他、移転の事実やその適否とは直接関係しないが、英国の支配権取引において支配株主への富の移転懸念が小さいことを示す一つの傍証と捉えることができる。強制公開買付制度が企業価値を高めるM&Aを阻害するとの見解は、買収コストの点に加え、支配権から私的利益を享受している支配株主の存在を前提に、かかる株主が強制買付制度の下に行われる、従来の私的利益を下回る企業価値の比例配分に応じないとの仮説に基づいているが[12]、私的利益を得ている支配株主が存在しない、あるい

---

10 Alexander Dyck and Luigi Zingales, Private benefits of control : An international comparison, Journal of Finance, Vol. 59, No.2 (2004) 537, 537-538.
11 同研究は公的に取引されている企業の株式の市場外における私的取引のうち、発行済株式の10%以上に相当し、当該取引により所有株式比率が20%未満から20%超に移行する取引を分析の対象としている。支配ブロックプレミアムは支配ブロック株式の取引で支払われた一株当たりの価格と支配権移転発表の2日後の証券取引所での価格との差を後者で除し、当該支配ブロックのキャッシュ・フローに対する権利の割合を乗じて算出されている。id., 545-546, 551.

第4節　支配株主による不適切な富の移転に対する株主保護措置の効果

はその利益が小さい場合には、強制公開買付制度が価値創造的な買収を阻害する恐れは低くなると考えられる[13]。

　また、同研究は支配権にかかる私的利益を抑制する要素についても検証しており、少数株主の権利が保護されている国ほど私的利益が少なくなる旨を指摘している他、法改正が私的利益に影響を与えた事例として、1998年に行われたイタリアの企業統治システムの改革と私的利益の変化について言及している[14]。検証された少数株主の権利の内容は、1998年の Porta 等による実証研究において開発されたアンチディレクター・ライト・インデックス（the antidirector right index）[15] に基づくもので、M&A にかかる株主保護措置にのみ着目したものではないが、取締役会決議に対する異議申立権や株式買取請求権、新株引受権の有無が含まれており、支配株主の私的利益の大小と株主保護法制の相関関係を示すものとして注目される。

　また、1997年から2004年までに欧州24ヶ国で行われた534の買収発表によるリターンと、各国の投資家保護の水準との関係を検証した Anderson 等の研究からは、保護を強化している国の対象企業の方が買収発表によるリターンが大きいことが示されており、かかる国の企業に対し、買い手がより大きなプレミアムを提供している状況が指摘されている。アイルランドを含む英国は、スカンジナビア諸国と同じく投資家保護の水準が高いグループに位置付けられてお

---

[12] Guido Ferrarini, Klaus J. Hopt, Jaap Winter and Eddy Wymeersch, Reforming Company and Taleover Law in Europe, 2004, 620-621、TOB 研究会『株式公開買い付け（TOB）に関する調査研究』21頁（商事法務研究会、2002年）。

[13] 但し、英国の上場企業は欧州諸国の中でもとりわけ株式分散の度合いが高く、支配株主が少ないという特徴があり、議決権の25％以上または過半数を所有する者の割合は英国上場企業の場合、それぞれ15.9％、2.4％であるのに対し、他の欧州7ヶ国では64.2-93.6％、26.3-68.0％である。Fabrizio Barca and Marco Becht, The Control of Corporate Europe, 2002, p319, Table AⅢ. 2., Julian Franks and Colin Mayer, Ownership and Control in Horst Siebert, Trends in Business Organization: Do Participation and Cooperation increase Competitiveness? 1995, p174. 従って、これらの事情が支配株主の私的利益に及ぼす影響や相関関係についても検討する必要があると思われる。

[14] Alexander Dyck and Luigi Zingales, supra note 10, 570, 582. 本改正によりイタリアの支配株主の私的利益は、47％から6％に激減したと言う。

[15] アンチダイレクター・ライト・インデックスには、郵送による委任状投票の許容や累積投票制度、取締役会決議に対する異議申立権や株式買取請求権の有無、株主総会招集に必要な少数株主の株式所有比率や新株引受権の有無等が含まれる。Rafarl La Porta, Florencio Lopez-de-Silanes, Andrei Shleifer, and Robert W. Vishny, Law and Finance, Journal of Political Economy, Vol. 106, No. 6 (1998) 1113.

り、そのリターンは、発表日前後1両日・発表後とも高い水準にあった[16]。投資家保護のレベルはPorta等の先行研究において開発された株主と債権者の権利にかかる変数によって測られていることから、この分析結果は法的な株主保護の強化が価値創造的なM&Aを促進する可能性を示唆するものと解される。

第5節　英国のM&A取引から見たM&A法制に対する評価

　これら英国のM&A法制は実際のM&A取引にどのような影響を与えているか？。Thomson RoutersがＭ買収対象企業の所在地に基づき、算出した国別のM&A市場規模によれば、英国は米国に次ぐ世界第二位の位置にある。その市場規模は2008年で2731億米ドル（発表ベース、28兆円余）と全世界のM&A取引の9.3％を占めており、これはわが国（847億米ドル、9兆円弱）の3倍強に相当する[17]。また、英国国家統計局が発表した2008年の英国企業による英国国内のM&A取引金額は365億ポンドで、外国企業による取引金額525億ポンドと合わせると、英国におけるM&A取引規模は890億ポンド（17兆円超）に上る[18]。単純な比較はできないが、国の

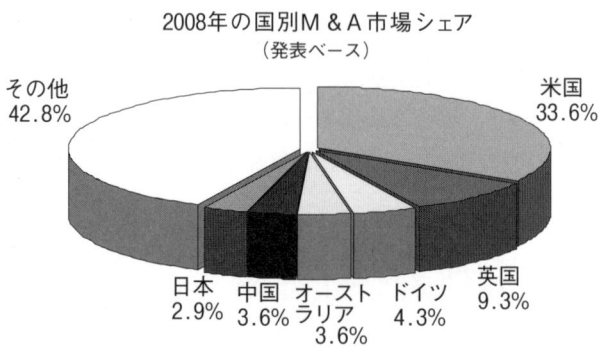

2008年の国別M&A市場シェア
（発表ベース）

- その他 42.8%
- 米国 33.6%
- 英国 9.3%
- ドイツ 4.3%
- オーストラリア 3.6%
- 中国 3.6%
- 日本 2.9%

出所：Tomson Routers

---

[16] Hamish D. Anderson, Ben R. Marshall and Ryan Wales, What is the relationship between investor protection legislation and target takeover returns? Evidence from Europe, Journal of Multinational Financial Management Vol. 19, No.4 (2009) 291. 同研究は欧州24ヶ国を法の起源によって5つに分類し、グループごとに投資家保護レベルを設定した上で、各グループに属する企業の買収発表に伴うリターンを平均累積超過収益（cumulative average abnormal return）により測定したものである。英国グループのリターンは発表日前後一両日で6.33％とスカンジナビアグループの8.44％に次いで高く、発表2日後から20日後までのリターンは4.66％と他のグループに比べ最も高かった。

[17] Thomson Routers, Fourth Quarter 2008 Mergers & Acquisitions Review. なお、円への換算は2008年の米ドル公示相場（仲値）の平均レート（1米ドル：103.49円）で行った。

第5節　英国のM&A取引から見たM&A法制に対する評価

経済規模を国内総生産（名目GDP）で計った場合、日本は2008年において全世界の8.1％、英国は4.8％を占めていることから[19]、英国のM&A市場は経済規模に比して大きいと考えられる。2008年末の英国の対内直接投資残高が9864億米ドル（約102兆円）と日本の4.8倍、GDP比46.9％に上っている点からも、その規模や取引の活発さが窺われる[20]。

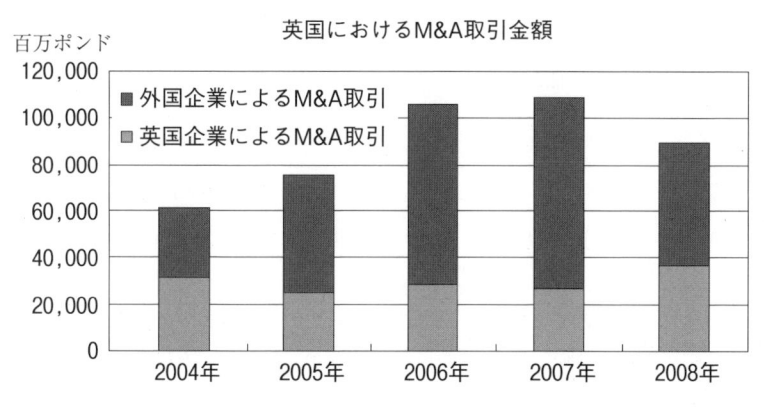

英国におけるM&A取引金額

（百万ポンド）

■ 外国企業によるM&A取引
□ 英国企業によるM&A取引

出所：The Office for National statistics

一方、これらのM&Aを監督するパネルの2005年から2009年の年次報告書によれば、直近5年間のM&A提案の概況は以下のとおりとなっている[21]。

---

[18] The Office for National statistics, Mergers and acquisitions in the UK by UK companies, Mergers and acquisitions in the UK by foreign companies. なお、円への換算は2008年の英国ポンド公示相場（仲値）の平均レート（1ポンド：192.71円）で行った。
[19] 総務省統計研修所編『世界の統計2010』80-81頁（総務省統計局、2010年）。国内総生産は国（地域）内の生産活動による財貨・サービスの産出から原材料などの中間投入を控除した付加価値の総計を指す。なお、英国の数値はアイルランドを含めて計算している。
[20] 経済産業省ホームページ「我が国の直接投資に関するQ&A」http://www.meti.go.jp/policy/trade_policy/investmentq_a/html/questions.html#Q11。なお、日本を含め、先進国の対内直接投資の大半はM&Aの形態を採るとされる。深尾京司＝権赫旭＝滝澤美帆「対日・国内企業間M&Aと被買収企業のパフォーマンス」落合誠一編著『わが国M&Aの課題と展望』86頁（商事法務、2006年）。
[21] パネルの年次報告書に掲載されている統計資料から筆者作成。なお、これらの年次報告書はパネルのホームページ（http://www.thetakeoverpanel.org.uk/statements/reports）から入手可能。

第 4 部　第 1 章　英国 M&A 法制における株主保護措置の意義

	2005年3月	2006年3月	2007年3月	2008年3月	2009年3月
買収・合併提案数	114	151	144	134	104
うち　支配権に関わる成功提案	99	123	127	109	88
失敗提案	9	14	12	7	6
撤回提案	2	4	1	4	3
少数株主等に対する提案	4	10	4	14	7
非推奨提案	8	11	9	7	9
強制公開買付け	5	11	5	9	5
ホワイトウォッシュ	78	90	81	69	85
コード免責許可	34	32	39	36	26

出所：The Panel on Takeovers and Mergers

　上記のうち、「非推奨提案」とは申込期間終了時点まで（対象会社に）推奨されなかった案件を指し、「強制公開買付け」は公表時にコードの規則 9 に基づく強制公開買付規制の対象とされた件数を、「ホワイトウォッシュ」は強制公開買付け義務の免除を求める文書が株主に送付された件数を示す。

　これらの統計によれば、パネルが取り扱った年間平均約130件の案件のうち、成功を収めた M&A 提案が 8 割強を占め、敵対的なそれは 7 ％弱である。また、強制公開買付け義務が実際に課されたケースは 6 ％弱に過ぎず、多くの提案に対してホワイトウォッシュ制度を通じた強制公開買付け義務の免除や、コードの免責許可が与えられていることがわかる。野村ホールディングス執行役副社長兼業務執行責任者の柴田氏は、今日の強制公開買付制度につき、不用意な行動を行う者に対する懲罰的な存在であって、かかる行為を抑止するデターラントの効果を有するものとの見解を示されており、実際の M&A は買収者が自主的買付けの形で、コードに則り、パネルの指示に従いながら、経済的合理性に基づいて行動することにより、実施されていると言う[22]。

　パネルは2006年総括会社法において M&A の規制機能を担う監督機関として制定法上の根拠と権限を与えられたが、政府の組織ではなく、あくまでシティの自主規制機関として運営されている[23]。実際にパネルに相談や確認等を行った日本の企業に訊ねたところ、相談の内容にもよるが、回答に要した日

---

[22]　柴田拓美「M&A の法規制と執行体制のあり方——英国テイクオーバー・パネルとシティ・コードを中心に——」ソフトロー研究第13号51頁（東京大学大学院法学政治学研究科グローバル COE プログラム「国家と市場の相互関係におけるソフトロー——私的秩序形成に関する教育研究拠点形成」事務局、2009年）。

第5節　英国のM&A取引から見たM&A法制に対する評価

数は短い場合で一両日中と早く、回答内容も明快で柔軟との意見が寄せられた[24]。パネルの迅速性や柔軟性は、M&Aの監督においてパネルが成功を収めた要因として高く評価されており、その源泉は裁定を行うエグゼクティブの常設と数千の先例によって積み重ねられた経験にあるとされるが[25]、これらは公正なM&Aの促進に向けたシティの自主的な取組みとM&Aに精通した各方面の専門家の参加により培われてきたものと思料される。

　一方、整理のスキームにおける裁判所の審問手続きに関しても、概ね想定の範囲内で進行されたとの所感が寄せられた。回答企業において整理のスキームは、友好的な買収の場合に利用される一般的な手法と認識されており、金融アドバイザーや弁護士からの提案を受け、公開買付けと比較考量した上で当該手法が採用されている。採用の理由としては、裁判所の権限により短期間に確実に少数株主をまとめられる他、従価印紙税負担のない点等が挙げられており[26]、対象企業の取締役会の同意の下に行われる友好的な全株式の取得に際しては、公開買付けよりも整理のスキームが選好・推奨される場合のあることが明らか

---

[23]　パネルの収入の大半は、申込の規模に応じ、申込文書等に課される料金と、一定の証券取引に課される徴収金で構成されており、運営はM&Aや証券取引の専門知識を有するシティの主要な金融機関や事業団体等から派遣されたメンバーによって行われている。http://www.thetakeoverpanel.org.uk/new/fees_charges/fees_charges_main.htm, http://www.thetakeoverpanel.org.uk/structure/panel-membership#membership 参照。

[24]　筆者調べ。2006年から2010年までの間、整理のスキームにより英国企業の全株式を取得した日本企業4社にご協力頂き、2009年7月から8月にかけ、ヒアリングやアンケートを通じ、当該手法を採用した理由や、実際に手続きを行った際のパネルや裁判所の対応等についてご回答頂いた内容に基づく。

[25]　Nicole E Calleja, The New Takeovers Panel – A Better Way?, Takeovers Panel and CCH Australia Limited and Centre for Corporate Law and Securities Regulation, Faculty of Law, The University of Melbourne, 2002, p44.

[26]　これら企業の発表資料によれば、整理のスキームによる全株式の取得は概ね発表から4ヶ月以内に終了しており、近時のケースでは10週間程度となっている。一方、株式取得申込と株式強制買取権を組み合わせて全株式を取得する場合、申込期間は21日以上と規定されており、申込確定後も2週間程度の応募期間を設ける必要がある他、残余の株主に対する株式強制買取権は通知を送付してから6週間後に効力が生ずることから、最短でも11週間程度必要となるため、整理のスキームによる方が完全な支配権を獲得するまでの期間が短い場合がある。また、整理のスキームを通じた全株式の取得は、対象会社の発行済株式の準備金との相殺（cancel）、譲受会社への新株発行、譲受会社から対象会社株主に対する対価の支払いによって構成されるため、株式売却や譲渡に課せられる印紙税を回避できる。Weinberg and Blank on Take-Over and Mergers, 5th, ed. 1989, paras. 2-021 and 4-081/4.

第 4 部　第 1 章　英国 M&A 法制における株主保護措置の意義

となった。
　これらは、英国において M&A 取引が積極的に行われている現状や、パネルによるコードの運用が対象株主の承認やパネルへの事前相談等を以って、柔軟且つ迅速に行われている状況を示しており、裁判所が関与する整理のスキームについても、友好的な M&A において活用される手法の一つとして浸透している様子が窺われる。英国の M&A 法制はパネルや裁判所を通じた M&A 監督体制と、M&A の事前から事後に至るまでの網羅的な株主保護措置を講じているが、少なくとも以上の M&A 取引の実情からは、これらの法的規制が支配権取引を抑制する要因となってはおらず、多様な M&A が活発に行われている状況と判断される。

第2章　英国M&A法制からの示唆

第1節　わが国のM&A法制のあり方と規制理念に関する示唆

　わが国のM&A法制は規制目的の異なる会社法と金融商品取引法の二法に分かれて規定され、それぞれに関係者間の利害調整を図る手段や株主保護措置を講じてはいるものの、株主が自らの意思に基づき、支配権移転の是非を決するための環境整備や、支配株主による会社や少数株主からの不適切な富の移転の防止、M&A対価の公正性や株主間の平等性、支配権の移転における株主の決定権限の不明確さ等に関し、多くの課題を抱えている。かかるわが国の現状に対し、英国M&A法制の史的研究からどのような示唆が得られるか、まずはM&A法制のあり方や理念について、考察を行うこととしたい。

　英国M&A法制から得られる最も重要な示唆は、支配権の移転を包括的に規制するM&A法制構築の必要性、M&Aに対する規制理念の明確化、これと整合的でバランスの取れた利害調整手段の整備にあると考える。

　前述のとおり、英国は株主に不公正な取扱いのない限り、会社支配権の移転が推進されるべきとの理念の下、会社法を中心にM&A法制を構築している。英国M&A法制は、少数株主の締出しをも含めた、M&Aに関する独自の制度を設ける一方で、当該行為によって生ずる不利益から株主を保護すべく、取引の事前から事後に至るまでの重畳的な保護措置を講じてきた。会社との契約者たる株主は会社支配権の所在を決する決定権者と明確に位置付けられ、株主の意思決定機会の確保を第一義に、その決定が株主自らの意思によって行われるよう、その過程に裁判所やパネル等を関与せしめ、あるいは会社からの平等且つ多様な退出機会や、十分な情報及び時間を確保する等の措置により、保護が図られてきた。

　かかる環境の下になされた株主の決定は株主間の利害調整において尊重され、株主の法定多数の承認はM&A条件の公正性を示すものとして、株式取得申込者による少数株主からの株式の取得や整理のスキームに法的効力を認める基盤となる。また、支配権の移転にかかる株主の決定権を保護する見地から、取締役会による買収防衛策や株式発行等による支配権の移転に、株主の承認を前

置する措置が導かれ、支配権の移転における株主－取締役間の利害調整が、決定権者たる株主の承認の下に行われる旨が明示される[27]。

加えて英国 M&A 法制は、整理のスキームの制度化に際し、株主に不当な権利の変容が強要されないよう裁判所の承認を法的拘束力の発生要件とし、シティ・コード違反に対する懲戒措置の導入に当たっては、同時に異議申立制度を整える等、関係者それぞれに対し、バランスの取れた利害調整の枠組みの構築に努め、それらの改正・充実を積み重ねて、今日の制度を築いてきた。

確かに、私的契約の自由や契約理論的会社法観を背景に、支配権の移転にかかる株主の意思決定機会と会社退出機会の確保を基軸に発展してきた英国 M&A 法制の理念や株主保護措置が、直ちに日本に妥当するとは思われない。わが国の会社法は基本的に、英米法に見られるような株主と会社あるいは利害関係者間の関係を、契約ないし契約の束（nexus of contracts）[28]と見る立場には立脚しておらず、かかる会社法観は会社法の強行法規性や定款自治の範囲に関する議論に援用されるに止まる。また、英国会社法が、支配権の移転に伴う会社との契約の不当な変容等から株主を保護すべく、様々な措置を講じてきた

---

[27] なお、英国の公開買付規制について、対象会社の取締役が取りうる防衛措置が限定されていることとのバランス上、強制的な全部買付け制度が設けられているとの見解が示されているが（森本滋「公開買付け規制にかかる立法論的課題」旬刊商事法務1736号11頁（2005年）、北村雅史「EU における公開買付け規制」旬刊商事法務1732号8頁（2005年））、その原典とされる文献（Paul L. Davies, Gower and Davies' Principles of Modern Company Law, 7th ed., 2003, p705）は、英国の政策スタンスから両制度の関係を説明している。すなわち、英国買収規制は買収者と株主の契約の自由が提起する政策的課題―買収者、現経営陣による買収防衛策、その中間のいずれの立場に立つか―に対し、対象会社取締役等の買収防衛策を禁ずる点において買収者を優先する立場を採っており、その結果、相対的に脆弱化する少数株主保護に対しては、買収者への対象株主平等の取扱いの要請や強制公開買付規制等を以って対処している。上述の英国 M&A 法制に対する筆者の視座は、これらの示唆に負うところが大きい。

[28] 会社を一連の個人間の契約関係の束と捉える Jensen 及び Meckling の学説は、後の米国において、関係者の契約条件選択の自由を強調する見解の基礎となり、会社法の規範は原則として任意法規であるべきとの主張に発展した。Michael C. Jensen and William H. Meckling, Theory of the Firm: Managerial Behavior, Agency Costs and Ownership Structure, Journal of Financial Economics, October, Vol.3, No.4, (1976) 305, Frank H. Easterbrook and Daniel R. Fischel, The Corporate Contract, Columbia Law Review, Vol. 89, (1989) 1416、江頭憲治郎『株式会社法〔第2版〕』52-53頁（有斐閣、2008年）、黒沼悦郎「会社法の強行法規性」法学教室194号12頁（1996年）、神作裕之「論文紹介」アメリカ法1991年106-108頁（1991年）。

第1節　わが国の M&A 法制のあり方と規制理念に関する示唆

のに対し、日本の組織再編制度では多数決議に基づく会社の行為の法的安定性が重視され、株主個々の利益保護に向けた独自の措置は発展しなかった。

　また、1960年代以降、英国 M&A 法制の展開に影響を与えた要因の一つとして、保険会社や年金基金に代表される機関投資家の台頭が考えられるが、日本の上場会社の場合、それら機関投資家の持株比率は2割を占めるに過ぎず、近年まで事業法人や銀行、個人が均衡する株主構成が続いてきた。この他、日英の公開買付制度趣旨の相違や、英国の取締役が会社の付属定款、すなわち、株主から権限を授権されるのに対し、わが国の取締役は会社法から直接、業務執行権限を与えられている点等、支配権の移転における株主保護のあり方や取締役の役割等を考える上で、考慮すべき点も少なくない。

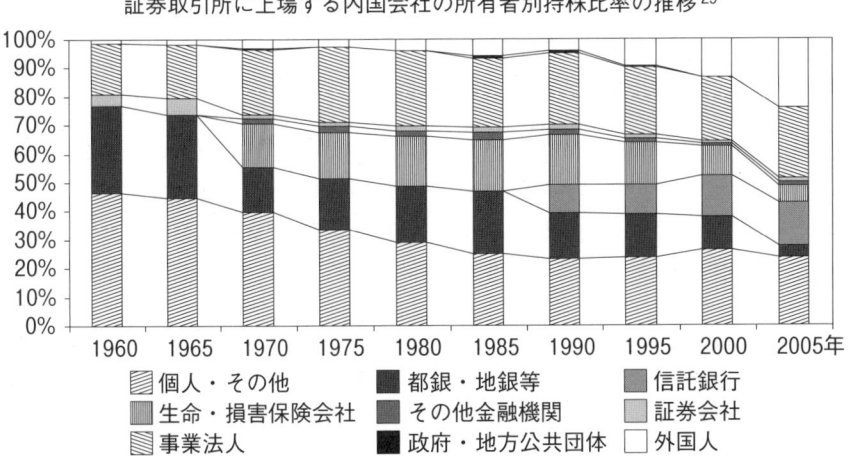

証券取引所に上場する内国会社の所有者別持株比率の推移[29]

（グラフ：1960年から2005年までの所有者別持株比率の推移。凡例：個人・その他、都銀・地銀等、信託銀行、生命・損害保険会社、その他金融機関、証券会社、事業法人、政府・地方公共団体、外国人）

　これらの相違は、英国 M&A 法制の考え方や措置の受容が、わが国にとって必ずしも適切でない場合があり得ることを示唆する一方で、一貫した理念の

---

[29] 東京証券取引所＝大阪証券取引所＝名古屋証券取引所＝福岡証券取引所＝札幌証券取引所『平成20年度株式分布状況調査結果の概要』10頁表13「所有者別持株比率の推移」より筆者作成（2009年）。本調査は東京、大阪、名古屋、福岡、札幌の5証券取引所に上場していた内国上場会社が発行する上場普通株式を対象に、3月末日の株式保有状況等に関するデータを集計したもので、1965年までの生命保険・損害保険会社とその他金融機関、1985年までの信託銀行は、都銀・地銀等に含まれている。なお、都銀・地銀等と信託銀行に含まれる投資信託及び年金信託の割合は1980年から2005年の間に1.9%から7.0%に増加しているが、生命保険・損害保険会社の持株比率の低下により、これらを合わせた機関投資家の割合は19.3%から12.8%に減少している。

下、これと整合性ある包括的な M&A 法制と株主保護措置を発展させ、その帰結として価値創造的な M&A を促進してきた英国法から学ぶべき点も多い。

上場会社における外国人持株比率の増加傾向からも明らかなように、国際的な資本移動自由化の進展は株主や企業活動の国際化を促進してきた。今日、国境を越えた M&A や投資は日常化しており、日本の2008年末の対内直接投資残高は10年前に比べ、3兆円から18.5兆円へと6倍超に拡大している。しかしながら、これは同年の対外直接投資61.7兆円の3割に過ぎず、名目国内総生産（GDP）と比較した割合も3.7%と、単純な比較はできないものの英国の46.9%、米国の18.3%と比べてかなり少ない[30]。わが国の M&A 法制が、独占禁止法改正による純粋持株会社の形成解禁前後から規制緩和を図り、多様な組織再編制度を整備してきた背景には、事業再編等を通じた企業の効率的経営のみならず、企業活動のグローバル化に伴い、国際的な M&A を可能にする基盤整備を求める国内外の要請に応えるべきとの政策的判断があったと考える。

日本は産業政策の一環として、1960年代まで外資規制を行ってきたが、貿易や資本の自由化等を受け、対内直接投資促進の方向へと転じた。バブル崩壊後の1990年代以降、日本経済の低迷が続く中、外国からの投資は経営資源の最適配分を通じた生産性の向上や国際競争力の強化、高付加価値産業や有効需要の創出、雇用の確保等に資する日本経済再生の鍵と位置付けられ、対日投資を促進し、国境を越えた M&A を容易ならしめる国内制度改善の一環として、会社法制の現代化における合併対価の柔軟化や、商法以外の企業再編関連法制の見直し等が進められた[31]。

M&A 法制における規制緩和の流れは、敵対的企業買収リスクの顕在化により、買収者と対象企業の武器の対等性や対象株主の保護強化の必要性が認識さ

---

[30] 日本銀行国際局『2009年末の本邦対外資産負債残高』11頁「対日内直接投資残高」(2010年)、経済産業省ホームページ「対日直接投資の動向」http://www.meti.go.jp/policy/investment/5references/siryo_06.html、同「我が国の直接投資に関する Q&A」http://www.meti.go.jp/policy/trade_policy/investmentq_a/html/questions.html#Q11. なお、日本を含め、先進国の対内直接投資の大半は M&A の形態を採るとされる。深尾京司＝権赫旭＝滝澤美帆「対日・国内企業間 M&A と被買収企業のパフォーマンス」落合誠一編著『わが国 M&A の課題と展望』86頁（商事法務、2006年）。

[31] 2002年日米投資イニシアティブ報告書『成長のための日米経済パートナーシップ』7頁、12-15頁、対日投資会議専門部会2003年3月27日報告「日本を世界の企業にとって魅力ある国に」1頁、7頁及び対日投資促進プログラム2頁、法制省民事局参事官室『会社法制の現代化に関する要綱試案補足説明』88頁（2003年）。

第1節 わが国の M&A 法制のあり方と規制理念に関する示唆

れるに至り、組織再編対価の柔軟化が会社法の他の規定に1年遅れて施行され、公開買付規制が強化される等の措置が採られ、今後、いかなる理念の下にどのような道を歩むべきかが問われる局面にある。従って、今こそ日本の M&A 法制が規制緩和に向かった原点に立ち返り、その立法趣旨の適正を確認する必要があると思料されるところ、経済や企業活動における一層の国際化の進展や国内外の経済環境の変化に照らせば、従来以上に経営の効率化や事業競争力の強化、ひいては企業価値の向上に寄与する M&A や投資を促す法的環境の整備が求められていると思われる。他方で、近時の支配権の移転にかかる係争は、対象会社や他の株主から不適切な富の移転をもたらす M&A や、全体として企業価値の向上に資する M&A であっても、一部に不利益を受ける株主が生ずる可能性、また、株主の権利行使如何によってはかかる M&A の公正性が阻害される恐れ等を示唆していることから、価値創造的な M&A を促進し、不当な行為を排する肌理細やかな制度設計への要請が高まっていると考えられる。

先の M&A 法制の方向性における揺らぎも、企業経営における M&A の有用性からこれを容易ならしめる制度設計に傾注し、会社所有権に変動をもたらす M&A の性質から派生する関係者の不利益や、株主の機会主義的な権利行使への手当てが不十分であった点に起因するものと捉えられることから[32]、改めてわが国の M&A にかかる法的制度を、経営の視点からだけでなく所有の観点からも問い直し、企業価値の向上に資する公正な支配権取引の促進に向け、会社法及び金融商品取引法がそれぞれに規定している M&A にかかる制度や利害調整の枠組みを検討し、包括的に規整することが求められていると考える。そして、その法的環境の整備において、株主保護の充実とバランスの取れた利害調整手段の構築に努めることは、株主の国際化が進展する今日、日本への継続的な投資活動の促進に寄与するものと思われる。この点において英国 M&A 法制の理念や株主保護を重視する姿勢は、わが国においても妥当すると考える。

---

[32] 平成17年会社法に対し、規制緩和によって生ずる利益と弊害との比較考量や、侵害に対する有効な救済方法を確保する配慮の必要性を指摘するものとして、稲葉威雄「日本の会社立法のあり方序説 平成17年会社法を踏まえて」上村達男編『早稲田大学21世紀COE叢書 企業社会の変容と法創造 第4巻 企業法制の現状と課題』108頁(日本評論社、2009年)。

第2節　日本のM&A法制の個別的課題に対する示唆

1．緒　　論

本節ではM&A法制のあり方や規制理念に関する英国法からの示唆を踏まえ、価値創造的なM&Aと支配権移転時の関係者間の適正な利害調整を促進する観点から、わが国のM&A法制の構成や対象株主保護のあり方、具体的な施策等につき、検討及び提言を試みる。

2．M&A法制の構成

日本のM&A法制は主として会社法及び金融商品取引法から構成されているが、M&A法制の目的を企業価値の向上に資する支配権取引の促進と、株主を始めとする関係主体間の利害調整に置くならば、M&A法制は本来、会社法によって担われるべきところと考える。金融商品取引法は公開買付規制を株式の売買と捉え、取引の透明性や投資家保護の観点から規制を行うとされるが[33]、その中には投資者保護の域を超え、会社支配権移転時の株主保護を図る内容が含まれており、金融商品取引法本来の目的の範囲を超えるとの指摘がなされている[34]。この点において、会社を巡る個々の経済主体間の利害調整、あるいは株主の富の最大化と利害関係者間の富の移転防止に向けた利害調整の追求[35]を主たる規制目的とする会社法の方が、M&A法制の目的に対してより整合的であり、適切と思料されるためである。

しかしながら、金融商品取引法の公開買付制度が、同法の目的である資本市場の公正な価格形成機能の発揮に必要な情報開示や行為義務等を規定し、行政手段を以って発行体や投資者等の市場関係者を律してきたこともまた、看過できない事実である。とりわけ、わが国の会社法は主として会社や機関を私法的手段によって規律しており、日本には現状、英国のパネルに相当するような常設のM&A監督機関もないことから、公開買付制度を会社法に移管する場合には、規制の執行手段について検討を深める必要がある[36]。また、公開会社

---

[33] 大杉謙一「「公開会社法」についての一考察（下）」金融商事判例1322号8頁（2009年）。

[34] 江頭憲治郎『会社法制の将来展望』8頁（早稲田大学21世紀COE《企業法制と法創造》総合研究所、2008年）。

[35] 鈴木竹雄＝竹内昭夫『会社法〔新版〕』476-478頁（有斐閣、1987年）、黒沼・前掲注(28) 11頁。

第2節　日本のM&A法制の個別的課題に対する示唆

法要綱案や上場会社法制の議論において提案されているように、有価証券報告書の提出会社あるいは上場会社を対象とする法務省・金融庁共管の新たな立法を通じ、M&A法制を整備していくことも一方策と考えるが、M&A法制の目的や組織再編における課題は、必ずしも上場会社にのみ妥当するものでもないと思料される。従って、私見としては、会社法を基盤とする将来の包括的なM&A法制の整備に向け、まずは会社法を基幹に、金融商品取引法との間を架橋する形で、喫緊の課題について解決を図るとともに、金融商品取引法においてもこれに必要な措置を設けて対応することが実際的と考える。

3．M&A法制における株主保護のあり方

　価値創造的で真摯なM&Aや投資を促進し、企業価値の毀損や不適切な富の移転をもたらす買収を防止するためには、支配権の移転にかかる株主の位置付けや権限を明確にするとともに、株主が熟慮の上、主体的にその可否を判断し得る環境を整えることが肝要と考える。これは、支配権の移転にかかる決定権者や決定の効果等、支配権の移転に関するルールが不透明な場合には[37]、成否に関する予見可能性が低下し、不確実性が高まると考えられるため、支配権取引や投資への意欲の減退が予想されること、また、株主の判断をより合理的ならしめることが、価値向上に繋がるM&Aを選別する基盤となり、以ってその妥当性に対する関係者や市場による評価が、かかる支配権取引を促進させると思料される故である。

　わが国の会社法は株主を会社の実質的所有者としてきたが、かかる所有権の変容や処分を生ぜしめるM&Aにおいて、その是非を決する権利者としての株主の地位は必ずしも明確ではない。確かに株主にはM&Aによって生ずる将来的な会社全体の利益よりも、提示された対価の高低を以って、M&Aの可否を判断する誘因があるため、株主が価値創造的なM&Aを判断する適切な主体であるかについては議論があり得る。一般に取締役は株主より会社の情報

36　日本版パネルの設立を検討するものとして、渡辺宏之「日本版テイクオーバー・パネルの構想」上村達男編『早稲田大学21世紀COE叢書　企業社会の変容と法創造　第4巻　企業法制の現状と課題』41-43頁（日本評論社、2009年）。

37　日本の買収防衛策の法的有効性につき、現状では防衛策をめぐる司法判断が短期間に集積される状況になく、買収防衛策の要件の抽出が困難と指摘したものとして、藤縄憲一「検証・日本の企業買収ルール――ライツプラン型防衛策の導入は正しかったか――」旬刊商事法務1818号19頁（2007年）。

に知悉していることから、企業価値やM&Aの効果についてより正確な判断を行い得ると考えられ、また、経営者や従業員の会社に対する人的投資の方が株主の投下資本より大きい場合も想定される。しかしながら、資本主義経済の下、会社の実質的な所有権者であり、利益の帰属主体である株主を措いて、その所有権の移転や変容を伴うM&Aの可否を決する権利を有する主体は他になく、会社の利益を害する支配権の移転を否定する権利行使を通じ、その成立を阻止し得る者も株主以外にはないと考えられる。これは判例において、株主が企業価値の毀損や株主共同の利益を害する支配権の取得か否かを判断する主体と判示されたこととも符合する[38]。

4．支配権の移転における株主の位置付け及び権限の明確化

従って、会社の実質的な所有者である株主を、支配権の移転にかかる最終的な意思決定権者である旨を改めて確認した上で、会社の方針決定を支配する者の在り方に関する基本方針の決定や特定第三者に対する大規模な募集株式及び新株予約権の発行等、会社支配権の所在と業務執行の双方に関わる事項につき、明示の規定を会社法に設け、支配権の移転にかかる各機関の権限を明らかにすることが望ましいと考える。これは、会社法に別段の定めのない事項に関する公開会社の株主総会決議の効果に疑義があり、公開会社が定款変更を行い、取締役会決議事項を株主総会決議事項とした場合にも、取締役会は依然として当該事項を決定し得ると解されている現状から、支配権の移転を決する主体としての株主の地位を明らかにするには、これらに対する立法措置が必要と思料するためである。また、少数株主の締出し等、支配権を取得した株主の権限や当該権利を行使し得る要件を明示することも、支配権取引を検討する者や株主の予見可能性を高める上で重要な事項と考える。

会社支配と業務執行の双方に関わる事項の規定方法については、各機関の権限を法定する場合と、会社が定款にこれらに関する定めを置くことができる旨を規定する場合とがあり得るが、公開会社の特定第三者に対する大規模な議決権株式等の発行については、株主の財産権に対する保護措置との均衡を図り、支配権の変容にかかる株主の意思決定の場を確保する観点から、有利発行規制と同様に募集事項の決定の特則から除外することが適当と考える。

---

38 ブルドックソース株主総会決議禁止等仮処分命令申立却下決定に対する抗告事件最高裁決定平成19年8月7日（旬刊商事法務1809号16頁）。

第 2 節　日本の M&A 法制の個別的課題に対する示唆

　規制の適用対象とする株式等の発行済株式総数に対する割合については、会社支配権のメルクマールをいずれに置くかにもよるが、公開会社の大半が証券取引所に株券等を上場している会社、もしくは金融証券取引法上の有価証券報告書提出会社と考えられることから、上場会社の株主総会における議決権行使割合が 7 割程度とされる状況[39]や強制公開買付規制の適用基準等に鑑み、現在、証券取引所が自主規制において課している発行済議決権総数の25％以上に当たる株式等の発行に、株主総会決議を要請することが考えられる。その際、反対株主に株式買取請求権を認めるかについては発行株式等の割合や、会社法の組織再編においては反対株主に当該権利が認められている一方、公開買付規制においては部分買付が許容されており、その場合に株主に特段の会社退出機会が用意されていないこととの整合性を含め、総合的な検討が必要と思料される。

　一方、会社の方針決定を支配する者の在り方に関する基本方針や買収防衛策に関しては、既に買収防衛措置の導入を株主総会決議事項とする旨の規定を定款に設けた上場企業も相当数に上ることから[40]、会社がこれらに関する定めを定款に規定し得る旨を法定し、当該決議に会社法上の根拠を付与することが適当と考える。規定内容は原則として定款自治に委ねて良いと思料するが、買収防衛策に関しては、特定の株主による経営支配権の取得に伴い、会社の企業価値や株主共同の利益が害されるような場合であって、これにかかる株主の判断の正当性を失わせる重大な瑕疵のないことが適法性の要件とされていることから[41]、株主総会決議に基づくだけでは適法性が認められない場合がある点に留意が必要である。従って、上記の株主の決定を適法且つ有効ならしめるためには、株主総会手続きや規定内容の適正、株主の判断の前提となる正確且つ十分な情報提供等を促す方策等についても検討していく必要がある。

5．株主が主体的に支配権移転の可否を判断し得る環境の整備

　株主が自らの意思に基づき、支配権の移転にかかる決定を行うための環境整備に関しては、株主が裁判所に組織再編条件の公正性に関する検査を請求し得る制度や、公開買付けの強圧性低減に向けた方策の検討が有用と考える。

39　藤縄・前掲注(37)18頁。
40　前掲序論注(32)及びその本文参照。
41　最高裁決定平成19年 8 月 7 日・前掲注(38)。

前述のとおり、現状において組織再編条件、とりわけ対価の公正性は、契約内容や対価の相当性に関する書面の事前開示制度と株式買取請求権によって担われており、株主が会社に留まりつつ、対価の公正性を追求する手段の実現可能性に乏しい。これについては、組織再編の差止や株主総会決議の取消等を容易ならしめる方向で検討することも考えられるが、事後的措置による株主保護がM&Aの成否にかかる予見可能性や取引の安全性を低下させることは、英国のM&Aにかかる株主保護措置の史的展開からも明らかである。英国がM&Aの促進を図るとの方針の下、この弊害に対処すべく、M&Aの意思決定プロセスにおいて株主保護措置を発展させてきた経緯に鑑みれば、株主総会決議の取消や組織再編差止等の事後的措置を通じてではなく、意思決定過程において条件の公正性を図る措置を導入することが有効と考えられる。

この点につき、わが国初のM&A法制とも言うべき銀行合併法が、少数株主の申立に基づく他方の会社への裁判所の検査や、裁判所の合併監視権限を規定していたことは改めて注目されて良い。すでに全ての組織再編あるいは支配従属会社間で行われる組織再編につき、検査役検査を義務付ける立法提案も行われているが[42]、筆者としては一定条件の下、株主が裁判所に検査役ないしは独立鑑定人等による組織再編条件の検査を請求し得る制度の検討を提案したい。

本案の趣旨は、組織再編条件の公正性と、株主の意思決定過程における情報の充実を図る点にあり、提出された検査報告書は株主の検討に供するため、株主総会に先立つ一定の期間、開示される他、株主総会へ提出されること等が考えられる。権利行使期間は組織再編条件が明らかにされる組織再編契約等の開示以降、株主総会決議までの間と想定されるが、現行法において組織再編契約書等の開示は株主総会の日の2週間前からとなっているため、請求が行われた場合の開示期間の延長や株主総会開催時機等については検討を要する。一方、株主の機会主義的な行動を抑制する観点からは、銀行合併法のように権利行使可能な株主の範囲を一定の議決権株式保有者に限定する、あるいは株式会社における責任追及等の訴え等の規定を参考に、一定期間の株式保有を条件とすること等が考えられる。

公開買付けの強圧性低減に向けた株主保護措置としては、応募株券等の全部

---

[42] 法務省民事局参事官室『親子会社法制等に関する問題点』第一編第1章2(3),(6)（1998年）、同『会社法制の現代化に関する要綱試案』第4部第七 1（注3）（2003年）、江頭憲治郎『結合企業法の立法と解釈』285頁（有斐閣、1995年）。

買付け義務の適用基準の再検討や、少数株主の締出しにかかる要件の明確化、公開買付け後の経営計画等に関する開示内容の拡充等が考えられる。

英国M&A法制においては、支配権の取得に全対象株式への買付け義務を課すことにより、株主が安価に会社から退出させられる二段階買収の構造的な強圧性への対応が図られているだけでなく、申込確定後も一定の応募可能期間を設け、申込者が対象株式の90％以上を取得した場合には、株主から申込者に株式の買取を請求し得る権利を定める等、申込確定後も株主が同等以上の条件で会社から退出し得る機会の確保を通じ、支配株主の異動等から生ずる強圧性への対処も行われている。

株式取得申込への応募が過半数以上90％未満の場合には、申込者の他にも会社に留まる少数株主が存在することになるが、申込者が会社法の整理・再建手続きを活用し、現金等を対価に少数株主を会社から退出させる場合[43]には、株主総会決議に加え、裁判所の承認が要件となる。申込者が対象株式の90％以上を取得した場合に行使し得る少数株主への強制株式買取権に関しては、少数株主に異議申立権が認められており、裁判所の命令を通じ、少数株主を不当な締出しから保護するとともに、株式取得申込の強圧性の減殺、ひいては適切且つ公正な条件による買付け申込の促進が図られている。

また、英国では原則として、支配株主の自由な議決権行使が認められてきたことに対する対応として、会社の少数株主に対し、会社の運営に関して被った不当な利益侵害に対する訴権が認められており、支配株主ないしは支配株主に選任された取締役等からの搾取やその恐れから生ずる強圧性に関しても、一定の対応がなされている。

これに対し、日本の現行制度は、公開買付け後の株券等所有割合が三分の二以上となる場合にのみ全部買付け義務を課し、二段階買収による少数株主の締出しに関しては、会社法の事後的措置を中心に対処している。しかしながら、上場会社の株主総会における議決権行使割合を勘案すれば[44]、株券等所有割合三分の二以上とする基準は二段階買収の構造的強圧性を廃するには十分とは言えず、基準の引下げを検討する必要があると思われる。

これについては英国同様、30％以上の議決権株式を獲得する者等に対象株式全部の買付を要請することも考えられるが、前述のとおり英国における強制公

---

43 減資スキームにおいて、譲渡会社が同社の株式以外の対価を対象会社の株主に提供した場合、株式取得申込を通じた全株式の取得と同様の効果を生ずる。
44 前掲注(39)及びその本文参照。

第 4 部　第 2 章　英国 M&A 法制からの示唆

開買付制度の運用は、パネルやホワイトウォッシュ制度を通じた株主による義務の免除等によって柔軟に行われており、実際に強制公開買付規制が適用される割合は、パネルが取り扱う M&A 件数の 1 割に満たない。かかる柔軟な運用にはパネルのようにリアルタイムで M&A を監督し、問題の解決に向け、迅速に規則の解釈や裁定を行い、執行を図る常設機関が不可欠であり、更にはかかる運用を許容し得る規制手法の採用や法制度の構築、これを支える自律的な法文化が前提となるものと思料される。また、買収費用等の点から、全部買付け義務の広範な適用が企業価値を高める支配権取引を阻害するとの指摘もあり、部分買付けを許容する制度にも一定の理があると考えられる。そのため、現時点では公開買付けを活用した二段階買収の強圧性の低減を図る観点から、全部買付け義務の適用基準引下げを検討する必要性を指摘するに止め、当該義務を全ての公開買付けに拡充すべきかに関しては、わが国の公開買付制度が多くを参照している米国法の研究をも踏まえた上で、最終的な結論を得ることとしたい。

　従って、わが国が部分買付けを許容しつつ、二段階買収の構造的な強圧性に対処していくに当たっては、会社法に少数株主の締出しに関する規定を設け、締出しが行われる場合の対価を公開買付価格と同等と規定すると共に、締出しの適法性が認められる要件や手続きにつき、これに活用され得る組織再編や全部取得条項付種類株式の取得、株式併合等の各手法を横断的に規整することが有用と考える。また、締出しの公正性や相当性を図る観点からは、英国会社法に倣い、買付者及びその関係者を除く独立株主の少なくとも90％、あるいは証券取引所の上場廃止基準を参照し、95％以上の応募を要件とすることや[45]、株主に異議申立権を付与し、裁判所が締出し行為を認めない決定を行い得る制度を備えることが望ましい。

　これらの措置は、二段階買収における強圧性の低減や不当な締出しからの株主保護、完全な支配権の取得に至るまでの一連の取引における対象株主間の公正を図るのみならず、全支配権の取得を企図する者の予見可能性の向上にも寄与するものと思われる[46]。多数の株主の賛同を以って少数株主の地位を剥奪

---

[45]　東京証券取引所上場規程601条第 2 項 c 号において、流通株式の数が事業年度の末日時点で上場株券等の 5 ％未満である場合であって、一定期間内に公募、売出し等の予定書が取引所に提出されない場合には、上場廃止とする旨が定められている。

[46]　一例として、少数株主を締め出す株式併合にかかる株主総会特別決議が多数株主の賛成によって成立した場合には、多数決の濫用となる余地があり、特別利害関係人の議決

第 2 節　日本の M&A 法制の個別的課題に対する示唆

する正当性やその是非については議論のあるところと考えるが、完全な支配権の下に行われる企業の効率的運営から生ずる利益やこれに対するニーズ、かかる場合に少数株主が会社に残存するメリット等を勘案すれば、独立株主の圧倒的多数による賛同に加え、対価の公正等が図られる場合には、許容されて良いと思料する[47]。

また、MBO の場合と同様に、一般の公開買付けにも株価算定書や意見書の添付義務を課すことや、当初から公開買付け後に対象会社の完全子会社化を予定している場合には、公開買付届出書にその方法や条件等の記載を要請することも、株主の対価の公正性にかかる判断や意思決定の充実、公開買付けの強圧性減殺に役立つと考える。

この他、英国会社法の株式所有状況の調査制度の罰則規定等を参考に、会社が、金融商品取引法の公開買付制度や大量保有報告制度等に違反して取得された株式に対し、株式譲渡の無効や議決権行使の制限等を裁判所に請求し得る制度を会社法に設けることも[48]、制度の実効性の向上、ひいては真摯な支配権取引を促進する環境の醸成に資すると思われる。

権行使による著しく不当な決議として、決議取消請求も可能であると解されている。北沢正啓『現代法律学全集18　会社法〔第4版〕』257頁（青林書院、1994年）、江頭・前掲注(28)263頁。

[47]　北村雅史「企業結合の形成過程」旬刊商事法務1841号9-10頁（2008年）。

[48]　金融商品取引法に違反して確保された株式に関しては、権利濫用法理に基づき、議決権行使禁止の仮処分が認められる場合のあり得ることや、定款に反した株式保有者の議決権行使を認めないとする会社の定款の効力が裁判所に肯定される可能性も指摘されているが、その可能性やどのような効果が認められるかは不透明とされる。太田洋「大杉論文へのコメント②　コーポレート・ガバナンスおよび経営支配権争奪の規制関係を中心に」金融・商事判例1322号17-18頁（2009年）、江頭憲治郎＝相澤哲＝大塚眞弘＝武井一浩「会社法下における企業法制上の新たな課題〔上〕」旬刊商事法務1788号10-15頁（2007年）。なお、買い占めた株式を会社に買い取らせるための株主権の行使につき、甚だしい権利濫用であるとして、議決権行使の禁止を求める会社側の仮処分申請が認容された裁判例として、株主権行使禁止仮処分申請事件東京地裁決定昭和63年6月28日（判例時報1277号106頁）、独占禁止法に違反して株式を取得した者の議決権行使の一時停止を求めた仮処分申請が認められた事案として、議決権行使停止仮処分異議並びに取消事件東京地裁判決昭和28年4月22日（判例時報3号11頁）、日刊新聞法に基づき規定された会社の定款に違反した株主の株式を、株主総会の出欠数及び議決権行使数から除外したことにつき、株主総会決議の瑕疵に当たらないと判示した裁判例として、取締役職務執行停止仮処分申請事件金沢地裁決定昭和62年9月9日（判例時報1273号129頁）。

結　語

　本書では、わが国のM&A法制や支配権移転時の株主保護のあり方を検討するための示唆を得るべく、英国M&A法制の史的研究を行った。
　英国のM&A法制は基本的に会社法によって担われており、従来、シティの自主規制であったシティ・コードも、今日、会社法の枠組みの中に置かれている。シティ・コードは、議決権株式の30%を会社支配権のメルクマールとし、かかる議決権株式を取得する者には原則として対象株式全部の買付け義務を課す一方、対象会社取締役会には株主の事前承認を経ない対抗措置を禁ずることで知られるが、かかる制度の基盤となる英国M&A法制の理念や運用実体は、必ずしも十分認識されていなかったと思われる。
　英国最初の統一会社法である1862年総括会社法に、M&Aに関する特段の規定は設けられていなかったが、英国においてM&Aは法認される以前からすでに行われていた。英国会社法のM&A規定は、会社や事業の売却等に伴い、既存株主や債権者の権利を変容するに当たり、裁判所に管轄権を与え、譲渡会社関係者の権利保護を図るとともに、当該行為の組織的拘束力を認めてその確実な履行を期したことに由来する。
　以来、英国M&A法制は会社支配権の移転に際し、株主が状況等に左右されることなく、熟慮の上、自らの意思でその帰趨を決定し得る機会の確保を基軸にその保護を図ってきた。かかる機会への希求は、英国会社法に受け継がれてきた会社法観、すなわち、会社と株主、株主相互の関係を契約と見なす契約理論的性質に由来するものと考えられるが、英国M&A法制はこれを実現させるべく、株主に会社からの平等な退出機会を用意するのみならず、強圧性を排し、手続き及び条件の公正を図るため、その承認プロセスに裁判所やパネルを関与せしめる等してこれに対処してきた。
　その一方で、英国M&A法制は多様なM&Aを可能にし、少数株主を締め出して支配権を完全なものと為し得る措置をも備えているが、これは英国M&A法制の根底に流れる理念――私的利益の追求が国家資源の最善の活用につながるとの哲学の下、対象株主に不公正な取扱いのない限り、経済的発展に資する支配権取引が許容されるべきとの理念――に基づくものと考えられる。

結　語

　すなわち、英国M&A法制はかかる理念の下、公平な競争条件の下に支配権取引が行われる環境と完全な支配権を取得し得る法的基盤の整備を通じ、支配権の移転を促進するとともに、対象株主に不当なM&Aが強要されない監督体制の構築と、株主が公正な条件の下、平等に退出を為し得る機会の確保により、支配株主による少数株主からの不当な富の収奪を未然に防ぐよう努めていると考えられる。また、支配権の移転にかかる株主の決定権を基軸とする株主保護措置は、株主の承認に基づく強制公開買付け義務の免除等の柔軟な規定運用を可能にしており、英国では支配権移転の事前から事後に至るまでの重畳的な株主保護が講じられているにもかかわらず、M&Aが積極的に行われている。

　一方、わが国の会社法におけるM&A規定は、1899年に施行された現行商法に会社の解散事由として合併が加えられたことに端を発しているが、その実践は英国同様、合併法認以前からすでに行われていた。しかしながら、英国とは異なり、第二次世界大戦以前のわが国の組織再編制度には、株主総会による承認以外に特段の株主保護措置は設けられず、その保護は株主権行使にかかる株主間の一般的な利害調整手段、すなわち、株主総会決議の有効性を争う訴権に委ねられていた。商法のM&A規定において当該行為の法認や成立が優先され、個々の株主を保護する措置の必要性が十分に意識されてこなかったことは、第二次世界大戦後の商法改正において反対株主の株式買取請求権が導入された際、必要な合併等が不可能になる恐れや会社荒し的株主に濫用される懸念から、反対意見が多く示された点からも窺われる。

　有価証券報告書提出会社の発行済議決権株式の取得を通じたM&Aに対しては、金融商品取引法の公開買付制度が株主保護を担っているが、これは資本の自由化に伴う外資の公開買付けに備える必要から、規制整備が図られたものであった。流通市場における投資者保護のための企業内容開示制度の一環として、1971年に初めて証券取引法に導入された公開買付制度は当初、不特定多数の者に対し、有価証券市場外で一定の株券等の買付けを行う者に事前の届出を課す制度であったが、1990年に全ての株主に平等な売付機会を保証すべく、市場外での株券等の買付けを原則として公開買付けによらしめる制度に改められ、以後、様々な改正を経て今日に至っている。

　以上の経緯から、会社法と金融商品取引法という規制目的の異なる二法によって担われているわが国のM&A法制に対しては、支配権の移転に臨む法的理念が明らかでなく、M&Aにおいて株主が自らの意思に基づき、意思決定

結　語

を行うための環境の整備や、支配株主による不適切な富の移転の防止、M&A対価の公正性や株主間の平等を確保する措置が不十分であり、会社支配権の所在を決する株主の権限が不明確等の諸課題が指摘される。

　この状況に対し、本書では英国M&A法制からの示唆として、支配権の移転に関する包括的な規制整備の必要性と規制理念の明確化、これと整合的でバランスの取れた利害調整手段を構築する重要性を挙げ、企業価値の向上に資する公正な支配権取引の促進に向け、会社法及び金融商品取引法がそれぞれに規定している制度や株主保護措置を総合的に検討する必要性を指摘した。また、上記を理念に掲げた場合のM&A法制は、原則として会社法によって担われるべきところと考えるが、公開買付規制等の執行手段の検討を深める必要性等に鑑み、まずは会社法を基幹に、金融商品取引法との間を架橋する形で、上記諸課題の解決を図ることが実際的とした。

　M&A法制における株主保護の基軸としては、支配権の所在を決する意思決定権者としての株主の地位の明確化と、その主体的判断を可能にする環境の醸成を挙げ、前者に関しては特定第三者に対する大規模な株式等の発行や会社の方針決定を支配する者の在り方に関する基本方針の決定、後者については組織再編条件の公正性確保や公開買付けの強圧性低減に向けた措置を取り上げ、及ばずながら立法的検討を試みた。

　しかしながら、本書においては日本の現行法制が多くを取り入れている米国法の考察や、規制手法の検討等を踏まえていない現状から、わが国のM&A法制や株主保護措置について総合的な検討を行い、十分な提案を行うには至らなかった。これについては今後の課題とし、他日を期したい。

　証券取引の長い歴史と豊富なM&Aの経験を有する英国のM&A法制における株主保護は、会社支配権の移転にかかる決定権者としての株主の意思を尊重し、また、その決定を尊重し得る法的環境の整備を図ってきた点に特徴がある。M&Aの成立、ひいてはこれを通じた経営の効率化や事業競争力強化を重視してきたわが国のM&A法制が、支配権移転時の株主保護にどのように向き合い、これを図っていくか、企業価値の向上に資するM&Aの促進に向け、M&A法制の包括的検討が待たれるところと考える。

〔事項索引〕

【あ行】

アマルガメーション ················· 27, 72
EEA 諸国 ································ 35
EC 指令 ································ 177
　越境合併に関する指令 ·········· 179, 229
　会社法第一指令 ················· 178, 181
　会社法第二指令 ················· 178, 183
　会社法第三指令 ················· 178, 186
　会社法第六指令 ················· 178, 186
　公開買付けに関する指令 ········ 32, 217
　大規模株式の取得・処分の開示に関す
　　る指令 ······················· 180, 188
　透明性義務指令 ················· 180, 190
意見表明報告書 ················ 7, 310, 314
ウルトラ・ヴァイルス理論 ········ 81, 101
営業譲渡等にかかる規定 ················ 292
英　国 ································· 17
　——における M&A 取引規模 ········ 340
　——の M&A 市場規模 ················ 340
　——の株式所有構造の変遷 ·········· 167
　——の対内直接投資残高 ············ 341
英国企業のアマルガメーションに関する
　覚書 ··························· 64, 147
英国会社法
　1862年法 ·························· 61
　　161条 ··························· 78
　1900年法24条 ······················ 71
　1907年法38条 ······················ 71
　1908年法120条 ····················· 71
　1929年法 ·························· 61
　　153条 ··························· 69
　　154条 ··························· 72
　　155条 ··························· 74
　1948年法
　　195条 ·························· 127
　　207条 ·························· 123
　　209条 ·························· 124

　　210条 ······················ 127, 185
　1967年法
　　27条 ··························· 143
　　31条 ··························· 143
　　33条 ··························· 144
　1985年法 ······················ 27, 208
　　427A 条 ························ 187
　　430C 条 ························ 125
　2006年総括会社法 ··················· 17
　——の契約理論的性質 ··············· 98
英国会社（合併及び分割）規則（1987年）
　································· 187
英国会社（越境合併）規則（2007年）···· 231
英国会社（基本定款）法（1890年）······· 99
英国会社清算法（1844年）·············· 94
英国会社登記法（1844年）·········· 62, 92
英国金融サービス市場法（2000年）···· 23, 211
英国金融サービス法（1986年）
　························· 62, 125, 202
英国公開買付け指令(暫定実施)規則
　（2006年）························ 227
英国詐欺防止(投資)法（1958年）
　························· 65, 134, 202
英国支払不能法（1986年）·············· 27
英国ジョイント・ストック・カンパニー
　法（1856年）················ 80, 95, 98
英国ジョイント・ストック・カンパニー
　法（1857年）························ 80
英国ジョイント・ストック・カンパニー・
　アレンジメント法（1870年）··········· 69
英国証券取引所(上場)規則（1984年）···· 198
英国人権法（1998年）················· 214
英国認可証券取引事業者(業務)規則
　（1960年）······················ 65, 137
英国泡沫会社法（1720年）·············· 87
英国有限責任法（1855年）·············· 94
英国ヨーロッパ共同体法（1972年）
　····························· 103, 181

事項索引

エグゼクティブ ……………………………… 34
M＆A ………………………………………… 3
M＆A法制 ………………………………… 3, 17
欧州会社（SE） …………………………… 35
欧州共同体（EC） ………………………… 18
欧州経済領域（EEA） …………………… 35
欧州連合（EU） …………………………… 3
大阪商業會議所 …………………………… 264

【か行】

開示・透明性規則（英国） …………… 24, 55
　　──第5章 議決権所有状況の開示 …… 55
会社の規約 ………………………………… 18
会社の事業または資産の譲渡に関し、取締
　役に支払われる退任の補償 …………… 76
会社分割 …………………………………… 30
会社法、商法（日本）
　旧商法 ………………………………… 249
　明治32年商法 ………………………… 249
　　──の合併規定 …………………… 273
　明治44年改正法 ……………………… 273
　昭和13年改正法 ……………………… 292
　1950年改正法 ………………………… 300
　1955年改正法 ………………………… 304
　1966年改正法 ………………………… 302
　2005年会社法 ………………………… 302
会社法改正委員会 ………………………… 72
改正コード ……………………………… 171
改正ノート ……………………………… 148
合併 ………………………………………… 30
合併無効の訴え ………………………… 294
株券等全部の買付け義務 …………… 7, 313
株券等の大量保有状況に関する開示制度
　……………………………………………… 311
株式買取価格決定申立権 ………………… 6
株式買取請求権（英国） ………………… 43
株式強制買取権 …………………………… 43
株式資本 …………………………………… 18
株式取得価格決定申立権 ………………… 6
株式大量取得規則（SARs） …………… 195
株式の取得申込 …………………………… 43

株式発行差止請求権 …………………… 304
株式有限責任会社 ………………………… 18
株主総会決議取消の訴え ……………… 297
株主総会決議に対する訴訟制度 ……… 279
株主総会決議無効確認訴訟制度 ……… 297
株主の新株引受権 ………………… 46, 154, 184
機関投資家による株式所有規模の拡大 … 166
擬制悪意の法理 …………………………… 81
規制市場 …………………………………… 23
規制情報サービス ………………………… 41
基本定款 …………………………… 18, 95, 96
　　──に基づくM＆A ………………… 81
急速な買付け ………………………… 7, 313
強制公開買付け（英国） ………………… 37
強制公開買付制度（日本） ……… 4, 7, 308
共同行為者 ………………………………… 37
銀行合併法 …………………………… 249, 256
金融サービス・アクション・プラン …… 180
金融サービス機構 ……………………… 23, 211
金融商品取引法・証券取引法（日本）
　1971年証券取引法 …………………… 307
　1990年証券取引法 …………………… 309
　2006年証券取引法 …………………… 314
　2008年金融商品取引法 ……………… 314
グラッドストン委員会 ………………… 92
グリーン委員会 ………………………… 72
契約自由の原則 ………………………… 62
減資スキーム …………………………… 29
コーエン委員会 ………………… 100, 123
公開買付け ……………………………… 33
　　──の強圧性 ……………………… 8
公開買付期間中の競合的買付け …… 7, 313
公開買付者 ……………………………… 307
公開買付届出制度 ……………………… 306
公示 ……………………………………… 62
衡平法上のパートナーシップ ………… 89
公募会社 ………………………………… 18
国立銀行 ………………………………… 253
国立銀行条例 …………………………… 253

364

事 項 索 引

【さ行】

再　建 ………………………………… 26
最高価格ルール ……………………… 170
財務及び事業の方針の決定を支配する者
　の在り方に関する基本方針 ………… 14
逆さ買収 ……………………………… 53
ジェンキンス委員会 ………… 102, 139
私会社 ………………………………… 18
自主的買付け ………………………… 37
市場自由の原則 ……………………… 165
シティ・コード（コード）… 32, 34, 37, 158
　──規制21 ………………………… 41
　──規則 9 ………………………… 37
　──における支配権 ……………… 38
シティ・ノート ……………… 65, 147
私的契約の自由 ……………………… 62
支配権の移転 ………………………… 3
従価印紙税 …………………………… 73
自由企業経済 ……………………… 62, 64
主要目的理論 ………………… 304, 322
ジョイント・ストック・カンパニー … 85, 88
　──の契約理論的性質 ……… 97, 114
証券産業協議会 ……………………… 194
証券投資委員会 ……………………… 204
商事會社合併竝組織變更法案 … 249, 264, 265
譲受会社 ……………………………… 28
上場監督官庁 ………………………… 23
上場規則（英国）…………………… 23
　──第10章 重要な取引 ………… 53
少数株主が不当に権利を侵害されている
　場合に救済を与える裁判所の権限 … 185
少数株主の締出し …………………… 8
少数株主を多数株主の抑圧から保護する
　規定 ………………………………… 126
譲渡会社 ……………………………… 28
所定率 ………………………… 144, 189
私立銀行 ……………………………… 256
新株引受権ガイドライン …………… 199
新株引受権グループ ………………… 199
新株予約権制度 ……………………… 305

制定法の枠組み内の自主規制 ……… 205
整　理 ………………………………… 25
戦術的訴訟 …………………………… 221
総括法形式 …………………………… 17

【た行】

大規模な第三者割当増資 ……… 14, 306
対質問回答報告書 ……………… 7, 314
大量保有報告書 ………………… 7, 311
貯蓄銀行 ……………………… 256, 257
追加出資義務者 ……………………… 26
追加出資金 …………………………… 94
追加徴収 ………………………… 86, 90
東京商業會議所 ……………………… 264
特定買付け …………………………… 309
特別関係者 ……………………… 307, 309
特例報告制度 …………………… 7, 312, 314
取締役会の持分証券の割当権限 …… 183
取締役の株式割当権限 ……………… 46
取締役の自社株式等の取引に関する開示
　義務 ………………………………… 127
取引所金融商品市場 ………………… 4

【な行】

二段階買収 …………………………… 5
ニッポン放送事件 …………………… 322
日本の対内直接投資残高 …………… 348
認可自主規制機関 …………………… 204
認可専門家団体 ……………………… 204

【は行】

買収及び合併に関するパネル（パネル）
　………………………………… 16, 32, 33
反対株主の株式（等）買取請求権 … 6, 300
付属定款 ……………………… 18, 95, 96
普通株式 ……………………………… 47
部分買付（日本）…………………… 308
部分的買付（英国）………………… 36
ブルドックソース事件 ……………… 323
別途買付けの禁止 …………………… 308
法人格なきジョイント・ストック・カン

事項索引

パニー ………………………………… 88
保証有限責任会社 …………………… 18
ホワイトウォッシュ制度 ……… 39, 172, 342

【ま行】

マネジメント・バイアウト …………… 7, 314
無限責任会社 ………………………… 18
申込者 ………………………………… 35
持分証券 ……………………………… 47
模範付属定款 ………………………… 18

【や行】

有価証券上場規則（英国）
　1966年有価証券上場規則 ………… 65, 152
　1976年有価証券上場規則 ………… 196
有限責任会社 ………………………… 18
ヨーロッパ人権条約 ………………… 214
ヨーロッパ経済共同体（EEC）………… 19

【ら行】

レッセ・フェール ………………… 62, 96
レンブリー委員会 …………………… 73
ロエスレル草案 ……………………… 249

【わ行】

和　解 ………………………………… 25

───欧文索引───

ad valorem stamp duty ……………… 73
Allen v Gold Reefs of West Africa 事件
　……………………………………… 115
amalgamation ………………………… 27
arrangement ………………………… 23
articles of association ……………… 18
Ashbury Railway Carriage and Iron company Limited v. Riche 貴族院判決 ……… 81
Attorney General v. Great Eastern Railway Company 事件 ……………………… 102
Bagshaw 事件 …………………… 82, 233

Barned's Banking 事件 …………… 104, 235
Bisgood 事件控訴院判決 ………… 110, 233
Blisset v Daniel 事件 ………………… 116
Brown v British Abrasive Wheel 事件 … 116
Bugle Press 事件 …………………… 45
calls …………………………………… 86, 90
City Code on Takeovers and Mergers …… 32
Colman v. The Eastern Counties
　Railway 事件 ……………………… 101
companies limited by guarantee ……… 18
companies limited by shares ………… 18
compromise …………………………… 25
constitution …………………………… 18
contributories ………………………… 27
control ………………………………… 38
Cotton 事件 ………………………… 109
CSI ……………………………… 194, 202
Dafen Tinplate v Llanelly Steel 事件
　……………………………………… 116, 119
Datafin 事件 ……………… 172, 223, 242
Directive ……………………………… 177
Disclosure Rules and Transparency Rules
　……………………………………… 24
division ……………………………… 30
Dougan 事件 ………………………… 108
EC ……………………………………… 18
EEA（European Economic Area）……… 35
EEC …………………………………… 19
equity securities ……………………… 47
Ernest v Nicholls 事件 ……………… 106
EU ……………………………………… 3
Foss v. Harbottle 事件 ……………… 114
FSA ……………………………… 23, 211
FSMA …………………………… 23, 211
Guiness 事件 …………………… 223, 224
Henry Head & Co Ltd v Ropner Holdings
　Ltd 事件 …………………………… 186
Hogg v Cramphorn 事件 …………… 161
limited companies …………………… 18
Listing Rules ………………………… 23
mandatory offer ……………………… 37

事 項 索 引

MBO	314
memorandum of association	18
merger	30
Mergers and Acquisitions	3
model articles	18
offeror	35
ordinary shares	47
Panel on Takeovers and Mergers	16
partial offer	36
persons acting in concert	37
private companies	18
public companies	18
reconstruction	23
reduction scheme	29
regulated market	23
reverse takeover	53
RIS	41
RPB	204
RSRO	204
SARs	195
SE	35
share capital	18
SIB	204
Sidebottom v. Kershaw Leese 事件	116
takeover bids	33
takeover offer	43
TOB	33
transferee company	28
transferor company	28
UK Listing Authority	23
ultra vires doctrine	81
undertaking	25
unlimited companies	18
voluntary offer	37
Whitewash	39
William Thomas 事件	112

―〔判例索引〕―

日　本

大審院第二民事部判決明治37年5月10日強制執行異議ノ件（大審院民事判決録10輯638頁） ……………………………………………………………………………… *282*
大審院第一民事部判決明治40年2月12日約束手形金請求ノ件（大審院民事部判決録13輯99頁） ………………………………………………………………………… *282*
大審院第二民事部判決大正元年12月25日約束手形金請求ノ件（大審院民事判決録18輯1078頁） ………………………………………………………………………… *283*
大審院第二民事部判決大正2年2月5日株金拂込請求ノ件（大審院民事判決録19輯27頁） …………………………………………………………………………………… *281*
大審院第一民事部判決大正2年6月28日株主總會決議無効確認請求ノ件（大審院民事判決録19輯530頁） ………………………………………………………………… *278*
東京地裁判決昭和28年4月22日議決権行使停止仮処分異議並びに取消事件（判例時報3号11頁） ……………………………………………………………………………… *357*
金沢地裁決定昭和62年9月9日取締役職務執行停止仮処分申請事件（判例時報1273号129頁） ……………………………………………………………………………… *357*
東京地裁決定昭和63年6月28日株主権行使禁止仮処分申請事件（判例時報1277号106頁） …………………………………………………………………………………… *357*
東京地裁判決平成元年8月24日三井物産合併無効確認請求事件（判例時報1331号136頁） ……………………………………………………………………………………… *10*
東京地裁決定平成17年3月11日ニッポン放送新株予約権発行差止仮処分命令申立事件（金融・商事判例1213号2頁） …………………………………………………… *322*
最高裁決定平成19年8月7日ブルドックソース株主総会決議禁止等仮処分命令申立却下決定に対する抗告事件（旬刊商事法務1809号16頁） ……………………… *323, 352*
東京高裁決定平成20年9月12日レックス・ホールディングス全部取得条項付株式取得決議反対株主の株式取得価格決定申立事件抗告審（金融・商事判例1301号28頁） …… *12*
大阪高裁決定平成21年9月1日サンスター株式取得価格決定申立事件抗告審（金融・商事判例1326号20頁） …………………………………………………………… *12*

英　国

Allen v Gold Reefs of West Africa, Limited ［1900］1 Ch 656 ……………… *115, 236*
Ashbury Railway Carriage and Iron Company Limited v Riche (1875) LR 7 HL 653 …… *81*
Attorney-General v Great Eastern Railway Company (1880) 5 App Cas 473 …………… *102*
Barned's Banking Company, Ex parte The Contract Corporation (1867) LR 3 Ch App 105 ………………………………………………………………………………… *104*
Bisgood v Henderson's Transvaal Estates, Ltd. ［1908］1 Ch 743 …………………… *110*
Blisset v Daniel (1853) 10 Hare 493 ……………………………………………………… *116*
Brown v British Abrasive Wheel Co, Ltd and others ［1919］1 Ch 290 ……………… *116*

判 例 索 引

Bugle Press Ltd, Re [1961] Ch 270 ……………………………………… 45
Chez Nico (Restaurants) Ltd, [1992] BCLC 192 ……………………… 46
Colman v The Eastern Counties Railway Company (1846) 10 Beav. 1 ……… 101
Cotton v Imperial and Foreign Agency and Investment Corporation. [1892] 3 Ch 454
　…………………………………………………………………………… 109
Dafen Tinplate Company, Limited v Llanelly Steel Company Limited. [1920] 2 Ch 124
　…………………………………………………………………………… 116
Dunford & Elliott Ltd. v Johnson & Firth Brown Ltd [1977] 1 Lloyd's Rep 505 …… 172
Empire Assurance Corporation, Dougan's Case (1873) LR 8 Ch App 540 ………… 108
Empire Assurance Corporation, Ex parte Bagshaw (1867) 4 Eq 341 ……… 82
Ernest v Nicholls (1857) 6 HL Cas 401 ………………………………… 106
Fiske Nominees Ltd and others v Dwyka Diamonds Ltd [2002] EWHC 770 (Ch) …… 46
Foss v Harbottle (1843) 2 Hare 461 …………………………………… 114
Governments Stock and Other Securities Investment Co Ltd and Others v
　Christopher and Others [1956] 1 All ER 490 ………………………… 199
Hellenic & General Trust Ltd, [1975] 3 All ER 382 …………………… 30
Henry Head & Co Ltd v Ropner Holdings Ltd [1952] Ch 124 ………… 186
Hoare & Co, Ltd, [1933] All ER Rep 105 ……………………………… 126
Hogg v Cramphorn Ltd. And Others [1967] Ch 254 …………………… 162
Howard Smith Ltd v Ampol Petroleum Ltd and others [1974] AC 821 ……… 163
Kingsbury Collieries Limited, and Moore's Contract, [1907] 2 Ch 259 ……… 108
R v Panel on Take-overs and Mergers, Ex parte Datafin plc and another
　(Norton Opax plc and another investing) [1987] 2 WLR 699 …………… 172
R v Panel on Take-overs and Mergers, Ex parte Guinness plc [1989] 1 All ER 509 …… 223
Sidebottom v Kershaw, Leese and Company, Limited [1920] 1 Ch 154 ……… 116
William Thomas & Co., Ltd. [1915] 1 Ch 325 …………………………… 112
Wilson v Miers (1861) 10 C. B. (N. S.) 348 …………………………… 107
York Buildings Company v James Fordyce, Morison, 8380 (Court of Session,
　Edinburgh, 1778) ……………………………………………………… 101

E U

Commission of the European Communities v Portuguese Republic, Case C-367/98,
　European Court reports 2002 Page I-04731 …………………………… 220
Commission of the European Communities v France Republic, Case C-483/99,
　European Court reports 2002 Page I-04781 …………………………… 220
Commission of the European Communities v Kingdom of Belgium, Case
　C-503/99, European Court reports 2002 Page I-04809 ………………… 220

〈著者紹介〉

冨永千里（とみながちさと）

1989年 東京学芸大学教育学部卒業後、民間調査会社等を経てベンチャー企業の執行役員に就任、経営企画分野を中心に株式公開業務やM&A等に携わる。2003年より一橋大学大学院国際企業戦略研究科にて会社法・M&A法制を専攻、2005年、修士課程修了。2006年より大阪市立大学大学院創造都市研究科准教授。2010年、一橋大学大学院国際企業戦略研究科経営法務専攻博士後期課程修了、博士（経営法）。

〔主要著書〕

『価値創造をささえる企業買収防衛ルールの考え方』（中央経済社、2005年）

学術選書
66
会社法

❀※❀

英国M&A法制における株主保護
──史的展開の考察を中心に──

2011年（平成23年）3月30日 第1版第1刷発行
5866:P384　¥9800E-012:050-015

著　者　冨　永　千　里
発行者　今井　貴　稲葉文子
発行所　株式会社　信山社
〒113-0033　東京都文京区本郷 6-2-9-102
Tel 03-3818-1019　Fax 03-3818-0344
henshu@shinzansha.co.jp
www.shinzansha.co.jp
笠間才木支店　〒309-1611　茨城県笠間市笠間 515-3
Tel 0296-71-9081　Fax 0296-71-9082
笠間来栖支店　〒309-1625　茨城県笠間市来栖 2345-1
Tel 0296-71-0215　Fax 0296-72-5410
出版契約 2011-5866-2-01010　Printed in Japan

ⓒ冨永千里, 2011　印刷・製本／ワイズ書籍 Miyaz・渋谷文泉閣
ISBN978-4-7972-5866-0 C3332　分類324.204-a023 会社法

JCOPY 〈(社)出版者著作権管理機構 委託出版物〉
本書の無断複写は著作権法上での例外を除き禁じられています。複写される場合は、そのつど事前に、(社)出版者著作権管理機構（電話 03-3513-6969, FAX 03-3513-6979, e-mail: info@jcopy.or.jp）の許諾を得てください。

◇学術選書◇

1 太田勝造 民事紛争解決手続論 (第2刷新装版) 6,800円
2 池田辰夫 債権者代位訴訟の構造 (第2刷新装版) 続刊
3 棟居快行 人権論の新構成 (第2刷新装版) 8,800円
4 山口浩一郎 労災補償の諸問題 (増補版) 8,800円
5 和仁かつ孝 民事紛争交渉過程論 (第2刷新装版) 続刊
6 戸根住夫 訴訟と非訟の交錯 7,600円
7 神橋一彦 行政訴訟と権利論 (第2刷新装版) 8,800円
8 赤坂正浩 立憲国家と憲法変遷 12,800円
9 山内敏弘 立憲平和主義と有事法の展開 8,800円
10 井上典之 平等権の保障 近刊
11 岡本詔治 隣地通行権の理論と裁判 (第2刷新装版) 9,800円
12 野村美明 アメリカ裁判管轄権の構造 続刊
13 松尾 弘 所有権譲渡法の理論 近刊
14 小畑 郁 ヨーロッパ人権条約の構造と展開 (仮題) 続刊
15 岩田 太 陪審と死刑 10,000円
16 石黒一憲 国際倒産 vs.国際課税 12,000円
17 中東正文 企業結合法制の理論 8,800円
18 山田 洋 ドイツ環境行政法と欧州 (第2刷新装版) 5,800円
19 深川裕佳 相殺の担保的機能 8,800円
20 徳田和幸 複雑訴訟の基礎理論 11,000円
21 貝瀬幸雄 普遍比較法学の復権 5,800円
22 田村精一 国際私法及び親族法 9,800円
23 鳥谷部茂 非典型担保の法理 8,800円
24 並木 茂 要件事実論概説 契約法 9,800円
25 並木 茂 要件事実論概説II 時効・物権法・債権総論他 9,600円
26 新田秀樹 国民健康保険の保険者 6,800円
27 吉田宣之 違法性阻却原理としての新目的説 8,800円
28 戸部真澄 不確実性の法的制御 8,800円
29 広瀬善男 外交的保護と国家責任の国際法 12,000円
30 申 惠丰 人権条約の現代的展開 5,000円
31 野澤正充 民法学と消費者法学の軌跡 6,800円
33 潮見佳男 債務不履行の救済法理 8,800円
34 椎橋隆幸 刑事訴訟法の理論の展開 12,000円
35 和田幹彦 家制度の廃止 12,000円
36 甲斐素直 人権論の間隙 10,000円
37 安藤仁介 国際人権法の構造I (仮題) 続刊
38 安藤仁介 国際人権法の構造II (仮題) 続刊
39 岡本詔治 通行権裁判の現代的課題 8,800円
40 王 冷然 適合性原則と私法秩序 7,500円
41 吉村徳重 民事判決効の理論(上) 8,800円
42 吉村徳重 民事判決効の理論(下) 9,800円
43 吉村徳重 比較民事手続法 8,800円
44 吉村徳重 民事紛争処理手続の研究 近刊
45 道幸哲也 労働組合の変貌と労使関係法 8,800円
46 伊奈川秀和 フランス社会保障法の権利構造 13,800円
47 横田光平 子ども法の基本構造 10,476円
48 鳥谷部茂 金融担保の法理 近刊
49 三宅雄彦 憲法学の倫理的転回 9,800円
50 小宮文人 雇用終了の法理 8,800円
51 山元 一 現代フランス憲法の理論 近刊
52 髙野耕一 家事調停論(増補版) 続刊
53 阪本昌成 表現権論 続刊
54 阪本昌成 立憲主義(仮題) 続刊
55 山川洋一郎 報道の自由 9,800円
56 兼平裕子 低炭素社会の法政策理論 6,800円
57 西土彰一郎 放送の自由の基層 9,800円
58 木村弘之亮 所得支援給付法 12,800円
59 畑 安次 18世紀フランスの憲法思想とその実践 9,800円
60 高橋信隆 環境行政法の構造と理論 12,000円
61 大和田敢太 労働者代表制度と団結権保障 9,800円
62 田村耕一 所有権留保の基礎理論 予8,800円
63 金 彦叔 知的財産保護と法の抵触 9,800円
64 原田 久 パブリック・コメント手続きの研究 予8,800円
65 森本正崇 武器輸出三原則 9,800円
66 冨永千里 英国M&A法制における株主保護 9,800円
67 大日方信春 著作権の憲法理論 8,800円
68 黒澤 満 核軍縮と世界平和 8,800円
69 姜雪蓮 信託法における忠実義務の歴史的・理論的発展
70 中西俊二 詐害行為取消権の法理 予9,800円
71 遠藤博也 行政法学の方法と対象
   [行政法研究I] 予6,800円
72 遠藤博也 行政過程論・計画行政法
   [行政法研究II] 予6,800円
73 遠藤博也 行政救済法
   [行政法研究III] 予6,800円
74 遠藤博也 国家論―イェシュ、ホッブス、ロック
   [行政法研究IV] 予6,800円
75 小梁吉章 日本の信託・フランスのフィデュシー
   予8,800円
76 渡辺達徳 契約法の現代的思潮 予8,800円
77 山内惟介 国際私法・国際経済法 予8,800円
78 大澤恒夫 対話が創る弁護士活動 6,800円
2010 高瀬弘文 戦後日本の経済外交 8,800円
2011 高 一 北朝鮮外交と東北アジア:1970-1973 7,800円

◇総合叢書◇

1 甲斐克則・田口守一編
   企業活動と刑事規制の国際動向 11,400円
2 栗城寿夫・戸波江二・古野豊秋編
   憲法裁判の国際的発展(2)近刊
3 浦田一郎著
   議会の役割と憲法原理 7,800円
4 兼子仁・阿部泰隆編著
   自治体の出訴権と住基ネット 6,800円
6 民法改正と世界の民法典 12,000円
   民法改正研究会 (代表加藤雅信)
7 初川 満著
   テロリズムの法的規制 7,800円
8 松本ậŋ之・野田昌吾・守矢健一編
   法発展における法ドグマーティクの意義 12,000円
10 森井裕一編
   地域統合とグローバル秩序 6,800円
11 町野朔・山本輝之・辰井聡子
   移植医療のこれから 予9,800円

◇翻訳叢書◇

1 R.ツィンマーマン著 佐々木有司訳
   ローマ法・現代法・ヨーロッパ法 6,600円
2 レオン・デュギー著 赤坂幸一・曽我部真裕訳
   一般公法講義 1926年 近刊
3 海洋法 R.R.チャーチル・A.V.ロー著 臼杵英一訳 近刊
4 アルブレヒト・ツォイナー著 松本博之訳
   既判力と判決理由
5・6 棟居快行・鈴木秀美他訳 各15,000円
   シュテルン・ドイツ憲法I 総論・統治編
   シュテルン・ドイツ憲法I 基本権編
7 ハンス.F.ガウル著 松本博之編訳
   ドイツ既判力理論 4,800円